全能经纪

Who is Michael Ovitz?

Michael Ovitz

[美] 迈克尔·奥维茨 著
尚晓蕾 译

CAA创始人、
好莱坞第一明星经纪人
迈克尔·奥维茨的创新经纪

中信出版集团 | 北京

图书在版编目（CIP）数据

全能经纪：CAA 创始人、好莱坞第一明星经纪人迈克尔·奥维茨的创新经纪 /（美）迈克尔·奥维茨著；尚晓蕾译 . -- 北京：中信出版社，2023.1

书名原文：Who is Michael Ovitz?

ISBN 978-7-5217-4947-2

Ⅰ . ①全… Ⅱ . ①迈… ②尚… Ⅲ . ①迈克尔·奥维茨－自传 Ⅳ . ① K837.125.7

中国版本图书馆 CIP 数据核字（2022）第 249541 号

Who is Michael Ovitz?
Copyright © 2018 by Michael Ovitz
All rights reserved including the right of reproduction in whole or in part in any form. This edition published by arrangement with Portfolio, an imprint of Penguin Publishing Group, a division of Penguin Random House LLC.
Simplified Chinese translation copyright © 2023 by CITIC Press Corporation
ALL RIGHTS RESERVED
本书仅限中国大陆地区发行销售

全能经纪——CAA 创始人、好莱坞第一明星经纪人迈克尔·奥维茨的创新经纪

著者：　　［美］迈克尔·奥维茨

译者：　　尚晓蕾

出版发行：中信出版集团股份有限公司

（北京市朝阳区惠新东街甲 4 号富盛大厦 2 座　邮编　100029）

承印者：　河北鹏润印刷有限公司

开本：787mm×1092mm 1/16　　印张：26.5
插页：16　　　　　　　　　　　字数：330 千字
版次：2023 年 1 月第 1 版　　　 印次：2023 年 1 月第 1 次印刷
京权图字：01-2019-7593　　　　书号：ISBN 978-7-5217-4947-2

定价：75.00 元

版权所有·侵权必究

如有印刷、装订问题，本公司负责调换。

服务热线：400-600-8099

投稿邮箱：author@citicpub.com

献给朱迪，你是我人生旅途的伴侣；

献给克里斯、金伯莉、埃里克、明蒂、阿拉、乔丹、肯德尔和马尔科，

你们是我人生的目标；

献给我的孙子帕克斯，你是我的生命之光；

献给塔玛拉，你带给我欢笑和新的冒险。

目 录

V　　自 序

这是一个不会被感谢的行业，但你不能这么说，因为你赚到的钱就是你得到的感谢。

001　第一章　教父在这儿吗？

我们员工会议的原则是"想法多蠢都不要紧"。我每天都要多次查阅"资料包"，为客户、未来的电影打包策划或者新的生意寻找机会，越异想天开越好。

025　第二章　第一道山谷

你需要掌握自己的命运，给别人打工没好处。

043　第三章　邮差

人才代理是一种商品交易。如果你签不到客户，那么无论你在别的地方做出了什么贡献，你都是废物。

057　第四章　红脸和白脸

我是一个很好的朋友和同盟，也是一个势不可当的敌手。

073　第五章　从零到一百万

好莱坞人才济济，像由成千上万座独立岛屿组成的群岛，但是导演和明星是其中最重要的岛屿。我们需要建造桥梁把这些岛屿连接起来，做成一个个打包项目，这会让我们也成为某种意义上的电影制片厂。

097　第六章　车载电话

我的全部卖点就是激情和精力。我们必须建立相当规模的重要客户群体，任何阻碍我们前进的人都会被我们干翻。

107　第七章　第二道山谷

我们并非在一个创意环境中生存，而是在一个商业性的创意环境中生存。我们的客户经常忽略这两者的区别，并因此将自己视为艺术家，而不是可雇用的电影人才，但我始终牢记这一点。

147　第八章　没有冲突，就没有利益

铭记自己是多么幸运，也铭记所有不幸的人的命运。这，就是电影的作用。

179　第九章　别有压力

我们趁虚而入，开始提供全方位的管理服务。我们每半个小时就要满足一次的基本要求包括为客户搞到一部电影的拷贝、一部舞台剧的演出票或者一家火爆餐厅的订位。

213　第十章　好戏上演

我从未摆脱过某一天我会失去一切，重新回到山谷的恐惧。我已经竭尽所能防止不测的发生，我把通向我们堡垒的每一扇门和窗都上了锁，然而，就像恐怖电影中的情节，我把祸事和我锁在了一起。

233　第十一章　应对失控与对赌

从《侏罗纪公园》到《急诊室的故事》。

247　第十二章　锁腕

索尼收购案的经历让我意识到自己有多喜欢收购游戏中的悬念、赌注和策略，以及与掌管行业王国的领导者们做交易。

273　第十三章　防弹货车

CAA之所以能够走到今天，就是靠开拓创新。如果你们满意，希望你们租下一辆防弹货车装满黄金，送到我们的办公室。

295　第十四章　毕加索

我从五花八门的知识资源中借鉴，把毕加索的技法应用于商务之中。

309　第十五章　永远的可口可乐

我们的广告是为了娱乐而设计的。我们不想做稳妥的广告。我们想做伟大的广告。

目　录

III

329　第十六章　我不怕你

无休止的工作开始显露它的危害。因为我面对每个人都要表现出感兴趣、专心、有远见和明智，但我又没有本事让自己在任何时候都充满人性。

345　第十七章　大势已去

我从未停止过对艺术家和创作过程的热爱。我从未失去对凭空造梦的魔法的迷恋。但经纪人是青春饭，你的奔跑总有尽头。

359　第十八章　二把手

我放弃了 CAA 可能多达 2 亿美元的已确认佣金，加入了迪士尼。

373　第十九章　第三道山谷

转向硅谷。

393　第二十章　绅士们

这个来自圣费尔南多谷的小孩没有地位，没有任期，没有可以依靠的人脉，却重塑了娱乐业。

自　序

昨天晚上我睡不着，于是悄悄下楼，开始看电视上播放的电影《终结者2：审判日》。夜已经很深了，似乎除了我，没有一个人醒着。从比弗利山高处我家的客厅往外望去，山脚下的洛杉矶闪烁着的星星点点的光，仿佛空荡荡的影棚里长明的灯。

看着阿诺德·施瓦辛格大杀四方，我一下子想通了。那就是我。我就是终结者。我们创建好莱坞首屈一指的人才经纪公司——创新艺人经纪公司（Creative Artists Agency，缩写为CAA）的时候，我也曾经到处挨打，被对手们拎起来抛向墙壁，狼狈不堪……然后，我从废墟里爬起来，红着眼睛，用更大的力气把对方朝着墙壁狠狠抛去。我完成了我的使命。我的对手们感受到的恐惧来源于彻底的绝望：他们怎么可能打败一个如此不知疲倦、残酷无情甚至毫无人性的人呢？

无论如何，这是我故意塑造出来的形象，也是我越发厌恶的一个形象。谁想把别人吓得屁滚尿流呢？但这一招太有用了。我们的卖点很简单：如果你和我们合作，无论作为经纪人还是作为客户，CAA都将全天候保护你，照顾你的每一项需求。其他经纪公司还在实行一对一服务模式的时候，我们的每位客户已经能够拥有由四五名经纪人组成的服务团队。通过更长期、更努力、更聪明的工作，我们成为一座强大的堡垒。你如果不是我们的朋友，那就一定是我们的对手；如果你跟我们对着干，我们的经纪人方阵就会从坚固的石墙后涌出，热切盼望投入战斗。

我们可以为最优秀的导演们争取到500万美元的薪酬，比其他经纪公司帮他们谈下的薪酬多一倍。我们可以把《捉鬼敢死队》《阿甘正传》《侏罗纪公园》等超级大片的明星、编剧和导演打包[1]，并坚持让制片厂拍摄我们的项目。我们每年可以从1 350位客户那里收取近3.5亿美元的服务费，这些客户可谓群星荟萃，从伊莎贝尔·阿佳妮到比利·赞恩，从佩德罗·阿莫多瓦到罗伯特·泽米吉斯，从安德烈·阿加西到ZZ Top[2]。这都是因为我们的经纪人手里拎着一支沉甸甸的狼牙棒——我们可以向买方示威，如果不按我们的意思去做，后果会很可怕：我们的客户会联合起来抵制他们；所有的好项目都会落到别的公司手里；他们最后只能颜面扫地。我让手下的经纪人每天都带着那支狼牙棒，但是永远——或者说尽可能——不要把它挥起来。权力一旦付诸使用就失去了威慑力。关键在于制造气氛。

我就是那支狼牙棒。如果遇到了态度执拗的制片厂主管，我们的经纪人能够给出的最有说服力的答复就是：“我没有权力以这个价格成交，所以你得跟迈克尔谈。”那是主管最不希望出现的局面，因为他或她很清楚，我开出的价格只会更高。还是按照手上这个不太好接受的价格签了吧，总好过我在电话里把价码抬上天。

我手下的175位经纪人中，大多数人每天都要把那句令人胆寒

---

[1] 打包，英文为packaging，影视行业术语，是一种捆绑销售手段，即顶级经纪公司将其代理的编剧、导演或演员捆绑在一起启动一个电影或电视项目。——译者注
[2] ZZ Top，著名蓝调摇滚乐队。——译者注

的答复说出口 5 次。我的名字成了某种魔咒。仅仅 20 年间，我就从无名之辈变成了大有前途的新星，然后又变成了传说中好莱坞最有势力的人——一个被各家媒体千篇一律地描述为"门牙漏风、步步为营、高深莫测"的超级经纪人。又过了几年，我成了好莱坞最可怕的人。而到我离开 CAA，所有人都可以安全地吐槽我的时候，我就成了最让人憎恨的人。

"迈克尔·奥维茨"是个如此厉害的恶棍，因为他不是人，他是幽灵。我回避走红毯的场合；我从后门出入宴会现场；我保留了自己绝大多数照片的版权；最初 10 年我不接受媒体采访，之后也很少接受。谈生意的时候，我的声音会轻柔到让对方把椅子移近。我很少发脾气（这是一种巨大的克制，因为我是个完美主义者，一切——我是说每一件——不完美的事情都会让我心烦）。我几乎滴酒不沾，也不碰毒品，甚至不跳舞。我一直不明白，既然跳舞肯定会出一身汗，那出去跳舞之前为什么还要先洗澡换衣服。这些个性让我看起来超乎寻常地沉着自律。而且你知道吗，我确实是这种人。

我的客户们在银幕上扮演着各种角色，我则在银幕外跟他们演戏。世界上 99% 的人的性格可以通过行为来判断，但是像我这样的怪人在面对别人时，会根据对方的行为来塑造自己的性格。我是一条变色龙，为了让每个人都舒舒服服地把交易谈定，我会根据需要来变身。我本性沉默寡言、博学多闻、智慧、忠诚、不屈不挠。但是和保罗·纽曼在一起时，我可以轻松地变成跑车迷，我还可以同样轻松地与银行家费利克斯·罗哈廷谈论金融政策，或者与索尼公司老板盛田昭夫一起深究随身听的产品规格。所以在同事们眼中，我是一个控制狂，是一台变形机器，一个终结者。

然而，私下的我，那个只有最亲密的朋友才见过的我，对受到

自　序

的每一次轻慢都极为敏感，并且不断担心着来自各个方向的威胁。此时此刻，为腰痛所累的我，正背负着沉重的回忆踱向客厅，去观赏贾斯培·琼斯1955年的杰出画作《白旗》。这幅画是我几年前从一家破产的日本建筑公司手中买下的，该公司出售的条件是，我在一年之内不能公开展示这幅作品，因为那家公司想隐瞒其内部垮塌的财务状况。于是在那一年里，我把这幅画藏进了家中的一个空房间，还上了锁，就像童话中的蓝胡子守护着隐藏他真实面目的密室一样。我每天都会去看《白旗》，望着它出神，仰慕着琼斯的才华，他表达流畅的笔触，以及他超乎寻常的毅力和想象力。伟大的艺术唤起我的童心，让我变回那个好奇心永不满足、一定要了解一切的小男孩。

我是一个失意的艺术家。我不会画画，不会雕塑，不懂音乐，也确定自己不会表演：艾伯特·布鲁克斯请我在他的电影《真实人生》中客串出镜时，我整个人都是僵的。所以，既然自己做不了艺术家，我便选择退而求其次，做一个陪伴在艺术家们身边的人：欣赏他们，仰慕他们，帮助他们实现最优秀、最完整的自我。我是一块磨刀石，我把他们打磨得更加锋利，让他们可以划破一切。在CAA，我们的宣传口号是："更好的资源，更好的信息，更好的交易——我们会将你梦想的项目付诸实现。"詹姆斯·克拉韦尔的长篇小说《幕府将军》在书架上吃了四年灰，直到我和我的合伙人比尔·哈伯把它制作成一部轰动一时的迷你剧；我在开始给达斯汀·霍夫曼担任经纪人之后，促成了他与让他爱恨交加的导演西德尼·波拉克的合作，把《杜丝先生》拍了出来，而在此之前，这部剧本6年无人问津。

然而，经纪人们为了实现梦想也付出了可怕的代价。如果是画家作画出了名，其他画家可能会嫉妒他的成功，但不会认为他画的每一笔都在亲手毁掉其他人的前程。那不是非此即彼的零和博弈：

每个人都有尽情施展才能的空间。然而，经纪人为旗下艺人争取到的交易规模越大，仇人的名单就越长。如果我们挖来了一位新客户，他以前的经纪公司就会恨我们。如果我们把一部电影给了环球影业，其余6家电影公司①就会恨我们。CAA的目标是拥有所有客户，因此也必然要面对所有冲突。我们习惯说"没有冲突，就没有利益"。这是一个英雄主义的目标，但它让我们付出了代价，也让我本人付出了代价。

———

比如CAA在1986年收到的剧本《雨人》，编剧是巴里·莫罗，故事讲述了智障人士雷蒙德·巴比特和他的弟弟、不讲人情的骗子查理之间的故事。我立刻想到让达斯汀·霍夫曼出演查理，再打包比尔·默瑞来演雷蒙德。在1982年的《杜丝先生》之后，达斯汀只拍了一部电影，就是经典翻车之作《飞越迷城》。那部电影的运气太差，我为了帮达斯汀推掉片约，甚至使出了拒绝帮他准备文件和拒收佣金的招数。他需要一个伟大的角色来重新进入大众的视野，我们也需要他重新开始赚650万美元的片酬。意外的是，达斯汀想演雷蒙德，也行吧，无所谓。他是那种被我称为发动机的人，他的力量很强大，单枪匹马就能让项目启动。

华纳影业与这部电影的制片公司古伯-彼得斯签有优先权协议②，

---

① 此处"电影公司"一词原文为studio，这个词也可译为电影工作室及制片厂，下文中涉及studio的内容，与具体电影制作业务相关的地方会译为"制片厂"，与行业及收购等更广泛意义上更加符合"公司"定义的译为"电影公司"。同时，书中以电影公司名称指代电影公司或制片厂的地方，如"Universal"，则会译为"环球影业"。——译者注

② 优先权协议，英文为first-look deal，特定时间内授予某一方优先购买、拒绝或谈判及报价的权利。——译者注

自　序

但华纳放弃了。于是我跟彼得·古伯说我想拍《雨人》，他说好极了。反正项目已经黄了，让我试试又何妨呢？剧本里没有性爱场面，没有汽车追逐大战，也没有惊天逆转，但我相信，如果我们能把预算控制在2 500万美元之内，我们还是能够从晚上出门约会的情侣和成年观众身上赚回5 000万美元的。于是我开始到处宣扬这个项目。在好莱坞，如果不弄出点儿动静，你就什么都不是，而弄出动静的唯一方式就是展示出一种强烈的信念。如果你坚持认为一些不断变化且尚未确定的可能性就等于一部电影，那么它最终就一定能够成为一部电影。起码有时候是这样的。

我还要再找一位明星，以及一位优秀的导演。我把达斯汀介绍给我的好朋友，执导过《小餐馆》的巴瑞·莱文森，他们很快成了朋友。然后，在一次打包会（在这类会议中，我们会尽量在一部电影里多安排自家公司代理的客户，等于把项目承包下来）上，我们的经纪人葆拉·瓦格纳和杰克·拉普克建议让汤姆·克鲁斯加入。他在《金钱本色》里与保罗·纽曼合作并获得了成功，我们相信他来演查理一定会很出色，而且这样的明星组合会让影片与众不同。好莱坞的每个人都在嘲笑我们：这两个人年龄差距那么大（当时达斯汀50岁，汤姆25岁），怎么可能演兄弟俩？外界基于传统观念普遍认为这个项目是CAA为了打包在胡作非为，这部电影会被自身的体量压垮，三个客户都会解雇我们。

巴瑞·莱文森因为要去执导《早安，越南》而退出，于是我们找来了拍过《比弗利山警探》的导演马丁·布莱斯特。CAA的另一位客户、编剧罗纳德·巴斯重新写了剧本。罗纳德的剧本结构更为扎实，也帮我们得到了联美影业（United Artists）的投资。然后，达斯汀认定雷蒙德应该是个孤独症患者。孤独症是无法治愈的，所以这部电影不可能提供任何真正的救赎——但达斯汀喜欢困境。如果没有痛苦，他就会感到厌烦。马丁·布莱斯特离开去拍《午夜狂奔》后，史蒂文·斯皮尔伯格加入。他在准备了一段时间之后也离开去拍《夺宝奇兵》了。我们没让汤姆·克鲁斯闲着，给他在《鸡尾酒》里安排了一个"万人迷"酒保的角色。汤姆的戏份都杀青了，《雨人》仍然在缓慢推进。西德尼·波拉克来了，还带来四个新的编剧。然后他也退出了。

如果原定的导演退出，项目一般会不了了之，因为最初对它抱有最大信念的人不在了。我们找的四个导演都退出了。但是我拒绝放弃，因为达斯汀决心出演那个角色，也因为他和他的家人让我感到非常温暖（但我其实并不想向任何人展示我对他们的深厚感情，对达斯汀都不例外，因为我担心感情会成为致命的弱点）。我打电话给巴瑞·莱文森，告诉他："从一开始你就是正确的人选。"他看了最新的剧本，然后决定把它拍成一部公路电影。"不是传统的三幕式电影，"他说，"这部电影只有一幕。它发生在路上，蜿蜒曲折，然后结束，但这并不是结局。雷蒙德不会改变，也不能跟他的弟弟一起生活。太不幸了，但是事情就是这样。"《雨人》成片里的明显行动极少，以至于达斯汀和汤姆私下都把它叫作"两个傻蛋一辆车"。但是在巴瑞·莱文森的电影里，重要的进展都发生在表面之下。

联美影业出资 2 500 万美元，多一分钱都没有，于是 CAA 保证承担赤字。如果《雨人》预算超支，公司可能会损失全部的佣金，甚至更多。由于我们在这个项目上投入了大量金钱、人脉和友谊，我经常往拍摄现场跑，还让制片人马克·约翰逊每天向我汇报进展。我不能指望从巴瑞那里了解情况，因为他经常完全无视取景框外的世界。（在《早安，越南》拍摄期间，我曾经以巴瑞的名义给他太太送去玫瑰花并附上"我想你!"的卡片,以免她感到被丈夫冷落。)

达斯汀曾经说,他在进入每一个角色时,"都充满恐惧、痛苦与自我厌恶"。外景第一周拍摄中,巴瑞要在雷蒙德·巴比特住处外的鸭塘边拍一场戏。雷蒙德和查理一起坐在长椅上,查理试探着跟失散多年的哥哥套话,雷蒙德眼神空洞地反复嘟囔着"我不知道"。我看着他们拍了十条,至少有五条看起来是完美无缺的。汤姆精准地抓住了角色。但我没有注意到的是,达斯汀似乎有些闷闷不乐。

飞回洛杉矶之后,我给他打电话:"你还好吗,达斯蒂(达斯汀的昵称)?"

"不太好。"

"怎么了?"

"我进入不了角色。"他声音发颤,"我以为我进入了,但我就是办不到。"

一连三天,达斯汀每隔几个小时就给我打电话,越来越焦虑。他甚至提出让理查德·德莱福斯来替换他。"这是我演得最糟糕的一部戏。"他哀叹道。我问他是否需要我们暂停拍摄,好让他缓一缓。就算停机一天要损失10万美元,也比之后重拍的成本低。

"不,"他说,"我想再努努力。"人们都说达斯汀妄自尊大,但他所关心的只有影片最终的效果。

我打电话给巴瑞说:"达斯汀进入不了他的角色。"

"我知道,"巴瑞说,"但我也不能让他告诉我已经拍完的部分里有没有他感觉还行的。我就接着拍吧,直到他想明白为止。"

最终,巴瑞让达斯汀从样片里找出五秒他感觉还算对路的。他找到之后,他们心里就有了底。到拍四角裤那场戏("我的四角裤是从凯马特超市买的")时,达斯汀完全进入了状态。

全能经纪

一项好的打包策划能够把可相互激发最好状态的导演和演员匹配在一起，即使他们并不总是相处得融洽。巴瑞的心平气和对《雨人》来说再合适不过了。达斯汀在镜头外仍然沉浸于角色并拒绝眼神交流时，巴瑞也能泰然处之。达斯汀咆哮时，巴瑞会过滤噪声，理解他的意思，然后继续工作。他给演员空间去寻找剧本里那些没有写明的有趣时刻或心碎瞬间。雷蒙德走进黑暗的酒店房间，模仿查理和他女友做爱的声音的那场戏完全是达斯汀的即兴发挥，"笑果"极佳。

《雨人》于1988年上映时很不被看好，却在全球范围内获得了超过4亿美元的票房，让所有人大为震惊。我们公司参与利润分配即后端利润分成的客户们，包括达斯汀、汤姆、巴瑞和马克·约翰逊，都拿到了超出薪酬好几倍的钱。随后，这部影片获得了八项奥斯卡金像奖提名。

在1989年3月举行的奥斯卡颁奖典礼上，我的妻子朱迪和我坐在达斯汀后面一排。巴里·莫罗和罗纳德·巴斯当晚已经获得了最佳原创剧本奖，这是个不错的兆头。随后，颁发最佳男主角奖项时，台上喊出了达斯汀的名字，自豪感让我激动不已。我的这位朋友加入了斯宾塞·屈塞、弗雷德里克·马奇、加里·库珀和马龙·白兰度的行列，成为奥斯卡多次获奖者精英俱乐部的一员。达斯汀比我年长近10岁，但我感觉自己像他的父亲，也像所有客户的父亲——我就是那个抓住他们自行车的后座，跟着他们在街上一边跑一边高喊"蹬，使劲儿蹬！"的父亲。

达斯汀给CAA带来了《杜丝先生》，但《雨人》是我带给他的，这是一个至关重要的区别。即便如此，当他在获奖感言中一开始就说出"感谢我的经纪人迈克尔·奥维茨在这部电影七零八落的时候用胶

自　序

水把它粘在了一起"这句话的时候,我惊呆了。我曾经多次出现在奥斯卡获奖者的致谢名单里,但是从没有像这样。巴瑞·莱文森随后获得了最佳导演奖,他说:"我必须感谢迈克尔·奥维茨,他在这部电影那么多岌岌可危的时刻都竭尽全力让它渡过难关。"我们获得最佳影片奖时,马克·约翰逊感谢我"连续几周甚至几年的支持"。《视相》杂志奥斯卡专题的主编也把"迈克尔·奥维茨——奥斯卡英雄"作为综合报道的总标题。我欣喜若狂。

在随后的奥斯卡晚宴上,我一入场就被祝贺的人群围住了,达斯汀和汤姆·克鲁斯也在其中。同样获得最佳男主角提名的汤姆·汉克斯也过来拥抱了我(不久之后,他也会成为CAA的客户)。但我也看到了站在一边的吉恩·哈克曼和艾伦·帕克,他们是影片《密西西比在燃烧》的主演和导演,都是我们的客户,都没能获奖。他们明显很恼怒。他们是我签下的客户,虽然有其他经纪人代理他们的日常事务,但我觉得我对他们的成功和失败负有责任——我对所有客户都有同样的感觉。我尤其为达斯汀曾经的室友吉恩感到遗憾,他塑造了一个内心纠结的联邦调查局探员,这个角色很难驾驭,他完成得很精彩。我还感到自己像是个被人指责偏爱某个小孩多于另一个的父亲。

我很擅长缓和冲突——至少我自己这么认为——于是我走过去向他们表示祝贺。他们转身走开了,根本没有理我。他们认为是我以某种方式为《雨人》锁定了得奖的票数。我个人确实遵从内心毫不犹豫把票投给了《雨人》,但我绝不可能影响投票结果,哪怕我想这么做都没用。CAA的问题就在这里:我们只能做到几乎掌握一切。《雨人》赢了——但是《密西西比在燃烧》输了。我一生中本应最开心的夜晚此时变成了最糟糕的夜晚。

我的合伙人和最好的朋友罗恩·迈耶就站在10英尺[①]开外。按照大家的说法，罗恩是CAA的灵魂，而我是"犯浑"。他穿毛衣、牛仔裤和科尔·哈恩牌便鞋；我穿着笔挺的蓝色西服套装。他永远晒得一身古铜色皮肤，悠闲又迷人；我永远面色苍白，紧张又警觉。他是丝绒手套，我是铁拳头。但我们就像连体婴一样，共用一个大脑和一个心脏。我走过去告诉罗恩刚刚遭遇的事情，他只是狡黠地笑了笑，顿时，像以往很多次一样，我感觉好多了。"这很正常。"他说。前一年，他的两个最好的客户迈克尔·道格拉斯和雪儿获得了最佳男主角和最佳女主角奖。罗恩把他们当作好朋友，也非常努力地为他们工作。对一位经纪人来说，客户双赢的情况非常罕见，然而，迈克尔和雪儿都没有在致辞中感谢罗恩。他很受打击。

雪儿倒是感谢了她的发型师。

作为经纪人，我们什么都不创造。我们是销售人员：我们把自己的时间和专长销售给客户，再把客户销售给买家。我们那点儿可怜的资本就是一天的全部时间减去几个小时的睡眠，而且我们会以近乎疯狂的节奏去消耗这些资本。我会放下一切为你找来最好的心脏外科医生和最适合你的汽车，帮你的孩子进入约翰·托马斯·戴私立学校或者哈佛西湖学校——无论你需要什么，我都能办到。我是每个客户的首席心理医生、法律顾问、财务顾问、修理工、文化解读者，以及哭泣时可以依靠的肩膀。这么多客户的身家性命似乎都是我们的责任，所以我非常担心他们——以及公司——会出什么差错。20世纪80年代，有一次我们发现有探子在翻我们的垃圾桶，从那之后我就总是在检查，

[①] 1英尺约为0.3米。——编者注

确保文件都已经被锁好或者销毁，以及我们的电话没有被窃听。我的助理们经常转动眼珠神秘兮兮地用我常说的一句话互相询问，那句话就是："这条电话线确定安全吗？"我觉得再怎么多疑都不过分，因为我们的竞争对手随时在准备钻空子，伺机而动，而我们的客户都很软弱，容易动摇。

虽然我很希望能够全面掌握控制权，但我常常感觉自己在听任他们摆布。我对他们家里、制片公司办公室里和化妆间里发生的事情几乎一无所知，但我讨厌偶尔听到的传言。好莱坞一直是个无情的地方，像一台专门剥削天才与美貌的机器，有传闻说我公司签的一些男明星把年轻女性当作性玩物。公司内部如果出现不端行为，我能够处理，并且确实进行了处理。曾经有一个经纪人的助理告诉我经纪人对她纠缠不休，我把那个经纪人叫来狠狠训斥了一番，给他换了一个助理，并让他停职一周。然后我把原来那个助理调到我的办公室，之后她在这个岗位上一直很有成效地工作了10年。那个经纪人回来上班时明显吸取了教训，而且据我所知再也没有重复之前的错误。但是涉及客户，关系就不同了：他们是能解雇我的人。因为这种不平衡——我是家长，但是孩子们拥有全部的权力，也因为坦率来说，我的注意力更多是放在我们的生意而不是社会正义上，这类事情我就随它去了。我为此深感后悔。如今，在哈维·韦恩斯坦之后的时代，比我勇敢的女性终于引领了一场清算。这是绝对必要的，也是早该进行的。

我对传闻听之任之的部分原因是我迫切需要把客户们照顾好，我把他们当作一个庞大又很吵闹的家庭的成员。但是当客户们想报答我的时候，我又感到难为情。我允许朋友们为我举办过两次生日宴会，但我禁止他们致祝酒词；我喜欢送礼物，不喜欢收礼物。我总是希望为自己的每一份功劳和自己创造的大大小小的奇迹而得到应有的认可，如果没得到，我就会生气——但是在极少数情况下真的得到时，我又受宠若惊。所以，大多数情况下是我付出，别人接受。每天我都觉得每位客户都在我的肚子上装了一个水龙头，并且把它开到了最大。肚子上带着1 350个全部打开的水龙头，通常刚到中午我就感到精疲力竭。这是一个不会被感谢的行业，但你不能这么说，因为你赚到的钱就是你得到的感谢。

我总是告诉手下的经纪人："要让你的客户认为他们是你的朋友，但也要记住他们并不是。"然而绝大多数时候，我的客户们会保持忠诚，我的朋友们则会背叛我。

杰伊·莫洛尼，一个被我当作儿子和最终接班人的经纪人，一个穿阿玛尼西装、买利希滕斯坦的画作，处处向我看齐的人，在我离开CAA之后会成为公司少壮派的一员，与我断绝关系。

迈克尔·艾斯纳，我的好朋友，迪士尼的掌门人，会雇我做他的副手，然后公开羞辱我，并在14个月之后把我解雇。

还有罗恩·迈耶，和我一起创建CAA的手足，会在我和环球影业商谈我们俩联手跳槽之事未果后，独自答应环球的条件，离开CAA过去当高管——并且在之后的20年里，不停在业内到处讲我的坏话。

我把理解别人并弄清楚他们为何会与我反目当作我一生的课题。我一直都确信我谨慎到不会错误地信任别人，也聪明到不会上当受骗。所以，我愿意把这些背叛当作完全偶然、没有任何理由的事件，而我只是某种破坏所有人类亲密关系的邪恶本能的牺牲品。我想，只是因为我为了实现目标而采取的手段和策略不可避免地引发了怨恨，甚至那些跟我有福同享的人也在怨恨我。只是因为每个人都痛恨赢家。只是因为我追名逐利并为此恐吓所有人的作风从来没有变过。

但我确实变了，当然。因为我可以让那些电影公司都不愿意碰的电影上映并大受欢迎（比如《伴我同行》），我可以让无名小卒成为明星（比如我曾经的武术教练史蒂文·西格尔），我甚至成为电影公司收购案的中间人（哥伦比亚影业和米高梅影业各一次，环球影业两次）。有CAA的势力撑腰，我一度可以通过借力打力、敏锐度和纯粹的自信心在好莱坞几乎畅行无阻。

诸神要毁灭谁，必先赐谁礼物。

第一章

教父在这儿吗？

1973 年，我在纽约为威廉·莫里斯经纪公司（William Morris Agency，缩写为 WMA）推销电视节目期间认识了大卫·莱特曼。大卫是个天生的喜剧演员，多年来一直在幕后为《星光天地和声乐队秀》这类垃圾节目当编剧，但是在我看来，他一直很突出。他的幽默大智若愚，又如刀锋般犀利。他在约翰尼·卡森的《今夜秀》里担任常驻嘉宾时，我就开始关注他，之后从 1982 年开始，他在全国广播公司（National Broadcasting Company，缩写为 NBC）主持《今夜秀》的接档节目《大卫·莱特曼深夜秀》。每周的五个晚上都要把观众逗笑是演艺行业最艰难的工作，大卫做得非常出色。

约翰尼的地位没有人可以取代，他是有史以来最酷、最迷人的主持人，他希望大卫接他的班，这早已是公开的秘密。然而 NBC 安排杰·雷诺当上了约翰尼的永久客座主持人，似乎偏向让雷诺接班。1991 年 2 月，约翰尼担任《今夜秀》的主持人进入第 29 个年头，《纽约邮报》上的一则新闻头条让我大为震惊："NBC 考虑为杰·雷诺弃用卡森"。这种荒唐的说法显然是雷诺那位咄咄逼人的经理海伦·库什尼克在幕后指使的。她认为 NBC 亏欠杰一档《今夜秀》——而且要马上给他才行。

《纽约邮报》的新闻让我深入研究了一下深夜档的电视节目。在CAA，我们为每个正在制作的电影、电视、音乐和图书项目都准备了一个"资料包"。每个经纪人的黑色活页档案夹里都放着这个"资料包"的副本和最新的票房数据、电视收视率统计、畅销书榜单和其他能在早晨8点半的员工会议上让我们先发制人的相关数据（其实这个会议本身已经先人一步了——我们比竞争对手提前60~90分钟开会）。我们员工会议的原则是"想法多蠢都不要紧"。我每天都要多次查阅"资料包"，为客户、未来的电影打包策划或者新的生意寻找机会，越异想天开越好。

深夜档节目的数据看起来很简单。取代卡森的人选有两个，其中一个在海伦·库什尼克手里。另一个就是莱特曼。大卫有一个顶级的律师杰克·布鲁姆、一个能干的经理人杰克·罗林斯和一个无所事事的俱乐部演出统筹。杰·雷诺每逢周末雷打不动地到俱乐部现场表演，大卫跟他不同，他从来不演脱口秀。他回避所有面对面的表演场合。他甚至都不怎么出门，就是这样。他也没有经纪人。大卫是只属于深夜12:30档的明星，但我认为他可以取得更大的成就。

因为抗拒推销是人的本性，所以我尽量避免贸然联系我们想争取的客户。最好是让他们来找我，而且最好他们是慕名而来，而不是被我们硬拉过来的。我派杰伊·莫洛尼到《大卫·莱特曼深夜秀》的执行制片人彼得·拉萨利那儿去打探了一下。杰伊认真听彼得倒完一肚子苦水之后，给出了他的意见："大卫现在是赤手空拳面对杰·雷诺背后的全副武装。他需要帮助。"

后来，杰伊告诉我："大卫很踌躇。"大卫的问题在于他是个来自印第安纳波利斯的老实人，他不游说、不抱怨，也不到处作威作福。

他认为自己可以凭实力接班深夜档脱口秀节目中最重要的主持人位置：他显然比杰·雷诺更有天赋，所以给约翰尼当接班人也顺理成章。但这个行业不是这么运作的。在咄咄逼人的幽默感背后，大卫其实很天真。

NBC娱乐业务总裁沃伦·利特菲尔德偏向雷诺。但是真正的关键人物是鲍勃·赖特，这位精明的财务主管在1986年NBC被通用电气收购之后当上了首席执行官。我们每年都会向NBC售出10期试播节目，我很尊敬鲍勃。鲍勃很乐观地希望留住雷诺和莱特曼两个人，一个主持《今夜秀》，另一个作为候补。他觉得大卫会听从他的安排，不然他还能去哪儿呢？特德·科佩尔在美国广播公司（American Broadcasting Company，缩写为ABC）《夜线》节目的主持人地位非常稳固，而哥伦比亚广播公司（Columbia Broadcasting System，缩写为CBS）在一系列对抗卡森的节目均告失败后似乎一蹶不振。最后一位挑战者帕特·萨贾克的节目在开播仅仅15个月之后就被取消了。

5月，也就是《纽约邮报》刊发那篇报道3个月之后，约翰尼宣布他将在一年后退休。65岁的他希望能在巅峰期隐退。NBC出于礼貌在两周之后才宣布杰·雷诺将接替约翰尼的位置。对于一档价值1亿美元的王牌节目来说，杰对主流观众群的吸引力让他成为更稳妥的选择。这是企业经营的思维，虽然保守，但是可以理解。不过让我大吃一惊的是，我听说NBC一直对大卫隐瞒该决定，直到公布前两天才告诉他，而且雷诺最新的合同已经秘密锁定他作为卡森的接班人了。NBC没有一个人在乎每年给它带来5 500万美元收入的莱特曼。（当时和现在一样，NBC的大部分利润都来自深夜节目和日间节目。）而且，NBC的会计部门一直在开支上为难大卫，甚至拒绝报销他购买车载电话的发票。更有甚者，大卫已经当面向沃伦·利特菲尔德表明，如果得不到《今夜秀》，他就只能辞职，但利特菲尔德仍然没有付出任何真正的努力来安抚他。

NBC把大卫推进了我们的怀抱。那年夏天，彼得·拉萨利打电话给我们要求见面，于是我们仔细研究了大卫跟NBC之间的合同。那是一份很坑人的合同。"他这跟坐牢没什么差别。"我们电视部门的二把手李·加布勒说。李身材高大、有判断力，很多客户都本能地信任他。从当时起到1993年2月——大卫目前的合同到期之前两个月——的一年半间，大卫不能跟任何人进行合同谈判。即使之后能谈了，NBC也有用同等待遇优先续约的权利。如果大卫拒绝NBC，它可以让他继续停播一年。

经纪人就像消防员一样：他们从一个危机奔向下一个危机，应对着各种新的机会与最后期限，永远不知道明天会发生什么。但是在CAA，我们为能够开创明天而自豪。那么，我们能为大卫开创更辉煌的明天吗？我们在这个项目上安排了5个人，由李负责，我要求他们分析尼尔森收视率数据和深夜节目的所有时段，以及他们能想到的所有可能对大卫感兴趣的买家。我需要的所有数据被浓缩为单行间距打印的三页文件，我们花费了大量时间研究出让电视网之间相互竞争的行动策略。夏天结束时，我已经为一举说服大卫做好了准备。

————

由于我们公司非常注重第一印象，所以很多时候我们还没开口说话，就已经赢得了很多新客户的好感。那年8月，大卫和彼得·拉萨利开车驶入CAA的地下车库时，我们的5位停车"专员"中的一位亲切地叫出了他们的名字表示欢迎。然后，大卫和彼得经由一道布置着版画的长廊走向电梯——琼斯、斯特拉、克洛斯和劳森伯格①的作品鲜艳夺目。我选择这些作品来展示，正是为了吸引来客的关注并体现我们的身价。我带着客人参观公司时，也会在这些画的旁边停下来，和演员们谈论构图和情绪，和导演们谈论图像的力量，和高管们谈论全面发展以及在工作之外享受人生。私下说，艺术品是这座大楼里我最喜欢的特征，因为它们总会让我暂停片刻，让我有所感受，让我想起那个我一直希望成为的人——他与大卫和彼得马上要见到的那个大人物非常不同。

乘电梯往上一层后，他们来到了公司大楼的中庭。这座大楼由贝聿铭设计，中庭挑高57英尺，顶端是一个玻璃半球。其他经纪公司看起来都像会计师事务所，但是当大卫和彼得踩着凝灰石地面走向前台，墙上那幅巨大的利希滕斯坦画作映入眼帘时，我希望他们脑子里的想法是：哇！他们在办理访客登记手续的时候很难不注意到更高楼层开放式廊桥上来来往往的人们，四周持续不断的喧嚣声表明CAA的"新陈代谢"非常旺盛。

前往换乘另一组电梯时，莱特曼大声喊道："教父在这儿吗？"这一幕相当搞笑，这是第一次也是最后一次有人在我们的大厅里喊叫。

我的办公室位于三层，房间不太大，充沛的阳光能透过整面落地窗照进来。过大的办公室会显得傻里傻气，而且对谈生意没什么好处。私人会面要亲密一些，而大型会议应该到会议室去开。我办公室的一侧是一张法国白蜡木的半月形办公桌和两把贾科梅蒂设计的椅子。会客区摆着一张沙发和两把约瑟夫·霍夫曼设计的椅子。房间里唯一的

---

① 指贾斯培·琼斯、弗兰克·斯特拉、查克·克洛斯和罗伯特·劳森伯格，他们均为美国现当代版画及视觉艺术家。——译者注

绘画作品是罗伯特·曼戈尔德的《正方形中的圆》，与大楼设计的核心元素呼应。

我与大卫握手，同时快速打量了他一下。我习惯在初次见面时把对方从头到脚扫视一遍。他们有没有染头发？是不是戴了假发？他们的穿搭品位如何？他们的胡子刮得干不干净？（那会儿这个行业还没开始流行邋遢的风格。）耳朵里有卷毛滋出来或者指甲很脏的人不是我想培养的客户。如果一个人戴着巨大的金链子和金表走进来，那他最好是个嘻哈艺术家，不然他就是在告诉全世界他内心极度缺乏安全感。

如果有人这般打量我，他们会看到一个对穿搭非常在意的人，一身蓝色西服套装，搭配一件白色或者蓝色的衬衫和一双黑色的皮鞋——绝对不会是棕色，唯一的配饰是一块皮质表带的手表。我不戴首饰，连结婚戒指都不戴。我坐姿挺拔，充满同理心，把全部注意力集中在对方身上，并总是把话题从自己身上转移开。当我从客户们目光热切的眼睛里看到自己伪装的外表时，我发现，我的这种专注吸引了他们。他们潜意识中也感觉到我表面的轻松随意之下是内心轰鸣澎湃的斗志，这种表里对照会让人觉得，如果你和我在一条战线上，那你大可安心，但如果你在我的对立面，你就会带着好奇有所戒备。在我的身上，仿佛有股力量蓄势待发。

而我在大卫身上看到的是一个传统而保守的美国中西部男人，他穿着白色袜子和便士乐福鞋，拘谨局促，但又会坦率地寻求帮助和安慰。我看到了一个感到孤独、脆弱和被欺骗的人。我对他微笑时，他也回以微笑。他注意到我们两人的门牙缝隙都很明显，于是问道："咱俩有亲戚关系吗？"从某些性格上来看，或许真的有吧——比如我们都有戒心，都对别人的动机持怀疑态度。我之所以这么坚决地想帮助大卫，原因之一就是他让我想起了自己。当然，他比我更容易相信别人，更容易被看穿，而且比我有趣好多好多倍。此外，他真的认为他能得到《今夜秀》，但我知道并非如此。

彼得·拉萨利刚开始讲述他们的经历，我就打断了他。我已经知道了他们的困境，我需要把每一分钟都用来说服大卫相信我能解决问题。"彼得，"我说，"我知道大卫的情况。所以我也知道你们为什么到这里来。大卫是个非常有地位、有人气的明星，说实话，他遭到这样的对待，我个人觉得非常气愤。CAA最自豪的就是我们能够为客户发展出一整套职业规划，不仅能保护他们，还能让他们的事业更上一层楼。大卫有这么高的专业水准，却没得到应有的回报，这让人很不安。这是没道理的。这是糟糕的经营决策。很明显，我们非常有兴趣与你，大卫，还有你，彼得，建立业务关系。坦白说，我们已经为大卫做好了一份职业规划，其中包括为大卫争取到他想要的一切。全部。"我停顿了一下，给他们时间略加思考。"当然，这就意味着肯定有一档晚间11点半的电视脱口秀节目。"然而，我补充道，"这份合约的规模和范围都会大得多。电影制片公司会加入，还有电视节目分销商①，娱乐业的方方面面都会参与。我们会拟定一份让你成为超级巨星的大型合约。并且，如果我们有幸能够与你合作，那么你的才华应该享有的一切待遇，CAA都会照顾到。"

我游说大卫的过程后来被写进了电视电影《电视大玩家》(*The Late Shift*)里。那场戏异常真实，因为制片人是我的客户伊万·雷特曼，我把整件事的过程原原本本告诉了伊万。扮演我的特里特·威廉

---

① 电视节目分销商（syndicator），通过辛迪加（syndicate）这种节目分销系统，把同一档新节目或旧节目的播出权分别卖给不同的电视台同时播出，来扩大影响力、增加节目价值的机构。——译者注

斯也还原了我为了让客户保持冷静而使用的平淡语调，以及我洗手上瘾的毛病。我每天要洗30次手，并且严禁助理们碰我的食物。这似乎是个怪癖，我知道，但我从事的行业要和人打交道，每天要见几十个人，我绝对不能生病。（我也从来没在工作期间生过病，只有在难得放假的时候才总是病倒。）

我的这番游说可能会让人觉得太过奉承：又一个推销员，满嘴胡扯。但是只有当你兑现不了的时候，这些话才是胡扯。如果你能兑现，那它就是事实——而事实是最好的推销手段。当我准确地预测事情的未来走向时，我的客户就会：（1）因为我的预测得到了应验而高兴；（2）因为我能够做出这样的预测而把我视为天才；（3）把我的事迹传播出去，帮我们签下新的客户。通过与CBS、ABC和福克斯广播公司（Fox Broadcasting Company，简称FOX）沟通，我了解到其他电视网也对莱特曼很有兴趣。电视节目分销商们也一定会找上门来的。大卫太有价值，不会被忽视。

大卫谈了谈他经历的这场风波。失去《今夜秀》让他第一次感到万念俱灰般的失望，到现在他仍然很沮丧。他已经44岁，不再是个孩子了。很快，深夜12:30档的观众群体就会觉得他年龄太大，到那时该怎么办呢？我告诉他，他所有的选择，包括《今夜秀》，都还有机会，但有一点：他不能继续留在《大卫·莱特曼深夜秀》。杰·雷诺是个招人喜欢的家伙，有几百万忠实观众，而大卫如果保持原状，就只能在忐忑中焦虑地等着雷诺有一天不再受欢迎。他能再等上5年，甚至10年吗？

"如果我们不介入，"我说，"到头来你还是会自动留在NBC深夜12:30档的节目中，因为你是全世界最好说话的人，你不会和他们争。但你也不会开心。"他点头表示认同，于是，我开始催他确认合作。"我们做好了帮助你处理这件事的准备,"我说,"你觉得行还是不行?"

到了这个时候,100个我们想争取的客户里有99个会说:"这次会面非常好。让我回去考虑一下。"虽然CAA很强势——或许正是因为CAA强势——他们仍然不想那么轻易地答应。

"就这么定了吧。"大卫说。

送他离开的时候,我说:"未来会有一些时候,你很想跟我们解约。很多人怨恨我,他们为了跟你合作会不择手段。他们会说我们在毁掉你——他们会挑拨离间。如果你认为他们能够影响你,那么这一步你就先别走。"我总是把丑话说在前面,让我的客户事先知道我们的竞争对手和买家会用最恶劣的方法来诋毁我们。就像是打流感疫苗一样。有11家公司迫切想拿到大卫的经纪合约,其中至少会有几家企图在大卫和他的顾问之间横插一杠子,这个可能性非常大。

大卫说:"首先,没有人能够找到我。"在录影棚之外,他是个隐士。然后他大笑着补充说:"我甚至不确定你们能不能找到我。"握手告别的那一刻,我突然有种感觉,我们会相处愉快的。

签下大卫·莱特曼这位客户是对CAA公司实力的一次巨大考验。任何方面的差错都有可能把事情搞砸,而且是在举国瞩目之下搞砸。最安全的打法是让它成为别人的麻烦。我们的两位高管和一位精明的法律顾问都建议我离这件事越远越好。如果大卫最后仍然被困在深夜12:30档——或者,最坏的结果,他彻底丢掉了工作,那么下一位客户还会买我们的账吗?但是大卫身上有某种走投无路时的体面,让我想要保护他。而且,我永远无法抗拒挑战。

我的第一步是打电话给NBC的鲍勃·赖特。"很高兴你们也参与了。"他语气真诚,但很可能是口是心非。娱乐圈里没有什么真诚可言：每一通电话背后至少都藏着一个目的，一般来说会有两三个目的。虚假的奉承其实比真心的夸赞更让人受用，因为它代表着一个心照不宣的事实：我拥有权力，所以别人必须讨好我。但是熟知这种套路也让你更加难以相信任何人。

"我打电话不是要告诉你该怎么做的，"我对鲍勃说，"你的两个人选都非常优秀。但是落选的那个人——你真的想要留下他吗？"

"我和他们两个都有合同。"

"这个我明白，不过咱们先把合同放一边，考虑下大卫本人吧。你是想告诉大卫，他必须再留18个月，给一个需要三年才能成气候的人当后备吗？无论如何你都会失去大卫的。我不明白你何必这样。"

"嗯，有道理。"鲍勃说。

在那通电话里，我表达了两个意思。第一，选择杰·雷诺主持《今夜秀》的决定并非不可改变。第二，把大卫锁死在NBC是不合情理且缺乏远见的。鲍勃需要让他得到他想要的工作，不然就放他走。我让杰伊·莫洛尼给我们公司的550名员工发了一份备忘录："我们很高兴地告诉大家，从现在起我司开始独家代理大卫·莱特曼的经纪事务。"这个消息让NBC压力骤增。

在数码录像机和视频点播服务普及之前，电视业的关键就在于同档期的节目对抗。电视网的人会盯着节目排期表上各个时段的竞品节目发问："我们用什么对抗这个节目？又用什么对抗那个呢？"《今夜秀》似乎总是所向披靡，因为没有人比得上约翰尼。

虽然晚间11:30档卡森/雷诺的观众比深夜12:30档莱特曼的观众更老派一些，但我知道大卫可以调整风格。多亏布兰登·塔蒂科夫在执掌NBC期间让黄金时段的节目年轻了许多，大卫同样有可能把

《今夜秀》的观众群往"下"带一带，或者说让他们更加年轻化。卡森的风格与《大卫·莱特曼深夜秀》的时髦讽刺风格之间有个中间带，大卫非常聪明地找到了它。如果沃伦·利特菲尔德认为大卫对晚间11:30档的观众来说太前卫，那么其他买家会争相证明他是错的。沃伦的拒绝正好可以证明我们的客户确实有所不同，可以成为挑剔的观众们的替代选择。此外，大卫的节目拿来就可以直接播，没有任何开发成本。要想对抗杰·雷诺，还有比他更好的选择吗？

我们希望大卫认识到他是大受欢迎的，但是他的合同限制了他与有意向的各方接触。我们为此与NBC协调，但对方坚决不松口。"我们什么都不能谈。"李·加布勒一直这样告诉我。我突然想到，如果我们的谈判仅限于他恢复自由身之后的机会，那么大卫就不算违反合同。他在进行未来规划，你不能因为这个判他"死刑"。

在任何复杂的谈判开始之前，我都会尽量推演出最理想的结果。我们从各个角度充分讨论之后，CBS显然是我们最想要的下家。1992年6月，雷诺接替主持《今夜秀》之后不久，我给我最喜欢的高管之一、CBS的总裁霍华德·斯金格打了个电话。霍华德开朗、冷静，有着致命的睿智——而且我知道他已经决心在深夜档拥有一席之地。"大卫目前还动不了，"我说，"但我们在寻找他合同到期后的机会。你最好现在就开始考虑这个问题。"

"可是我怎么才能合法地跟他搭话呢？"霍华德问。

"随便闲聊，不当真就行。我来安排一些社交场合见面的机会，你尽力而为就好。"

下一家是ABC。我太喜欢特德·科佩尔的节目了，所以一直都是准点收看他主持的《夜线》，而把同档期的《今夜秀》录下来之后再看。但我还是提出了一个不可能实现的想法。"我知道这个建议很疯狂，"我告诉 ABC 娱乐部门的总裁鲍勃·艾格，"不过，你有没有考虑过把科佩尔的节目移到另一个时段？"艾格并没有断然拒绝。

这个圈子里人人都在互通消息，这两通电话起了推波助澜的作用。

———————

我们在 7 月安排了一次为期 4 天的买方竞标会，公司会议室的黑色大理石桌面上摆满了水果和自制的巧克力曲奇。电视行业的各位领军人物抵达公司前厅之后，我们故意让他们多等了一会儿，好让碰巧在大楼里的所有人都能看到。我们希望这次极为保密的会议能够在外界引发广泛的议论。

霍华德·斯金格拿着他的王牌——实力电视网虚位以待的晚间 11:30 档率先发言。他做了一番慷慨激昂的演讲，告诉大卫："像你这么正派的人，是不能跟 FOX 合作的！"我早就说过，这是致命的睿智。但我们担心的是 CBS 的同播率，也就是电视网属下所有电视台中可以把晚间 11:30 档留出来同步播出这档新节目的电视台的占比。NBC《今夜秀》节目的同播率超过 90%，但我们的研究表明，CBS 的同播率会从 65% 起步，在大卫的节目首播后大幅增长。同播率低是个不利因素，但不至于导致交易失败。现阶段还不能谈钱。一谈钱就肯定要违反大卫现有合同的约束，不过，有着典型中西部性格的大卫倒是很高兴能避开钱这个话题。

接着是福克斯广播公司。我把鲁珀特·默多克视为现代媒体界的顶级管理者——他深藏不露，很有先见之明，而且有着无与伦比的风险承受力。鲁珀特提出了一个想法，那就是让节目从晚上 11 点开始，先发制人阻击雷诺，而且他能够让这个想法实现。但是，虽然 FOX

拥有我们想要的更年轻的观众群体，但它刚刚作为第四大电视网站稳脚跟。要真正与杰对抗，大卫需要一家拥有超过 200 个电视台的电视网。

然后是哥伦比亚影业的电视部、国王世界制片公司和派拉蒙影业。我已经警告过大卫说我对电视节目分销商持怀疑态度。如果有 10 个南方的电视台联手把他的节目移到另一个档期怎么办？如果当地的棒球比赛超时了怎么办？谁知道大卫的节目之前是什么节目，以及那个节目之前又是什么节目？这些变数让我害怕。电视节目分销商会给出高得难以置信的报酬（大卫称之为"奥普拉①级别的价码"），也会让 CAA 得到丰厚的佣金。但是大卫需要一个稳固的核心受众群体，每一晚都不能放过。不过，我还是告诉他保持开放的心态。我的个人形象管理中最重要的一部分就是我不会像大多数经纪人那样急于应和，相反，当我面对问题或者困难时，我会先停顿一下，然后表示"我不太确定"或者"让我再研究研究"。我想让大家明白，我不会信口开河。

最后发言的是 ABC 的鲍勃·艾格。一切都有得谈，鲍勃说。他可能会把科佩尔的节目缩短为半个小时，然后让大卫的节目在午夜 12 点开始。他甚至有可能把《夜线》移到黄金档，估计科佩尔也很愿意。我们聊得很起劲，但我私下里很怀疑 ABC 会不会冒险破坏它的大好局面。（艾格的销售部门很快就告诉他，他的那些想法都不可行。）

然后我们飞往纽约，与克里斯-克拉夫特电视转播公司（Chris-Craft）、迪士尼公司和维亚康姆集团的人会面。维亚康姆的人提出愿

---

① 奥普拉指的是美国主持人奥普拉·温弗瑞，身价极高。——译者注

意付给大卫5 000万美元左右的年薪。我们让他们少安毋躁。大卫的合同还有9个月才到期，即使他愿意，他现在也不能做出任何承诺。何况，他的首选NBC还没表态。

对大卫来说，整个过程肯定像是超现实。为了给入主《今夜秀》铺平道路，他在《大卫·莱特曼深夜秀》打拼了十年，结果却发现自己被漫不经心地抛弃了。现在，他拥有了一个超级活跃的经纪人团队，每天给他打5次电话，电视圈的各位大人物都在向他示好——当然，同时也在想着挖我们的墙脚。

但是大卫把所有的闲言碎语和空穴来风都拒于门外。关于他未来去向的传闻和想要挖消息的记者一样多，但我们的买家全部守口如瓶。我们已经告知它们，鉴于大卫与NBC的合同，我们的谈判必须严格保密——谁如果走漏了风声，就会失去竞标资格。

无论如何，真正发生的故事都已经印在我们的脑子里了。尽管我们属意CBS，但我们必须让每个买家都得到公平的竞标机会，至少表面上要做到。而且我们必须让《今夜秀》给大卫一个表态，不仅因为那是他所希望的，更因为那样他就可以掌握主动权选择离开，而不是像一个被拒绝的追求者一样灰溜溜地走掉。

有两种情况让我心里忐忑。一是某个作风大胆或者蛮干的买家直接砸钱。比如鲁珀特·默多克说："我们承诺给你五年的播出期，再加上价值2 500万美元的FOX股票期权。"然后他跟彼得·拉萨利和节目的制片人、昵称"莫蒂"的罗伯特·莫顿说："你们每人能够拿到500万美元的期权。而且，我们不按你们的标准支付嘉宾的酬金"——你们现在付给每位嘉宾大约400美元——"我们给每个嘉宾5 000美元预算，让你们每天晚上都能请到最优秀的嘉宾。"这会把霍华德·斯金格和其他所有人都打趴下。

我的另一个担忧是：如果大卫真的拿到了《今夜秀》会怎样？我们只想要个表态，意思一下而已，但大卫是真的很想得到那份工作。如果他上了《今夜秀》，我能预见到他的起步会比较缓慢，同时雷诺的阵营会一直密谋把他赶走。怎样才能阻止 NBC 安排杰重新上岗？（17 年后，他们真的这样用杰替掉了柯南·奥布莱恩。）

我们希望在最初的协议中创下主持人薪金的最高纪录，我们也希望让大卫开心——做到这一点的最好办法是拥有下行保护[①]。我们希望大卫能够去一家没有人盼着他翻车的电视网。此外，我希望大卫与 NBC 友好分手后与 CBS 合作，也是出于私心，因为这对 CAA 更有利。我们需要与鲍勃·赖特、沃伦·利特菲尔德及霍华德·斯金格继续保持良好的关系。但我之前也说过，在一个零和博弈的行业中，这几乎很难实现。

海伦·库什尼克作为杰的经理人一直非常出色，但自从她当上《今夜秀》的执行制片人之后，她就开始沉醉于权力。鲍勃·赖特要求她让杰在第一次主持《今夜秀》时对他的前任约翰尼·卡森说几句暖心话，她断然拒绝。那期节目录制完毕后，她还喃喃地说出一句："去你的，约翰尼·卡森。"她禁止让那些曾经在竞品节目，比如阿瑟尼奥·豪尔的节目中出现的明星嘉宾出镜，还与莱特曼的制片人交恶。然后，8 月的一个夜晚，由于美国共和党全国代表大会与雷诺的开场白撞时间，她竟然把当晚的直播全部取消了。NBC 只能手忙脚乱地用一期重播节目临时顶上，而我们也开始听到从 NBC 传出来的抱怨：完全不受控。像是架在脖子上的一把刀。（我的消息来

[①] 下行保护，英文为 downside protection，投资行业术语，指采用技术手段来减轻或防止投资价值下降。——译者注

第一章 教父在这儿吗？

源是 NBC 体育部门的总裁迪克·埃伯索尔。）杰·雷诺本来应该是个不难伺候的主持人，但实际情况并不是这样的。NBC 在 9 月解雇了库什尼克。

这些风波此起彼伏之时，大卫在纽约的大本营也在持续向鲍勃·赖特施压，想让他改变主意。但是沃伦·利特菲尔德和 NBC 制作部执行副总裁约翰·阿戈利亚态度非常坚决，而且雷诺的收视率确实十分强劲。那年秋天，我在某个行业活动中见到鲍勃，我请求他放宽合同的限制，允许我们开始为大卫接洽其他比较可靠的机会。反正，同等条件优先续约权仍然在 NBC 手里。我跟他说，先让大卫试试水，之后无论 NBC 这边开出什么条件，他都会更容易接受。

鲍勃同意了，但交换条件是把大卫的合同期再延长 3 个月，也就是 1993 年 6 月到期。他们已经把这个日期之前的《大卫·莱特曼深夜秀》的广告档期预售了，而电视网最讨厌的就是把落袋的钱还给广告商。我们握手成交，这个协议对我们双方来说都没有损失。开播一档新节目需要花半年时间找场地、搭景、拉团队。就算大卫去了别的地方，在 1993 年下半年之前他无论如何也是开不了工的。

我们请各个竞标方就交易的九个具体问题做出书面答复，其中包括薪水、预算、所有权和播出档期等。一旦我们看到大卫的所有选项都落在纸面上，选谁就显而易见了：CBS 和 FOX 两家进入最后角逐，而前者更胜一筹。我们不断与霍华德·斯金格商讨细节，到 12 月时，我们满意了。

我们请大卫过来。"CAA 的正式建议是，"我告诉他，"你接受 CBS 的条件并告知 NBC。"我们列出了交易的具体内容。CBS 会把每天晚上两个小时的档期交给大卫自己的制片公司"环球短裤公司"，其中深夜 12:30 档的节目可以由环球短裤公司自行选择内容制作。大卫会得到为期三年的"pay-or-play"①保底合同,年薪为1 400万美元,是他在《大卫·莱特曼深夜秀》薪水的两倍。制作预算非常宽裕。电视网在黄金档期的先导节目收视率很好。晚间11:30的档期已经锁定。

大卫也认同CBS给出的条件最好,尽管他显然更想以此作为跟NBC谈条件的筹码。我们把结果告诉了霍华德,然后逐个打电话通知其他竞标方,从我的朋友、迪士尼的总裁迈克尔·艾斯纳开始。迈克尔的标准手段是虚报低价(他给大卫开出的年薪只有650万美元),然后在失利后大肆抱怨。"我真不敢相信你竟然这样对我!"迈克尔说道。他又开始了他的惯用说辞,目的是让你觉得内疚:迪士尼是历史上最伟大的公司,所以这是一个战略错误,是一个不道德的决定,是极度不美式的做法。他宁可花更多时间让你觉得过意不去,好把下一单生意给他,也不会一开始就全力以赴把这单生意拿到手。我跟他说了抱歉,然后给下一个竞标方打电话。

大卫接受了CBS的条件之后,李·加布勒向约翰·阿戈利亚详细解释了条款内容,后者有一个月时间决定是要以同等条件挽留大卫还是闭嘴放人。NBC散布了一些准备出价挽留大卫的风声,但是我怀疑它不会真的这么做。CBS提出的待遇非常优厚,大卫的整个团队,包括乐手保罗·谢弗和他的乐队、助理主持比尔·温德尔和大卫的写作班子,都得到了保障,这对晚间11:30档的品牌节目来说很合理。但是在广告收入较少的深夜12:30档,这套待遇并不适用。我们遵循为我们提供合同咨询服务的律师伯特·菲尔茨提出的一个精明的建议,让CBS同意,如果大卫没有得到CBS承诺的晚间11:30档期,它就

---

① pay-or-play,影视行业特有的合同条款,该条款规定,制片方若最终未使用所雇人才提供的服务,仍应向所雇人才支付其聘用合同项下所提供服务对应的报酬。——译者注

第一章 教父在这儿吗?

要支付5 000万美元的罚金。这样做的目的是阻止NBC匹配了同等条件续签大卫后只把《大卫·莱特曼深夜秀》的档期给他,甚至完全不让他有出镜的机会。这是我们偏向CBS而使出的一点儿小手段。

鲍勃·赖特提出把大卫的节目移到晚间10点档。那个时间不对——习惯在晚上10点收看电视剧集的观众群与深夜档最佳时段的观众群比较起来,前者在年龄分布上偏向更年轻和更年长的两极,所以我们拒绝了他。两个星期后,鲍勃要求单独与大卫见面。我表示反对,但拉萨利和莫顿都同意,结果证明他们是对的。大卫利用这次会面说服鲍勃他可以调整风格以符合晚间11:30档观众的口味。

第二天,杰·雷诺告诉《纽约时报》,如果《今夜秀》落在大卫手中,他会"立即离开NBC"。他还召集了他在附属电视台的诸多好友,他们纷纷发声支持雷诺,连《洛杉矶时报》都做了报道。压力都集中在鲍勃身上。新年期间,我们在阿斯彭相聚时,鲍勃恳求大卫在《今夜秀》这件事上能够"顾全大局"。他看上去很不安,而我认为这是个令人鼓舞的迹象。我们的消息来源说,NBC的调研报告显示,莱特曼的受欢迎程度超过了雷诺。(我们从CAA的焦点团体调研和超市出口民调中也得出了类似结论。) NBC没有公开那份报告,而是精心挑选了一项新的调研,好得到有利于雷诺的数据。但是这明显说明杰主持7个月后,《今夜秀》仍有变数。我看得出来鲍勃想要留下大卫,但他不想陷入一个将来可能会给他带来大麻烦的窘境。

———

1993年1月8日,约翰·阿戈利亚来电告知我们NBC的决定。经纪人都不喜欢阿戈利亚,因为他很粗鲁,甚至有时候会过度激动。但是我接起电话,却听到了他声音中的沮丧。他应该感受到了被迫做出180度大反转的"幽默"。

"我们希望大卫来主持《今夜秀》。"阿戈利亚说。但是随着他把条件一一列出，很明显，他们其实没那么想要大卫留下来。NBC根本不想匹配CBS的条件。它提出的薪酬低得多，制作预算也更少。最烦人的是，NBC提出让大卫在1994年5月，也就是杰·雷诺的合同到期后开工。这等于让NBC有16个月——相当于电视圈里一辈子那么长——去考察杰的收视率是否撑得住。如果收视率不行了，大卫就是备选；如果杰的收视率反弹，NBC就可以维持现状。无论哪种情况，鲍勃·赖特都能控制住他手里最大的两个明星。

NBC律师团提出的这些条件非常狡猾，但对大卫非常不利。最好的情况下，他也只会被视为《今夜秀》的第二人选。而在最坏的情况下，他就是一个因为自身还不够优秀所以无法得到机会的人。在我看来，阿戈利亚给出的条件根本没得谈。但是大卫会怎么想？几年前接受采访谈到《今夜秀》时，他说过："如果没人找我主持这个节目，我会觉得有点儿难过。但如果真的主持了这个节目，那才是我最恐惧的噩梦……或许稳妥的做法是让哪个可怜的倒霉蛋先去干几个月探探路，我再试着做做看吧。"NBC就是想引导我们往那个方向去，而杰·雷诺就在扮演那个倒霉蛋。

NBC提出的条件这么差，反而增加了我们的信心：我们可以毫无保留地给出不推荐NBC的理由。但是就连菜鸟经纪人都知道，第一次开出的条件永远不会是最好的，也不会是最终的。我们完全可以集体杀到沃伦·利特菲尔德的办公室里，当着阿戈利亚的面给鲍勃·赖特打电话。我知道鲍勃很担心大卫会真的离开，所以我们完全可以拒绝那16个月的延后期并要求提高大卫的薪酬和制作费用。我最擅长的就是完成交易。我完全可以把这份合同拿下，让大卫得到他梦想的工作。但是我没有那样做，甚至也没有告诉大卫我能做到，因

第一章 教父在这儿吗？

为这份合同对他来说不合适。深夜脱口秀并不像书或电影那样是一锤子买卖，他的职业生涯全系于此。有时候，为客户争取最大利益就意味着不让他得到他以为自己想要的。我这份工作需要做出判断的部分就是知道什么时候引导客户改变他们的愿望。

在与大卫和彼得的电话会议上，我们把大卫最想听到的话告诉了他们："只要我们愿意，我们就能搞定NBC。"但是，当我们给他们比较各方开出的条件时，CBS在每一项上都胜出，在至关重要的期待值一项上也有优势。杰·雷诺把晚间11:30档的收视率拉到了4.9，而CBS的收视率一直在2.7左右萎靡不振。CBS的收视率如果能上升到3.8，就足以让大卫成为英雄，但是在NBC，这个数字却是灾难。对大卫这种非常害怕失败的人来说，这是一个很有分量的因素。为了强调积极的一面，也为了激发大卫的斗志，我换了个角度说："如果你去了CBS，你就有机会把NBC打得屁滚尿流。"彼得支持我们的建议。但是大卫仍然在苦闷中拿不定主意。

两年前的那个夏天，我们的合作刚刚开始时，大卫就让我不要过滤任何意见。我也把一切都告诉了他，包括一些很难听的话，比如NBC诋毁他的传闻，对他的风格是否适合晚间11:30档的担心，等等，这都是一般经纪人通常会隐瞒的事情。每次跟他通电话的时候，我都会想：现在是时候最后推他一下了吗？我想，此时，时机终于到了。我告诉大卫，对他来说，《今夜秀》已经死了。它死于6个月前，杰·雷诺接班的那一刻。从那时起，大卫就不再是皇太子了，他只能是杰的篡位者。他们两人虽然针锋相对，但也互相仰慕。如果大卫把杰一脚踢开，他会很难忍受由此产生的后果，也很难面对自己。对他来说，他的自尊甚至比童年梦想还重要。

大卫并不想听这些话，但他需要听。最后，我重申了我们的建议：CBS。随后，是一阵长时间的沉默。然后，大卫说："你知道吗？驾驶法拉利是每个赛车手的梦想。我需要一点儿时间考虑。"他的感情超越了他的理智。

在大卫考虑的这段时间里，我让阿戈利亚周末过来准备起草合同。1月9日星期六，他和他的手下们与李·加布勒、杰伊·莫洛尼和CAA电视部门商务负责人史蒂夫·拉弗蒂见了面。为了让大卫能在最后一刻反悔，我没有出席。我们这样安排，是因为在紧要关头，我可能需要推翻他们达成的任何协议。

会后，李打来电话说："约翰并没有要成交的意思。"阿戈利亚提出了一些小让步，但拒绝落实到书面上。李这种经验丰富的经纪人能够读懂对方的肢体语言。阿戈利亚是在违背自己的意愿，执行鲍勃·赖特的命令，他本人并不想签这份合同。

后来，阿戈利亚也没有按照约定把合同的要点发传真给我们，而是在电话里读给我们听。NBC正在疯狂地拖延进度，这意味着以下两种情况之一：

1. NBC不确定是否真的想签下大卫。因为传真发来的合同备忘录若由大卫签名后回传，就具备了法律效力。

2. NBC不确定大卫是否想跟它签约。它担心我们会拒绝，把它的条件泄露给媒体，迫使杰·雷诺愤而辞职。

在彼得·拉萨利的催促下，大卫给唯一一个真正了解他的困境且全无私心的人打了电话。约翰尼·卡森告诉大卫，自己不能决定对别人来说怎么做才是最好的，但是如果NBC像对待大卫那样对待他，那他"很可能会离开"。老国王允许大卫放弃他长期以来候补王储的角色。那天晚上我和大卫通话时，大卫说："我们选择CBS吧。"他听起来很平静。

我们还没来得及通知NBC，阿戈利亚已经先一步撤回了意向。我们推测是卡森跟别人说了他与大卫聊过，剩下的就都是各种小道消息在推动发酵。为了在雷诺那边掩盖此事，NBC后来还举行了一次新闻发布会，否认曾经参与竞标开价。

———

1993年8月30日，《大卫·莱特曼晚间秀》在CBS首播。为此，我带着13岁的儿子克里斯来到纽约，儿子还特意穿了正装。站在埃德·沙利文剧院后方控制室的玻璃幕墙内，我们听到了大卫登台时观众爆发的欢呼。掌声将他淹没，我真的心满意足，因为是我帮助他得到了自己的节目。你不会知道大卫内心深处的感受，除非他亲口告诉你，而他是永远不会告诉你的。不过，他看上去镇定自若，穿了双排扣西服而不再是老式夹克衫，他的开场独白非常精彩。我的客户和好朋友比尔·默瑞是大卫的第一位嘉宾，我的另一位客户和好朋友保罗·纽曼则混在观众席里客串了一把。整场节目如同圆梦一样完成了。

录制结束后，在后台的办公室里，大卫开始了他性格中典型的自我批判——他告诉我，录制的过程像灾难一般，而当霍华德·斯金格来电向他表示祝贺时，大卫嘟囔着说一会儿再给他回电。四面八方的关注似乎让他觉得很尴尬，于是他专注于跟我儿子一起玩。他莫名其妙地突然伸手从雪茄盒里掏出一支雪茄递给了克里斯，然后自己也被这种举动逗笑了。我们离开时，大卫跟我对视了一下，点了个头，仅此而已。

霍华德·斯金格超出预期地兑现了承诺。不到三年，哥伦比亚广播电视网属下电视台的同播率达到了90%以上。《大卫·莱特曼晚间秀》每晚会邀请两三位嘉宾，为电影行业提供了一个推广新片的新场合，这对我们所有的电影客户都有帮助。环球短裤公司成为 CBS 的《深夜秀》和电视剧集《人人都爱雷蒙德》（*Everybody Loves Raymond*）的制作方，大卫从此一帆风顺。

———

在整个漫长而紧张的过程中，我们迎来了 1992 年的平安夜，当时我们全家在阿斯彭的度假地玩桌游。我正上楼去拿纸牌，卧室的电话响了起来。我很气恼，因为经纪人只有在圣诞节那一周才能踏踏实实放个假。又出什么事了？

"是迈克尔吗？"

"你是？"

"我是大卫。很抱歉在平安夜给你打电话。"

"大卫，我是犹太人。"我经常想要逗他笑，很少奏效，但这回少有地成功了。

他清了清嗓子，说："有些事我想告诉你。嗯……我的处境曾经非常糟糕，是你帮助我找回了好的状态。你真的挽救了我的人生。"他用那种亲切、宽厚的声音继续说了三四分钟，对如此内向的一个人来说，这已经是很长时间了。

我惊呆了。挂了电话之后，我独自坐了一会儿。在我 25 年的经纪人生涯中，在我经手的成千上万笔交易中，我从没听到过如此发自内心的诚意和感激。这——这种状态——才是我心中暗自向往的商场关系。

但这也是绝无仅有的一次。

第一章　教父在这儿吗？

第二章

第一道山谷

我的人生故事是由三道"山谷"构成的。圣费尔南多谷①是我的起点，硅谷是终点，中间的几十年，是我为自己掘下的深谷。

我在恩西诺长大，这是圣费尔南多谷一个不起眼的地方，而圣费尔南多谷则是大洛杉矶地区最没个性的地方。我曾经很喜欢恩西诺，明白过来之后就非常讨厌那儿了。我们在山的这一边，但所有的繁华都在山那边。

我的父亲戴维·奥维茨成长于大萧条时期，他的父母都是罗马尼亚的犹太移民。父亲没上过大学。我的母亲西尔维娅也是第二代美国移民。婚后，父亲在施格兰酒业公司当上了推销员，向芝加哥地区的酒行做批发生意。1946年，我在芝加哥出生。随着本地烈酒市场趋于饱和，公司鼓励销售人员迁往正在蓬勃发展的洛杉矶。我5岁那年，我的弟弟马克还在襁褓中，我的父母用我家位于三层的无电梯公寓换了恩西诺一套价值3 000美元的联排房。

我的父亲是个可爱、勤奋又认真的人，特别擅长和人打交道。

---

① 圣费尔南多谷（San Fernando Valley），当地人简称为"山谷"（The Valley），是加利福尼亚州洛杉矶市的一个城市化山谷区域。——译者注

他把施格兰公司那些外箱破损的波旁威士忌、杜松子酒和伏特加放进车库，用一条毯子盖住，然后把这些酒一瓶瓶分给本地的警察、水管工、洗衣工——人人有份，并因此换来了超优质的服务和无尽的友谊。但即使他周末都不休息，到圣莫尼卡去推销庭院家具，一周最多也只能赚到400美元。他从这笔钱里拿出50美元给我母亲，作为一家四口的生活开销，而她总是入不敷出。我们家唯一的奢侈就是周日晚上一起到外面吃饭，通常都是去一家名叫"萨摩亚之家"的粤菜馆。去"烟熏房"餐厅的时候，我们会穿起正装，每次父亲都会让我们赶在早鸟优惠时段进去。我上大学之前从没在晚上6点之后进过餐厅。

我父亲的梦想是开一家自己的酒行。"你需要掌握自己的命运，"他反复对我强调，"给别人打工没好处。"我记得他指着一家酒行里摆放的施格兰七号威士忌——那瓶酒被摆在与视线齐平的高度，是最佳的位置。"货架上的位置才是显示实力的地方，"他会说，"要想在货架上占到好位置，你就得足够强大。"但是，他最卑微的梦想都是遥不可及的：一张酒类经营执照的价格是2.5万美元。他对这张执照的渴望不亚于对文图拉大道上凯迪拉克橱窗里那些体格庞大的弗利特伍德汽车的渴望。我父亲不是个肤浅的人，但最让他受不了的是，我母亲的叔叔萨姆总是买得起华丽的最新款弗利特伍德汽车。萨姆经营着两家韦斯特伍德饭店，那是他和九个兄弟姐妹共同的产业，但他的日子过得似乎比其他人都好。他让我父亲感到相形见绌。

我们家最隆重的周末活动就是开车5个小时到拉斯韦加斯，入住金沙酒店35美元一晚的房间，然后去看秀。广告牌上写着鼠帮乐队[①]

---

① 鼠帮乐队（The Rat Pack），由亨弗莱·鲍嘉等一群好莱坞演员组成的非正式乐队，在20世纪60年代中期非常活跃，曾经在拉斯韦加斯演出。——译者注

的名字，而且你可能会在赌桌旁看到穿着礼服的辛纳特拉①。"看看这个地方，"我爸爸会说，"我们交入场费了吗？"我会摇摇头。"看到那些端着免费酒水走来走去的女孩了吗？那些酒是赌场花钱从施格兰买的。你觉得赌场靠什么赚钱？"然后他会冲着轮盘和双骰子赌桌旁边围着的人群扬扬下巴："都是从那些蠢货身上赚来的，迈克尔。一百个人里可能只有一个能赢钱。"偶尔一两次，为了证明他是对的，他会让我看他玩几把21点。他会输点儿钱，然后就不玩了。"你只要记住一点，"他说，"赢的永远是庄家。"

我牢记这个教诲，至少在赌博这件事上是这样。但是在其他所有方面，我都是家里不服管的那个。因为虽然我爱我的父亲，但我不喜欢他故步自封的人生。像许多在艰难环境中成长起来的人一样，他害怕冒险。我的外祖母萨拉是个讲话很直接的寡妇，曾经和我们一起生活了很多年。她总是在我母亲有怨气的时候火上浇油地告诉她："你本来可以过得更好的。"母亲把我们照顾得很好，但是她发起脾气来就像是萨拉的模糊影印版，爱吵架和爱挑剔是一模一样的，只是没有外祖母那么强势。外祖母会让我坐在她的腿上，跟她一起看《我们的日子》②，她还会护着我，不让我挨打。她很关注我，似乎觉得我很特别——她就像是我的第二个母亲。当她跟我说"你会比你父亲更有出息"的时候，我的心里矛盾极了。

在某些周日的下午，父亲、外祖母和我会到萨姆叔叔经营的一家韦斯特伍德饭店的礼堂，和其他亲戚一起听他汇报家族资产的最新情

---

① 指弗兰克·辛纳特拉，20世纪最优秀的美国男歌手之一，也是鼠帮乐队的成员。——译者注
② 《我们的日子》，美国NBC于1965年开播的超长篇肥皂剧，至今仍在播出。——译者注

况。其实他不过是想借这些场合来展示他的聪慧并接受大家的夸赞罢了。他是个冷漠的、拒人千里的人，对别人颐指气使，喜欢别人求他，然后才施与恩惠。我们站在最后面——我想这是因为我父亲压根儿不想出现在那儿。外祖母会指着萨姆对我父亲小声耳语："你为什么不能像人家那样？你为什么不能开一家饭店？"她一直在残忍地刺激他。而且，就像斯坦利·库布里克的电影《发条橙》中，马尔科姆·麦克道尔饰演的角色被迫观看暴力场面一样，我只能目睹这一切。

外祖母一直在将这种恶毒灌输给我，直到我 14 岁那年，父亲终于把她赶出家门。但那时她的咒语已经开始在我身上起效——"在美国，你可以成为你想成为的一切"，这是新移民们的信条，而她的版本更加黑暗。我没有尝试去效仿我善良而充满爱心的父亲，相反，我会变成外祖母期望的那种人。为了成功，我会不惜一切代价。当然，她情绪抑郁，沉浸在自己的痛苦中无法自拔，于是我会采取非常手段，以报答她对我寄予的信心，从而拯救她。在之后的人生里，我会加倍照顾那些看起来生病或者迷失的人。但是，外祖母在离开我们家的时候，也把我性格中富有感情和能给人带来希望的部分都带走了。

9 岁那年，我开始送报纸，骑着我的施文牌自行车按照固定线路在附近的街区穿梭。后来，我要求再多送一条线路，那几乎占去了我所有的闲暇。但我的内心深处感到自由自在。小时候的我会用"汽油是液体，怎么会爆炸呢？"这类问题把我父亲和老师们逼疯。四年级时，有一天我在巴尔博亚大道一家芭斯罗缤冰激凌店附近的人行道路面上发现一个正在融化的柠檬奶冻冰激凌球。那坨冰激凌很快就化成了一摊底料，我就给我的小跟屁虫马克解释说："这是冰激凌——但又不是冰激凌。"我回到家，在百科全书里查阅了冰激凌的词条，然后到科内特一角钱商店买了一台 4 美元的机器做了一些冰激凌。难吃极了。但我的脑瓜儿就是这样转的：先观察，再分析，然后用反向工程把它做出来。

我在上小学时比班上的同学们都矮一头，而且好奇心强到讨人厌，所以总是挨欺负。我们还住在芝加哥的时候，我的父亲曾经在我们家住宅楼的楼道里救下了正在被大孩子们欺负的我，但是课间休息和放学后那最可怕的几个小时里他不在，那会儿外边的孩子可以随便来欺负人。那种无能为力的感觉，那种畏缩、怯懦、希望趁人不注意溜掉的感觉让我极为痛恨，难以忍受。

虽然我的老师们从未特别关注或者鼓励过我，但我的学习成绩一直很突出。我把能读的书都读了，但我最喜欢读的还是安德鲁·卡内基[1]、温斯顿·丘吉尔、纳撒尼尔·罗斯柴尔德[2]等成功人士的传记。我还画了好多图纸，做了好多模型。我不是个有天赋的绘图员或建筑师，但我会在自己的房间里制作船和飞机的模型，满足自己指挥小型舰队和飞行中队的梦想。做完一个战斗机模型之后，我会很快把它的未来版本画出来，并且设想下一款会是什么样子。独自在房间的时候，我会窝在角落里憧憬着60年代将要带来的一切。未来要发生的事情总是让我着迷。

———

9岁那年，我发现了电影。距离我家四个街区的地方，在一道有保安岗哨的上锁的铁丝网后面，有一个神秘的地方——霍华德·休斯

---

[1] 安德鲁·卡内基，20世纪初的世界钢铁大王。——译者注
[2] 纳撒尼尔·罗斯柴尔德，罗斯柴尔德家族法国分支的后裔，木桐酒庄创始人。——译者注

拥有的制片厂雷电华影业①的外景片场。第一次逃过看守，从铁丝网的一个破洞钻进去时，我仿佛来到了另一个世界。成堆的照明设备、摄影机、麦克风和电缆，一排排各式建筑物的假立面，从古老的西部小镇到闪闪发亮的城市街道。好几百个演员装扮成不同的角色：牛仔、印第安人、警察、太空人。还有好几百个穿着便服的人在盯着摄影机的镜头或者布置灯光，还有人在敲敲打打，拖拖拽拽，四处乱跑，直到一位导演大喊一声"开始"，奇幻的场景便逐渐成形。我最开始看的影片是质量低劣的"丛林女王"（Queen of the Jungle）系列，但我还是被迷住了。

我的父母拼命想让我当医生，但电影却成了我的痴迷之物。我尽量不错过任何一部新上映的电影，而且开始从创意和要义等多方面学习电影行业的知识。读高中时，我就订阅了《视相》周刊。我很喜欢雷电华影业出品的西部片《要塞风云》，它讲述了在一支骑兵队里，约翰·韦恩饰演的优秀领导者推翻了亨利·方达饰演的昏庸首领的故事。我沉迷于建造堡垒，并推崇斯巴达方阵的理念——在方阵中，你的最大力量取决于你左边的战友。在一部西部电影的一场兵变戏中，埃罗尔·弗林在土地上画下一条线，然后说出的那句台词"你不支持我就等于反对我"也让我印象深刻。这种措辞方式——你不加入就等于退出——成了我的口头禅。这个句式让我此后获益匪浅，但它也对我造成了同等程度的伤害，因为这么说就等于不允许有任何灰色地带。而实际上，生活中的大部分事情都是处于灰色地带的。

13岁那年，我被《商海情深》深深折服。这部在其他方面都很平庸的电影讲述了住着酒店顶层豪华公寓的商人卡什坐着私人飞机到

---

① 雷电华影业（RKO Pictures），20世纪30年代美国八大电影公司之一，业务范围包括制作、发行和放映，50年代开始衰退。——译者注

处收购濒临倒闭的公司并转手加价卖出的故事，詹姆斯·加纳饰演的卡什这样解释自己："我是个彻头彻尾的俗人，我就喜欢赚钱。"作为一名谈判高手，他的立场就是："你要是不愿接受我非常慷慨的出价，那就回家自己抹脖子吧。"私募股权的概念当时远远超出我的理解能力，但卡什计划把自己的公司整合为一个大型集团，并且与一群专业合伙人合作将计划付诸实践的过程让我感到震惊。此外，他认为"生活远远不只是做生意"的观点也让我深受触动。我可以像卡什一样在经营全世界的同时仍然像我父亲一样晚上6点下班回家，享受家庭生活。他就像萨姆叔叔的理想版本：拥有所有优点，没留下一个缺点。

———

作为波尔托拉初级中学九年级的学生，我在竞选班级历史课代表时落败了。输掉这场极其微不足道的竞争让我好几个月都沮丧不已。我本来可以像一名政客那样承认自己的不足然后偃旗息鼓，但正相反，我发誓再也不让这种羞耻的事发生在自己身上。我分析了自己失利的原因，并且意识到我缺乏群众基础。除了那些徘徊在图书馆里的书呆子和溜进雷电华的混混，我需要广交人脉。

第二年，我在凡奈斯的伯明翰高中就读，这所学校有3 500名学生，我把自己的分析结果付诸实践。我和国际象棋队队员、橄榄球运动员、辩论社成员交上了朋友，还加入了五六个学生社团，在诸多小圈子中建立了稳固的支持者群体。这事现在看起来很滑稽，但在当时我可没有半点儿开玩笑的意思。在别人眼里，我肯定是个急于求成、四处拍马屁的小孩，但我这个急于求成、四处拍马屁的小孩效率很高！我竞选了十年级学生会主席，并且获胜了。第二年，我参加了校学生会副主席的竞选。由于我们的学校太大了，我不得不在三场不同的集会上发表我的竞选演说。起身发言时，我发现自己站在那里非常自信舒适。我看着人们的眼睛,伸手指向他们,动员他们,并说:"你能做到!你也能!我们可以同心协力,让学校变得更好!"我把选举变成与每个人都有关的事情,并且轻松胜出。每次胜利都让我更加沉迷于胜利。

我赢得那次选举之后,父亲告诉我:"如果你想让别人把你当成国王对待,你就必须表现得像个国王。"我开始穿着杰西潘尼的西装参加学生会的会议。我开展了一个邀请嘉宾来演讲的项目,并发起了一场清洁校园的运动,如果当天的校园环境足够干净,我们就都能提前15分钟放学。在一腔热忱中,我完全没注意到学生会主席迈克·麦克科纳希已经开始介意我抢他风头的种种迹象。然而同一年,我参加了学生会主席的竞选,目标就是接替迈克,这下他肯定更加不满了。我竞选演说的结束语是:"我宁愿当一个做实事并接受批评的主席,也不愿做一个无所作为且不接受批评的主席。"我再次获胜了。

当时我在家附近的"小猪商店"(Piggly Wiggly)连锁超市当搬运工,每天工作8个小时,从下午4点到午夜12点,我想存钱买汽车,交大学的学费,同时也在思考着自己的未来。学生会主席的职位让我自动加入了恩西诺地区的扶轮社①,所以我每月都和扶轮社其他成员开一次会,这些成员都是事业成功的汽车经销商和保险经纪人。他们并不比我父亲更聪明或更勤奋,但是他们有一样我父亲缺少的东西:大学学位。学位让他们有更多机会可以选择,也让他们成为当地权力架构的中坚力量。然而,我不想只成为地方权力的一分子而已。

离我家8英里②的地方,穿过塞普尔韦达山道,就是比弗利山的

---

① 扶轮社,英文为 Rotary Club,分布在168个国家和地区、拥有约三万个分社的国际组织,主要提供各种社会服务。——译者注

② 1英里约为1.61千米。——编者注

豪宅区。全家开车前往韦斯特伍德聚餐的路上，我会一直盯着那些豪宅看。当时还没有高速公路，路上要花90分钟。我就是从那时开始讨厌圣费尔南多谷的，那里缺少博物馆、学院和文化中心等一切能够真正刺激我头脑的场所。圣费尔南多谷的当地人是胳膊夹着橄榄球长大的。我真希望自己在纽约长大，那儿的人胳膊夹的是报纸。洛杉矶的西部似乎是和纽约最相似的区域。虽然我当时没有想到这一点，但萨姆叔叔开的饭店就在那边。我想住在那边。

这种对周围环境的怨恨，这种仿佛落错了巢的布谷鸟蛋的感觉，在我开始工作之后越发强烈。我总感觉自己比周围的人低一等，但同时也比他们高一筹。我不像他们那样有文化、有创造力，但是我比他们中的大多数人更聪明，也更努力。我的不安全感和野心共同发挥了巨大的力量。

————

1965年，在我高中毕业前1个月，我真正向往的工作有了消息。美国音乐公司（the Music Corporation of America），也就是MCA，要恢复停滞了30年的环球影城片场游览项目。他们要招聘十位年轻导游，五男五女。

在恩西诺的文图拉大道北段，所有人的房子都跟我家的差不多。在那条路的南段则都是价值5万美元以上的豪宅。当地人的聚集点是镇上由我父亲管理的一个棒球小联盟。通过棒球，他认识了一个住在南段的家长，他叫赫布·斯坦伯格，是美国音乐公司的宣传主管，他答应帮我推荐。我的简历很厉害，但赫布的推荐也帮了大忙。那是我在这个行业里学到的第一课：人脉很重要。我是美国音乐公司聘用的唯一一个高中生。

我们的入职培训从5月开始，为期4周，每晚上课。6月，制片厂把我们派到片场的30多个不同部门去轮岗，包括化妆、造型、布景设计、道具、服装、电工等。这些部门的负责人都收到了一份备忘录，上面说会有一些穿着黄白相间泡泡纱夹克的年轻人出现。其余的就全看我们自己了。

其他导游的工作时间是早9点到晚6点，但我每天早上7点就到，一直待到晚上9点才离开。环球影业拥有全美设施最完备成熟的拍摄片场，我把400英亩[①]的场地从头到尾走了个遍。我反复阅读我的片场导览指南并画了重点，就像在准备期末考试一样，我把想要向制片人和技术人员提出的问题列成清单，并且随身带着一本笔记本，上面记满了他们的回答。每次问答结束后，我都会找时间再回去考察一番。我可以在全世界最繁忙的影视片场自由来去——还有人给我开工资！

我会花上好几个小时围着那些搭景、拆景或者为下一个镜头布光的工作人员转来转去。我会把脑子里冒出来的所有傻问题都向制作经理提出来。"你们为什么现在就安排午餐休息，这才上午10点啊？"事实证明，午餐时间也是精心计算过的。如果能够赶在收工时间之前多拍一条，那么取消午餐休息并按照工会的规定支付误餐费也是值得的，因为过了收工时间还在继续工作就算加班（工会会员的加班费是1.5倍时薪）。而如果连加班时间都超过了，也就是说实际工作的时间比规定的16个小时还长，剧组的工作人员就来到了一个他们翘首以盼的光荣境界——"黄金时间"，因为此时你每小时拿到的加班费是全天的工资。

我在环球影业了解到绚丽精彩的电影是如何从错综复杂的日常

---

① 1英亩约为4 046.86平方米。——编者注

琐事中诞生的,那个过程至今仍然让我着迷。我甚至星期日都会去,因为可以在空无一人的片场尽情徜徉。我走过了《德古拉》的城堡、《风的传人》的法庭、《西线无战事》的战场和《惊魂记》的贝茨旅馆。有一次,我在一个标着"热景"(hot set)的电视剧片场弄乱了一些道具,"热景"的意思是正处在拍摄期的置景。第二天,导演把我大骂一顿。我说:"你批评得百分之百正确——我是新人。我很抱歉,这种事以后绝对不会再有!"我对自己的所有行为都会反思,也从未两次犯下同样的错误。

对游客来说,片场游览的重点是坐在糖果条纹的华丽电动车里四处转的那两个小时。我坐在车头,戴着麦克风,口若悬河地讲解。当我们经过热门情景喜剧《反斗小宝贝》中的白色房子时,人们发出"哇"和"啊"的惊呼。随后我会告诉他们角色的背景故事和节目的制作过程。我可能会停下车,打开剧中主角"小宝贝"克利弗家的大门,展示空无一物的内部(大多数游客会感到失落)。我会讲一些关于环球影业的老电影,比如《歌剧魅影》的奇闻趣事。

外景片场区域由美国音乐公司副总裁阿尔·多斯金德负责,他会在供演员休息的小屋门口刻上演员的名字,想以此重现电影业的黄金时代。如果说在某扇门上看到"拉娜·特纳"会让游客们惊喜,那么亲眼看到一位电影明星则会让他们发疯。我追逐过加里·格兰特、詹姆斯·史都华和李·J.科布[①],但他们都溜得很快。但我幸运地遇到过年轻的迈克尔·凯恩,当时他正在拍摄《伊普克雷斯档案》。迈克尔不愿意坐公司提供的高尔夫球车,而是喜欢走路来片场或者去小卖部。我会让司机稍等一下,然后大喊:"迈克尔,来和你的影迷们打个招

---

① 这三人均为当时著名的好莱坞影星。——译者注

第二章 第一道山谷

呼吧！"接着我就会讲一讲迈克尔出色的职业生涯，最后还会很不好意思地请他给大家签几个名。

我是个优秀的导游，因为我相信我们的产品。18岁时，我已经记取了一条成功的基本规则：热爱你的工作。（有太多的人在和他们的工作进行斗争，并且永远不可能获胜。）主管们选我去为每周一次的重要访客参观团担任导游，我们乘坐的是只有1节车厢的豪华游览车。这项服务是美国音乐公司传奇般的首席执行官卢·沃瑟曼为朋友和亲信们设立的——让我完全意想不到的是，未来我在自己的职业生涯中还要多次与卢打交道。他会成就我的事业，而我，从某种意义上来说，会毁掉他的事业。

我们这些在圣费尔南多谷长大的小孩就像纽约的男孩追随扬基棒球队那样追踪着各大电影公司的消息。我感兴趣的不是明星，而是电影的制作过程，以及幕后那些真正肩负责任的人。我很喜欢《弗兰克·卡普拉：片名前的名字》那本书，里面讲到了这位著名导演如何把他的编剧们带到棕榈泉一起工作了10个星期，直到他们写出一部能拍的剧本。和一个好哥们儿一起在棕榈泉喝着薄荷茱莉普鸡尾酒搞艺术的想法很吸引我。我还喜欢读欧文·萨尔伯格的故事，人称"神童"的他26岁就当上了米高梅影业制作部负责人。这让我觉得，年轻人也可以在电影界施展拳脚。

创立当代电影行业的那些满口脏话的大亨个个都很迷人：哈里·科恩[1]、路易·B.迈耶[2]、杰克·华纳[3]、威廉·福克斯[4]。但我最感兴

---

[1] 哥伦比亚电影公司创始人之一。——译者注
[2] 米高梅电影公司创始人之一。——译者注
[3] 华纳兄弟电影公司创始人之一。——译者注
[4] 二十世纪福克斯电影公司创始人。——译者注

趣的是卢·沃瑟曼，不光是因为我在他的公司工作，也是因为他的想法最有远见。我滚动着缩微胶片的卷轴，从旧报纸里查找关于他的报道，然后了解到，卢是民主党的王牌筹款人，在演艺界拥有无与伦比的势力。（为了对冲风险，他让美国音乐公司的一位高级主管去帮共和党筹款。）有人说他和黑手党过从甚密，卢也从未否认过这种关联——说到底，他喜欢别人惧怕他。这对生意有好处。

他是做艺人经纪入行的。20世纪30年代末从芝加哥移居洛杉矶之后，卢创立了全城最重要的艺人经纪公司。他的规矩很简单：照顾好客户，着装要得体，不透露任何有关美国音乐公司的信息，做足准备工作，不回完所有电话绝不离开办公室。他坚持穿深色西装、白色衬衫，系深蓝色或深灰色领带；每天下班前，他都会把员工们摊在办公桌上的文件全部扫进废纸篓。他的信条是："桌面凌乱则头脑混乱。"我作为导游见过一次卢的办公室，他的桌面上只有一部电话、一台时钟和一套漂亮的办公用品，连一小片有可能泄密的纸屑都没有。

他给艺人经纪行业带来了权力与尊重——起码在一段时间内如此。1950年，美国音乐公司在西部电影《百战宝枪》的项目中坚持为詹姆斯·史都华争取到了净利润的一半作为酬金，并由此改写了行业规则。在此之前也有类似的后端分成交易，但在这么卖座的大片上还是头一次。《百战宝枪》成为一个历史时刻。通过利用电影明星垄断市场，卢把起决定作用的杠杆偏向了艺人及其经纪人一方，并促成片场旧规则的终结。之后，他买下了派拉蒙影业的老电影片库，虽然当时人们都觉得这个片库一分钱都不值。美国音乐公司长袖善舞，打包策划了大量电视节目，并承担了高达75%的节目制作成本。公司的业务范围广泛到获得了"八爪鱼"这个外号。

1962年，美国音乐公司收购环球影业之后，美国司法部（由卢的朋友罗伯特·肯尼迪①担任部长）以违犯反垄断法为由，对该公司提起诉讼。卢完全可以把他的经纪公司完整地卖给下一代管理者经营，就像我们之后处理CAA那样。但相反，他以肯尼迪的威胁为借口将公司拆分，并把他最得力的经纪人分散到12家小而精的公司中。卖家们被分割成若干互相对立的小机构，它们的势力也随之消解——太棒了！

卢来到外景片场就如同皇室到访一样。有一天，他和他的朋友、五月百货公司的老板莫特·梅一起参加了我服务的重要访客游览行程。穿着深色西服、戴着大眼镜的卢看上去更加高大威严。他严肃地看着我，问道："这次游览你的感觉怎么样？喜欢吗？"

"每一秒都喜欢！"我说。之后20年，我们没再交谈过，直到为了罗伯特·泽米吉斯的导演合约在谈判中据理力争。我从来没有提醒过卢，他是我进入演艺行业的引路人，不过或许我应该告诉他，不为别的，就为了气死他。

在加州大学洛杉矶分校就读的第一年，我每周末都到环球影业打工。因为我要赚钱供自己读完心理学专业，所以我必须把所有的业余时间都用来工作。第二年6月，游览项目真正开始有了起色，我也回去做起了全职员工。环球影业增添了游乐项目和优惠措施，还盖了一座大楼用于特技和化妆展示。电瓶车游览结束后，游客们可以自由选择去别的地方逛逛——那里就像一个微型的迪士尼乐园。我申请了额外的工时。

我的直属上司是助理运营经理汤姆·森特。汤姆30岁左右，年龄比我大，但我们整天都在谈论电影。第二年入夏几周后，他辞职到

---

① 罗伯特·肯尼迪，第35任美国总统约翰·肯尼迪的弟弟。——译者注

二十世纪福克斯公司去创建周末游览项目，并让我跟他一起去。新的工作是全年制的，而且离加州大学洛杉矶分校更近，所以我从环球影业辞职，和他一起去了。19 岁的我在福克斯每周能赚差不多 600 美元——比我父亲赚得还多。福克斯公司的外景片场太小，没法儿开电瓶车，于是我们临时安排了步行游览，带游客参观了几个影棚。从达拉斯、费城来的影迷没有多少人见识过光影魔术背后的基础设施——当然，在这件事情上，从圣费尔南多谷来的影迷也一样没见识过。他们就像当年初探雷电华的我一样瞠目结舌。

我们在福克斯的项目开始几周之后，汤姆加入了艺术指导工会。"我要离职了，"他说，"我推荐了你来接替我。"让我惊讶的是，我竟然得到了这份工作。我雇了我的大学室友给我当副手，从兄弟会里招了十几名导游。我们还从姐妹会找来 20 个漂亮姑娘做招待。

我们的事业蒸蒸日上。到秋天，我每周要工作 60 个小时，同时继续着全日制的学业。如果中午要上课，我就会跳进我那辆 1965 年的野马轿车，飞驰 10 分钟到学校，1 个小时后再赶回来。我把车停在福克斯公司停车场的角落，换下当时大学生的标准装束——牛仔裤和白色的杰西潘尼 T 恤衫，换回商务套装。我的老板们从来不知道。在学校里，我是一个绝对的自由派，还给同学们提供过如何逃避兵役的咨询；在工作中，我是你能找到的最佳组织者。

我的商业创新初体验是尝试联系了灰线旅游公司（Gray Line），该公司把参观环球影业列为大巴旅行团的固定项目。对美国音乐公司来说，这是一笔好买卖，因为这相当于灰线批量买走了环球影业的门票。但是我把我们的门票价格砍到环球影业的一半，于是灰线同意把一些周末的大巴游客转到我们这儿来。我会给比较大的旅游团更多折扣，游客们还可以选择在福克斯的小卖部吃午餐。不到一个月，由于

第二章　第一道山谷

反馈极佳，灰线决定把全部的周末大巴旅游客源都转到福克斯来。

我在环球影业时的老板阿尔·多斯金德打来了电话。我严重削减了他的周末盈利，让他大为光火。"迈克尔，"他说，"你从我们这儿撬走了灰线。这样不合适，我也不确定这样是否合法。你得停止这种做法。"

按理说我应该被他吓坏了。阿尔——秃顶，古铜色皮肤，身材健壮又不修边幅——是卢·沃瑟曼的打手。但我反而产生了一种奇怪的勇气。"据我所知，这里是美国，竞争是好事。"我说，"但我想感谢你的来电，我一定会把你的话转达给我们的法务部门。"

我去找了福克斯公司的顶级律师，把事情经过告诉了他。他笑着说："你没做错任何事，而且你顶撞阿尔·多斯金德这件事一定会让上面的人很开心。"他说的没错。我的老板们都很高兴一个大学生撼动了美国音乐公司这棵大树。

与阿尔·多斯金德对抗让我从两个方面认识了自己。第一，出于我自己都无法解释的原因，我在对抗中毫不畏惧；第二，我喜欢娱乐行业。

———————

大学二年级的第一天，我遇到了朱迪·莱希。

课程注册完毕后，我到学生中心去买咖啡，看到一位迷人的金发女郎正在看书。她周围有十几张没人的桌子，但我走上前去问道："你好，这个位子有人吗？"

"没有。"她一边回答一边打量着我，好像我是个疯子。一个小时之后，我还没跟她说过我姓什么——她只知道我是"迈克尔"——她就答应了我们的第一次约会：吃比萨，然后去好莱坞知名的爵士乐夜店"雪莉曼恩俱乐部"。计划很完美，但是他们不让朱迪入场，因为她未满 18 周岁。我们第二次约会时，我带她去了一家屋顶餐厅，花了 30 美元，在当时那可是很大一笔钱。

朱迪来自比弗利山，父亲是工程师，不过她是在威尔希尔大道南段那片公寓楼群长大的，那里是比弗利山相对贫穷的地段。所以她对我来说虽然有点儿难追，但并非遥不可及。她很聪明，学习比我好，性情温和，活泼可爱，而且疯狂地喜欢戏剧。她的梦想是在百老汇唱歌跳舞。我认识她的时候，她正申请加入非犹太裔的大型联谊组织——Kappa Alpha Theta 女大学生联谊会[①]，并且正在和一个英俊但呆板的兄弟会成员约会。我说服她相信，一个来自犹太兄弟会并很快会当上该会主席的雄心勃勃的家伙能让她更加开心。从第一天起，和朱迪在一起就让我非常满足，她是我的初恋。她让我觉得自己的努力不再只是为了自己，还有了新的动力。她喜欢我十足的干劲和我每天全力以赴的作风——她称之为"把牙膏挤到最后一点儿"的生活方式。她对我的赞赏与理解也让我非常爱她。我们两人情投意合。1969 年夏，只用了三年就拿到学士学位的我和她结婚了。

---

① 1970 年在美国成立的女大学生联谊会，该组织目前在美国和加拿大的学院和大学拥有 147 个分会。——译者注

第二章　第一道山谷

第三章

邮差

毕业后，我向3家公司投了简历：业内最老牌的经纪公司WMA；由曾在美国音乐公司任职的弗雷迪·菲尔茨和戴维·比格尔曼联合创办的新兴人才机构"创新管理协会"（Creative Management Associates），也就是CMA；广告公司智威汤逊。只有WMA回电让我去参加面试。我穿着99美元的海军蓝西服套装、正装男鞋、白色扣角领牛津衬衫，打着条纹领带，前往其位于比弗利山的小公室。我看起来像个联邦调查局的菜鸟探员。

在WMA，几乎每个员工都要从公司收发室职员做起。一两年后，实习生会被送到秘书学校学习速记，也就是"快速书写技能"，回来后就可以给经纪人当秘书。如果表现出色，就会当上助理，然后是初级经纪人，最后是高级经纪人。成为初级经纪人可能需要花上3年，要当上能够自己签客户的高级经纪人则还要再多4年——而且，超过80%的实习生会在这个过程中被淘汰。在WMA，走捷径的方法是靠裙带关系：人人都是某个关系户的侄子。那是一个陈旧、疲软、腐败的地方。

我没有高枝可攀，所以我需要想出别的方法引人注目。我告诉人事主管："我有个提议。我认为我可以在120天内学会成为经纪人所需的全部知识。如果我没做到，我就把你付给我的全部工资都退给你。"我使用了经纪人的谈判方式，而他也很清楚这一点。他爆发出一阵大笑。"这是我听过的最疯狂的想法，"他说，"但是我决定雇用你。你星期一开始上班。"我的薪水是每周55美元。

我说："我想明天就开始上班。"我7点就来到公司，比正常上班时间提前2个小时来让自己熟悉公司大楼的布局。9点半，我们会接到当天要完成的任务。几个高级实习生抢走了担任替补秘书的美差，这是给经纪人留下印象的好机会。剩下的人都钻进公司提供的大众轿车，开始给制片厂、电视网、律师和客户送去上午的一批文件。送件的路线一共有3条：圣费尔南多谷、好莱坞和比弗利山。在传真或电子邮件尚未出现的年代，所有电话不能处理的业务都要通过人工递送备忘录和合同来进行。我们的文件袋又鼓又沉。

收发室一共有20名实习生，这意味着我要打败19个竞争对手。我的目标是用规定时间的一半把送件的路线跑完。我拿着自己那本螺旋装订版的《托马斯指南》，把路线标在城市道路图上，我要玩一个被我称为"持续前进"的游戏。制胜的关键是避开红灯。我在中午之前就回到了办公室，比其他人提前很多，好帮老板们到公司内部的各部门跑跑腿。他们会派我去会计部或法务部，我也因此了解到这家错综复杂的大公司业务上的来龙去脉。大家开始依赖我。很快，他们就不再把我派到比弗利山之外的地区，还把我的工资涨到了每周75美元。这么低的工资让我觉得非常难堪，因为我带朱迪外出吃饭只能去最便宜的墨西哥餐馆。在皮克大道的"埃斯科巴之屋"餐厅，五道菜的晚餐套餐只需要3.95美元。点两个套餐、两杯啤酒，再加上小费，我们在这里约会一次的总成本是16美元——比我在WMA一天工作 12 个小时赚到的工资略多。但是朱迪跟我说过一句话，此后我在 CAA 招聘初级岗位员工时也会重复说给他们听：你是在投资你自己的人生。

我鄙视收发室，但爱上了它所服务的世界。在 WMA 工作是我达到目的的一种手段——我想接近那些有创造力的客户，他们做出了我自己永远无法做出的成就。我不想像公司里的很多经纪人一样，当一个叼着雪茄的懒汉，而且，听说了某位经纪人的行径之后，我极为反感：他签下那些有追求的女演员，只是为了和她们上床，过后就把合同丢在一边。那时的经纪人行业属于职能部门，只是负责帮客户处理送上门来的工作机会，他们在创作界得不到尊重，同样，他们也不太尊重他们的客户。他们从不挖角，因为他们没有进取心。他们满足于工作的数量而非质量。你经常会听到的两句话是："只要客户开心就没问题"，还有——如果送来的是一个垃圾项目——"捏着鼻子卖掉就好"。

我渴望有一天能创建自己的公司，但这要在遥远的将来才能实现。我估计我要在 WMA 工作 20 年才有出头之日。公司有严格的等级制度：收发室的员工只能开大众；年轻的经纪人可以报销油费；当红的经纪人可以开别克；高级经纪人开凯迪拉克。洛杉矶办公室必须向仍然在统领全局的纽约办公室汇报工作。而电影人才经纪是我们最威风的部门。大制作电影的经纪人在一层办公，和高管们的办公室离得很近；电视经纪人被赶到二层。虽然《布里安之歌》这类电视电影打破了影视的界限，但在 WMA，这两部分业务仍然壁垒分明。WMA 在电视、音乐、文学（被改编成影视剧的书）、夜店、剧院和拉斯韦加斯的经纪业务领域独占鳌头。但是，在电影方面，创新管理协会正在要我们的命。因为没有挖角文化，我们没有计划改变创新管

第三章　邮差

理协会的主导地位，然而，我们的旗舰部门却是实力最弱的部门，这一事实造成了巨大的内部压力。

有一天，我被阿贝·拉斯特福格尔叫住了，他是公司的名誉主席，也是威廉·莫里斯本人在世时认识的人。他交给我一部电影剧本，让我送到比弗利威尔希尔饭店沃伦·比蒂的公寓。经过别人帮忙指路，我才找到了通往比蒂顶楼公寓的秘密通道，他在那套公寓里招待过朱莉·克里斯蒂和其他许多人。公寓大门是开着的，透过屏风，我看到陈设简单的一居室套房。沃伦身穿牛仔裤和T恤衫，光着脚来到门口，他身后有个女人，但我认不出是谁。他收下了剧本，还问候了我几句。他的态度好得不得了。一个住在顶楼公寓、无忧无虑的男人的形象——有着《商海情深》主人公卡什·麦考尔的影子——让我印象深刻。令人难以置信的是，大约15年后，我会成为沃伦的经纪人。

还有一次，我奉命给制作过《阿拉伯的劳伦斯》和《桂河大桥》的著名制片人萨姆·斯皮格尔当司机。他年近古稀，却老当益壮——因为擅长在出租车后座上搞风流韵事，他得了个外号叫"天鹅绒上的八爪鱼"。我滔滔不绝地和他攀谈，竭尽全力想给他留下好印象，但是萨姆打断了我。

"孩子，"他一边吐着雪茄烟雾一边说，"想听个建议吗？"

我兴奋地点头。

"好吧，孩子，听好，"他说，然后抽了一口烟，又抽了一口烟，"如果你有机会睡个姑娘，你就睡她。别让她跑掉。"

事实上，演艺界的很多建议到头来都是关于怎么上床的。

———

我们公司档案室的长度和一个篮球场差不多，里面排列着很多钢质文件柜，相当于那个年代的硬盘阵列，每个柜子里都装满了米色厚纸文件夹，过去70年的档案都在其中。尽管这些文件杂乱无章，但我仍然将其视为娱乐业的大百科全书，于是我去帮助档案室的管理员玛丽油印文件。我还经常送她一些小礼物——一盒糖果、一条丝巾之类的。有一天，我说："你知道吗？有一些文件我挺想看看的。"她让我随便看，就像在自己家里一样。不到一周，她就允许我在她下班后独自留下。再之后，她干脆给了我一把钥匙。

其他实习生还在坐等别人告诉他们该做什么、读什么、学什么的时候，我每天早上7点和晚上下班之后都会来到玛丽负责管理的地方。我用10周把所有文件从头到尾翻阅了一遍，包括客户的档案和与电视网及制片厂签订的合约。我把疑问记录下来，然后向电视业务部门的法务负责人萨姆·萨克斯请教。萨克斯很高兴我对这类事情感兴趣，于是借给我一盒他在南加州大学讲授娱乐业合同法的录音带。我回家听过之后，带着更多问题去找他。他又给了我九盒录音带。

法务办公室与一层的高管办公室相邻，WMA在洛杉矶级别最高的负责人、全球电视部门主管萨姆·韦斯伯德每天出去吃晚饭并返回时都会路过这里。他的习惯比较固定。每天晚上6点半，他会准时离开办公室，去和拉斯特福格尔先生——大家都这么称呼他，包括萨姆本人在内——共进晚餐。7点，高级经纪人都下班了，只有著名的电影经纪人斯坦·卡门会带着轮班的助理一起回电话到8点。然后办公室就没人了，直到萨姆吃完晚餐回来继续3个小时的收尾工作。

我找了一个他绝对能够注意到的办公隔间坐好，还把我的文件都摊开来让他看见。过了一周之后，一天晚上9点左右，我终于等来了他的召唤。"你能帮我个忙吗？"萨姆说。那只是一项文书工作，但

第三章 邮差

是整座大楼里只有我们两个人，而且他肯定不会亲力亲为。

我的做法是经过深思熟虑的，极为工于心计。我敢肯定萨姆知道我想干什么。他也知道深思熟虑和工于心计是从事经纪人行业的先决条件。所以，在 WMA 工作 3 个月后，我成了萨姆·韦斯伯德的手下。我自然而然地做起了他加班时的助理，没有正式任命，也没有工资可拿。每次经过他的办公室，我必定会探头看看他有没有事情要吩咐。他的秘书请病假或者休假期间，他会让我代班。我是个糟糕的秘书，也是个出色的助理。因为我应付不来逐字逐句地听写，萨姆会说："我想让你处理一下什么什么事，再转告他这个那个意思。"之后，我再自己把信写出来。

服务机构的生死存亡取决于时间管理。我把待处理的备忘录按照优先级顺序排列，在萨姆的办公桌上摆好，用马克笔标好主题，等萨姆在文件右上角潦草地写完答复，我再亲手把文件交还给发件人。我在他的冰箱里放满了胡萝卜汁和芹菜汁，那是他当时的健康饮料。我给股票经纪人打电话，帮萨姆打听股票买卖的消息。简而言之，我让自己成为不可或缺的人。他的秘书回来时，萨姆让我按照我的工作方法重新培训她。

尽管萨姆风流成性，但他从没结过婚。他把全部精力都奉献给了工作和拉斯特福格尔先生，就是这样。随着时间的推移，他为之奉献的两者之间就产生了冲突。经纪人需要在晚上 5 点半到 7 点回电话，这是各位客户离开片场之后到出门吃饭之前的空当。但萨姆不可能在他约好的晚餐时间之前打完所有电话。他有一只眼睛不太好，紧张时会抽搐，到 6 点 10 分，那只眼睛就开始痉挛着乱转。他是引导我思考该如何为全公司创造工作机会的经纪人——他是 WMA 里唯一有这种想法的人，但他只是没有足够的时间把一切完成。晚上 6 点 20

分，身高约1.65米的拉斯特福格尔先生就会溜达着走进萨姆的办公室。他会对萨姆微笑一下，然后径直进入厕所并关上门。然后他会洗干净手，踱步出来，再点点头。这个时候萨姆会放下手里正在做的任何事情，甚至话没说完就把电话挂断，然后给我一个无可奈何的眼神，就陪着老头子出门去了。

开始为萨姆工作之后，我构想了一个新的长期目标：我想管理WMA。为了让我接触交易过程，萨姆让我去给电视经纪人弗雷德·阿波罗当助理。弗雷德打电话的时候我在一边听着，之后很快我就开始代表他与电视网把交易谈定了。在WMA工作了7个月之后，22岁的我被提拔为初级经纪人——这是一个很贬低人的职称，我们后来在CAA把这个职位取消了。我的工资翻了一倍，达到了每周150美元。尽管我的升职速度已经破了纪录，但我还是没能在自己设定的3个月期限内完成。我觉得自己必须在世界离我远去之前加速追赶。

我被分配到音乐经纪部门，工作内容是安排公司签的音乐人参加诸如《卡洛尔·伯纳特秀》和《格伦·坎贝尔的欢乐时光》之类的电视综艺节目，同时负责照顾他们的现场演出。一天晚上，我来到英格尔伍德的论坛体育馆，到那里举办的斯莱和斯通一家乐队（Sly and the Family Stone）演唱会现场去工作。我接到的任务是向斯莱介绍我自己并照顾好乐队，然后要清点门票收入，确保音乐人们得到的酬金数目正确。（在售票网站尚未问世的年代，乐队分票房的时候经常被亏待。）我把通行证挂在脖子上，到观众席下方的后台区，在各种通道组成的迷宫里四处走，询问有没有人看到斯莱。10点左右，原本安排的上场时间已过，我遇到了一个身材魁梧的家伙，头上高耸着非洲式圆蓬发型，脖子上挎着把吉他——是斯莱。他两眼发直，走路几

第三章 邮差

近蹒跚。

我意识到，如果演出无法继续，我肯定会挨骂，于是我深吸一口气说："斯图尔特先生"——他的真名叫西尔维斯特·斯图尔特——"我是 WMA 的迈克尔·奥维茨。"

"发生什么事儿了？"

"斯图尔特先生，"我说，"你来得有点儿晚。我不想催你，但是演唱会到点儿必须结束。"这是一项执行非常严格的社区法令。"如果你想演得尽兴一些，或许你现在就该上台了。"

他呆呆地盯着我所在的大致方向，然后说："哦——我很快就上台。不过，你能去看一眼我的乐队吗？他们在湖人队的更衣室里。"

我又七拐八拐地经过更多的通道，找到更衣室并打开了门。里边挤着大约 50 个衣服脱到各种程度的男女，他们都被包围在毒品的烟雾中。

离我最近的女人看到我，大喊："缉毒警察来了！"所有人都四散奔逃。我能听到马桶冲水的声音。

我关上门，直奔停车场，然后开车回到 WMA，用打字机给我们部门的负责人写了一份备忘录，讲述了我在斯莱和斯通一家乐队演出现场的遭遇，并提出，或许我的服务能力在其他地方更能发挥作用。第二天，我被调到了电视打包策划部。

————

我家里没人能喝酒。父亲带我们出去吃饭时，会给我和马克各点一杯秀兰·邓波儿无酒精鸡尾酒，他自己点一杯施格兰 7 号威士忌加苏打水。他慢慢地啜饮自己那杯鸡尾酒，然后把杯子递给服务生再续一杯，但从来喝不完。我也一样。我在兄弟会的派对上大醉过一次就够了。我不喜欢失去控制的感觉。

托尼·范托齐是个在一层办公的经纪人,他手上的客户名单令人羡慕,包括导演比利·弗里德金和女明星卡罗尔·钱宁。托尼又高又瘦,留着一大把毛茸茸的八字胡,极具个人魅力。我调到电视部门几周之后,托尼让我跟他一起去和制片人哈尔·格雷厄姆吃午饭,这样他就可以处理一些琐碎的工作——这些工作实际上是格雷厄姆需要他完成的事务,比如帮着谈一些交易,给他的电视节目寻找人才,等等,只不过现在托尼根本不屑亲自去做。我激动不已。

中午 12 点半,我们在日落大道上的"公鸡与公牛"英式酒馆见面,那里的自助餐非常有名。我从早上 7 点就一直在工作,对一个新陈代谢旺盛的人来说,算是很久没吃东西了。走进餐厅时,我能闻到烤牛肉和烤鸡的味道——真香啊。我迫不及待地想去拿吃的,但托尼却不急不忙地抽起了雪茄,还给大家点了马提尼,我只好先作罢。半个小时过去了。同桌其他人的酒杯都空了,我的还有五分之四。托尼又要了一轮酒。

大家聊得越来越热络。托尼要了第三轮酒。眼看着附近桌位的人们都端着堆满食物的餐盘回来,我感到头晕目眩。托尼要了第四轮酒。2 点 45 分,第五轮酒端上来的时候,我面前的酒杯已经排成一排,像是洛杉矶国际机场等待起飞的航班。我很遗憾要错过这场饭局之后的精彩时刻了,我感到很难堪,不知道这样是否显得失礼,但还是站起身,找了个适用于一切场合的脱身借口:办公室还有特别多的工作等着我处理。

从那以后,每次托尼让我跟他出去应酬,我都会先买个三明治,利用路上的时间在车里狼吞虎咽地吃下去。为了在饭局上全程保持不倒下,我会假装不慎把酒洒在地毯上,或者把马提尼倒进我的水杯,然后要求服务生换一杯水。我对托尼的崇拜与日俱增。他可能会脚底打晃地回到办公室，但是两杯咖啡落肚就可以再次开足马力。

有一天，托尼说："我需要你帮我处理几个做日间电视节目的人的事。"这是个奇怪的要求，因为除了一两部老掉牙的肥皂剧在自生自灭，WMA几乎不碰我们所谓的"日间节目"。但是高层要求托尼帮助杰克·巴里和丹·恩赖特这两个在20世纪50年代末因为操纵电视智力竞赛节目结果而曝出丑闻①的人重返行业。"他们的复出之路困难重重。"他说。

丑闻曝光时年纪还很小的我傻乎乎地把这件事当作自己的重大机会。我根本不知道杰克和丹的名声败坏得有多彻底。我四处游说推销"巴里-恩赖特"组合，但一直遭到冷遇，不止一两次，而是八次，甚至十次。我满腹疑惑地缠着我的老板们，让他们联系那些不接我电话的电视网高管。他们不想参与，但是也不想得罪萨姆·韦斯伯德的手下。我们花了将近两年时间才在CBS争取到一档叫作《倾家荡产》(Break the Bank)的节目，杰克不仅会担任制片人，还会主持。

人才代理是一种商品交易。如果你签不到客户，那么无论你在别的地方做出了什么贡献，你都是废物。我先从那些没人在乎的人才入手——比如肥皂剧和游戏节目制片人，特别是连续剧的编剧。日间节目虽然没什么魅力，但利润丰厚。我注意到，项目源自创意，而创意来自编剧。我对那些凭空就能创造一个新世界的人有一种特殊的敬意。一个周六的晚上，朱迪和我躺在床上收看本地的一档电视综艺《洛曼和巴克利》(Lohman and Barkley)。节目里有一段小品，里边有个

---

① 20世纪50年代，在巴里担任主持、恩赖特担任联合制片人的几档电视智力竞赛节目中，两人作为出品方，操纵比赛结果，内定优胜者。丑闻曝出后，二人的职业生涯及声誉严重受损。——译者注

身材瘦长、滑着旱冰的拉比，脑袋上戴的假"佩亚"①一直拖到地上。他让我们俩笑疯了。

周一早上，我的第一通电话就打给了这档节目的办公室。我找到了扮演拉比的那个家伙，我说："我是 WMA 的迈克尔·奥维茨，我认为你很有疯劲儿。我想和你见个面。"就这样，一位名叫巴瑞·莱文森的电视编剧成为我的第一个客户。没过多久，我就帮他加入了《蒂姆·康威秀》——在当时，这已经是我能力的极限。

不过当时我已经认识了一些后来在业内叱咤风云的新秀。有一天，我在我们一档游戏节目试播集的拍摄现场碰到了迈克尔·艾斯纳。当时他在 ABC 主管日间节目。我问他觉得我们的节目怎么样，他含糊其词地说："嗯，我太太喜欢。"于是我给简·艾斯纳送去了玫瑰花，还附上了问候卡片。然后迈克尔打电话给我说："别来经营我太太！"他对此有点儿生气，但是这个小花招儿也让他记住了我的名字，艾斯纳和我很快就成了朋友。我总是难以抵挡聪明人的魅力，而迈克尔·艾斯纳就是个聪明人，他在东海岸上的大学，在纽约的公园大道长大——正是我希望自己能够成长的地方。他有工作人员帮他打点家里的一切需求。他带着纽约人特有的苍白面色。他在孩子气的尴尬与油滑的微笑之间自由切换，甚至比我更善于操纵别人——他的一切都让我倾倒。我们在商场上打了不少交道，朱迪和简也变得非常亲密。此后很多年，我们两家人都会一起到阿斯彭和夏威夷度假。迈克尔和我甚至会找同一位内科医生看病。有一天晚上，艾斯纳的一个正在青春期的儿子失踪了，当时朱迪和我正和艾斯纳夫妇一起看麦当娜的演唱会，迈克尔和我立刻离开，开着车在城里到处找，最后毫不意外地

---

① 佩亚（payess），又称 payot，正统犹太教徒鬓边留起的长鬈发辫。——译者注

第三章　邮差

在一个派对的现场把他找到了。

我在 WMA 的下一位导师是资深的电视节目打包策划人霍华德·韦斯特。他的工作是把 WMA 的客户（编剧、导演、演员）合理配置在一起，然后把已经组建好创作团队的电视项目卖给电视网。霍华德能把最模糊的概念打造成一个可行的电视节目，比如《吉姆·内伯斯秀》（*The Jim Nabors Show*）或《笑声》（*Laugh-In*）。经纪公司对其策划的每档节目收取 10% 的成本费（一半预付，另一半推迟到节目赢利之后再付），所以如果某节目的成本是 100 万美元一集，那么我们每周就能从中赚到 10 万美元。相对于单纯代理个人客户的业务，这种方式的套现速度快得多。

霍华德负责与电视网谈判，我则代表制片公司或主要演员谈判。有时候，交易双方都是 WMA 的客户，比如在《格伦·坎贝尔的欢乐时光》里，我们是节目制片人的经纪人，也是格伦·坎贝尔和杰里·里德这些需要和制片人谈酬金待遇的艺人的经纪人。所以，我要代表我自己的客户，并且为了我个人的佣金与 WMA 的其他经纪人谈判。这类谈判是所有交易中最难搞定的。不过，这一经历后来也让我产生了一个想法，在 CAA 时期，当交易各方的业务都由我们代理时，我们会在内部解决一切冲突，然后把佣金全部收入囊中。

霍华德教会了我如何把客户安排在一个策划案里并让他们满意，如何调解问题，如何监督预算。他总是挤出时间来教我。（后来我在 CAA 时也以他为榜样，亲自带了几个实习生。但恐怕我的耐心差很多。）在后续跟进、演说和随机应变等方面，他都是模范。而且，他教我要告诉客户真相。经纪人在随口胡说"你在样片里看起来很出色"或者"你的剧本太棒了"之类的瞎话时，总是会被揭穿。

但是霍华德不擅长签客户，所以他在 WMA 也没有再升迁的机会。有一天晚餐时，他告诉我他准备离职，和他的朋友乔治·夏皮罗一起创立一家管理公司。（后来他和乔治成为史上最成功的电视打包策划项目《宋飞正传》的执行制片人。）这个消息让我震惊，我们喝光了两瓶白葡萄酒。那是我第二次——也是最后一次大醉而归。

———

WMA 在某些类型的节目打包策划方面非常出色，但我们的影响力远远不及环球电视（Universal Television），后者基本上能够定夺 NBC 的节目阵容。5 月底会在纽约举办为期一周的大型电视节目展示会，届时各家经纪公司都会为了争抢秋季电视节目的档期而竭力兜售自家客户的试播集。环球电视公司拥有大量演员和一家功能完备的制片公司，像福特汽车流水线一样源源不断地推出新节目。由于美国联邦通信委员会（FCC）禁止电视网参与自家节目内容的制作——这一规定直到 1995 年才被完全废止——NBC 全靠卢·沃瑟曼手上的节目活着。

我们 WMA 的特遣队住在第五大道的荷兰雪梨酒店，在展示会的那一周内，酒店里全是从洛杉矶过来的人。一连好几天努力地推销我们的试播集之后，就在秋季档节目定档公布的前一天晚上，我们看到卢·沃瑟曼大步流星穿过酒店大堂回到他的套房。几分钟后，NBC 负责节目排期的副总裁就被人带进电梯，上楼前往卢的房间。从第二天公布的节目表里，显然可以看出楼上发生了什么。

NBC："我们需要一部侦探剧放在周三晚上。"

卢："我们可以给你彼得·福克，再加上丹尼斯·韦弗和罗克·赫德森。"

第三章　邮差

于是，轮流播放《神探可伦坡》《麦克劳德》《麦克米伦夫妇》[1]等电视电影的《NBC 神秘之夜》（*The NBC Mystery Movie*）节目就这么安排妥当了。或者卢也可能会说："我们给你一个合家欢节目吧，罗伯特·杨在里面演一个真正关心病人生活的医生。"——咻的一声，《维尔比医生》出现了。不管是周四晚上的喜剧片还是周末播放的西部片，他们想要的内容卢手里都有，卢甚至还会告诉他们该要什么：菜单是卢定的，NBC 只管吃就行了。

NBC 用环球电视的节目把档期填满了，我们其余的人只好去拼抢剩下的档期。尽管 WMA 已经很强大，但和美国音乐公司在 20 世纪 50 年代垄断人才经纪行业或者环球电视公司如今一统电视行业的方式相比，我们不过是沧海一粟。

你不可能赢得了卢·沃瑟曼。

---

[1] 这 3 部探案悬疑题材的电视电影分别由前段提到的 3 位明星主演。——译者注

第四章

红脸和白脸

我成为经纪人之后不久,罗恩·迈耶从保罗·科纳经纪公司跳槽到 WMA,并被分到电视人才部门。他当时 25 岁,比我大两岁,初见之下我就惊讶于他看起来是那么和善,那么善于让人卸下防备。嗓音沙哑、总是显得睡眼惺忪的罗恩高中肄业后在部队服役了一段时间——他的胳膊上有海军陆战队的文身,他说自己是个自学成才、饱读诗书的街头斗士。他的工作表现非常出色,但是在一个大学文凭已经成为标配的地方,他还是缺乏安全感。他常常让我想起我的父亲:一个为人友善又懂得世故的社会人。但是罗恩比我父亲更聪明,也更机灵。

我们两个一拍即合,都是穷小子,也都很厌恶那些开豪车的富二代。(我开一辆 1965 年的野马,罗恩开一辆勉强还能发动的老掉牙的两座保时捷。)在罗恩身边让我有一种完全放松的感觉。和他在一起,我很开心,很自在。我很羡慕罗恩,因为他拥有我所缺少的东西——一种轻松的魅力,一种带着温暖而懒散的笑容为他讨厌的人做事的能力。

朱迪和我开始跟他和他太太多莉·科尔顿以及他们的朋友一起聚

会。罗恩有洁癖，喜欢偶尔吃点儿家常便饭；多莉是个爱交际的红发姑娘、富家千金，对操持家务没有兴趣。摩擦在所难免，很快罗恩就想离婚。他请不起律师，于是我帮他策划了一条从多莉和她可怕的父亲那边脱身的退路。我们都认为他应该先发制人，像个经纪人那样。他应该一开始就要求他们支付赡养费——毕竟他们有钱。最后，多莉和她父亲决定把她和罗恩的夫妻共同资产一次分割作为了结。

恢复单身的罗恩又开始四处散发他的十足魅力。有一天，我们看到詹妮薇芙·布卓开着她的梅赛德斯敞篷车来到了公司的停车场。詹妮薇芙是当时正走红的女星，也是 WMA 的客户，罗恩非常迷恋她。此刻她就在 20 英尺开外。罗恩看了看我，然后走过去自我介绍说他是她的经纪人之一。他对她大为赞赏，并且说很希望能够加深对她的了解。然后他提出找一天请她吃个甜筒。我看到詹妮薇芙点了点头，笑了——他们要约会了！罗恩的邀请太纯洁了，所以才会成功。不是喝一杯，也不是晚上出去玩，而是吃甜筒。那就是罗恩·迈耶的风格。

———

菲尔·韦尔特曼在 WMA 非常引人注目。他负责新人培训项目，以及安排年轻的经纪人到各部门轮岗——实际上，他决定了我们的命运。菲尔有个棱角分明的下巴，行事干脆利落，是个天生的教官。有一天早晨，他叫走了一个名叫吉米·戈德史密斯的家伙。吉米留着齐肩的长发，这在 20 世纪 70 年代是日渐流行的发型，菲尔跟他宣讲了一番好好理发的美德。下午 5 点，菲尔又把吉米叫去了，他发现吉米还是没去理发店，就把他开除了。

但是我们敬重菲尔，他是高级管理者中既重视忠诚又重视主动性的一位。他虽然大力宣扬 WMA 的价值观，但同时也指出了公司的一些丑陋面,比如守旧派抵制团队协作并拒绝提拔年轻经纪人等。我们后来把菲尔的哲学作为 CAA 的核心信条,但它与 WMA 的原则却是背道而驰的——在 WMA,人人都只为自己考虑。

在菲尔的指导下,罗恩和我决定两个人搭档,一起去签新客户——最好是在黄金时段电视节目里工作过的客户。我们见了一位才华横溢的电视编剧,他叫诺曼·利尔,他写了一部以皇后区工薪家庭为题材的情景喜剧,试播集刚刚被 CBS 选中。CBS 新上任的主管弗雷德·西尔弗曼正在抛弃《绿色的田野》这类农村主题的节目,代之以具有当代性的城市主题节目。这部名为《全家福》的剧集于 1971 年首播,连续五年在尼尔森收视榜上名列前茅。该剧主演凯勒·欧康纳和珍·斯泰普尔顿都已经有了经纪公司,但萨莉·斯特拉瑟斯和罗伯·莱纳相对没什么知名度,于是诺曼把他们引荐给了我们。

我们去片场探班时,我穿深蓝色西服套装,罗恩穿牛仔裤和套头衫。萨莉想要全方位发展事业,我们承诺每当《全家福》暂停拍摄期间,会帮她寻找电视、电影和舞台剧方面的工作机会。付一个经纪人的费用却得到两个经纪人的服务,这个模式她很喜欢,所以第二次见面时,她就成了我们的客户。罗伯曾经给《斯马瑟斯兄弟秀》(*The Smothers Brothers Show*)写过段子,但苦于自己的才华没有更多施展的空间。我们帮他争取到了一份工作,让他执导一部叫作《桑尼男孩》(*Sonny Boy*)的电视电影,罗伯作为导演和制片人的杰出职业生涯也由此开始。我们签下了他和他的太太潘妮·马歇尔,潘妮后来主演了电视剧《拉文与雪莉》。

诺曼·利尔有制作热门节目的天赋。接下来的几年中,他又推出了包括《莫德》(*Maude*)和《杰斐逊一家》在内的 11 部情景喜剧。罗恩和我对他这些戏里的演员穷追猛打,签下了出演《好时光》的约翰·阿莫斯和出演《桑福德和儿子》的德蒙德·威尔逊。我们这个组合很优秀，因为我们的口碑很好。我严肃内敛，注重分析，简单扼要，罗恩则擅长交际，有同情心，轻松随意，能让别人卸下防备。作为经纪人，你需要一个人格表象，一些能让你显得独特的东西。我听说以衣着邋遢著称的纽约经纪人萨姆·科恩会在毛衣上剪出破洞，显得像是被虫蛀过一样。萨姆的人格表象是心不在焉的天才。罗恩是最好的朋友和知己，是那个"我会帮你解决一切问题"的家伙。

我自己的人格表象让我思考良久。我有三种选择。第一种是标准的经纪人形象：口若悬河，假意逢迎。但我无论如何都不想符合这个标准。第二种是利兰·海沃德那样的，他绝对是一位绅士，在20世纪40年代就拥有自己的经纪公司，代理过的客户包括弗雷德·阿斯泰尔、金杰·罗杰斯、詹姆斯·史都华和朱迪·嘉兰等。利兰的体贴已成传奇。如果某个客户想解约，利兰会二话不说放他走，也不会留下丝毫怨恨。每个人都爱他。这种人格具有难以置信的吸引力，但我觉得，利兰那种人格表象并不适合我。

不管你信不信，当年的我和蔼可亲，体贴入微，从来不说任何人的坏话。但是你需要选择一个毫不费力就能长期藏身其中的人格表象，而且我知道我更适合呈现与罗恩相反的形象——比如一个能够保护你的强硬派狠角色，那样效果会更好。我能看出来，这才是顶级大牌的明星和导演所需要的。所以，我的人格表象是"帮你实现梦想"和"帮你解决问题"这两种人的混合体。罗恩唱红脸，我唱白脸，我的是罗尼和迈克[1]二人组。（实际上，我一直都很讨厌"迈克"这个已经滥大街的昵称，还费了无数口舌提醒所有人，"我的朋友们都叫

---

[1] 罗尼和迈克（Ronnie and Mike）分别是罗恩（Ron）和迈克尔（Michael）的昵称。——译者注

我迈克尔",但"迈克"还是像毛刺一样粘在我身上。）不过，在表象背后，罗恩和我其实性格很相似，这一点连我们的同事都没有意识到。罗恩平易近人的举止下隐藏着和我一样精打细算、意志坚定和严阵以待的性格。

———————

公司的老板们会定期把我们召集起来，吹嘘近期签下的新客户，激发团队的积极性。我一般都和罗恩以及其他年轻经纪人坐在最后面：我们在这种集会上没资格发言，只有听的份儿。

1974年秋，创新管理协会从我们手里挖走了史蒂夫·麦奎因。之后那次员工大会上，萨姆·韦斯伯德自豪地宣布，他已经拉来了一个名头同样响亮的大客户：安·米勒。座中响起一阵质疑的窃窃私语。米勒曾经是米高梅影业的歌舞片明星，但那是20年前的事了。罗恩突然开口，建议我们去抢夺创新管理协会手里最重要的那些客户，那些真正的明星，来扳回这一局。萨姆·韦斯伯德的眼睛开始疯狂抽搐，他失去了理智，大喊道："你这完全是胡说八道！她就是明星！"

我完全同意罗恩的观点，但如果换作我，我会与萨姆私下讨论这个问题，而不是让他当众下不来台。罗恩非常直接，不太讲方法。集会结束时，我很泄气。安·米勒当时主要在晚餐剧场[①]表演，而且收入不菲，这就是萨姆所关心的全部了。但是我们关心公司的形象。如果有人问起我们的新客户，我们想炫耀的是简·方达或杰奎琳·比塞特这些名字，而不是某个51岁的歌舞皇后。我们的想法带有性别歧视、年龄歧视、外貌歧视，以及不知道多少种其他歧视——但话说回

———————

① 晚餐剧场，英文为 dinner theater，是将晚餐与舞台表演结合的娱乐形式，一般在拥有舞台的餐厅进行。——译者注

第四章 红脸和白脸

来,好莱坞同样如此。

关于安·米勒的那次集会仿佛是你第一次意识到父母已经老了。我在 WMA 一直都在按行规办事,目前为止一切都好。但是我开始问自己:如果有别的可能呢?如果罗恩和我这样的人能有更多发言权呢?如果我们可以经营一家属于自己的公司呢?

———

WMA 在比弗利山和纽约的两家分公司是死对头。电影业务由洛杉矶这边负责,舞台剧业务则由纽约那边负责。电视业务分跨两地,东岸负责销售,洛杉矶负责创意和人才打包统筹——两个阵营都疯狂地嫉妒彼此。

1974 年年底,卢·韦斯到洛杉矶出差,他是 WMA 纽约分公司总裁纳特·莱夫科维茨身边的核心高管之一。他要求与负责电视节目统筹的经纪人开会:负责 CBS 的罗兰·珀金斯、负责 ABC 的迈克·罗森菲尔德,以及负责 NBC 的比尔·哈伯。由于我的工作范围是为日间档游戏节目敲定制片人和导演并进行项目打包统筹,所以我也出席了会议。作为一个团队,我们所向披靡。黄金时段有 21 档节目是罗兰、迈克和比尔做的,我也给日间档打包了 7 档节目——我们推出的试播集加起来比洛杉矶其他任何公司,包括环球这类大厂的产出还多。

卢穿着一套令人惊艳的西装和古驰乐福鞋,翩然走进了罗兰的办公室。我们蜷缩在自己并不高档的西装里,等着得到夸奖。"我们在东西岸的销售季度中都有很强劲的表现,"卢开口了,"但是——我们还可以做得更好。"

原本有望成为西岸电视部门下一任负责人的罗兰·珀金斯身体向前一屈,好像肚子被人打了一拳。(纳特·莱夫科维茨之后会让一个纽约人空降到这个职位上。)乐天派的迈克·罗森菲尔德看起来像是他的狗狗告别人世了一样。比尔·哈伯的左脚一直在愤怒地敲地板。卢唠叨个没完,比尔的脚敲地板的节奏也越来越快。卢走后,所有人都爆发了。"简直岂有此理!"迈克说。"太可怕了!"比尔大喊,脸色红得吓人。

1973年,周薪400美元的我给公司赚了接近200万美元的佣金,WMA给了我7 500美元奖金。1974年,考虑到我成功统筹了7档节目的业绩,公司领导层把我的奖金提高到1.5万美元,他们认为这已经是很优厚的奖赏了,因为我们所有人"还可以做得更好"。与此同时,我们每天都会经过乔·里夫金的办公室,他是拉斯特福格尔的亲信,他的工作就是把脚跷在桌上看好几个小时报纸。像他这样的人,公司里还有三四个,都是盘踞多年的大人物,只是为了分走我们奖金支票上的金额而存在的。让他们离开的唯一办法是等他们死。这让罗恩非常抓狂。

———

菲尔·韦尔特曼被公司任命为行政管理人员并把手里大部分客户交接给年轻的经纪人,只留下少数几个之后,就开始走下坡路。虽然菲尔和萨姆·韦斯伯德从大学一年级同住一个宿舍时就是非常好的朋友,但是萨姆和拉斯特福格尔越走越近,菲尔和萨姆两人也随即反目。菲尔惹怒老板们的次数太多,慢慢也就没有人能罩着他了。事情发生在1974年圣诞节前几周。菲尔把罗恩、我和其他几个亲信叫进他的办公室。萨姆·韦斯伯德要求他离开公司。菲尔说:"他们把我的名字输入电脑分析,结果是我不合格。"这个能让自信满满的经纪人们吓到发抖的人,这个教会我坚强的意义的人,这个一向严厉硬气的人,就在我们的面前崩溃了。

这件事点燃了导火索。一天晚餐的时候，罗恩说："我们为什么不自己创业？我们会赚到更多钱，而且他们永远不能像对待菲尔那样对待我们。"

罗恩说得很在理，但我感到矛盾。我的后台萨姆·韦斯伯德是下一任总裁的人选，而且公司的大老板沃尔特·齐夫金跟我说过，有朝一日这个地方会由我来管理。朱迪和我是公司里人见人爱的夫妇。与罗恩相比，我留下的优势更大，离开的损失也更大。

罗恩看出了我的犹豫不决，于是说："你没有赌一把的勇气。有时候，你必须站出来，把骰子丢出去。"这句话让我陷入了思考。我已经27岁了，如果我们在三年之内失败，我还可以找份新的工作从头再来。但我不想把前途赌在一家只有两个人的小公司上面。如果我们离开WMA，那么我想打造一家巨型经纪公司，在他们自己的赛场上击败他们。

几天之后，迈克·罗森菲尔德向罗恩透露，他和罗兰、比尔决定辞职。他们希望罗恩加入他们，负责人才经纪，他们负责跟电视网和制片厂去谈人才统筹项目。罗恩敦促他们把我也算进去，他们同意了。让我感到惊讶的是，罗恩居然愿意与比尔联手，比尔最出名的就是喜欢用一些工作相关的小测验折磨他的员工。每天他都能把罗恩逼疯。总之，下班后，我去了一家叫作"金牛"的酒吧，参加了"叛军"的第一次会议。

我们其实根本不是一路人，能团结到一起更多是因为对WMA的不满，而不是因为本来就有另起炉灶的打算。罗兰·珀金斯是我们中最年长的，快40岁了，英俊潇洒，满头银发——有着极为标准的经纪人外形。但他本质上是工薪族，只要薪水有保证就安心。迈克·罗森菲尔德是一位出色的经纪人，深受大家的喜爱，但他有个执念：他父亲英年早逝，所以他觉得自己也会这样，于是每天晚上都出去玩，好像是要抓紧时间享受生命的每一刻。比尔·哈伯有才华，有创造力，但很爱挑刺。一段时间之后，他最看重的事情就变成了开着一辆大众甲壳虫招摇过市，做那种"我其实并不是经纪人"的经纪人。CAA一帆风顺的时候，他总是威胁说他要辞职去从事救助盲童的工作。

罗恩首先提出，他想创建一家名为迈耶-奥维茨（或者奥维茨-迈耶）的经纪公司。其他人很快说服我们放弃了这个想法。我们五个人共同负责三家主流电视网的业务。在电视经纪业务的两个主要方面，也就是人才经纪和节目统筹上，我们都战功累累。我负责的日间档每周都会产生现金流，速度比黄金时段节目快得多，这让我们有了稳固的抢滩阵地——这是个关键因素，因为我们都没有太多钱可以投入。（我当时的年薪是 4.5 万美元，但我仍然欠着 WMA 1.5 万美元，那是我在圣费尔南多谷谢尔曼奥克斯地区买房时预借的首付款。）有两个客户肯定会跟我们走。一个是性格演员杰克·韦斯顿，罗恩和他关系很好，还有一个是洛杉矶的新闻主播凯莉·兰格，我把她视为亲姐姐（我没有姐妹）。经过评估，我们觉得还有十几位客户也有可能带走，包括萨莉·斯特拉瑟斯和罗伯·莱纳。再加上一些不太确定的情况，我们得出了一份共有 75 人的名单。

我提出了三点意见。罗恩、比尔和我都还不到 30 岁，我认为我们应该利用年轻敢为这个优势，尝试新的想法，重塑全行业的经营模式。第一，股权必须平均分配。第二，我们必须尽全力扩大生意的规模。第三，我们要共享客户，并作为一个整体来服务他们——不要抢地盘，不能吃独食。在 WMA，有很多经纪人很擅长签艺人，但到了需要帮他们找工作的时候就举步维艰了。我提出：如果客户可以在我们公司里自由轮换经纪人，会不会更好呢？我们会像五个火枪手那样，

第四章　红脸和白脸

人人为我，我为人人。每个人都会帮别人处理问题，每个人都会把真实情况告诉客户。经纪行业的标准流程是，如果有客户打来电话说听到了坏消息或者危险的谣言，比如"我听说那部电影决定不用我了"，你即使毫不知情，也要回答："不必担心，我已经知道了，没事的。"而我们会开创一种冷静的、不讲废话的方法，我们会说："让我了解一下，马上给你答复。"我们会成为更好的经纪人，因为我们不会蒙骗你。

还有一点能够让我们脱颖而出，这也是非常重要的一点，那就是我们会为客户创造工作机会，而不仅仅是坐等机会找上门来。大家都表示同意。

突然之间，造反的感觉真实起来。

————

1975 年的第一个周五，我提前下班，和朱迪一起到 5 个小时车程以外的马默斯山区滑雪。那时候还没有手机或者传呼机，也没人知道我们去了哪里。我需要找个地方把自己的未来想清楚，再跟罗恩好好谈一次。

周日晚上我们回到家门口时，发现大门上贴着一张纸条。那是迈克·罗森菲尔德留下的："先别跟任何人联络，给我打电话。"我给他打了过去，他说："我希望你还付得起出门滑雪的钱，因为你现在和我们一样都失业了。"我出城之前在美国城市国民银行给我们的新公司申请了信贷额度，我在表格里填上了五位合伙人的名字。不幸的是，城市国民银行的行长是 WMA 首席财务官的朋友。我出城的当天，萨姆·韦斯伯德叫罗兰跟他一起出去散步，然后问道："是真的吗？你要离开公司？"

换作其他任何人都会立刻否认，唯独罗兰是整个南加州最不会撒谎的人。他把我们所有人都供出去之后，韦斯伯德逐个约见了同谋者。我们当天就都被正式解雇了，但萨姆希望我周一去见他——是想做个了断吧，我猜。

萨姆·韦斯伯德虽然说不上有风度，但他确实给了我崭露头角的机会，并且对我很尊重。如果他能告诉我他感到很痛心并希望我能留下，那么我很有可能会退缩，并说服罗恩也留下来。我觉得我对比尔、迈克和罗兰没有这个义务。如果萨姆处理此事的方法足够聪明，他很可能会在事情发生之前就把它化解了。

然而，他却用一种傲慢的眼神盯着我，说道："这次你真的把自己玩死了。"他那只不太好的眼睛剧烈地抽搐起来。我说："行了，该怎样就怎样吧。"我回到自己的办公室，收拾好我的联络簿，永远走出了公司大楼。

我们本来打算再用三个月做准备，但未来一下子到了眼前。我们在上贝莱尔区罗兰的家里召开了紧急会议。作为 WMA 的前任副总裁，他是主持大局的合理人选。但是那天晚上他几乎一句话都没说。刚刚失去了至少 25 万美元的年薪，他显然仍在错愕之中。

我已经把我们要完成的所有事项列了一份清单：找到一间办公室，采购办公用品，拿到经营许可，设计公司的标志，等等。后来我才想到，我是这群人里资历最浅的。但是当我逐项读出清单上的项目时，其他人都没插话。罗恩的应急管理能力很强，但是对行政事务很漠然；比尔·哈伯是那种应激型的工作作风；迈克·罗森菲尔德不想再担负更多责任。于是我继续说，一直没停下来。我们正式开业的最初几周里，各种工作纷至沓来，全都落在我头上。我们都喜欢"艺人经纪公司"这个名字，因为它代表了一种以客户为中心的文化，但是

第四章　红脸和白脸

另一家公司已经用了这个名字。所以我提议加上"创新"这个词，它代表着我们的客户和我们自身的创造力。迈克和我设计了 CAA 的标志，我订购了办公用品。

WMA 的客户，情景喜剧《奇科与男人》(*Chico and the Man*)的制片人戴维·沃尔珀给了我们一间临时的办公室，在拉西埃内加，一个房间，两条电话线。（WMA 向他施压，让他把我们赶出去，这也预示着我们要面对的局面。）两周后，我们抵押房产，终于凑够了 10 万美元。罗恩和我付了定金，在比弗利山最边缘处的多埃尼和威尔希尔区一栋低档写字楼里以折扣价租到了一间办公室。房东说，前一任租户是个做假发的。

CAA 是一家典型的初创公司。我们把折叠椅和桥牌桌搬来当作办公桌椅，我们的妻子每周都会轮流抽一天时间过来帮忙接电话。我们 5 个人只雇了一位助理（兼会计），并且共享两辆汽车。演员工会还特意派人来核实我们的真实性。后来得知之前那个做假发的实际上在提供三陪服务之后，工会的人又来了一趟。

为了高调开业，抢个开门红，我们把项目打包统筹的佣金从 10% 削减到了 6%。这个举措是为了扼制 WMA 和其他公司的竞争力（表面上是赔本赚吆喝，但实际上不至于——我们仍然会在后端节目分销阶段收取 10% 的佣金，真正的大钱都在那儿呢），但是我们很快意识到，没有人会为了我们的打折佣金或者其他任何原因来找我们。

―――――

我们的第一个大麻烦是杰克·韦斯顿和凯莉·兰格最终都决定留在 WMA。WMA 的诺曼·布罗考说服凯莉相信他会让她成为超级巨星。我们处在他的位置也会做出同样的事情——后来我们确实也这么做了好多次。但这件事是个毁灭性的打击，我们的其他客户无法带来足够的收入让公司撑下去。有很多年，我们都在用杰克·韦斯顿和凯莉·兰格无数次发誓会跟我们走但最终没跟我们走这件事来教育公司里年轻的经纪人们。"永远不要认为说了是就一定是——因为并不是。永远不要把全部希望寄托在任何人或任何事上。"

几周之后，邮递员送来了我们的第二个大麻烦：一封信。收件人是我，寄件人是卡普兰-利文斯顿-古德温-伯科维茨-赛尔文律师事务所的利昂·卡普兰。这是一家庞大的律师事务所，代理客户包括华纳兄弟影业、二十世纪福克斯影业和几乎所有在娱乐行业有点儿来头的公司。信纸抬头列着 72 位律师的名字，看起来感觉是整个国家在向你宣战。卡普兰通知我，他的客户弗雷迪·菲尔茨拥有"艺人经纪公司"和"创新管理协会"这两个注册商标，后者也是弗雷迪之前任职的公司。所以我们使用"创新艺人经纪公司"这个名称已构成侵权行为，必须立刻停止侵权并终止使用。

我把信又读了一遍。让我迷惑的是对方为什么要单独指定我为收件人，而不是致信给公司所有合伙人，但我认为我们必须制定好回应的策略。我知道萨姆·韦斯伯德和利昂·卡普兰私交很好，而且卡普兰的律所一直在代理 WMA 的法律事务。我也知道卡普兰并没有代理创新管理协会的法务。我还知道弗雷迪·菲尔茨最近刚刚套现离开创新管理协会，准备去当电影制片人，同时也成为卡普兰的客户。综合起来，我弄清了事情的来龙去脉。WMA 对我们的佣金打折举措有所警觉，于是借菲尔茨的名义来威逼我们放弃公司的名称，一切重来，这对一家新公司来说是致命的一击。

这是个棘手的麻烦。如果我们闹上法庭，诉讼费用很快就会把我们榨干。罗恩和我不久前刚刚在一场聚会上遇到了 WMA 的一个年轻经纪人。"你们知道公司里都在打什么赌吗？"他说，"赌你们的公司 6 个月内就会关门大吉，你们只能去当选角经纪人了。"

虽然希望渺茫，但是我唯一的招数就是恐吓我以前的老板。之前为萨姆工作时，我了解到美国司法部正在深入调查 WMA 在电视项目中的垄断行为——我们每天的业务都脱不开利益冲突。有传闻说，是卢·沃瑟曼向司法部告的密，因为他烦透了向 WMA 支付打包统筹佣金。虽然看起来应该不会有什么实际后果，但公司的领导层仍然忧心忡忡。

我把我的计划告诉了其他合伙人，他们在极度焦虑中最终同意了。他们认为这是个糟糕的办法，但他们没有更好的主意了。我喝掉一杯水，清了清嗓子。我需要坚信我即将说出的话，而且我的声音绝对不能有半点儿失控。我给利昂·卡普兰打了电话。他听上去傲慢极了。不然呢？他断定 CAA 势单力薄，濒临破产，毫无抵抗之力。

"卡普兰先生，"我说，"我们没见过面，但我知道你替谁办事。我认为你的目的是把我们赶出这个行业。我认为这是不恰当和不公平的，如果这件事被正在进行反垄断调查的司法部得知，那就真的很有意思了。"我的语气坚定，但也实事求是。我继续说道："你可以撕掉这封信，大家交个朋友，把这件事忘了就行。你也可以继续追着我们不放，那我会给我的一个哥们儿打电话，他恰好在司法部工作，我会请他把这封信也丢进资料筐，然后咱们就等着看一切怎么收场吧。"

死一般的寂静。然后，卡普兰说："那你有什么建议？"

"我建议你在之后的两个小时内给我送来一封亲笔信，表明你要撤回第一封信。不然明天一早我就给我的朋友打电话。"随后我向他致谢并挂断了电话。我根本没考虑这样做的后果，也不在意我这是在虚张声势，因为等到联邦调查局开始调查我这通根本没打给那个根本不存在的朋友的电话时，我们公司早就倒闭了。我竭尽全力冷静地演完这出戏并等待结果。挂断电话后，我才意识到自己的手在颤抖。

时间缓慢地过去了。距离时限还有 15 分钟的时候，邮递员又送来一封寄自卡普兰的信函。只用了一个下午，他的诉求就从"停止侵权和终止使用"变成了"停火"。

那一天锻造了我们"背水一战"的心态。为了捍卫我们微小的立足之地，我们要让任何来找麻烦的人尝到地狱的滋味。起初，我们拒绝与任何卡普兰-利文斯顿律师事务所的客户签约，不到五年，该律所就歇业了。我并不想说这全是我们害的，但我们确实帮忙把它推到了悬崖边上。我们花了更长时间来部署对 WMA 的反击，但效果几乎相同。而且，几年之后，当杰克·韦斯顿跟罗恩的一个朋友说想签到CAA 时，罗恩回答说："你跟他说让他去死吧。哪怕他是地球上最后一个客户，他也休想。"罗恩和我之间最牢固的纽带之一就是：我们都坚信，任何背叛都必须遭到报复。

此后在 CAA 的职业生涯中，我是一个很好的朋友和同盟，也是一个势不可当的敌人。当 28 岁的你辞掉工作没有退路，而行业的领军人物想要把你的孩子扼杀在摇篮中的时候，你很快就会坚强起来。卡普兰的信让我们学会了采取强硬手段，于是之后的 20 年里，我们一直在打硬仗。

第四章　红脸和白脸

第五章

从零到一百万

由于迫切需要签下新客户来付房租，我们把重点放在电视剧的编剧和演员这两个可靠的收入来源上。电视界的艺人每周四领薪水，所以经纪人也是一样。半年里，我们每个小时都在与潜在客户见面，从早上8点开始忙，直到晚上10点才能筋疲力尽地瘫倒，吃上一口外卖的比萨。在一个极度疲惫的周五，临近午夜时分，我们接到了演员杰克·卡西迪的电话，他是我们最早签下的客户之一。他严重酗酒，还曾经因为全身赤裸给草坪浇水而吓坏邻居。明显已经烂醉如泥的杰克像是在正常工作时间那样开始说话。我们也干脆放弃任何正常的时间参照，由着他说了——醒着的每一刻，都是上班时间。

我们的顶级客户是查德·埃沃雷特，他在CBS长演不衰的电视剧《医疗中心》中扮演乔·甘农医生。有一次，我们收到一部电视电影的剧本，对方想请查德出演，片酬10万美元，这简直是天上掉馅饼的好事。1万美元的佣金够我们再撑一个月。可是，我们所有人都读完了剧本，准备一起给查德打电话的时候（那时为了展示我们的团队精神，所有的业务我们都一起处理），会议桌边是五张很难看的脸：那部电影烂透了。查德是比尔·哈伯关系圈里的人，于是比尔首先通过免提电话警告了他这个项目的风险，不过我们其他人也都表达了看法，一致建议他拒绝。

让查德演完之后拿着9万美元走人对我们来说轻而易举。没人会因为我们帮他接了一部糟糕的电视电影就抨击我们。但是我们毫不犹豫地拒绝了这个机会——我们的商业信誉也是在那个时刻确立的。我们不会唯利是图。我们会把客户的长期利益放在首位。

我们能够坚持这个道德准则，部分原因是我已经卖掉了两个游戏节目，即《礼尚往来》(Give-N-Take)和《韵律猜谜》(Rhyme and Reason)。（朱迪在《礼尚往来》和另一个游戏节目中当模特，她还在布洛克百货商场打些零工，此外也在太平洋西南航空公司的贵宾室工作——有一段时间，家计都靠她维持。）那年秋天，NBC买下了《里奇·利特尔秀》(The Rich Little Show)，那是我们公司卖掉的第一个黄金档打包项目。我至今仍然保存着NBC发来的电传通知。节目买方喜欢新的经纪公司出现：卖方之间鹬蚌相争越激烈，买方就越能坐收渔翁之利。在那个时代，买家能够为所欲为。如果一家经纪公司拒绝了制片厂的条件，就肯定会有另一家更迫切的经纪公司接盘，反正它的客户同样能够满足制片方的需求。我们的目标——虽然看起来遥不可及——是想通过积累掌握大量人才，让那些买家无论如何都没办法绕过我们找人，从而扭转这种势力上的悬殊。

9个月后，我们有了135位客户，其中大多数人即将大展宏图，比如安妮·阿彻和拉里·哈格曼，也有人已经功成名就，比如霍普·兰格和托蒂·菲尔茨。我们没有公款消费账户；我们自掏腰包支付一切费用，然后从个人税额里扣除。曾经有一次，罗兰约了当红的编剧夫妻档约瑟夫·博洛尼亚和蕾妮·泰勒在世纪城的一家高档餐厅共进晚餐。我们非常想签下他们，也非常想展示我们有多么团结一致，

全能经纪

所以我们都带了太太出席。我们知道12个人的晚餐肯定要花一大笔钱，所以都紧张地互相提醒："吃饭的地方是他们挑的，希望最后他们能把单买了。不要去拿账单！"由于约瑟夫是那家餐厅的常客，我们都希望服务生能把账单递给他。服务生确实是那么做的，但约瑟夫根本没理会，只是继续抽着一支大号雪茄。账单就放在桌上，散发着邪恶的光泽。终于，罗兰的妻子黛安娜拿起账单递给了罗兰。我们都吓呆了——我认为那就是他们的婚姻走向破裂的开始。罗兰从桌子底下把账单递给了迈克，但迈克也没有信用卡。我是唯一一个有信用卡的人，所以我把账单接了过来——2 000美元，我们根本负担不起的一笔钱。约瑟夫和蕾妮确实和我们签了约，然而他们完全不知道，他们差点儿让我们公司破产。

虽然我们穷得叮当响，但该撑的面子还是要强撑的。在比弗利山最容易露脸的地方——拉斯卡拉小酒馆，我拿出一张100美元的钞票，举到餐厅经理托尼的面前。然后，我把钞票撕成两半，给了他一半。"我和我太太今晚要来这里用餐，"我说，"我希望你帮我们预留右边第一个卡座，并且非常、非常周到地招待我们。如果你能做到，这张钞票的另一半就也是你的——而且以后会有更多。"在1975年，100美元能买到极为出色的服务，而CAA此后也在拉斯卡拉举办了很多大型的商务宴请。我们给小费的时候很豪气，所以会受到如同达里尔·柴纳克[①]亲临一般的热情招待。然后我贷款买了五辆捷豹汽车，每辆1.5万美元（但首付只需要1 500美元）。我们定制了专属车牌，上面有公司的英文缩写CAA，加上连字符和合伙人的姓名首字母。对一家最初三年纳税申报收入为零的公司来说，这些车过于奢

---

① 达里尔·柴纳克，好莱坞电影巨头的制片经理。——译者注

侈。但是在这个充满幻想的城市，把场面做足是必不可少的。

尽管我们在电视业务上已经开始小有名气，但我们仍然很难说服那些电影明星把我们当回事儿。洛杉矶最大牌的电影经纪人苏·门格斯嘲笑我们是"做电视的小孩"。她这么说很刻薄，但是没错，我们确实只有电视业务。时至今日，我回想起当年和迈克一起在"烟熏房"餐厅与汤姆·芒特共进午餐的情景，心中仍然感到深深刺痛。人称"婴儿大佬"的芒特28岁就当上了环球影业的总裁。他曾经是我们那个时代的欧文·萨尔伯格，哪怕只是昙花一现。我们需要得到他的认可，而且我们聊得非常好。然后，汤姆要求看一下我们的客户名单。我不想给他看，因为从头到尾，我们的顶级客户只有电影明星欧内斯特·博格宁和电视明星查德·埃沃雷特。但他坚持要看。他带着失望的笑意看着我们的名单时，我跟迈克点头示意了一下，然后我们什么都没吃就离开了。我痛恨被归类为低等人的感觉。

我们都到杰奎琳·比塞特的家里与她见了面，我的伙伴们以标准的经纪人话术开始了游说：你是个伟大的女演员；你应该得到更多机会；你应该得到更重要的角色，能够拿到奥斯卡奖的角色。新生代经纪公司会推销它们的年轻和活力——"我会为你杀出一条血路！"因为除此之外，它们什么都没有。看到她面露怀疑，我接过话头说："先暂时忘记你的女演员身份，假装你是一家小公司。你现在是杰奎琳·比塞特有限公司，你每年的收入是X百万。你怎样才能提高你的财务基线，并且控制你未来增长的方向？你需要掌控你手上的项目，参与开发的过程。"我相信没有人希望别人只看到自己的现状。每个人都希望受到鼓舞去超越自己——去成为最好的自己。

后来，在开车下山的路上，我们吵了起来。迈克说："你不能把她看作一家公司——她是个演员。"我说："我不同意。我们必须区别于其他的经纪公司，这是个很好的方法。"比塞特的律师来电话说她想再面谈一次——只和我一个人。我又和她见了一面，不过她已经决定和另一家经纪公司签约。没关系。我们越来越强大，她则逐渐式微。

著名电视文学经纪公司"亚当斯-雷-罗森堡"的合伙人里克·雷与迈克私交很好，该公司有400个编剧客户。CAA成立大约一年后，里克提出了与我们合并的建议。两家公司的代表在我们拥挤的会议室里讨论达成协议的事宜。李·罗森堡宣称，结盟后我们会成为"业内最优秀的电视经纪公司，哪怕我们永远不签罗伯特·雷德福那类电影明星也没关系。"

罗恩和我对视了一眼。"我是有计划签电影明星的。"罗恩说。

李说："你们永远得不到他们，他们都跟大公司锁定了。"

"我们会把他们全部签过来。"我说。我突然明白，我们必须尽可能地靠近全部人才市场，才能摧毁所有的后来者。我们原本的计划是五年后再进军电影领域，但是我从来不擅长等待。

罗恩看着我，点了点头。我站起身，罗恩也站起身，然后比尔也站起身，这次会议和之后的合并就此结束。迈克崩溃了——他和里克的关系真的很好，也真心想和他一起工作。那个时刻，我们都意识到，迈克可能不会跟我们长期并肩作战。我看着罗恩和比尔说："我们未来的人生路还很长。我们会摘到明星的。"那一年我29岁，罗恩31岁，比尔33岁。

————

与杰奎琳·比塞特的那次见面让我坚信，我们的出路是向客户推销我们的能力范围。我们会向他们提供比任何人都多的信息，他们会看到每一部剧本，甚至会得到畅销书的手稿——他们就像自己企业的首席执行官那样，能够享受诸多优待。我们会带着这些书、剧本和优

第五章 从零到一百万

待条件去寻找潜在的客户，从而打入电影界——我们要主动出击。《纽约》杂志把莫特·詹克洛誉为最火的文学经纪人之后，我马上开始打电话。我花了10天才终于跟他通上话并请求前往拜访。飞往纽约的费用让我肉疼。

莫特在曼哈顿中城的办公室采用了查尔斯·格瓦斯梅①的现代主义风格，有各种折角、流线和富丽堂皇的橡木镶板。我尽力不显露慌张，阐述了我们从书入手的策略。我请求之后每周四上午10点跟他通一次电话，看看他有什么作品推荐给我们。

我的电话准时到莫特可以用来校准手表。我坚持打了一年的电话，每周都打，无论我身在何处。终于，他给了我们一本名叫《警长们》(Chiefs)的小说，是背景设置在美国南部的警察题材。小说的叙事很扎实，但是莫特没告诉我们，它已经被各大电视网拒绝了。比尔·哈伯夜以继日地努力促进《警长们》投入制作，好证明我们说到做到。他的朋友和客户、电视剧《荒野大镖客》(Gunsmoke)的制片人马丁·马努利斯不知道用什么办法拉来了足够大牌的明星查尔顿·赫斯顿，把《警长们》改编成了一套迷你剧集，在CBS播出并大获成功。欣喜若狂的莫特开始给我们发来他手上最畅销的作家们的手稿：杰姬·柯林斯、朱迪思·克兰茨和丹尼尔·斯蒂尔。我们继而打包推出了一些情节刺激的通俗言情剧，比如《米斯特拉尔的女儿》(Mistral's Daughter)和《好莱坞的妻子们》(Hollywood Wives)，每一部都为公司带来了5万到10万美元的预付款，之后被转卖给全美超过600家独立运营的电视台时，又带来了数百万美元的联合分销收入。

---

① 查尔斯·格瓦斯梅，美国著名现代主义建筑师。——译者注

数十家独立的文学经纪公司都需要一个联络人去接触好莱坞的买家们。詹克洛开始为我们背书之后，CAA 很快就承担了这个联络人的角色。我们在纽约上东区的伊莱恩酒吧——这里是杜鲁门·卡波特、伍迪·艾伦、诺曼·梅勒和很多经纪人经常光顾的地方——办了好多场派对，也拿下了不少生意。我们提出了一个独特而有吸引力的建议：由文学经纪人提供的任何原始素材一旦被投拍影视，原著作者相关的全部佣金都归文学经纪人所有。CAA 会通过为项目打包统筹演员和导演来获得报酬。

很快就有 80 个经纪人给我们寄来了小说手稿，供我们的制片人挑选后交给我们的编剧改编。我们把剧本大批量复印，加上大红色的封面和白色的"CAA"标志，在内页潦草涂写一番，"做旧"弄出一些破损折痕，然后在美容院、餐厅和诊所里放了好几百份。散出去的剧本绝大多数都是没有机会卖掉的——而且我们从未把真正重要的剧本随便乱丢过——但它们可以免费产生宣传效应。在我们与 WMA 及国际创新管理公司（International Creative Management, Inc.，缩写为 ICM）这些庞大但不太灵活的对手进行竞争的过程中，这些剧本帮助我们树立了品牌。

我们在第二年取得了长足进展，但仍然只能勉强维持收支平衡。我满脑子只想着赚钱，但我越勤奋，罗恩·迈耶就越优哉游哉。在洛杉矶办公室最需要罗恩的时候，他突然飞往南非，到理查德·张伯伦拍摄电视电影的外景地探班。这是一笔天文数字的开支。我们因为这件事好好谈了一次，声音大到办公室门外都能听见：我像个勤俭持家的父亲，而他是花钱如流水的儿子。

星期六下班后，去停车场取车的路上，我们又谈到了这个话题。我说："钱是我们成功的标准。我不明白为什么对你来说钱就那么不

第五章　从零到一百万

重要。"

罗恩说："但是钱并不能带给人快乐。我的父亲一辈子都在破产，但他是我见过的最快乐的人。"他从口袋里拿出一个25美分的硬币，举在手上。"看见了吧？"

"嗯。"我说。

罗恩把那枚硬币抛过铁丝网，扔到了另一边一个小亭子的顶上。我费了很大力气手忙脚乱地翻过铁丝网，把那25美分捡了回来，罗恩在一边哈哈大笑。我们都像是在开玩笑，但其实都不是。那个时刻就是我们个性的精准写照：罗恩太不在乎钱，而我太在乎钱。我从来不想要"拿上钱给我滚"的那种钱，那种钱我一点儿都不想贪，但是我拼命想赚够钱，这样我就永远不需要再回到圣费尔南多谷了。

1977年，过了两年半没有任何纯收入的日子之后，每个合伙人终于从利润中分到了8万美元。对罗兰来说，这个数字还够不上他在WMA年薪的三分之一，但至少我们在朝着正确的方向发展。朱迪和我从谢尔曼奥克斯搬到了布伦特伍德，我们把7.5万美元的房子换成了65万美元的房子。每天醒来我都会想："我的天，我住在布伦特伍德了。"

1976年年底，机会以一种意想不到的样貌出现在我们面前——一个52岁的享乐派，名叫马丁·鲍姆。鲍姆是经纪人，有自己的公司和滔滔不绝、引人入胜的口才。他手里的客户虽然年龄偏大，但都实力强劲，其中最出众的包括彼得·塞勒斯、罗德·斯泰格尔、凯勒·欧康纳、西德尼·波蒂埃、朱莉·安德鲁斯、布莱克·爱德华兹和乔安娜·伍德沃德。马丁感到孤独，想加入我们。我们争论了好几个月。马丁的这些高龄客户会有益还是有损我们的形象？他能把客户与

我们共享并适应我们的集体文化吗?

我们决定让他成为公司第六位合伙人,完全享受同等待遇。我们从未后悔这个决定。他帮我们打开了通往电影界的大门,把自己的客户慷慨地分享给我们,或者干脆直接交给我们服务,这些客户让CAA成为业内有力的竞争者。他也带我们熟悉了不少高级美食。他同样没有后悔:五年中,他的年收入从10万美元增加到了50万美元。

马丁介绍我认识了畅销书《鼠王》和《大班》的作者詹姆斯·克拉韦尔。克拉韦尔的上一部力作《幕府将军》是一部叙事宏大的历史小说,讲述17世纪一位英国海军领航员在日本遭遇海难的故事。这位创作出异国奇谈的作家在穆赫兰道过着简单的生活。他每天早上5点半起床,喝杯咖啡,散个步,7点坐在打字机前。他一直工作到中午,然后到世纪城的山本餐厅吃午餐。我们初次见面就是在山本餐厅的寿司台,我从此爱上了生鱼片。我太喜欢那里的食物和就餐的同伴,所以有将近20年,每个月我们都会在那里聚上几次。

詹姆斯是一位体面的英国绅士,永远穿着双排扣蓝色西装外套,有着入骨的幽默感。他身材高大,尽管当年在日本战俘营的遭遇让他落下了残疾,腿脚不便,需要拄拐走路,但他仍然气度不凡。几片金枪鱼生鱼片下肚之后,他让我读一读已经在行业内悬置了几年的《幕府将军》。制片厂对这部小说的篇幅一再感到震惊:足足1 200页。

一次周末滑雪旅行时,我带上了这本书的平装本。一开始,我连书中的几十个角色都分不清楚,日本人的名字也让我满头雾水,但是读到第80页时,我已经被深深吸引了。朱迪因为我每次回应她都是"嗯""哎"之类的敷衍而恼火,我就把第一章扯下来递给了她。我们只滑了几个小时的雪,其余的时间都窝在沙发上,一章接一章地读着《幕府将军》。

第五章　从零到一百万

马丁和我向他的另一个客户，导演理查德·"迪基"·阿滕伯勒谈到了这本书，迪基又把这本书交给了《阿拉伯的劳伦斯》的编剧罗伯特·博尔特。我们把阿滕伯勒、博尔特、肖恩·康纳利和这本书做了个打包方案，推销给派拉蒙影业的巴里·迪勒和迈克尔·艾斯纳，他们同意开发。迪基的想法是，如果我们把一部分完整的情节留到续集，那么《幕府将军》可以被压缩成一部两个半小时的电影。但是这部鸿篇巨制实在难以改出一部像样的电影剧本。我们的打包方案失败了。

1977年1月的最后一周，我像大多数美国人一样，每晚追看那部讲述美国黑人的里程碑式迷你剧集——《根》(*Roots*)。ABC用连续8个晚上把总时长12个小时的节目播完，并获得了创纪录的收视率。有1亿名观众收看了大结局，这是电视史上收看人数最多的一次。我突然想：我们为什么不能对《幕府将军》也采取同样的制作方式呢？

詹姆斯·克拉韦尔大为震惊。他是个电影拥趸，写过电影剧本《大逃亡》(*The Great Escape*)，还执导过6部电影。他直言："电视会毁掉我的书！"

我坚持认为，只有迷你剧才能让《幕府将军》的宏大与磅礴得到充分展现。作者带着极大的怀疑同意了，比尔·哈伯和我前往派拉蒙影业，与迈克尔·艾斯纳和电视部门的负责人加里·纳尔迪诺见面。加里迫切希望这个项目能在电视网实现。我们从ABC开始，它是我们最好的买家，但它拒绝了。CBS给出了同样的回应："我们认为美国人不太关心亚洲。"

不过，NBC电视电影部门的主管迪安·巴克利看中了詹姆斯的小说原著，并决定订购一部12个小时的剧集。新的编剧们以主人公约翰·布莱克索恩这个被困于东方的英国水手的视角进行了改编，也让迪安的信心经受了极大考验。为了让布莱克索恩的不知所措更打动人心，他们让剧中的日本人角色说日语，并且不加字幕。这对黄金时段的电视剧来说是很前卫的做法，但是我们力挺编剧，而迪安也力挺我们。

NBC给《幕府将军》开出了2 200万美元的豪华预算，使得该剧能够到日本实地拍摄，并因此在视觉和感觉上都像是实打实的大制作。派拉蒙也出面表示愿意承担项目的"赤字"，也就是说，一切超预算的制作费用都由它来买单（派拉蒙希望这部剧集在NBC完成两轮首播之后，可以通过在全球范围内出售分销权把钱赚回来）。我们的项目上马了。

迪安和CAA之间只有过一次意见分歧，那就是在布莱克索恩的选角问题上。NBC想用理查德·张伯伦，他曾在20世纪60年代的医务剧《乔迪医生》里出演了一个大众情人般的角色，并因此出名。我认为他演主角分量不够，但事实证明我错了。理查德的无助感让角色更为可信。一个肖恩·康纳利那样刚健又勇猛的布莱克索恩不会让人产生同情心。

《幕府将军》于1980年9月开播，时长3个小时的首播结束后，我们知道节目火了。观众钟情于浪漫、忠诚和背叛，以及这部亚洲肥皂剧的全部，并让这部戏成为NBC历史上收视率最高的节目之一。（它至今仍然是收视率排名第二的迷你剧，排在第一的是《根》。）《幕府将军》掀起了畅销书改编的热潮，并引发了美国人对寿司的追捧。从此再没有电视网会说它的观众对亚洲题材不感兴趣了。

电视剧对原著的忠实程度让詹姆斯感到满意。更让他喜出望外的是，剧集最后一部分播出后不到一周，《幕府将军》的平装本卖出了超过300万册。我们帮他谈下的"贴片广告"推介权益尤其让他开

第五章 从零到一百万

心。每次进广告前，屏幕上都会先显示"詹姆斯·克拉韦尔的《幕府将军》"字样；广告插播结束时，观众会再次看到"詹姆斯·克拉韦尔的《幕府将军》现在继续"。这是我们最早为客户打造个人品牌所付出的努力。

《幕府将军》结束播出一周之后，詹姆斯来电话约我第二天见面。"老地方？"我问。

"不，我想约在凡奈斯附近文图拉大道上的麦当劳。"

"什么？"

他大笑起来。"明天早上8点半在那儿见。"

我穿着一套品质很好的蓝色西装走进麦当劳，发现自己还是穿得不够讲究。卡座里的詹姆斯穿着运动外衣和皱巴巴的灰色休闲裤，戴着方领巾，拐杖放在一旁。他面前有两个餐盘，每个餐盘上有一杯咖啡和一个"吉士蛋麦满分"。

我坐下来，他递过来一个信封。我把信封打开，里面是一张支付给创新艺人经纪公司的支票，上面一连串的零让人眼花缭乱。詹姆斯说服了派拉蒙由他亲手把100万美元的节目打包佣金交给我。那是我们到那时为止拿到的最大一笔薪水——如果放在今天，价值应该接近300万美元。

《幕府将军》在WMA手里搁置了三年。CAA把它做了出来。这个项目有20次濒临失败，但是没关系——每个项目都得有20次濒临失败。那是我们第一次把一个客户遥不可及的梦想变成了现实。

———

1978年，ICM一位我很尊敬的经纪人安德烈娅·伊斯门告诉我："你们应该进入电影界。你们的工作方式会带来新气象。"罗恩和我之前讨论过这方面的可能性，安德烈娅的话又让我们重新开始考虑。但是首先，我们想知道她为什么要说这样的话。经纪人做事情总是带有目的性的，真诚的赞美或坦率的建议并不存在。我们正在电视界大张旗鼓，她是想让我们转移事业重心吗？ICM 是不是在密谋突击挖走我们手里的电视人才？她到底有什么邪恶的计划？结果，让人吃惊的是，安德烈娅说这番话完全是出于真诚和雅量。

罗恩对我说："我们应该有所分工。你专攻电影业务，我兼顾一部分电影，负责电影演员和电视。"我们要追赶 ICM，因为它拥有全部的电影明星客户，除了 WMA 的斯坦·卡门手里的那几个。那个时候，明星经纪的重点是社交：ICM 的苏·门格斯和你签约之后会邀请你到她比弗利山庄的豪宅去参加派对。她还会和她的其他客户八卦你——她管自己的明星叫"小火花"。我们打造的业务模式与她的截然相反：我们会要求坐在餐厅后面不会被人偷听到的桌位，我们会俯身向前，展现一种说一不二的形象。我会说："在我们这里，你不必参与那些张扬的社交活动。我们的目的是帮助你在各方面独立自主，为你制定发展战略。那么，你的梦想是什么？"我们并没有说苏或者任何人的坏话，但是我们传达的信息不言自明："还有哪家经纪公司能找出 10 个为了推动你的职业发展已经开过预备会的经纪人吗？"后来，每次我们与客户开会之前，我都会给公司所有人发一份备忘录，收集大家的想法，哪怕他们的工作与这位客户只有间接或者可能的关联。而且，每次会议，我们都保证至少 5 个人出席。

好莱坞人才济济，像由成千上万座独立岛屿组成的群岛，但是导演和明星是其中最重要的岛屿。我们需要建造桥梁把这些岛屿连接起来，做成一个个打包项目，这会让我们也成为某种意义上的电影制片厂。为了得到演员，我们需要导演，因为导演们都有长期合作的明星：西德尼·波拉克有雷德福，马丁·斯科塞斯有德尼罗。我列了一份名单，上面是我想签并且估计可以签下的导演，其中很多是经纪公司并不太重视的喜剧片导演。（尽管杰克·莱蒙和沃尔特·马修给 WMA 赚了大钱，那儿的经纪人却从没给过他们应有的待遇。）我的导演名单上包括史蒂夫·戈登、艾伯特·布鲁克斯、伊万·雷特曼、西德尼·波拉克，以及马丁·斯科塞斯和斯坦利·库布里克，最后这两个名字是我的梦想，但是这个梦想最终会成为现实。

我开始相信自己能够与这些人说上话了，因为 CAA 成立伊始，我就启动了一个私人项目（我花了 10 年才完成）：我要把获得过奥斯卡金像奖五大重要奖项之一的电影全部看完。我懂得了为什么《乱世佳人》成为传世经典，但《青山翠谷》却没有；我学到了图像与工艺之间的关系。同时，我也在抓紧研究电影的交易架构，以及演员和导演们走红的原因。电影有它自己的语言，所以我需要掌握两种语言了。

但是要想签导演，还有一个步骤：我们需要编剧和他们的剧本。导演们对好剧本的期待远远高于跟我聊《历劫佳人》开场升降镜头的兴趣。在这个困难重重的过程中，要想取得一些进展，最简单的方法就是把我们的电视编剧变成电影编剧和导演。我鼓励巴瑞·莱文森根据他年轻时在巴尔的摩的经历创作一部电影剧本，他写出了《餐馆》，那也是他的导演处女作。

第二简单的方法是把其他经纪公司旗下的电视编剧变成电影编剧和导演。我们去游说了电视编剧史蒂夫·戈登，他写过一部电影剧本，讲述的是一个嗜酒如命的百万富翁遭遇的爱情困境。史蒂夫在 ICM 的经纪人不愿意或者没能力卖掉这部剧本。我把剧本发给了联美影业，它决定投拍，并且让史蒂夫执导。这部名叫《亚瑟》的电影一鸣惊人，然后史蒂夫与我们公司签了经纪约。我们会带着假设的心态来挖角：

我们像潜在客户已经和我们签了约一样去帮他们实现梦想,然后他们就真的会与我们签约。令人悲痛的是,第二年,我们谈好一个由史蒂夫执导、罗伯特·雷德福主演的喜剧片项目才过去几周,史蒂夫就因为心脏病突发过世,终年44岁。我和史蒂夫关系很好,他的死让我震惊。但是现在想起来,让我更震惊的是我迅速把悲伤抛在脑后,继续专注于经营CAA。我只用了半天时间。向前走,不要纠缠于往事,肯定有人在追赶我们。

为了认识更多编剧,你往往需要先认识编剧们信任的高管。马丁·鲍姆把我介绍给了特德·阿什利,这位风度翩翩的前经纪人后来成为华纳兄弟影业的董事长兼首席执行官。特德是我们这行最重要的人物。我在职业生涯早期去过他在荷兰雪梨酒店的顶层套房,墙上那幅罗斯科的画作让我惊叹不已。然后他带我去了巴斯克海岸餐厅,我在那儿充满敬仰地看着他把一张百元大钞作为小费塞到领班手里。

几年后的今天,特德听说我和巴里·迪勒、大卫·格芬、迈克尔·艾斯纳、特里·塞梅尔一样,是圈里初露锋芒的新星,于是介绍我认识了华纳兄弟影业的制片主管约翰·卡利,一个很有修养、谈吐温和的人。约翰有着艺术家的眼睛和耳朵。导演们都爱他,他跟西德尼·波拉克、迈克·尼科尔斯和克林特·伊斯特伍德的关系尤为密切。我了解到约翰读书的速度很快,于是开始每周给他寄去三四本莫特·詹克洛推荐的小说手稿。其中大部分作品都不太可能影视化,但是约翰读完了每一本。我给他寄去成堆的剧本,只要是我能拿到的,就都寄给他。约翰感激我对他的重视,就把他的朋友、业内最负盛名的、就编剧罗伯特·汤介绍到了CAA。那是我这一生中得到的最大恩惠之一。汤写过《洗发水》和《唐人街》这些传世佳作,并

第五章 从零到一百万

且和沃伦·比蒂、杰克·尼科尔森这些超级明星是好朋友。有了他这个客户，公司立刻有了信誉度：现在，我可以大胆地计划下一步要拿下谁了。

好莱坞是个好心没好报的地方。几年后，代表汤谈判重要项目《泰山王子》的合约时，我又与卡利相遇了。约翰的助理都在华纳的行政大楼里办公，但他本人则在附近的一间小屋里工作。他穿着羊毛衫和暇步士的鞋子到门口迎接我，并把我请到屋里。木柴在壁炉里噼啪作响，立体声音响飘出莫扎特的乐音。

"约翰，"我说，"我在帮罗伯特谈一个项目，但弗兰克·威尔斯"——制片厂的总裁——"很要命，我搞不定。我不知道该怎么办了。"我们要求按毛利润分成，但威尔斯只肯答应按净利润分成。毛利润是我们的准则，因为票房收入就能决定制片厂欠你的客户多少钱；净利润几乎一文不值，因为制片厂会通过会计核算扣掉太多费用，到最后你几乎看不到任何净利润。就像大卫·马梅特写的舞台剧《加速前进》(Speed-the-Plow) 中角色的台词："我在娱乐行业25年来，只学到了两件事……第一，没有净利润。"(片刻停顿后，他又说："第二件事我忘了。")

"那个该死的威尔斯！"约翰喊道，"真是个浑蛋！他对我们热爱并需要的艺术家们太苛刻了。你先去他的办公室。我这就打电话给他。"

我说："约翰，我真不知道该怎么感谢你。太感激了。"

"不用，不用，小意思！"

我离开时经过约翰的窗前，窗户是开着的，他正在背对着我打电话。"弗兰克，"我听到他说，"奥维茨正往你那儿去。干掉他。"

然后，1979 年，我们比原计划提前签下了一位明星。

公司规模不断扩大到已经拥有 15 位经纪人，所以我们需要更大的办公空间。当时刚好有一家破产的对冲基金要搬出世纪城的一套带家具的办公室，我说服他们以低于市场价的价格把办公室转租给了我。一天早上，在新办公楼的大堂，我扫了一眼租户名单，18 层的一家公司吸引了我的目光，那是税务律师加里·亨德勒与顶级商业律师阿特·阿姆斯特朗共同创立的一家高端律师事务所。加里与巴里·赫希、杰克·布鲁姆和汤姆·波洛克都是娱乐业首屈一指的律师，专为艺人们制订、审阅合同。加里的客户包括罗伯特·雷德福、肖恩·康纳利、西德尼·波拉克和芭芭拉·史翠珊等。

我反复纠缠律所的前台秘书，最后加里终于同意在当时最高档的斯坎迪亚餐厅和我吃晚餐。我和那家餐厅擅长交际的小个子领班朱塞佩·贝利萨里奥早就是好朋友，每周我去那里吃四次饭。（后来 CAA 还资助朱塞佩在西好莱坞开了一家餐厅"朱塞佩"。）到晚餐结束，我抢先买单的时候，加里和我已经惺惺相惜。他理解我的雄心壮志，我也完全明白他的热情所在。第二天，我给他送去一桶好时亲吻巧克力；之后是一瓶好酒；再之后是一部法律典籍的首版藏书。我们还约了几次午餐，直到一天早晨他打电话来说："我想介绍你认识一下肖恩·康纳利。"这并不是说加里对我的优秀品质大为赞叹，而是对他来说牵这线没什么坏处；肖恩的事业当时正处在黑暗的低谷。

肖恩人在伦敦，所以一切都要在我们的第一通电话里搞定。我不会有第二次机会。与大多数同龄人一样，我从小到大都把肖恩·康纳利视为偶像，他赋予詹姆斯·邦德的优雅暴力让我如痴如醉。但吹

第五章 从零到一百万

捧他是错误的。我不得不委婉地告诉他，他把事情搞砸了。在从事表演工作之前，肖恩是一名码头工人，所以他完全闲不住，于是不停工作。通常我会很喜欢这种勤奋的客户，但是肖恩什么戏都接，而且那些戏的剧本、导演或者合作明星的地位都在他之下——经常全都跟他不在一个档次上。他最近的失败之作《下一个目标》（*The Next Man*）就是这种情况，后边的《地球浩劫》和《泣血古巴》还会是这种情况。

电话接通后，我告诉肖恩："如果你想树立自己的品牌，你就不能什么角色都接。你需要选择更好的项目。"我还告诉他，他需要大量接触各类有可能投拍的剧本，并且把它们开发成以他为明星的打包统筹项目。我还说，他需要与更优秀的导演合作，而我们会帮他介绍这类导演和这类项目。这也形成了我之后与明星签约的模式：先礼貌地批评他的选择，然后告诉他，他需要看到并选择更好的剧本和更好的导演，并且就这两点向他做出承诺。我没有承诺他一定能与某位明星合作，因为最容易失去客户的事情就是做出你无法兑现的承诺——客户的记性是最好的。肖恩并没有问起我认为他应该跟我们公司的哪位导演和演员搭档，这是万幸，因为我们的客户里还没有他这个级别的人。但如果他问了，我就会说出当年我经常说的那句话："肯定得是适合你的创意人才。"

肖恩一开始沉默不语，但逐渐开始接受我对他的事业决策过程做出的直言不讳的评价。之后那个星期，我们在行业媒体上购买了一整版广告，上面用大红色的字写着："创新艺人经纪公司自豪地宣布成为肖恩·康纳利全球范围内经纪事务的独家代理公司。"我把广告撕下来寄给了李·罗森堡，就是当年对我们想签电影明星的想法嗤之以鼻的那位经纪人。（李后来成了我的邻居，我们关系也不错，但是多年来，每次我们签下一位明星，我都会寄一份广告给他。我们与罗伯特·雷德福签约的那则广告让我格外有满足感。）几周之后，我飞往英国，到《火车大劫案》的外景地去探肖恩的班，并当面落实我们的合作关系。但我没要求他签合约书。我认为书面协议的重要性不仅被严重高估——因为如果客户90天没有工作就可以宣布合约无效——而且有弊无利。如果没有书面协议，就没有合约到期的续签，客户也就不会因为需要续签了反而想起来考虑要不要和我们解约这类事情了。

我们先给肖恩找了两部预算保守、风险较低的科幻电影。然后，更难办的事情来了，有一部"007"系列电影《007之霹雳弹》[1]要被翻拍了。肖恩自从十多年前拍完《007之金刚钻》[2]之后就再没有演过邦德，当时他发过誓，不再出演这个系列，以避免自己被角色定型。我觉得他就是詹姆斯·邦德，而且如果观众和制片人们都能想到这一点，其他机会也会随之而来。一天晚上，我和肖恩聊天时，把话题绕向了罗杰·摩尔和他所扮演的邦德的不足之处。我说，肖恩仍然是最权威的007——他无法反驳。我确保肖恩的妻子、法国出生的艺术家米舍利娜·罗克布吕纳支持这个动议，并说服加里·亨德勒对这个想法表示赞成（与客户相关的任何事务我都会事先与加里沟通，我几乎像是他的助理一样）。我软磨硬泡地猛攻肖恩，直到他同意最后再抿一口那杯"用摇壶摇，不要搅拌"[3]的马提尼。这部电影的片名《007

---

[1] 第四部詹姆斯·邦德系列电影，1965年上映，又名《铁金刚勇战魔鬼党》。——译者注

[2] 第七部詹姆斯·邦德系列电影，1971年上映，又名《铁金刚勇破钻石党》。——译者注

[3] "007"系列电影中，主角詹姆斯·邦德的标配之一就是到酒吧永远点"用摇壶摇，不要搅拌"的干马提尼。——译者注

第五章　从零到一百万

外传之巡弋飞弹》(*Never Say Never Again*，意思是"永远不要说永远")是米舍利娜起的，因为她想起来肖恩曾经告诉媒体他"永远不要"(never again)扮演詹姆斯·邦德了。

不幸的是，在巴哈马的拍摄让人甚为焦虑。肖恩不喜欢制片人，对剧本和导演厄文·克什纳也不太满意。还有，这部电影的筹备期太久，用了整整4年，肖恩此时已经52岁，在某些动作场面上明显力不从心。约翰·卡利努力想从拍摄样片里寻找他以为自己买到的那个风流倜傥的康纳利，但是没有找到。幸运的是，肖恩的影迷们太渴望看到真正的邦德再现，所以《007外传之巡弋飞弹》等于有了金刚护体——即使影片失败了，肖恩的行情也仍然看涨，我也已经给他安排了很多后续的片约，所以他还是安全的。电影收获了好评，票房表现也相当不错。我甚至觉得肖恩应该很高兴他接拍了这部电影。他从悬崖边缘回来了。

我们给他安排的下一部片约完全是为了钱。肖恩非常喜欢赚钱。我告诉他，如果片酬足够高，我们可以纯为赚钱而接拍——但在这类电影之外，我们必须保证有高质量的影片产出。戈兰-格洛布斯(Golan-Globus)是以色列两个表兄弟关系的制片人开的公司，出品过一些剧情简单但内容多样的B级[①]动作电影。该公司想请肖恩在一部名为《绿色骑士》的年代片中出演"绿色骑士"一角。拍摄周期为6天，最终出镜时间一共12分钟。我把肖恩的片酬定为100万美元，此外，如果首周之后片方仍然无法让他的戏份杀青，多出的拍摄赔偿金是每天25万美元。没有哪个演员能在这么短的时间里赚到这么多钱。（更妙的是，由于拍摄地点在法国，肖恩不必缴纳任何税款。）片

---

① B-Movie，指低成本商业电影。——译者注

方犹豫了，不过几个小时后，还是答应了。他们需要康纳利的名气让电影大卖。

《绿色骑士》开拍之际，我告诉肖恩："拍完拿钱走人就行。别替制片人、摄影师和化妆师操心。换种心情，就当去玩儿了。"开机两天后，我到阿维尼翁去探班。一起出去吃晚饭时，我问他："无所事事的感觉怎么样？"肖恩滔滔不绝地说起拍摄中需要改进的方方面面。因为有时差，我开始打瞌睡。"你们这些年轻人太没毅力。"肖恩语带责备地说。他本人永远不知疲倦。他回到洛杉矶时，刚下飞机就不顾9个小时的时差，先去打了几局网球。

他仍然非常有魅力。在餐厅时，即使他把假发留在家里没戴出来，仍然会有各个年龄段的女人向他投来"现在就接受我吧"的目光。1989年，59岁的肖恩还被《人物》杂志评为在世最性感的男人。但是他已经到了那种男主角需要沉稳下来，朝着更成熟的方向转变的阶段。我知道在这一点上他肯定会和我争执。我撬动他的杠杆是布莱恩·德·帕尔玛执导的《铁面无私》，凯义·科斯特纳在片中饰演主角埃利奥特·纳斯。这部影片为肖恩安排了一个非常特殊的角色——一名爱尔兰警察，他是纳斯严父般的导师。每场戏肖恩都有机会大出风头。

"你是这部戏里真正的大人物。"我说。

"但我不是男一号，"肖恩说，"而且半截就死了。"他的角色被阿尔·卡彭[①]的黑帮枪杀了。

"那是全剧最关键的一场戏。是你给了科斯特纳继续对抗卡彭的力量。"

---

① 阿尔·卡彭，20世纪上半叶美国知名黑手党头目，昵称"疤面人"。——译者注

"但我还是死了啊！"他就是不想扮演年纪大的导师。

这样过了几周之后，我向米舍利娜求助。起初她站在肖恩一边。但是，当我解释完为什么这个角色会给肖恩未来十年的演艺生涯奠定基础之后，她温柔地说服了她的丈夫。我又给肖恩打了个电话，说："肖恩，你必须出演这个角色。而且不能戴假发。是时候了。"你必须冒跟客户关系恶化的风险。你跟对方直言不讳的时候，他们能做的就只有生气——他们不能说你是白痴。肖恩终于答应了。

我们相安无事，直到开机那天，不出所料，他开始抱怨。他扮演的角色吉姆·马龙的造型是60多岁的样子，而且肖恩很讨厌他那件松松垮垮的旧式西服和花呢帽。不过他很喜欢科斯特纳和德·帕尔玛。他勉强开始接受并逐渐全心投入角色，而且确实在每场戏里都出尽了风头。

《铁面无私》为肖恩赢得了他此生唯一的一座奥斯卡金像奖奖杯，也为他职业生涯后期的一系列非凡成就铺平了道路。他后来又拍摄了《夺宝奇兵3之圣战奇兵》《猎杀红色十月》《俄罗斯大厦》《勇闯夺命岛》。他不想在《猎杀红色十月》中演一个年纪更大的俄罗斯人，但我坚决表示："肖恩，你穿上蓝色制服一定会特别帅。"他不是喜欢煽情的那种人，但他是我们最忠诚也最赞赏我们的客户。他成为我的朋友和顾问，也是奥维茨家族的荣誉成员。出现非常严重的问题时，他也会大发雷霆，比如我把他和西德尼·吕美特及达斯汀·霍夫曼一起打包在《家族企业》中的时候，那是有史以来卖相最好但执行最差的电影策划之一。但那也像是家人之间的争吵，肖恩从没有威胁过要离开我们。

1990年，肖恩60岁生日那天，我和米舍利娜在西洛杉矶的沃尔夫冈·帕克啤酒屋餐厅为他举办了一场惊喜生日会。两百位来宾都是

全能经纪

与他合作过、跟他关系好或者深受他尊敬的人士，包括克林特·伊斯特伍德、迈克尔·凯恩、米歇尔·菲佛、哈里森·福特和史蒂文·斯皮尔伯格。我们陪着肖恩进入现场，我看得出他深受感动，我也为之感动不已。走上台致辞时，他已经泣不成声。

第六章

车载电话

如果一位律师帮过我们的忙，我们就会尽量帮他个更大的忙作为回报。在这个习惯互相帮忙的行业里，滴水之恩最后也能汇成涌泉。

加里·亨德勒介绍肖恩·康纳利给我之后不久，我找到了报答他的方式。我知道加里严重超负荷工作，而巴里·赫希在他的公司里也忙得不可开交。洛杉矶娱乐行业三大律师事务所里，他们占了两家。那么，为什么不把亨德勒和赫希打包在一起呢？我约了加里吃晚餐，席间向他盛赞巴里。回家的路上，我在车里打电话给巴里，约他第二天早上到圣莫尼卡吃早餐。席间，我向他力荐加里，第二天他们两人就见了面。不到一周，巴里和加里就成立了阿姆斯特朗-亨德勒-赫希律师事务所，集中为电影人才提供法律服务。一年之内，CAA 签下了该公司的 50 位客户。

然后，西尔维斯特·史泰龙告诉罗恩·迈耶，他计划解雇自己的律师杰克·布鲁姆——最初是他把斯莱（史泰龙的昵称）介绍给我们的。罗恩和斯莱严肃地谈了一次，斯莱答应先不采取行动。这件事在圈子里意义重大。它让律师们知道，我们重视他们的价值，站在我们这一边对他们更好。

我跟达斯汀·霍夫曼是通过伯特·菲尔茨认识的。伯特是一位出类拔萃的诉讼律师，每当好莱坞有大官司要打的时候，诉讼双方都会争先恐后去拉拢他。我在CAA成立之初就认识了伯特。我们第一次共进午餐之后，我寄给他一张5美元的支票，聘请他为我们服务。这基本上是在开玩笑，但如果有人找他告我们，他就得考虑一下其中的利益冲突。1967年凭借影片《毕业生》一炮而红的达斯汀因为陶醉于明星光环而迷失了方向，也失去了他的第一段婚姻。然后，他家族的一位老朋友、女商人丽莎·戈特塞根走进了他的生活。丽莎让达斯汀规规矩矩地过起日子，并且确保他阅读收到的剧本。1979年，我和朱迪在西好莱坞著名的查森餐厅——弗兰克·辛纳特拉和格利高里·派克常年在这里预留红色皮沙发的卡座——与他们两人见面时，他们已经订婚，并准备结婚了。

达斯汀当时刚刚拍完《克莱默夫妇》，这部电影会为他赢得第一座奥斯卡金像奖奖杯，但是在这之前，他接连踩了一串雷，职业生涯岌岌可危。与肖恩·康纳利截然相反，达斯汀对角色非常挑剔，但我对他的说辞和对肖恩的基本一致。我说："我们保证你能看到每一部剧本。"我试图把弱点（我没有经验，也缺乏电影客户）转变为优势（我会把全部精力放在他身上）。我敢说丽莎对我的印象应该不错——她成长在圣费尔南多谷离我家不远的地方，这让我一下子对她备感亲切——但达斯汀却难以捉摸。冲动之下，我说："你可以先试用我们，我先不向你收取任何费用，直到你觉得这钱该我赚。"这是我唯一一次提出收取低于10%的佣金，更别说免费干了。如果这些话传出去，其他客户肯定会没完没了地讨价还价。但是我们迫切需要达斯汀·霍夫曼这种排名前十的电影明星。我用大量的剧本和资料淹没了他，并在6个月后与他签了约。

肖恩和达斯汀成为 CAA 的金牌客户之后，我们仍然需要导演人才。有一位最优秀的导演已经让我觊觎许久：西德尼·波拉克。我在 WMA 期间，西德尼就已经拍出了《孤注一掷》《猛虎过山》等一些非常出色的影片。1972 年，我在纽约的大街上偶然遇到了他，当时他正在拍摄《往日情怀》，我就站在警戒线外面和其他路人一起围观。西德尼非常轻快地给罗伯特·雷德福和芭芭拉·史翠珊说戏，没有让他们察觉出他有丝毫不满意。以情绪波动大著称的史翠珊看起来完全信任他。我看着他们，一种对未来的憧憬涌上心头：有朝一日，眼前这些人都会签在我手里，我的公司会代理产业链上的每个环节，并且把权力从电影公司手中夺回，交还给艺人们。早在那个时候，我就有种奇怪的感觉：西德尼是我的万能钥匙。

实现这个愿望花了好几年时间。我听说西德尼要在 1975 年推出一部关于日本犯罪团伙的电影《高手》，于是贸然给他打了个电话，向他介绍了一位可以为影片担任动作指导的本地武术家埃德·帕克。埃德没得到那份工作，但我一直与西德尼保持着联系，并且时常去他的办公室拜访。我们成立 CAA 之后，我也一直追随他。1977 年，西德尼邀请我参加影片《夕阳之恋》的首映式之后，我也增加了对他进行"软性施压"的力度。在那部影片里，阿尔·帕西诺出色地塑造了一个铁石心肠的赛车手形象，但影片本身并没有特别成功。由于西德尼还没有拍过票房大爆的作品，游说他的时机已经成熟。

西德尼长期以来的经纪人埃瓦茨·齐格勒是一名很有教养、满头银发的普林斯顿毕业生——一副文学经纪人的标准样貌。齐格（齐格勒的昵称）的齐格勒-蒂斯康特-罗思经纪公司有很多一流编剧客户，包括《虎豹小霸王》的编剧威廉·戈德曼和《星球大战》的编剧威拉德·海克与格洛丽亚·海克夫妇等，但齐格是个特立独行的人，住在遥远的帕萨迪纳。他的客户中还包括一些顶级导演，比如《超人》的导演理查德·唐纳和《都市牛郎》的导演詹姆斯·布里奇斯。这些人我全都想要，但是该怎么把他们挖过来呢？

想不到的是，答案竟然来自我的车载电话。当时，车载电话还是很新鲜的玩意儿，这种基于无线电的电话比鞋盒略大，有11个频道，你要不停地按下按钮，直到听见空闲频道的拨号音为止。频道繁忙时简直就是电话大聚会——任何注册用户都可以切进去旁听。一天早晨去办公室的路上，我听到一个很像埃瓦茨·齐格勒的声音。齐格正在跟助理讨论他的明星客户名单，我把车停到路边，开始做记录。第二天早晨同一时间，我又切进了那个频道，齐格又在线上利用通勤时间处理公务。他的声音听起来苍老而悲凉。齐格已经年过六十，正当我们公司有大批潜在客户蜂拥而至的时候，他却只有一个助理和一个叫作史蒂夫·罗思的初级合伙人。我决定尝试收购他的公司。为了让他的态度有所软化并更容易答应，我把行动升级，决定先挖走西德尼·波拉克。

"我会为你杀出一条血路。"我告诉西德尼。我的全部卖点就是激情和精力，以及我比埃瓦茨·齐格勒年轻30岁这个事实。随着西德尼开始动摇，我们赶在齐格之前接二连三地把剧本寄到他手里。我缠着莫特·詹克洛要来即将出版的书稿，一打又一打地给西德尼寄去故事摘要。我每天都在西德尼身上花两个小时，任何经纪人在他已经签下的最大牌的客户身上都花不了这么长时间。西德尼可谓哈姆雷特转世——从来不会快速做决定。不过，到了1981年，我对他的"追求"进入第二年的时候，他终于和我签了约。

给齐格一记重创之后，我们开价75万美元收购他的经纪公司，此外他还能拿到他手里客户作品的终身版税。就算他从不来上班，他的那部分业务收入也会永远归他所有。我们谈了6个月之后，齐格拒绝了。他或许是对我们的持久力有所顾虑，又或者是无法说服自己听命于一群自命不凡的年轻后辈。不过，我们在讨论中发现，他公司的年轻客户都由史蒂夫·罗思负责，而且史蒂夫很想跳槽。我们迅速与史蒂夫达成协议，让他加入了CAA。这样一来，我们就得到了我们想要的大部分人才，包括理查德·唐纳、詹姆斯·布里奇斯和海克夫妇，为此我们给了史蒂夫每年25万美元的薪水，以及未来成为公司合伙人的可能性。

我们必须建立相当规模的重要客户群体，这样才能把行业的权力重心从买方（制片厂）扭转到卖方（我们），任何阻碍我们前进的人都会被我们干翻。由于失去了核心业务，齐格在1983年把他公司剩余的部分卖给了ICM，并从此消沉。实际上，齐格拒绝我们之后，我就再也没有想起过他。你从来不会听说有人后来很不开心之类的消息——他们根本没消息了。罗恩有时候不得不提醒我，没必要干翻每个人。杰克·尼科尔森的经纪人桑迪·布雷斯勒就是个独行侠，所以我们不会打杰克的主意。罗恩会说："这类小规模的经纪公司还有200家，你不可能让它们全部关门。"即使在当时，我也觉得这么说有道理。

但是，扫荡埃瓦茨·齐格勒的公司是我在行业内"敲山震虎"的开始。

———

我们的新员工史蒂夫·罗思在比弗利山长大，很擅长跟名流打交道。他总是口若悬河、衣着光鲜且镇定自若。磨合了一段时间之后，我们提拔他为公司的正式合伙人。他最初一副火力全开的架势，但很

第六章　车载电话

快就开始缺席周六的会议，之后连工作日都会迟到。史蒂夫经常跟弗兰克·雅布兰斯和罗伯特·埃文斯等制片人混在一起，这些人把不接电话当成权力的象征，史蒂夫也开始表现得像他们一样。

一次与理查德·唐纳的电话会议中，情况变得严峻起来。从《超人》开始，理查德凡事都会征求并参考我的意见。此时，他正处于从齐格那儿转到CAA的过渡期，并且问过我们对巴瑞·莱文森和瓦勒里·科廷合写的原创电影剧本《真正朋友》有什么看法。理查德和史蒂夫还有我一起讨论剧本时，我发觉有点儿不太对劲。无论理查德说什么，史蒂夫都在随声附和。讨论了45分钟之后，理查德问道："你们觉得修女在酒吧楼上被强奸的那场戏怎么样？我担心它会破坏电影的调性。"

《真正朋友》里根本没有这场戏——实际上，里边根本就没有修女。我还没来得及插嘴，史蒂夫就说："理查德，我百分之百赞同你的意见。"理查德·唐纳，一个性格那么温和的人，当即挂断了电话，还把话筒摘下来放到了一边。整整两天我们都联系不上他。

事实证明，史蒂夫·罗思其实并不喜欢阅读，或者说，他就不喜欢上班。他开始让罗恩和我想起WMA收发室的那些富二代。我去找了哥伦比亚公司的董事长兼首席执行官弗兰克·普赖斯帮忙，因为我们有几部与该公司合作的电影，例如《杜丝先生》和《杂牌军东征》等都在筹备中。一周后，史蒂夫被调到了哥伦比亚公司的片场开始从事制片工作。在CAA，我们通常不会解雇员工，但我们会把他们打发走——打发到一些未来可能会对我们有帮助的地方去。

―――――

我为了说服西德尼加盟而付出的时间是我做过的最好的投资。他成为我的朋友、我的导师和我的金字招牌。与超级巨星罗伯特·雷德福签约两周之后，我们在《视相》和《好莱坞报道》上再次刊登了大红色的官宣广告。娱乐业是个红外系统，当你热起来的时候，人们就会被你的热度吸引而靠拢，让你变得更热。已经拥有肖恩和达斯汀的CAA在签下西德尼和鲍勃（罗伯特·雷德福的昵称）之后，成为可以与ICM和WMA分庭抗礼的竞争者。1979年，我开始把全部精力投入电影时，公司总收入的90%来自电视业务。到1982年，我们60%的业务是电影。我们迅速在最重要的行业板块中占据了一席之地。

罗恩·迈耶开始叫我"侏儒怪"①。"侏儒怪来了，"他会这样说，"他能点'屎'成金呢。"原版的寓言故事里，被变成金子的是稻草，但是，像任何一位优秀的经纪人一样，罗恩在讲述时会随时加料。与制片厂谈判的过程中，我和罗恩打了一套很有效的组合拳。我会以强硬的态度先发制人，开出一个介于超出预期和荒唐透顶之间的高价，管理层就会私下跟罗恩说："我的天哪，他给沃伦·比蒂开价600万美元，外加10个点（也就是10%）的毛利，你能帮我们想想办法吗？"罗恩就会让他们少安毋躁，然后说，"我跟他谈谈"或"试试这么办"。他们给我回话之后，我再告诉罗恩下一轮谈判时我们的立场。偶尔我也会做出一点儿让步。更多情况下我都会坚持到底，并按照我最初的开价达成协议，不过买方的感觉总是能好些，因为有人听他们诉苦。他们似乎从来没明白，这种时候，罗恩就是我的经纪人。

然而，我没有一天在走进公司的时候是无忧无虑的。今天我能想出什么新的办法来支付日常的开销？我们在发出"罗伯特·雷德福现已成为我司客户"的内部备忘录时，会感到肾上腺素飙升，但是

---

① 侏儒怪（Rumpelstiltskin），《格林童话》中能够把稻草变成金子的小矮人。——译者注

第六章　车载电话

15分钟过后就变成了：下一件事是什么？1979年，我33岁，华纳兄弟影业的特德·阿什利把我拉到一边说："我要给你一些很宝贵的忠告。"他苦着脸笑了笑。"而且，以我对你的了解，你肯定不会接受。但我还是要说：我宁可减少10%的工作，这样做并不会影响我事业的成功，但会让我快乐很多。"

这两点特德说得完全正确——这个忠告确实很宝贵，我也确实没有接受。我现在明白我可以减少20%的工作，而且不会有任何损失。就算我只减少10%的工作，那么在30年里，我能多出整整3年享受人生。话说回来，特德自己不到60岁就退出了华纳兄弟的管理层，这是个相对年轻的退休年龄，而几年后我再见到他的时候，他百无聊赖的样子让我震惊。

我不想在小有成就之后就早早退休。特德在建议我放慢节奏的同一年，介绍我与华纳兄弟的首席执行官史蒂夫·罗斯在纽约见了面。史蒂夫是个有远见的人。他强势、有力、宽容，并且有着不可思议的魅力——像钉子一样顽固，但又广受爱戴。他从几个停车场的生意起家，通过一系列的买卖交易，一路坐到了媒体和娱乐业的头把交椅。

特德希望我加入华纳兄弟，我受宠若惊。但是CAA刚刚成立五年，我知道我还没准备好到电影公司任职。"我真的没那么感兴趣。"我告诉史蒂夫。

"好吧，那你对什么职位感兴趣？"他问。

"你的职位。我想先尽量多学习，有朝一日我希望能拥有你的工作。"

他大笑。"这正是我所期望的回答。"他说。他并没有感觉到被威胁或冒犯，反而认为我的野心让人眼前一亮。这是一个真正的领导者的标志。我记住了这种品格，并且尽我所能在 CAA 复刻史蒂夫身上最优秀的特质。

不过，要像史蒂夫那样轻松自如真的太难。在手机问世前，即使我在美术馆里参观并因为没人能联系到我而感到幸福，我也还是会感到钻心的焦虑，因为我知道外边有 25 个人想要找我。你的客户消耗着你的精力、你的专业知识和你的快乐。除了达斯汀·霍夫曼以及他的太太和 5 个优秀的子女，还有另外一百多个客户需要你殚精竭虑地随时关注他们的需求。如果你是那种情绪化又难以安定的人，那么邪教大楼里的周日早午餐看起来都算相当不错了。

1979 年的一个周末，罗恩和我都在纽约，我提议到中央公园去散散步。我柔和但坚决地告诉他，我们公司的股权架构太不合理。罗兰没有给公司带来任何收入，而一直希望 CAA 成为一家小型精品经纪公司的迈克也明显在朝着退出的方向发展。我说，如果我拿不到超过 16.67%——6 个合伙人的平均股份——的股份，我就要考虑其他工作机会了。我知道罗恩不想破坏我们打造的一切。在其他人面前，他一直在担任我的经纪人，替我向他们传达不幸的消息（或者替他们向我传达）。他喜欢作为奥维茨的耳目口舌，所以我很有信心他会满足我的要求。而且，他跟其他合伙人讨论这件事的时候，大家明显已经接受了一个事实，那就是我已经是公司的实际领导者了。我取代罗兰成为公司的总裁，并通过重新分配得到了更多股份。1982 年迈克退休时，我们花了 75 万美元回收了他的股权。

在职业层面，我达成了目标。但是在情感层面，我刚刚按下了自我毁灭的按钮——只不过，它要等到 16 年之后才会爆发。比尔·哈伯一直没有原谅我，他后来说："同意把自己的一部分股份转给迈克尔，是我职业生涯中唯一后悔的事情。"

第六章 车载电话

更糟糕的是，我从来没有向罗恩提出过增加他的持股比例——从情感上来说，我并没有意识到，如果我的待遇提升了而他的却没有，他会觉得自己受到了轻视。罗恩想把比尔的股份据为己有，而且想让他离开公司。

问题在于比尔是一位出色的电视主管。像霍华德·韦斯特一样，他看到一个初始的想法，就能知道如何把它转变成一档电视节目。他对剧本提出的意见，比很多制片人或者电视网的高管都更有见地。但是比尔跟年轻的经纪人合不来，他总是出其不意地提问题考他们，比如："哪个节目现在有适合某某导演的空缺？"而且，早在创业之初，他就坚持休长周末，后来更演变为回到他在巴黎的家中或者他在卢瓦河谷的别墅里去休长周末。此外，一年里有好几次，他会因为一些鸡毛蒜皮的小事给我们发来措辞激烈的辞职信，声称他要去为盲童工作，或者投身于让蝙蝠免遭灭绝的事业云云。比尔想要的只是有人听到他的呼声并尊重他——有人哄着点儿他，但是罗恩坚信他就是在虚张声势。

我们从 ICM 挖来了李·加布勒给比尔当副手，以防比尔下次威胁辞职的时候来真的。罗恩认为李可以取代比尔，但我不想破坏成功的大好局面。我希望一切都保持原状，除了我拿到了更多股份。我当时应该做的是把自己分得的股份分一些给罗恩，然后想个办法安置比尔。要想真正成为他的手足，我也应该作为他的经纪人来处事。

比尔从来没有察觉到罗恩对他的敌意。罗恩能够在每天都见面的人面前完美隐藏真实的感受，他的这个本事让我惊叹不已。

3 岁的我已经在打电话了

童子军 131 小分队在雷电华影业的片场（我是右起第二个）

*除非另有说明，所有照片均由作者提供

我们创建 CAA 的那一年，朱迪和我，还有我们的狗狗"阳光"，在我们位于圣费尔南多谷的家门口留影

CAA 的合伙人和我们的导师菲尔·韦尔特曼，摄于斯坎迪亚餐厅。前排从左至右：罗恩·迈耶、我；后排从左至右：迈克·罗森菲尔德、比尔·哈伯、菲尔·维尔特曼、罗兰·珀金斯、马丁·鲍姆

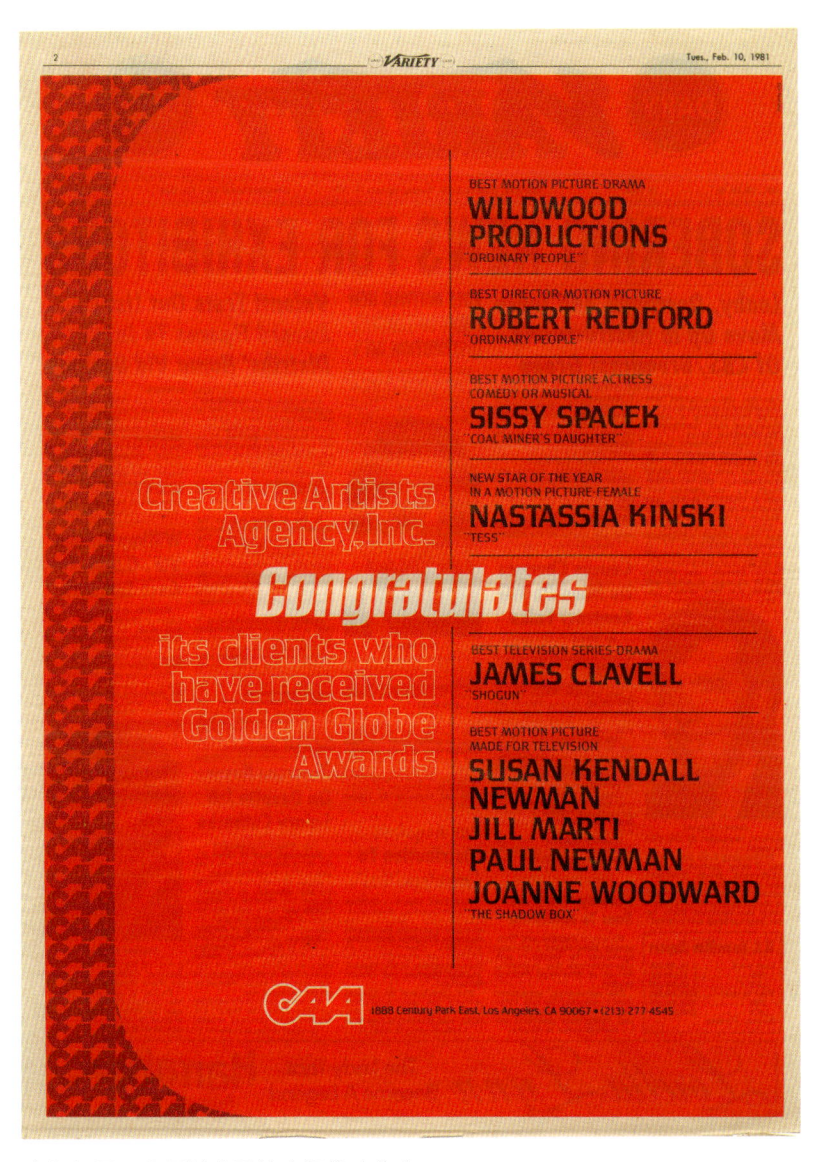

我们每周一次震撼业界的大红色广告之一

我们帮大卫·莱特曼谈成交易后,团队在 CBS 他的新办公室里合影。从左至右:我、罗伯特·莫顿、彼得·拉萨利、杰伊·莫洛尼、大卫·莱特曼

与汤姆·克鲁斯和他的第一任太太米米·罗杰斯在《金钱本色》首映式上

与坎迪和阿伦·斯佩林夫妇在托尼·托莫普洛斯的欢迎晚宴上合影，我们就是经托尼介绍认识的

snowmass
Christmas '91

朱迪、埃里克、克里斯、金伯莉和我与 CAA 阿斯彭固定午餐班底合影,其他人包括达斯汀和丽莎·霍夫曼,迈克尔和简·艾斯纳,巴瑞和戴安娜·莱文森,肖恩和米舍利娜·康纳利,马克和琳达·奥维茨,伊万和詹妮薇芙·雷特曼,切维和杰妮·蔡斯,迈克尔和夏奇拉·凯恩,西德尼和乔安娜·波蒂埃,西尔维斯特和詹妮弗·史泰龙,以及罗恩和凯莉·迈耶

霍夫曼一家和奥维茨一家在我们阿斯彭的房子前面

在阿斯彭吃午餐时谈论电影。从左至右：伊万·雷特曼、史蒂文·斯皮尔伯格、迈克尔·艾斯纳、西尔维斯特·史泰龙、马克·奥维茨

罗恩·迈耶和我在《海岸救生队》的拍摄现场（或者，更像是在昂蒂布的伊甸园酒店）

我和我的邻居达斯汀·霍夫曼在马里布的布罗德海滩

我正在就某件非常重要的事情尝试说服丹尼·德维托，具体是什么事情我不记得了

在《捉鬼敢死队》的首映式上，我正在就某件非常重要的事情尝试说服比尔·默瑞，具体是什么事情我也不记得了

朱迪、克里斯、金伯莉和我在 NBA 全明星赛上与"魔术师"埃尔文·约翰逊在一起（图片版权：魔术师约翰逊基金会）

克里斯、埃里克在《大地雄心》片场和汤姆·克鲁斯一起玩电子游戏

在《潮浪王子》拍摄现场与尼克·诺特和芭芭拉·史翠珊在一起（图片版权：《潮浪王子》© 1991 年哥伦比亚影业。保留所有权利。哥伦比亚影业提供）

在《纯真年代》拍摄现场与马丁·斯科塞斯在一起

罗恩和我在意大利与我们对雷·斯塔克开玩笑的雕塑作品合影

在马丁·斯科塞斯的 50 岁惊喜生日派对上与罗伯特·德尼罗和潘妮·马歇尔在一起

雷·斯塔克、朱迪、切维·蔡斯、罗恩·迈耶和马克·坎顿在朱迪的 40 岁惊喜生日派对上

我与杰里·塞恩菲尔德和肖珊娜·隆斯坦一起庆祝我帮助杰里的《宋飞正传》重新与 NBC 谈判成功并为他拿到创纪录的单集片酬。此后不久我离开 CAA 时,杰里说"我赶上了最后的奥维茨"

西德尼·波拉克在我的 40 岁惊喜生日派对上做晚餐。是的，我们办了好多惊喜生日派对

一张罕见的照片,照片中的罗宾·威廉姆斯好像在给我捧哏

朱迪和我与西德尼·波拉克和赫伯·艾伦二世在艾伦峰会上

朱迪和我与罗伯特和玛丽·艾伦·泽米吉斯夫妇、凯特·卡普肖、史蒂文·斯皮尔伯格,不是什么特别庆祝的场合

罗恩·迈耶在戛纳的工作假期中带我出去吃冰激凌

与我的高中同学萨莉·菲尔德和她的丈夫、制片人艾伦·格雷斯曼在一次筹款晚会上

《雨人》获得 4 项奥斯卡金像奖之后，朱迪和我与大眼圆睁的汤姆·汉克斯在颁奖典礼晚宴上

《纽约时报杂志》封面(图片版权:迈克尔·雅各布斯)

《商务周刊》封面（图片版权：经彭博新闻社许可使用。版权所有©2017。保留所有权利）

《纽约客》的漫画版（版权所有：玛瑞莎·阿克希拉·马切托/《纽约客》杂志 © 康泰纳仕集团）

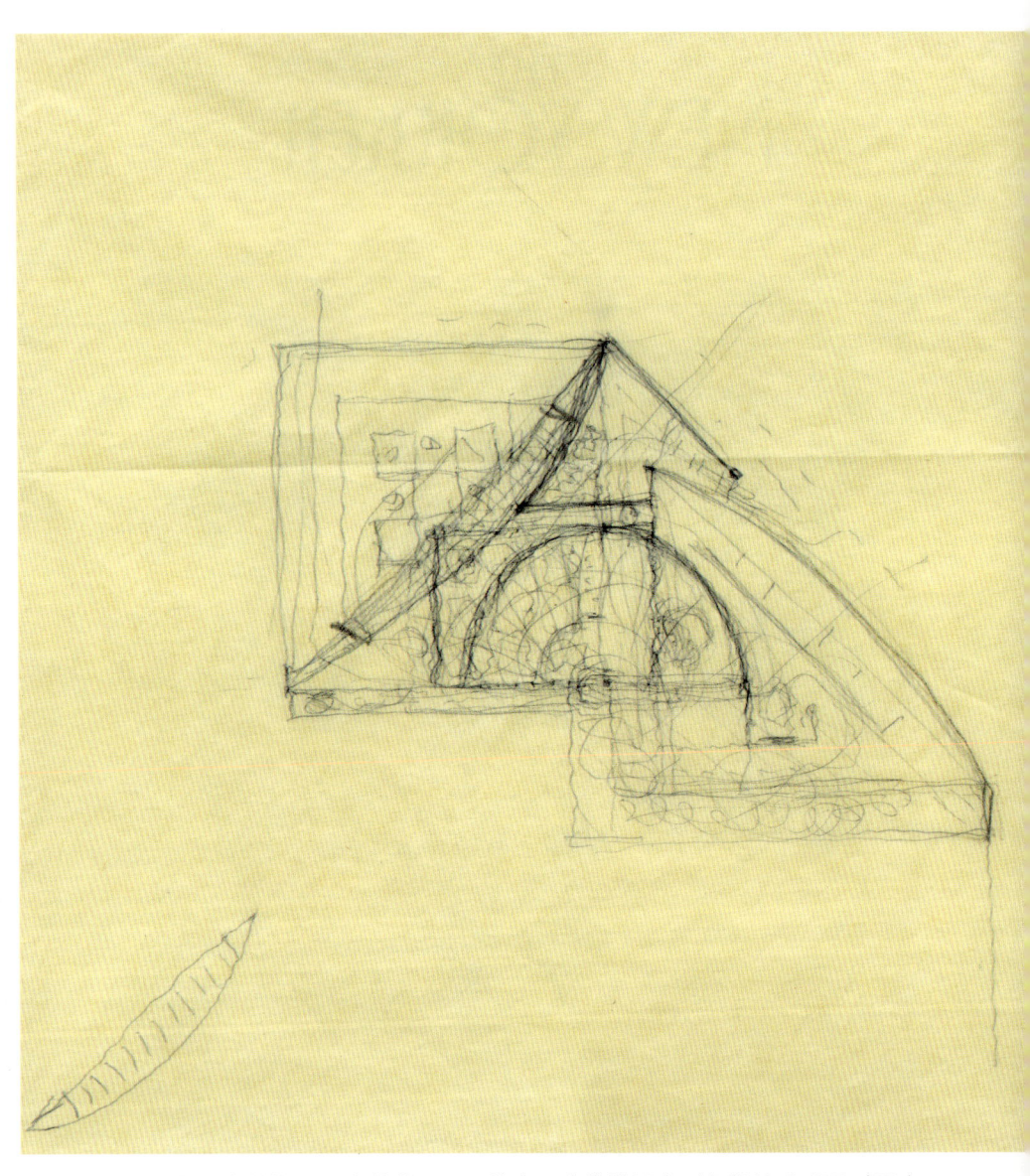

贝聿铭绘制的 CAA 大楼草图，是他在一直推说没有时间接这个项目时画出来的

CAA 大楼，如今已经成为一个建筑地标

在新楼中庭为贝聿铭举办的庆祝晚宴

保罗·纽曼在洛杉矶一条卡丁车赛道上超过我,率先到达终点

奥维茨一家与比尔·克林顿总统在 CAA 为民主党全国委员会举办的筹款晚会上合影

与武术界传奇人物雷克森·格雷西和马尔科·阿布奎基在一起,后者实际上已经成为我们家庭的一员

塔玛拉·梅隆和我

埃里克和肯德尔·奥维茨的婚礼。从左至右：明蒂·梅隆、金伯莉·奥维茨、我、塔玛拉·梅隆、肯德尔和埃里克、朱迪·奥维茨、阿拉·卡茨、克里斯·奥维茨

我在加州大学洛杉矶分校医院的破土动工仪式上。新医院由贝聿铭设计，占地 100 万平方英尺

CAA 员工在公司大楼中庭那幅罗伊·利希滕斯坦画作前（版权所有：亨利·格罗斯金斯基/《生活》杂志图片库/盖蒂图片库）

安妮·莱博维茨在CAA公司的电影放映厅里为难得独自一人的我拍下的肖像（图片版权：安妮·莱博维茨）

Creative Artists Agency, Inc.

INTER-OFFICE MEMORANDUM

DATE: 10/20/82
TO: MB, AG, TL, MFM, MJM, PM, RN, TN, LP, CAP, JRAP, TS, RS, FS, PW, RK, TS
FROM: MICHAEL OVITZ
RE: STAFF MEETING

Sorry to inform you all that I am back and looking forward to seeing everyone promptly at 8:50AM L.A. time tomorrow.

我在 1982 年 10 月 20 日发给 CAA 的一些高管关于员工会议的内部备忘录，备忘录正文为"抱歉通知各位，我回来了，希望明早于洛杉矶时间 8 点 50 分准时见到大家"

第七章

第二道山谷

CAA有四条戒律：第一，永远不要对你的客户或同事说谎。第二，下班前回完当天所有的业务电话（或至少让你的助理回电帮你拖延一天）。第三，及时跟进，不要让别人猜测。CAA的每一部办公电话上都贴着一块标牌，上面写着：沟通。我们公司的弗雷德·斯佩克特注意到我在每次讲话中都提到这个词，随后就在罗恩和我的电话机上贴上了这块标牌。我们对此表示赞赏之后，他就把这个词贴到了所有人的电话机上。IBM（国际商业机器公司）著名的座右铭"思考"，在我们公司的版本就是"沟通"。

最后一条也是最难遵循的一条戒律：第四，永远不要说竞争对手的坏话。散播流言蜚语是这个行业的惯用伎俩。其他经纪公司经常贬低它们希望签约的导演即将上映的新作。"表演很糟糕。""片方在撤掉宣传。""这片子一分钱都赚不到。"口碑越差，票房就越疲软，导演就越有可能考虑更换经纪公司。但是，如果你对自己的工作有信心，又何必去拆别人的台？为什么要去毁掉一个你们想合作的人？我们是围绕正向思维来建立公司的。我们没有等级制度，没有头衔限制，没有汇报程序，没有职位标牌。我们在开会时不遗余力地把所有人的观点都纳入考虑范围，让每个人都感到自己是有权力的。

CAA没有固定的上下班时间。如果合伙人的车早上8点出现在车库，那么其他人也都会如此。每天晚上7点我巡视办公室时，我们有80%的员工都还在工位上。工作是最重要的。我们甚至有一条"白天不飞"的规定：如果飞纽约，要乘坐夜晚飞行的红眼航班，这样就不会在空中浪费一个白天的工作时间。有时候，我和罗恩会把我们的车停在车库的一号和二号车位，然后步行去参加商务应酬，结束后再回来取车。我们工作非常努力，近乎疯狂，但是我们培养出了一种工作努力到难以置信的幻觉。我相信，士气就是一切——一家公司一旦泄了气放松下来，就完了。

当然，没有等级制度只是个假象，管理手段罢了。实际上，罗恩、比尔和我不想发生的事情是一定不会发生的。我们是民主的独裁者。在我的设想中，打造我们的企业文化就像是创作一幅巨型点彩画，你要点上100万个点，再退后观看，一幅完整的画才会清晰呈现。每个点都是一处细节。比如，我们在招聘环节煞费苦心：我们招进来的每一个员工都要先经过公司所有人的面试，全员同意才可以入职。而且，无论大事小情，我都会给所有人发备忘录，内容包括：飞纽约的航班中，泛美航空比大陆航空更好的理由；急需寻找一个"1900年之后尚未被媒体报道过的女性人物作为传记片素材"，以供我们的客户莎莉·菲尔德饰演；马丁·斯科塞斯50岁生日宴会蛋糕的具体要求（"马丁喜欢巧克力，对椰子也不排斥"）；甚至还有如何用200美元的成本带利润的价格买到一套杰尼亚西装让我们显得更时尚（"如果你们有兴趣，我会请我的老朋友史蒂夫·斯特恩斯带着秋季系列所有面料的西服来办公室办场特卖会。如果你们不感兴趣，我也无所谓。"）。每天发出10条甚至更多这种备忘录，巨细靡遗照顾到每个细节，是非常耗费时间的。但时间就是我们的储备。

我们的企业文化是将美国式团队协作的热情上进与斯巴达式军事战术、亚洲的哲学思想结合在一起，并统一在"三个火枪手"的集体主义精神之下。这种文化是共同努力的结果，是多年来由数百人塑造并确定下来的。但是在合伙人中，对于企业文化应该是什么样子的，我是思考得最多的。我从五花八门的知识资源中借鉴，把毕加索的技法应用于商务之中。我们从律师事务所借鉴了职位措辞——罗恩的头衔是合伙人，收发室里的员工也是——以及保密的极端重要性。我们的合作方式来自"魔术师"约翰逊在湖人队快速突破的战术。他会把球带到中场，拉出一个投篮的空当儿，然后把球传给一个无人防守的队友。试问有谁不想和这样的控球后卫一起打比赛呢？在员工大会和务虚会上，我开始谈论中国将领和军事战略家孙子的哲学，我在大学时期读过他的《孙子兵法》。我们借鉴了他的很多观念，比如忠诚度、团队合作和掌握完整的情报对于做决策的重要性等。这本书引发我共鸣的另一个原因是，它把力量和韧性视为重中之重。罗恩和比尔都认为我这么看重孙子简直是疯了，直到他们意识到这是行之有效的——因为我们的员工都接纳了这些观点。不过实际上，这位中国军事家一直都是支柱般的存在。真正鼓舞着CAA的并不是他说过的话，而是我们这家刚刚成立5年的公司秉承了2 500年前的哲学思想。它让我们立刻有了根基。

我沉迷于斯巴达方阵理念，也就是说你最大的力量不可能超过你左边的战友。我们集体出席会议，集体出席点映，提前半个小时一起出现在红毯上，10~15人一起行动，那是一种实力的展示。我拼命催促手下员工每周至少签下两位客户，公司开始进入正常运转阶段后，我们签客户的流程也趋于完美。假设你是一名很有前途的编剧，而我

第七章 第二道山谷

在莫尔顿牛排坊的一次晚宴上认识了你。第二天，我就会打来电话和你闲聊几句——并不是关于邀请你做我们的客户，而是谈论你作品的优点（我们有 3 位文学经纪人会提前给我做介绍）。我会随便提到几位跟你感觉很契合的著名演员和导演。在 99% 的情况下，你会希望能深入谈谈，而我就会提议一起吃个午餐或者喝一杯。席间，我们会进一步讨论你的作品，以及你的希望和梦想。当你从桌边起身，或者把你的停车票交给代客泊车的服务人员时，我拿出的撒手锏就是对你说："不如你有空来公司看看我们的团队如何？"

几天之后，你把车开到我们楼下，我们会有一位（事先已经看过你照片的）停车服务人员为你开车门，用灿烂的笑容迎接你，然后说："某某先生/女士，很高兴见到您。真心希望您能加入我们这个家庭！"或"希望您的会议顺利愉快！"（他们会时常更换话术，避免显得机械呆板。）一位助理会陪同你来到会议室，那里有 5~10 位打扮得体、沉着稳重的经纪人等候着你。他们已经开过一次预备会议，梳理我们准备向你阐述的想法，那么，从此刻开始的一个小时里，他们会连珠炮一样地提出关于该如何开发你的著作或者剧本的种种构想，并且抛出一大堆非常想出演用你的作品改编的电影的客户名字。到最后，我们才会说出："我们想代理你的经纪事务。"这是很难拒绝的。如果你提出了一个棘手的问题——"我很愿意，各位，但是我刚刚跟 ICM 签了两年合同"，我们总是会回应："这不是问题，我们会处理。"这两年间，我们会让 ICM 继续从你身上收佣金，但我们也会把你的作品和我们的其他客户一起打包统筹，放长线钓大鱼。

我们的客户平时通常会有 5 名经纪人提供服务。比如，罗伯特·雷德福有蒂娜·尼戴斯做他的文学经纪人，桑迪·克里曼为他提供策略意见，戴维·奥康纳负责他的日常事务，杰伊·莫洛尼作为我的助理会定期与他沟通，必要时我会直接出面。通常情况下，客户会逐渐变得与其中一位经纪人关系更近，交流也更频繁，不过就算之后两人关系恶化，我们也有多个后备经纪人随时顶上去。我们的与众不同之处在于，客户定期会接到不是一个而是好几个经纪人的电话，这些经纪人都已经在办公室里通过内部备忘录（我们称之为"内部小条"）统一好了口径。一打五是怎么都打不过的。我们所有的经纪人确实都在代理所有客户的业务。（当然，这有时会导致CAA的个别经纪人认为自己是某位客户取得成功的功臣，并随即要求独揽功劳。这是不应该的，但也是行业的普遍现状。）

我们告诉公司的经纪人，一周七天七夜，他们都要保持营业状态。我们没有明确的着装规定，但是你知道你必须按照我们的方式着装，并像保守商业秘密一样保持私生活的低调。我们从WMA把里克·尼西塔挖来的时候，他问上班是否必须穿西装。那时候，你会经常看到其他经纪公司的经纪人穿着灯芯绒的休闲西服外套，甚至偶尔肘部还打着麂皮补丁。"你不必做任何你不想做的事情。"我平淡地说。里克还是穿着西装来上班了。只有音乐部门的人可以穿得比较随意——礼节这种事儿跟他们的艺人完全不搭。

我们每天都有团队会议，有的时候一天两次，以确保大家都处在最好的状态。我还会像住院医生那样每天查房两次，带着一摞文件，看起来像是要赶去开会的样子——实际上我是在评估大家的情绪，并且注意那些看起来不太对劲的员工。我把员工当成自己的孩子，在最初的10年中，我会给每个没来上班的员工打电话，确认他们没事，并询问他们是否需要帮助，不管他们需要的是一罐鸡汤还是一个厉害的离婚律师，我都会帮忙。我这样做是出于关心，但我也希望他们知

第七章 第二道山谷

道我一直在盯着他们。我们的理念是让每个员工都把公司大楼当作一个舒适区，这样每当走出大楼的时候，他们就会感到一点儿失衡的焦虑。我们希望他们心里时刻记住"不要让老大们生气！"，就像是看到边境线上闪烁的警戒标志一样。

然而，我们的行为准则是体贴、礼貌且消息灵通。我希望"入世"（worldliness）能够成为CAA经纪人们都能拥有的决定性品质——对于客户的喜好，你说起来要头头是道。这相当于要知晓世界上几乎所有的知识。我坚持要求我们的经纪人有一份阅读清单，其中要包括一种全国性报纸、一种国际新闻杂志和一种兴趣杂志，比如《高尔夫文摘》。我订阅了两百种杂志，打电话的时候我都会浏览这些杂志，从女性杂志《红皮书》到汽车杂志《公路与赛道》（*Road & Track*），一应俱全。因为这些额外的功课，我没少遭抱怨，直到有一次，公司一位26岁的经纪人迈克·门彻和我一起到阿斯彭出席罗宾·威廉姆斯舞台剧的首演，证明了我的做法是没错的。我记得当时迈克走到杰克·尼科尔森旁边，帮他点了烟，然后跟他聊起了高尔夫和湖人队——杰克最喜欢的两个话题。

我告诉我们的员工，我们应该提早几天甚至几周就知道《视相》杂志将要曝出什么新闻。诀窍就是找到背后隐藏的消息来源。为了做到这一点，我们必须利用一个被别人忽略的小圈子。罗恩、比尔和我从处理电影公司高管们自己的合同入手，我们早就帮电视网高管们干过这类事。对于这项服务，我们分文不取。我们追求的是更有价值的东西——内部信息渠道。由我们代理合同的副总裁们会给我们一些小提示，也会多看一眼我们的客户。然后，我们把这些小提示分享给业内最有权势的人。在电子邮件尚未出现的时代，人们每天要被无数条电话留言淹没，他们先回复谁的电话呢？CAA的，因为他们可能会听到一些有价值的消息。

很快,由于我们代理了太多高管的业务,所以我们可以把整盘棋局尽收眼底。我们一觉察到有谁对现状不满,就会立即考虑该把他们挪到哪里,以及找谁来填补他们的位置。我们比高管们更早知道哪里有职位空缺。我们就是这样帮助莱斯利·穆恩维斯从华纳跳槽到 CBS 担任总裁,帮助布兰登·塔蒂科夫从 NBC 跳槽到派拉蒙,帮助马西·卡西和汤姆·沃纳离开 ABC 并成立了他们自己的制片公司的,CAA 还从中作保,帮他们从前东家那里争取到了几个首播集的制片业务。我会时常提醒我们的经纪人注意高层职位变动:"30 天到 60 天内,派拉蒙会有大地震。"如果我已经悄悄地解决了弗兰克·曼库索和马丁·戴维斯之间的遣散费纠纷[①],而《视相》却报道说弗兰克正准备起诉马丁,我就会说:"别信他们的。"我很喜欢看起来无所不知的样子,像是奥兹国[②]伟大的先知,但我真正的目的是告诉我手下的经纪人,他们的一举一动都在我们眼皮底下,假如他们打算离开公司跳槽到制片厂,我会在他们谈条件之前就知情了。

我们向每个人反复灌输的是,他们得到的回报取决于公司的业绩,以及他们如何与助理合作。最薄弱的环节会破坏整个链条,心太软和不可靠会导致功亏一篑。这是一个不讲情面的行业——弗雷迪·菲尔茨和制片人雷·斯塔克都是态度强硬的浑蛋,因此你需要像他们一样强硬,或者更加强硬,才能赢得他们的尊重。所以我的目标是让我们看起来令人生畏。遗憾的是,我们超越了这个目标,变得令人闻风丧胆了。

---

① 弗兰克·曼库索曾任派拉蒙影业董事长,后被时任派拉蒙传播公司首席执行官的马丁·戴维斯强迫离职。——译者注
② 此处指电影《魔境仙踪》里的魔法奥兹国。——译者注

第七章 第二道山谷

筹备成立 CAA 期间，我和朱迪推迟了生儿育女的计划。1980 年，我 33 岁时，我们的大儿子克里斯在洛杉矶的悉达斯西奈医院降生。我乐不可支地数着宝宝的小手指和小脚趾，我生活的重心也从此改变。克里斯出生前，我脑子里只有工作。克里斯——还有 1983 年金伯莉和 1986 年埃里克相继出生之后，我仍然在周末工作，但是会努力争取时间多与家人相处。我想按照我的父母抚养马克和我的方式，通过稳定的生活习惯和仪式感（以及不跟外祖母同住）来养育孩子们。在恩西诺，最重要的活动就是少年棒球联合会的聚会、日落时分后院的烧烤派对，还有跟父亲和朋友们打街头篮球。这种经历怎么能在布伦特伍德复刻呢？这里的小孩都是在豪华轿车和私人飞机上长大的，而且有一个每天睡醒之前日程表已经被排满的父亲。我不想让他们认为自己天生优越，但也不想让他们觉得被忽视。

经过大量试错，朱迪和我终于想出了一个看起来可行的方案。在工作日，我们会应付 CAA 公司事务的任何需求——我每天疯狂的日程，我们晚上要出席的应酬，等等。但是到了周末，我们会恢复 20 世纪 50 年代的家庭模式，守住身为父母与孩子们相处的时光。除了出席颁奖典礼或正式晚宴，我们无论去哪里，都会带上摇篮中的克里斯。他在一岁生日之前已经去过了欧洲和夏威夷，金伯莉和埃里克也是。这种老派安排的问题在于，抚养孩子的大部分责任最终落到了朱迪身上。她负责应对日常生活中的感觉和情绪，而我沦为了人生规划者，负责说明我们应该往哪个方向去。

我反复告诉我们的子女，我不希望他们进入娱乐业。一方面，由于我在业内的名头太响，我认为他们不会得到公平的对待。另外，我私下也担心他们永远不会取得像我一样的成就：那些子承父业入行的经纪人二代似乎没有一个能够青出于蓝。

孩子们对我日渐增长的公众知名度有着各自不同的反应。克里斯遗传了朱迪的敏感和我的激情；他在约翰·托马斯·戴私立学校是个出色的棒球手，他用运动来表达自己——我还记得他六年级那年，我看着他一棒把球打出学校操场时的震惊。他这种轻而易举的爆发力是从哪儿来的？不过，当他的同学们效仿自己的父母嘲笑起CAA或者我的成功时，克里斯就会开始挥拳相向。也是在他六年级那一年，他最好的朋友的父亲和我被叫到学校去，因为这两个孩子跟一些推搡他俩的孩子打了一架。副校长告诉我们学校里不容忍暴力行为。我说："我们同意。但如果是有人先挑衅呢？"我们沉着冷静、有条不紊地逐渐扭转了谈话的方向和重点，直到副校长决定不再追究。当时我想，我为儿子干了一件漂亮事。

克里斯15岁时，我带他去了一家我们很喜欢的小店"朝熊"吃寿司。我跟他大谈艺术，想引起他这方面的兴趣，但他明显是在敷衍我。我越来越恼火，对他说："你知道吗？你老子和他的公司可是迈克尔·杰克逊、麦当娜、比尔·默瑞和碎南瓜乐队的经纪人。你爸爸实际上很厉害的！"正在喝着味噌汤的他抬起头微笑了一下，然后说："是，爸，我知道了。"我们俩都大笑起来。我在向儿子推销自己——我想说服他相信我不仅非常现代和时尚，而且完全了解他在想什么，但实际上根本不是。

克里斯在大二那年从布朗大学转学去了他女友就读的加州大学洛杉矶分校，这让我极为震怒。我的梦想是让他在我未能就读的常春藤大学受教育。他没有梦想——只有个女朋友。我恳求他不要去加州大学洛杉矶分校，又恳求他毕业后不要读电影学院，接着恳求他不要读商学院，然后恳求他不要到派拉蒙担任管理职位——我警告了这么多

第七章 第二道山谷

次,他还是进入了娱乐业!每一次争执都以我的失败告终。他遗传了我的固执。

金伯莉是几个孩子里最像我的一个——好奇心强、讲求实际且固执己见,不同之处在于她是个女孩,而且是一个出色的马术选手。她从小就对时尚着迷:她9岁那年,我们发现她在衣柜里藏了好多从各种女性杂志上撕下来的单页,还有她为自己的时装系列设计的草图。她回避娱乐业的一切喧嚣,电影明星来家里吃饭这类事情她也不太参与。她在纽约大学读书期间,有一天走进宿舍楼时,保安对她说:"嘿,你爸又上报纸了,你看见了吗?"他指的是《纽约时报》头版关于CAA帮助米高梅开展业务的专题报道。金伯莉一句话都没说,不过当天下午她就申请转到布朗大学就读。她需要找到属于自己的路,这是一种我认同并赞赏的品质,即使它让我感到怅然若失。我是在把她往远推吗?

她在布朗大学时,我在校园里与马丁·斯科塞斯有过一次关于创造力的对谈,随后与学校理事们围坐一桌时,我采取了一贯的方式——向每一个人提问,请他们简单介绍一下自己,这样就能够给我一两个线索,让我假装我听说过他们,哪怕实际上我完全不知道他们都是什么人。和我同在一桌的金伯莉仔细地观察着我们的交流。之后,她告诉我:"那是很好的一堂课,我学到了你是如何让每个人都感到舒适和被重视,同时了解到你需要知道的一切的。"

我们最小的孩子埃里克是最让人省心的一个。别人提到我的时候,他总是可以用婉转的言辞转移话题,并且一直显得温暖自信。他有一种安静的力量。但是他讨厌自己就读的哈佛西湖学校,十年级时他来找我,坚持要我们去美国东部考察几所离家很远很远的寄宿学校。他最终转到了康涅狄格州的一所学校,然后考上了西北大学。他从来都不喜欢CAA，也不喜欢娱乐界咄咄逼人的扭曲的世界，离开家到几千英里之外的地方让他快乐很多。我要一直非常努力地工作，才能看起来不为生活所困，可是埃里克似乎天生就不会为生活所困。在这一点上我很羡慕他——他是怎么变得这么惬意的？

我的孩子们都挺有出息的，但是回头看看，我能明白自己偶尔不由自主地把他们当成客户来对待的想法实在非常愚蠢。我几乎不可能遏制身为经纪人的职业冲动："这些是你的强项，但在这些方面你还可以改进。跟我到这儿来，见一见这些人，他们能帮你开始实现这个目标和那个目标。"我在工作日会这样劝说客户，在周末也这样劝说我的孩子们。

———

我们认定，另一条接触演艺人才的王道是喜剧节目。我们主攻的重点是综艺节目《周六夜现场》，这个节目的制片人洛恩·迈克尔斯手里汇集了一大批"无法进入黄金时段"[①]的绝杀级演员班底：丹·艾克罗伊德、约翰·贝鲁西、切维·蔡斯、吉尔达·拉德纳和（第二季加入的）比尔·默瑞。这档节目自1975年开播以来，里面的明星已经成为电视界的披头士乐队。如果可以签下他们，CAA又会被提升到一个新的高度。可惜，洛恩的经纪约在一个名叫伯尼·布里尔斯坦的经理兼制片人那儿，后者还代理了艾克罗伊德和贝鲁西等大部分演员的经纪事务，而《周六夜现场》最早爆红的切维·蔡斯有自己的经理和经纪人。为人随性的比尔·默瑞什么都没有，但我们还没有签下任何他信任的人来为我们担保。所以我们只能耐心等待。

1979年6月，迈克尔·艾斯纳邀请我参加了派拉蒙影业《肉

———
① 《周六夜现场》节目前三季把其固定班底的演员统称为"无法进入黄金时段的演员"（Not Ready for Prime Time Players）。——译者注

第七章 第二道山谷

丸》的放映,这是一部低成本的夏令营闹剧电影,也是比尔·默瑞首次担任主角。影片的导演是一个叫作伊万·雷特曼的加拿大人。《肉丸》是我自兄弟会闹剧电影《动物屋》之后看过的最搞笑的片子,伊万是那部电影的制片人。我向伊万做了自我介绍,并通过他的律师汤姆·波洛克安排了一次见面。伊万是一个值得拥有的商业片人才:《动物屋》和《肉丸》赚的钱是成本的30倍,因为他知道观众想要看什么。不过,他在见面时立刻就发问:"你们能做些什么我自己不能做的事呢?我自己寻找拍摄题材,而且我不需要别人给我找工作。"我讲的所有关于战略和定位的内容,我做出的与团队和其他客户协作的一切承诺,他似乎都置若罔闻。之后我告诉汤姆:"太糟糕了——不过还是要谢谢你。"

汤姆说:"伊万真的很喜欢你。"

"呵呵。"

"不,我说真的!"

事实证明,伊万跟我一样,善于隐藏自己的感觉。CAA与他签约后,我们也有了一个可以在比尔·默瑞那儿做担保的人。公司里最擅长把事情谈成的罗恩在纽约和比尔见了面。但是由于某些原因,他们并没有达成共识——比尔属于那种极少数不会被诱惑和说动的人。"我们就是一直在走路而已,"罗恩告诉我,"不如换你去试试看?"

下一次到纽约出差时,我给比尔打了个电话,问他:"你想在哪儿见面?"

"格兰特将军墓,上午11点。"他说完就挂断了。

我换了两辆出租车才被带到河滨公园里一座环绕着立柱的陵墓前。比尔已经在那儿等我了。他没说什么就开始走,走到哪儿去也不知道。我就跟着他走。显然他不想听我游说，只想品一品我是什么样的人。于是我们在城里走了7个小时，中途停下来吃了午餐和晚餐。我们聊到了扬基队和比尔家乡的橄榄球队——芝加哥熊队，也聊到了孩子们、幽默与人生。

比尔评估我的同时，我也在评估他，而且我意识到他的影迷对他有误读。他并不想当喜剧明星，他想成为一个伟大的演员。如果让他自己做主，他可能会在那种古怪的小电影中扮演有个性的角色。他是个无拘无束的人，想要把日常生活变成电影场景，但有一个关键区别是，人生没有剧本，所以什么事情都可能发生。那天下午，他在一家小餐馆点了一杯咖啡，然后一本正经地说："这派对挺不错的。"他板着脸，侍者却忍不住笑出声。就连过马路也是即兴戏剧的练习。

我本质上不是个率性的人，但我真的喜爱比尔出于好奇而随心所欲的举止，出于某种原因，他也很喜欢我，哪怕6个小时之后我们终于开始谈起业务，也是这样。在我所有的客户中，我总是和喜剧界的人相处得最融洽，从巴瑞·莱文森开始，直到罗宾·威廉姆斯、约翰·贝鲁西、丹·艾克罗伊德和大卫·莱特曼。或许是因为他们像我一样都是自食其力，完全凭借自己的智慧生存的。而在这些人中，让我感到一拍即合且相处最舒服的人就是比尔·默瑞。他极为聪明，阅读量大得惊人，非常好沟通，而且真正具有同情心。

我知道商业片对比尔来说是个肮脏的词，但我告诉他，那也是一个有魔力的词。"是这样，"我说，"你首先要拍几部重量级的商业片，在市场上奠定地位，然后你就可以拍你想拍的任何东西。"这个计划我们执行了15年，我们为他安排了一些票房大热的影片，比如《杂牌军东征》《捉鬼敢死队》《土拨鼠之日》，同时也给了比尔时间去拍他自己想拍的电影，比如《疯狗和格洛丽》。有时候我们也要到处磕头求情。比尔把他最喜欢的一部萨默塞特·毛姆的小说《刀锋》拍成了电影，我们真是掐着哥伦比亚影业的脖子硬塞给它的。那部影片以票房惨败收场，我相信连比尔的影迷都会觉得大惑不解。比尔还太年轻，无法驾驭如此伟大但深奥的作品，但他有足够的时间达到那个境界，慢慢地转变他的观众的印象。然而作为经纪人，如果还想把客户留住，就总有不得不屈从于客户意愿的时候。

罗恩说我已经爱上了比尔——他说对了。多年以来，我为比尔的两次协议离婚提供了帮助，而他也成为极少数几个我可以对其大吐苦水的客户之一。我们通常在曼哈顿见面，地方都是他临时挑的。因为他不喜欢开车，所以我们走路，我穿着西服套装，比尔总是选择紫色衬衫搭配格子短裤这类打扮。我们会在两三家餐厅停下来喝一杯，好让他衡量一下餐厅的气氛，选一家留下来吃饭。他和每家餐厅的门卫领班都很熟，所以永远能有位子。有一次，我们去了小意大利区桑树街上的一家小馆子，餐馆门口围了里三层外三层的人，都在等位。比尔挥手招呼餐馆老板，给人行道上所有等位的人点了葡萄酒。等到他们终于在餐厅中间给我们挤出一张桌子的时候，外边的人已经喝得不亦乐乎，根本不在乎我们有没有加塞儿了。

差不多在那段时间，我6岁的儿子克里斯的神经系统出现了一些症状，让人担忧，我带他到耶鲁大学找一位专家做检查。正当我感到焦虑且情绪低落的时候，比尔突然出现在纽黑文我住的那家破酒店。他连住了两天，直到检查结果确认并不是最糟糕的情况。他的同情心不仅限于对待朋友。我们走路时，他经常拿出10美元、20美元的钞票递给路边的流浪汉，而且通常知道他们的名字。但谁也骗不了他。有一次在上西区，我们路过一个手里拿着杯子的男人，比尔回头朝他大喊:"你别想从真正需要钱的人那儿偷钱!"

那个人回答:"对不起,默瑞先生,我真的很抱歉。"

走出几步后,我问他:"刚才是怎么回事?"

"他穿着一双两百美元的球鞋,拿着个干净的杯子在那儿要饭!我不能容忍他这样。街上有太多真正需要钱的人。"

我和比尔签约时,他正在拍《怪胎记者》,这部影片主人公的原型是写过《惧恨拉斯韦加斯》一书并以疯癫著称的记者亨特·S.汤普森。有一次我的航班很晚才落地纽约,入住荷兰雪梨酒店后,我吃了两片助眠药,还喝了一小杯威士忌。我前一晚一夜没睡,所以很快就倒头睡得人事不知……然后我突然醒过来,心脏怦怦跳得厉害。时钟显示是凌晨两点,我房间的门开着。门口是两个男人的身影。

一个熟悉的声音颇为得意地说道:"你好吗?"是比尔,他凭借个人魅力和一张 20 美元的钞票说服一个服务生打开了我的房门。"我们走吧。"他说。我穿上衣服,蹒跚地跟着比尔和他的同伴,一个 40 多岁、瘦高秃顶的男人走了出去。我注意到那个人苍白的面色和脸上的墨镜,很少有人大半夜在室内戴墨镜——他就是亨特·S.汤普森本尊。我们在曼哈顿下城串酒吧,亨特喝了超多酒,评价了当代文学和猎鹿,证明了他是个阴郁有趣、持续高度热情且疯狂到极致的人。当我踉跄着回到酒店洗澡、刮胡子,为早上 8 点的会议做准备时,太阳已经出来了。

那时,我跟伊万·雷特曼的关系已经很好了。伊万游说派拉蒙影业投拍《奇克和冲从军记》(*Cheech and Chong Join the Army*)时,迈克尔·艾斯纳一副兴奋过度的样子。伊万相信自己得到了制作并执导 3 部电影的保证。但是在随后的一次会议上,我意识到迈克尔反悔了。他暗示是巴里·迪勒否决了他的意见。制片厂现在只能给出一份基本

第七章 第二道山谷

开发协议，除了伊万的第一部电影，不做其他承诺。

我大步流星地走出了迈克尔的办公室，伊万跟在我旁边，我在派拉蒙影业的停车场里用一部公用电话直接给哥伦比亚影业的弗兰克·普赖斯打了电话。弗兰克当过电视编剧，是制片厂高层里屈指可数的几个能够阅读剧本并提出有针对性的修改意见的人。他把电视行业的作风带到了电影行业，能够立刻告诉你行或者不行。不到5分钟，弗兰克和我就达成了投拍伊万的军队题材影片的口头协议。另外那两部电影他也想要（其中一部就是后来的《捉鬼敢死队》），我们有了可行的概念后就可以开发。对伊万来说这笔交易好太多。我马上告诉迈克尔我把电影卖给了哥伦比亚影业——我们必须明示，如果你在向 CAA 的客户做出承诺之后又反悔，那你就要承担后果。只有那一次，艾斯纳没有试图让我觉得是我对不起他，他只是对巴里的否决感到沮丧。

我找来比尔·默瑞取代奇克和冲[①]，伊万也为了新的主演对剧本做了较大改动。比尔的幽默感不需要借助特别的刺激就能飞出来。大部分改写工作是由第二城喜剧团[②]出身的哈罗德·雷米斯完成的，他是《肉丸》的联合编剧，后来还跟默瑞共同出演了《杂牌军东征》。主演一般都会提前一两个星期到片场进行排练，但直到开拍前一天，比尔仍然毫无踪影。（之前有一次他彻底失踪了两个星期，然后突然从泰姬陵给我打来了对方付费电话。）等到比尔终于冒出来了，他都还没跟伊万碰过头，所以我赌他肯定也还没看过剧本。但是开拍当天一大早，他准时出现在化妆间，并做好了准备。如果比尔喜欢片子的概念，

---

① 奇克和冲，喜剧双人组合，由奇克·马林和汤米·冲两人搭档。——译者注
② 第二城喜剧团（the Second City），美国即兴喜剧团体，由芝加哥大学几个有喜剧天分的大学生在20世纪50年代初创立。——译者注

并且对导演有信心，他就不太在意细节。《杂牌军东征》拍摄时，他一直都在即兴加台词，这部慵懒、松散的电影也成了一部爆笑的卖座大片。

弗兰克·普赖斯有一种超常的直觉，他知道一个模糊的概念该如何成为一部商业电影。另一个例子是"龙威小子"系列。我在23岁那年就认识了这个系列的制片人杰瑞·温特劳布，当时他通过WMA给"猫王"埃尔维斯·普莱斯利预定过演唱会行程。杰瑞最初的想法萌生于当地电视台一档让人愉快的电视节目，讲的是美国最年轻的跆拳道黑带，一个11岁的小孩的故事。杰瑞跟这个孩子签了事务管理合同，并请我帮忙以这个孩子为中心策划一部电影。弗兰克很喜欢这个想法，但认为这个男孩年龄太小。他说，让主人公再大几岁，我们就可以加上一段让人信服的爱情故事，并扩大观众群体。制片厂选中了22岁的拉尔夫·马奇奥，他既没什么名气，体格也不够突出。但是因为扮演了主人公高中生丹尼尔·拉鲁索，拉尔夫成了红极一时的偶像人物。后来制片厂又拍了两部续集。

《伴我同行》是一部黑暗的小型剧情片，讲述四个青春期男孩在他们生活的小镇外发现一具尸体的故事，当时还寂寂无闻的瑞凡·菲尼克斯也有出演。诺曼·里尔为了该片的导演罗伯·莱纳——从《全家福》时期就跟随他的小徒弟——出资投拍，被几家发行商拒绝之后，找到了我们。除非他们突然转运，否则诺曼投入的1 000万美元肯定会打水漂，罗伯的电影也不会有人看到。

虽然我们和《伴我同行》没有任何关系，但我们觉得，是CAA的客户罗伯和我们的好朋友诺曼需要帮忙，我们义不容辞。我们为每一家尚未拒绝的电影公司和发行商安排了看片会。为了得到反馈，我们让一个收发室的实习生去送剧照，并留在那儿观察人们是不是在认真地看片子。他的汇报很说明问题。福克斯影业的发行主管告诉我，他"不太在乎"这部电影——他三分之二的时间都在打瞌睡。另一位高管在89分钟的放映期间则一直在打电话。

我给弗兰克·普赖斯打了电话，把他当作最后的救命稻草。"我知道你想拿到我们手里的这些大制作，"我说，"我会保证让你先挑。但是现在我们一个最重要的客户和一部我们认为很棒的电影遇到了一些问题。你有能力让它上映。坦白说，我们需要你帮这个忙。"我不停向弗兰克施加压力，甚至导致关系开始紧张了，他才终于答应。哥伦比亚影业支付了诺曼的投资，还批了一笔相当不错的广告预算。《伴我同行》取得了超过5 000万美元的总票房，还得到了奥斯卡最佳改编剧本提名和金球奖最佳影片及最佳导演提名。《视相》发表了一篇很精彩的报道，分析了其他电影公司拒绝这部电影的内幕。福克斯的那位发行高管说他当时非常想买下这部极其出色的电影，但无法与CAA达成协议。那位一直讲电话的高管也说了同样的话。

如果你相信行业新闻的报道，那么电影公司从来没有犯过错。

————

我们很幸运地赶上了商业电影的黄金时代。人们每月要去3次当地的多厅电影院，盗版尚未形成气候，有线电视还处于起步阶段。随着电影投拍数量不断增多，CAA代理的人才份额也不断增加，到20世纪80年代初，公司发展突飞猛进的时机已经成熟。我们的规模已经大到能够在电影项目中安排多个客户，这已经是电视业的普遍做法，但在电影业仍然罕见。查尔斯·费尔德曼和卢·沃瑟曼（以及后来的萨姆·科恩）这些王牌经纪人有时候会把一个导演跟一个演员配成搭档，再去看制片厂有没有适合他们的项目。但是CAA是第一家策划整个开发过程的公司。我们把一个想法（一本即将出版的畅销书、一篇杂志文章、一则新闻）变成一部剧本，并尽量多地把我们的客户都塞进这个项目。这与统筹电视节目的主要区别在于，我们打包电影项目不会收取策划费，只是照常从客户的片酬中抽取佣金。

起初我们必须以故事为中心。现在我们有了自己的大牌明星，但素材仍然是第一位的。我们和编剧们一起，为导演和演员们提供剧本的概念，并在这个过程中进行组合搭配。我们有一个故事部门、一个图书部门和一个开发部门，我们每周开一次项目打包会，以随时应对制片厂的需求。比起给制片厂提供 10 页纸的解决方案并换来 1 万美元的服务费，我们选择让我们的编剧把概念充实为剧本初稿。然后，我们会为这部剧本搭配一位著名的导演及一位或者多位演员，并且以 25 万美元的价格把它卖掉。我们从不提供没有搭配人才的纯方案。如果制片厂决定投拍，那么编剧再多工作几周，就能赚到 100 万。同时，CAA 签约的导演每天都要与公司的多位经纪人讨论好几次，这些导演自然也会选择更多 CAA 的演员。这个流程增加了我们的佣金，而且为制片厂省去了项目开发的麻烦和费用——只不过它们要支付更高的酬金给我们的人才。这是三赢的局面。

真正让我感到团队经纪的力量并说出"哇，这样真的能成！"的是于 1984 年上映的影片《天生好手》。我们的文学经纪人埃米·格罗斯曼的一位客户是编剧罗杰·汤（罗伯特·汤的弟弟），他把伯纳德·马拉默德所著的一部讲述运气欠佳的棒球运动员的小说改成了剧本。在一次员工会议上，埃米听说我们正在找一部能够让巴瑞·莱文森和罗伯特·雷德福合作的电影，就把剧本拿给了巴瑞经纪人团队的成员罗莎莉·斯威德林。然后，在一个星期五，就是公司

第七章　第二道山谷

里任何人都可以直接向我本人推荐项目的日子，她俩一起把这部剧本交给了我。我利用周末读完剧本之后，立刻打电话给巴瑞，让他读剧本，并和他一起飞到圣丹斯去见雷德福。一周之内，他们两人都决定加盟。

《天生好手》也显示了把一个电影项目完整打包配置，包括演技派演员在内，是有很大优势的。当时我们已经代理了罗伯特和巴瑞的经纪事务，影片拍摄期间，与罗伯特联合主演的格伦·克洛斯也和我们签了约，但是，这个项目最不同寻常之处在于，我们把威尔福德·布利姆雷和金·贝辛格这两位客户也安排进去了。如果我们在一个电影项目中安排我们的客户，并且只安排我们的客户，我们就可以把整个打包项目拿给电影公司，它们除了表示"要"或者"不要"，也做不了什么。这是一个关键转变：我们开始把电影公司当作银行和发行渠道，仅此而已——它们会为影片提供拍摄资金，并且让影片进入院线，但是这些电影本质上是我们的。比如由 CAA 完整打包的电影《雨人》，我们甚至策划了市场营销活动。我们通过调整打包方案来获得电影公司的批准，从而让客户免于遭到拒绝的焦虑。我们把冲突尽量控制在公司内部调节，从而拥有更多的信息和筹码来获取更好的薪资待遇，并且，我们可以弄清楚一部电影更适合伊万·雷特曼还是哈罗德·雷米斯，或者更适合斯坦利·库布里克还是史蒂文·斯皮尔伯格。演员选择上的冲突都能够非常快速简单地解决：按照导演的喜好决定。

在经济蓬勃发展，大量现金等待消费的时候，还有什么能阻挡我们前进的道路呢？我们的数字核算专家桑迪·克里曼完善了公司的利润预测，直到数据能够与那些电影公司的媲美。我们不再盲目地讨价还价。我们的数据让我们能够决定客户的薪酬，包括此前没有人能拿到的先期总票房分账①。迈克·尼科尔斯从 ICM 转到我们公司后，他的薪水一夜之间从 200 万美元上涨到了 500 万美元。他打电话来问我是怎么做到的，我说："这是我们给巨星级导演的最低定价，而你就是巨星级导演。"我们需要让所有的顶级导演客户都拥有这种影响力，所以我们需要把所有的顶级导演都招至麾下。买方的历史优势是严格垄断发行。在我们的鼎盛时期，CAA 几乎垄断了关键人才，从而与买方形成势均力敌的局面：在 50 位票房最高的导演中，有 45 位是我们的客户。所以我们可以告诉电影公司，要么接受我们打包好的方案，要么就算了。它们并不经常放弃。

我不会宣称我们的电影比电影公司的其他电影都好。我们也拍过相当一部分所谓的超级烂片。1984 年，我们安排史泰龙和多莉·帕顿合演了《纽约司机》。1991 年，我为彼得·潘的续篇《铁钩船长》安排了一个星光熠熠的阵容，包括达斯汀·霍夫曼、罗宾·威廉姆斯、朱莉娅·罗伯茨和史蒂文·斯皮尔伯格。策划时风生水起，上映后折戟沉沙。就连我们最好的打包项目，比如《雨人》《杜丝先生》《甘地传》《捉鬼敢死队》也都称不上高级的艺术片，但这些影片的拍摄技巧都非常娴熟，而且令人深感满意。我们的客户伊斯梅尔·莫昌特和詹姆斯·伊沃里天生擅长拍摄小成本、高品位的电影，比如《看得见风景的房间》，但是这种模式并不适用于大预算的电影项目。我们并非在一个创意环境中生存，而是在一个商业性的创意环境中生存。我们的客户经常忽略这两者的区别，并因此将自己视为艺术家，而不是可雇用的电影人才，但我始终牢记这一点。

---

① 先期总票房分账，指参与者从票房毛收入的第一分钱就开始分账，而不是等到制片方核算净利润后才从剩余利润中分账。大牌明星和核心主创经常会要求实行这种分账原则。——译者注

第七章　第二道山谷

不过我认为，我们的电影与电影公司负责安排阵容的电影一样好，而且我们的人才组合机制更有效。我相信我们是比电影公司更好的操盘者，因为我们把艺人放在第一位。我们必须这样做，因为极为重要的一点是，我们在每个打包项目上要承担的风险都大于电影公司。如果影片失败了，电影公司最多就是损失一大笔钱，但我们可能会丢掉一大批顶级的客户。所以我们非常努力地根据客户的才华与需求进行项目打包，并周全地帮客户打造职业生涯。与我们签约之后，经过一个又一个项目的不懈努力，很多客户的事业起飞，从巴瑞·莱文森到西德尼·波拉克，再到保罗·纽曼。我们不断挑战现有秩序，所以并不太能得到电影公司高管们的欢迎。但我们是为我们的客户服务的。每当某位制片厂的负责人对我们开出的高价瞠目结舌时，我们就会说："我们非常希望你们能拍这部电影，它也特别适合放在你们的暑期档。不过，要不要随便。"

我们向准制片厂转型的第一个大跨步是通过一部浪漫喜剧片实现的，这部电影讲述了一个演员为了在肥皂剧里得到一个角色而假扮成女人的故事。片中迈克尔·多尔西/多萝西·迈克尔斯这个角色让达斯汀·霍夫曼回想起自己年轻时与吉恩·哈克曼和罗伯特·杜瓦尔在纽约合租的日子，那时三个人都没有工作。他把他的朋友莫瑞·西斯盖拉来修改剧本，还给影片起了个新名字叫《杜丝先生》——杜丝是达斯汀的妈妈给小时候的他起的外号。

《杜丝先生》到我们手上的时候已经搭配了一位二线导演，但我们都觉得不行。哥伦比亚影业的弗兰克·普赖斯推荐了哈尔·阿什贝——一位拍过《洗发水》《荣归》《富贵逼人来》的天才导演。哈尔最新的电影失败了，而且我听说过他吸毒和行为古怪的传闻。不过，我还是很欣赏他的作品，并抱着开放的心态在韦斯特伍德酒店与他见了面。哈尔状态很好，看起来我们找到了导演的人选。但是，泊车员把我的车开过来，我正准备与达斯汀和他的妻子丽莎一起上车离开的时候，哈尔溜达着走了过来。他打开一个金质烟盒，咧嘴笑着递给达斯汀。烟盒里有十几根大麻烟卷。

我能感觉到丽莎的怒气。"不，谢谢。"达斯汀说。

我们开车离开时，我说："我很喜欢哈尔·阿什贝，但我们不能让他拍这部电影。"霍夫曼夫妇表示赞同。达斯汀曾经费了很大力气才摆脱大麻，为什么要让他在片场再次受到伤害呢？

我给弗兰克·普赖斯打了电话。"我们虽然很想，但还是决定不与哈尔合作。"

"为什么？"

"他和达斯汀之间存在太多附加风险。"在这种时候，我们就要使用委婉的语言，这样制片厂在必要时可以向对方的经纪人转达。精通这种外交手法的弗兰克只是回答："明白了。"

哥伦比亚请来了电视剧《陆军野战医院》的编剧拉里·吉尔巴特把剧本又改了一遍。拉里添加了一些极其精彩的段落，但我们仍然需要一位强大的导演来把各版剧本整合在一起，并发掘出更有深度的故事。我们现在有的只是一个男扮女装的家伙，我们不知道他在做什么，或者为什么要那么做。我对达斯汀说："你可能会认为我疯了，因为我推荐的这个人从来没有拍过喜剧。他甚至都不笑。他应该是你见过的所有人里最粗暴的一个。"

"很有说服力。"达斯汀说，"所以呢？"

"我认为你需要一个理解故事并可以给你改剧本的人。我认为你需要西德尼·波拉克。"我等着达斯汀冷静下来，"至少你应该见见他。"那么，如果我们的导演没有幽默感怎么办？达斯汀的幽默感足

第七章 第二道山谷

够他们两个人用。坚如磐石的西德尼可以防止《杜丝先生》的前卫概念脱轨跑偏。

事情就这样开始了。我请西德尼来我家吃晚饭，并安排他坐在达斯汀旁边。3个小时里，他们一直在谈论《杜丝先生》，仿佛别人都不存在。西德尼第二天早上给我打来电话说："我绝对不可能接这部片子。"

"我完全理解，"我说，"我也并不期待你会接，但我认为你应该接。"然后我告诉他："这样吧，你拿出5天时间跟拉里·吉尔巴特和达斯汀一起改改剧本如何？他们需要你的帮助。"西德尼非常乐于帮别人解决问题。他同意到达斯汀在马里布的家里碰面。灵感的火花四溅，剧本变得更好了。一周的工作结束时，西德尼打来电话说："我还是不打算接。"

朱迪和我带着西德尼和他太太克莱尔·格里斯沃德到棕榈餐厅共进晚餐。我们点了红酒和必点的超大份牛排及龙虾。然后我们点了更多红酒。西德尼一直说，无论如何他都不会拍《杜丝先生》。但是我知道克莱尔正在改建他们在太平洋帕利塞德地区的房子。我对她说："你有什么需要，可以告诉我。"

"是这样，"她说，"我需要一条砖砌的车道，但造价昂贵。"

"行。还要什么？"

"让我想想……我们还要加盖一处客房。要是能有间新的放映室就最好了。"

"没问题！"我说。我这是在旁敲侧击地告诉西德尼：接了吧，为了钱。"那么，西德尼，"我们离开餐厅时，我说，"我估计这部电影咱们得接了吧。"

他问："为什么这么说？"

"因为克莱尔需要一条车道啊。"

他说:"我想想吧。"但我知道,我说服了他。

影片主人公迈克尔·多尔西性格顽固,所以没人能跟他合作;他在广告片里扮演一个西红柿,但拒绝按照剧本的要求坐下,因为他觉得那样"不合逻辑"。让我懊恼的是,艺术确实源自生活。由于西德尼和达斯汀合不来,在为期22周的拍摄过程中,我飞到纽约16次。在荷兰雪梨酒店西德尼的套房里,我看到地板上堆着7位编剧写的片段,而我们的导演正在奋力把它们编撰成一部连贯的剧本。西德尼当时正在尝试普里特金高蛋白饮食法,在小厨房里煮肋排酱料的时候,他冲我大发牢骚。他说达斯汀把他逼到暴跳如雷,还说这一切都是我的错。拍摄太紧张,他都心律不齐了。我估计西德尼不会退出拍摄,但我开始担心他能否活着杀青。

然而他们两人又非常匹配。达斯汀需要为他的高转速发动机配备一个手动挡,他需要有人告诉他:就到这儿为止,这样就很好,不要再往前了。与不太自信的导演合作时,他会直接碾压导演。达斯汀冲动外露,西德尼保守内敛。达斯汀是天生的即兴表演者,但西德尼喜欢按照剧本来。这部电影之所以如此出色,正是因为两位主创每一步都在角力。

为了给《杜丝先生》的票房加把劲,我请刚刚拍完《杂牌军东征》的比尔·默瑞出演一个剧本里原本没有的角色。为了发挥最好的效果,我提议让他以不署名的特别客串形式出现,作为一个意外惊喜出现在银幕上。比尔渴望涉足"严肃认真的"表演,便立刻同意了。达斯汀说,"让他当我的室友吧",于是比尔扮演了古怪的剧作家杰夫·斯莱特。他会得到一小笔片酬外加1%的毛利分成,他觉得这个待遇相当不错。

第七章 第二道山谷

我陪同比尔来到拍摄现场，那是地狱厨房[①]附近制片方租下的一个闲置的电视演播厅。他们正在拍摄多萝西·迈克尔斯揭穿自己实际上是个男人的那场戏。我们走进玻璃幕墙的控制室时，达斯汀正在里面大吼："是吗？可我不是罗伯特·雷德福！"西德尼也火冒三丈，脖子上青筋暴起。我和比尔开始往控制室门外移动，但达斯汀转过身把门挡住了：谁都别走。

我打断了他们的对话。"各位，我想给大家介绍比尔·默瑞。"

西德尼怒视着达斯汀。"你闹够了没有？"

而达斯汀说："哦，没，还没有！"

我们逃离现场时，比尔嘟囔着说："我不知道是不是该接这部片儿。"

不过，一两天之后，比尔还是穿着蓝色牛仔裤和一件旧T恤来到了片场。他跟西德尼打了招呼，环视着眼前这间非常时髦的公寓——他和达斯汀要在这里拍摄即兴发挥的对手戏。然后，他开始把书从书架上拿下来，在家具上划出道子，在洗碗池里堆满碗碟，还用一把切肉刀把沙发的靠垫割开了。看着比尔把这个地方搞得一团糟，现场的工作人员都呆住了——正如我在环球影业学到的那个规矩，大家都知道绝对不能破坏正在拍摄中的布景。

达斯汀走了进来，比尔转身对他说："对嘛，这样才像是你和我住的狗窝。"他是对的。我们需要更多的混乱感，这是比尔的强项。

———

我们20个把这部电影拍成的人在华纳影业观看了试映，影片效果超乎寻常地好，让我抑制不住地自豪。试映结束后，我们都没说什

[①] 地狱厨房（Hell's Kitchen），正式行政区名为克林顿，又称西中城，是美国纽约市曼哈顿岛西岸的一个地区，早年是曼哈顿岛上一个著名的贫民窟。——编者注

么，不过我能感觉到西德尼和达斯汀也都很得意。他们一直不跟对方讲话——后期剪辑时斗争仍在继续，但我们都知道这部片子一定会非常卖座。我的肾上腺素飙升，好像喝了十杯浓缩咖啡一样。我把这幅巨型拼图的每一块都拼对了地方，最终拿出一项每个人都会热爱的成果，这种成就感令人如此兴奋，甚至有点儿可怕。那是一种人生巅峰的感觉。因为当下我想要的全部就是再体会一次那种感觉，而我也知道，为了实现这个愿望，我会不惜一切代价。

我们在格劳曼中国剧院举行了业内看片会，观众就是当初认为我让西德尼导演喜剧是犯傻的那些人。当比尔·默瑞的出现引发观众席一片欢呼时，我就提前知道我们大功告成了。《杜丝先生》的节奏太好了，每场戏都得到了预期的反应。要知道，我们面对的是一群很难取悦的观众——业内人士从来都是盼着别人的电影砸锅的，但是他们很喜欢比尔和达斯汀，还有查尔斯·德恩、杰西卡·兰格和特瑞·加尔。他们很喜欢达斯汀与杰西卡之间的爱情故事以及揭露真实身份的那场戏。而且他们爱极了迈克尔·多尔西和忍了他很久的经纪人、CAA 的乔治·菲尔茨之间扯着嗓门的争吵，后者的扮演者不是别人，正是西德尼·波拉克。

尽管西德尼曾经作为电视演员在《90 分钟剧场》和《本·凯西》等剧集中小试牛刀，但他从来没有真正出演过电影角色。他想让达布尼·科尔曼来演乔治·菲尔茨，但达斯汀坚持认为西德尼是唯一一个能够胜任这个角色的人。西德尼不同意。达斯汀给他送了玫瑰花。西德尼继续抗拒，达斯汀一直缠着他，直到我介入并说服了西德尼。身兼二职让西德尼筋疲力尽，但他把经纪人的角色刻画得入木三分。他的表演如此之丧，如此"我的天啊，又要搞什么？"，让人看到他就忍不住笑。西德尼与达斯汀在银幕上的交锋有一种轻松的节奏，这源

第七章　第二道山谷

自长期而艰苦的生活实践。

《杜丝先生》在北美地区获得了 1.77 亿美元票房，是当年仅次于《E. T. 外星人》的卖座影片。西德尼有了他的大热之作。这部电影获得了 10 项奥斯卡金像奖提名，包括最佳影片、最佳导演和最佳男主角，这对一部喜剧片来说实属罕见（只不过它遇到了一台名叫《甘地传》的奥斯卡奖项收割机——也是 CAA 打包的项目，因此只有杰西卡·兰格获得了最佳女配角奖）。这部电影如今已成为喜剧片经典之作。达斯汀宽宏大量地原谅了我"不收取任何费用"的轻率许诺，全额支付了我们的佣金。我甚至还说服了哥伦比亚影业为克莱尔·波拉克（也就是克莱尔·格里斯沃德）的车道买了单。

我们与比尔·默瑞的成功合作让 CAA 在喜剧界传出了美名，尤其是比尔在《周六夜现场》的那群朋友中间。我们签下了艾伯特·布鲁克斯和哈罗德·雷米斯，后来又签下了切维·蔡斯。我在跟伯尼·布里尔斯坦见面时说："让我们帮你的客户们处理电影项目吧，我们可以让你当执行制片人。我们会让电影公司付你钱，而且会把电影拍成。"伯尼同意了，不用干活儿就白给你钱的事情，绝大多数人都会答应。我从丹·艾克罗伊德开始，他是我见过的最正常的怪咖，一个疯狂沉迷科幻和超自然的腼腆宅男。身为一位才华横溢的编剧，他给自己和他最好的朋友约翰·贝鲁西创作出了大受欢迎的音乐喜剧片《福禄双霸天》。

约翰则是个天造之才，是肢体喜剧演员席德·西泽和阿特·卡尼的再世。他在《动物屋》里扮演的布鲁托·布鲁塔尔斯基，只要抬一抬浓密的眉毛就能引发笑声。在银幕之外，约翰可能会把你扑倒在地板上，像条狗一样舔你的脸，或者连续一小时苦思冥想，一言不发。像大多数喜剧演员一样，他会在陌生人面前保持警惕，内心深处有着难以抚慰的愤怒，但他同样可以慷慨而洒脱。他是一个住在成年人身体里的小孩。他的朋友们对他严加保护。我为了博得约翰的好感，经常请大家吃饭，终于有一次，丹跟我使了个眼色，说道："约翰想让你到'酒吧'来。"那是一个废弃的小酒馆，被他们改造成了夜店。我们三个人开车深入人烟稀少、尚未变成中产时髦社区的特里贝克地区，他们打开一扇破旧的门，开了灯。这个地方的室内装修看起来像是通过引爆一颗手榴弹来完成的。骄傲的老板们开了一瓶苏格兰威士忌，倒进脏兮兮的烈酒杯里。我知道被邀请到这里来是一种荣幸，我也希望威士忌能够起消毒的作用。

我们签下切维·蔡斯之时，CAA 已经成为主导喜剧界的经纪公司。切维是一个发挥稳定的男主角；约翰在重新创造滑稽闹剧；丹的好点子层出不穷；比尔有非常宽广的戏路。而且，喜剧演员永远不会老：杰克·本尼、米尔顿·伯利、鲍勃·霍普和乔治·伯恩斯都一直工作到80多岁。在我的未来愿景中，我们会长期出品令人捧腹且利润丰厚的电影。

我们为丹和约翰策划了一部喜剧片《邻居》，它讲述了一个精神紧张的郊区男子被他滑稽的新邻居逼疯的故事，根据托马斯·伯杰的小说改编而成。大家都很喜欢这个概念，也很喜欢拉里·吉尔巴特的剧本。影片拍摄期间，环球影业发行了《天南地北一线牵》，这是一部寡淡无味的浪漫喜剧片，是伯尼在约翰与我们签约之前为他策划的。约翰的影迷们期待的是那个大喊"芝士汉堡包，芝士汉堡包，芝士汉堡包！"的疯子，所以对他扮演斯宾塞·屈塞类型的角色并不买账。《天南地北一线牵》一败涂地。

然后，哥伦比亚影业给《邻居》选了约翰·艾维尔森导演，他最有名的作品是夸张的《洛奇》。刚刚进入电影界不久的我并没有足够的信心去反对他。艾维尔森反其道而行之，让约翰扮演那个安静的郊区男子，丹去演令人讨厌的危险邻居，就这样拍出了一部节奏缓慢的黑色电影。《邻居》试映时，只有不到2%的观众将其评为"优秀"，所以，那部片子也完蛋了。

但是约翰只有33岁。刚刚拍完《大西洋城》和《与安德烈晚餐》的法国导演路易·马勒想请他在一部讲述阿伯斯坎[①]受贿丑闻的影片里演一个骗子，并请丹演一个联邦调查局探员。然后还有《甜蜜的骗局》[②]，关于一位酿酒师只要喝上一小口他自己酿造的酒就会酩酊大醉的故事。我觉得，如果这部剧本能够再另类一点儿，肢体表现能再增加很多，那么或许它会很适合约翰。

环球影业和华纳兄弟影业都拒绝了《甜蜜的骗局》，但迈克尔·艾斯纳兴趣很大。我们跟派拉蒙影业几乎没做成过任何项目，因为迈克尔和他的团队太抠门了。但是他们很擅长把艺人们从一两次失败中解救出来，让他们通过自己最擅长的影片类型重振雄风——对约翰来说，这种类型就是商业喜剧片。我们和约翰、迈克尔、迈克尔的二把手杰弗瑞·卡森伯格一起开了一次推介会，我们把影片的概念形容为"疯狂的酿酒师"，就像是约翰在《动物屋》里的角色布鲁托·布鲁塔尔斯基的成年版，高管们都表示了认同。约翰会得到185万美元，这创下了他薪酬的最高纪录。约翰知道他需要有人帮他写剧本，于是请来了编剧兼演员唐·诺韦洛，他在《周六夜现场》里扮演过吉多·萨杜奇神父。一切就绪。

---

① 美国联邦调查局于20世纪70年代末到80年代初展开的针对公职人员受贿的调查，后致数名国会议员获罪。阿伯斯坎（Abscam）是这次行动的代号。——译者注
② 该片与1998年发行的《甜蜜的骗局》只是名字相同，并无关联。——译者注

我一直都没有真正意识到约翰的吸毒问题，直到1982年2月下旬他突然出现在我的办公室里。他带来了一版重新修改过的剧本，虚构的葡萄园的地图，布景设计的草稿，还给影片起了个新的名字叫《贵腐》(Noble Rot)。约翰讲话语速飞快。我们以前也一起出去鬼混过，但我从没见过他那个样子。他浑身抖得太厉害，以至于我们要从收发室找两个人把他扶进他的豪华轿车。

我打电话给把约翰当儿子一样的伯尼·布里尔斯坦。伯尼说："约翰遇到了一些问题，他正在解决。"我打电话给丹·艾克罗伊德，他告诉我："约翰遇到些状况，他需要帮助。"我有点儿不安——谁能为他提供帮助呢？但我并没有特别担心。我对20世纪80年代的毒品文化及其可能造成的损害并不太了解。电影圈对可卡因司空见惯，但与纽约夜店里的那种肆无忌惮相比，好莱坞还算收敛。而且在CAA，我们大多是无聊的工作狂，晚上下班就回家的那种人。

―――――

《贵腐》的新剧本一团糟。约翰的喜剧创造力很强大，但是毫无结构感，唐·诺韦洛则是个段子手。艾斯纳直接告诉约翰剧本不行，然后约翰给我打来电话，焦躁不安。我的话说得比较委婉。"你放进去了很多特别好的想法，但是这部剧本要拍成电影的话，还有一些问题。"我说，"你的角色需要更让人同情，而且我们需要非常牢固的剧本结构作为基础来展示你的才华。"我还没说完，约翰就挂断了电话。

艾斯纳仍然想用贝鲁西。他提议把我们的"pay-or-play"保底合同（也就是约定无论电影最终是否拍成，约翰都会拿到全额的费用）换成一个根据畅销指南书《性爱的欢愉》(The Joy of Sex)开发的电影项目。伯尼非常愿意。我觉得这个创意很平庸，并催促我的团队寻找更好的题材。

第七章 第二道山谷

3月4日，约翰突然到公司来了，我们跟派拉蒙约好了第二天上午11点再开一次重要会议。他摇摇晃晃地四处溜达，但似乎还能控制自己。他让自己的豪华轿车先走了，于是我提出送他到他约好晚餐的莫尔顿牛排坊。一路上，约翰喋喋不休地说着他对《贵腐》的剧本所做的最新修改。他说明天早上他会先到CAA来"热身"，然后我们一起去电影公司开会。这是个好迹象，我想。我们到了莫尔顿，约翰打开车门。"你身上有钱吗？"他可爱地问道，"我没现金了。"我给了他100美元，他跟我道谢，说："明天见！"

第二天上午10点15分，他还没出现在我们的办公室，我给伯尼打了电话。约翰不是个守时的人，但我知道艾斯纳的日程很紧。伯尼让他妹夫到马尔蒙庄园酒店约翰的小屋去找他。伯尼回电话时，我们已经来不及准时跟艾斯纳开会了。

"约翰死了。"他说。

"别扯了。"

"真的，约翰死了。"他受到的打击太沉重，所以再也说不出什么。后来我们才知道，约翰的大脑是在可卡因和海洛因的共同作用下超速运转以致毁灭的。

我给艾斯纳打了电话。"迈克尔，我不得不取消这次会议。"我勉强说着。

我还没来得及解释，他就开始大喊："你怎么能这样对我？所有人都到了，大家都准备好了，而且很兴奋——到底是怎么回事？"

"约翰死了。"

"这又是你们经纪人的胡扯！你就不能想个更好的理由吗？"

在其他任何时候，他的愚钝都会显得挺搞笑。"迈克尔，我是说真的。"我说，我之所以能够保持语调的平稳，只是因为我知道他根本不会在乎,"约翰死了。我不知道到底发生了什么,但今天的会开不了了。"

———

1979年,ABC娱乐部主管托尼·托莫普洛斯打电话来说,制作过ABC热门剧集《霹雳娇娃》和《爱之船》的多产制片人阿伦·斯佩林对WMA不满意,所以他让阿伦考虑一下CAA。(托尼为我们冒了个风险——其他经纪公司如果知道他做了什么,一定会杀了他——后来他被迫离开ABC的时候,我们帮他在联美影业谋得了一个职位。作为回报,他从我们这里买下了没有人要的《雨人》,皆大欢喜。)罗恩和我与阿伦见了面并说服他和我们签了约。这对我们来说意义重大,因为在20世纪80年代和90年代,我们从斯佩林身上赚的钱比从任何其他客户那儿都多。我们需要比尔·哈伯来主管这个客户,但是他宣称:"我拒绝为阿伦·斯佩林服务!"他有一大堆理由,甚至追溯到了WMA那些模糊久远的历史。罗恩和我抨击了比尔:不是说好的人人为我,我为人人吗?他才勉强同意跟阿伦聊一聊。开会时,他魅力十足,才华横溢,各种灵光闪现,很快就和阿伦成了最好的朋友。典型的比尔式做法!

然而,斯佩林就像是一只体重800磅[①]且时刻需要喂食的大猩猩,要伺候他可并不总是那么容易。我们有一位客户名叫劳伦·舒勒,是个年轻的制片人,她基于CAA另一位客户约翰·休斯的剧本策划了一部喜剧片《家庭主夫》。片中,迈克尔·基顿会扮演一个失业的丈夫,由于太太找到了工作,于是他必须学习做家务——在20世纪80年代初,这类剧情看起来还挺搞笑的。我们把它做成了一个CAA的

———

① 1磅约为0.45千克。——编者注

打包项目，安排特瑞·加尔联袂出演，并由斯坦·瑞格帝担任导演。然后，阿伦·斯佩林听说了这个项目，要求参与。当时罗恩负责基顿（后者想让阿伦加入），比尔负责斯佩林，所以他们才"应该"是去找劳伦商量的人。但是两人都不想出面进行这次艰难的谈话。

因此，我把劳伦和两位经纪人召集到一起，并且把我所谓的残酷事实直接告诉了劳伦。我说："劳伦，我们想让阿伦加入，担任执行制片人。他能够帮忙融资，还可以为剧本做出很大贡献，事实上，没有他，这个项目做不起来，所以我们几乎或者说根本没有选择。"得知自己的后端分成会被削减几乎一半之后，她礼貌地拒绝了，但我还是安排了她跟阿伦见面谈一次。当时我写了张纸条提醒自己说服"阿伦·斯佩林制片公司"在见面时"一定要面带笑容"，那张纸条现在我还留着。他面带笑容，魅力四射，还一针见血地指出了故事的几个要点，他认为这件事已经板上钉钉了。劳伦看到了真正的权力所在，于是很有风度地接受了我们强加于她的安排。

从那以后，我至少每周都会想起那次谈话，有时候每天都会想。如果没有阿伦，这部电影真的就拍不成了吗？不是。他在创意上对这部电影有贡献吗？是的，多少有一点儿。如果我们告诉公司最大的电视客户别插手这个项目，会不会给CAA带来很大麻烦呢？会的。按照好莱坞的逻辑，这种处理方式应该不会困扰我：劳伦·舒勒作为一部热门电影的制片人得到了很大的荣誉，也赚到了钱。她后来还跟我们的导演理查德·唐纳结了婚，并成为一位实力制片人，出品过《人鱼的童话》《X战警》《死侍》等影片。那之后的几十年里，我们见过多次，但从来没提到过《家庭主夫》。或许这件事并没困扰她太久。但让我念念不忘的是她在这笔勒索般的交易面前逆来顺受的样子。她太善良了。这意味着，人们现在必须对我们好，因为我们有力量去强

全能经纪

迫别人。我促成的这些交易中没有一丁点儿是在帮助有才华的人们追求或完善他们的愿景。公司的名称里，"创新艺人"的含量是零，"经纪公司"的含量是百分之百。

20世纪60年代在加州大学洛杉矶分校就读时的我是一个悲天悯人的自由主义者，如今我已经变成了当年自己最厌恶的人——我成了当权派的象征。我成了权力本身。

———

约翰·贝鲁西死后，我们的整个喜剧班底都失魂落魄。丹受到的打击最沉重。他跟约翰的关系甚至超出了最好的朋友，他是约翰的搭档和另一个自我。有一阵子他甚至都笑不出来，更不用说写剧本了。然而，几个月之后的一天，丹打电话来说："你觉得我和比尔·默瑞用《周六夜现场》那种风格在纽约四处捉鬼这个想法怎么样？"这是他之前为了帮约翰重整旗鼓想出的点子。现在他重新调整了人员配置，由他本人和比尔再加上哈罗德·雷米斯主演。伊万·雷特曼会执导这部戏。

哥伦比亚影业抢到了这个项目。但是《捉鬼敢死队》开拍前和后期制作时的风评都不理想，人们怎么都想不出《周六夜现场》和超自然如何搭在一起。影片的首映放在了我和朱迪为圣约翰医院主办的一次半正式筹款晚宴上，没有人笑。我之前已经知道，只给一小部分观众放映是不能判断出一部喜剧片的好坏的。在那之后我学到的是，你不能给出席慈善活动的观众放喜剧片，因为他们通常都是被迫到场的。走出放映厅时，华纳兄弟的首席执行官鲍勃·戴利拍了拍我的肩膀表示安慰，他说："别担心，下次你一定能成功。"

他现在肯定会发誓自己没说过这话。因为伊万指导下的这些捉鬼敢死队队员日常而散漫的工作方式让人愉快，就像是快乐的水管工一样，打动了观众。丹和哈罗德把最好的台词留给比尔，比尔则是每击必杀。市长办公室那场戏里，比尔预测即将到来的魔鬼时代会发生"活人献祭，猫狗同居，巨型癫狂"，除非，他亮出最得意的笑容告诉市长，他可以让捉鬼敢死队自由行动。那样的话，"莱尼……"——他脸上那个"你细品"的表情简直是无价之宝——"数百万注册选民的命就都是你救的"。丹对比尔的无私情感令人感动。我觉得他希望比尔能做他的新搭档，但是比尔太反复无常，不可能跟任何人长期合作。比尔和哈罗德·雷米斯一起拍了很多非常棒的电影，在《土拨鼠之日》里到达巅峰，可是比尔之后很多年都不跟哈罗德说话。直到哈罗德去世前不久，两人才和解。

《捉鬼敢死队》成为当年票房第二的电影，全球票房收入超过2.95亿美元，仅次于《比弗利山警探》。我们的客户总共分得了毛收入的30%，而CAA也拿到了毛收入的3%。多年以来，电视和录像带业务的收入逐渐累积，而仅仅这一部电影就让我们赚了3 000多万美元。好莱坞已经注意到，新成立的三星影业[①]能够迅猛发展，也是因为它最初的两部影片都有我们的助力：其中一部是完全由我们打包策划的《天生好手》，另一部是我们的客户萨莉·菲尔德和导演罗伯特·本顿参与的《我心深处》。（三星影业由我在律师界的老朋友加里·亨德勒经营，亨德勒还让我们的客户西德尼·波拉克担任了公司的"创意顾问"，这些对我们来说都是锦上添花。之前帮的忙得到了回报。）但是《捉鬼敢死队》给了我们真正的谈判筹码。此前，我们总是让电影公司或者电视网先出价——我们不想内部讨论了半天，结果报出个比它们的预期还低的价格。但是到1988年前后，我们的势

[①] 三星影业（Tristar），1982年成立的美国电影公司，现隶索尼影视娱乐公司，与韩国三星集团（Samsung）没有关系。——译者注

力已经大到可以自己定价的程度。我们不再谈判,而是直接告诉华纳兄弟:"我有个打包项目,里边有明星甲、乙和丙。你们有24个小时考虑要不要。"就算华纳兄弟犹豫了,我也有福克斯影业作为备选,而且我已经问过后者:"你们目前排在第二位,但我现在就必须知道:你们想不想要?"

《捉鬼敢死队》一炮而红之后,扮演市长的演员大卫·马古利斯的经纪人给我打来电话。那位经纪人来自一家小公司,听上去人很不错,他很坦率地询问,鉴于这部片子真的赚到了太多钱,电影公司或者我的客户是否愿意把所得的巨额报酬分享一点点给大卫。大多数经纪人处在这种情况下都会说:"嘿,问得有道理,让我研究一下。"然后第二天根本没有研究就回电告诉他:"哎呀,抱歉,我没办法说服哥伦比亚影业,我们客户在这里的业务经理也不同意。"多绕一个弯子就会让马古利斯的经纪人心里舒服很多。罗恩·迈耶可能会跟那个家伙在电话里聊上一个小时,变成一辈子的好朋友。但是为了简明扼要,我已经养成了自己做主的习惯,我会自己做决定而不会给别人施压,让他们决定。所以我说:"你是在开玩笑吧。你的客户演完了他的角色,也拿到了报酬!他是明星背后的群演之一,这个世界上没人知道他的名字。"我对待这个小伙子的态度很粗暴,而几年前的我曾经与他处境相同。后来我的脑子里反复回荡着这通电话,因为它一直在折磨着我,让我有两个反思之处。第一,我很可能会变成一个十足的浑蛋;第二,我确实希望能当个自己做主的人。

20世纪80年代初,我已经开始广结人脉。比如,我主动联系了拉扎德公司的银行家费利克斯·罗哈廷,70年代,他几乎是凭一己之力挽救了濒临破产的纽约市,他还是美国音乐公司的董事会成员,卢·沃瑟曼也敬他三分。我打电话过去请求和他见面,我说:"我只需要占用您不超过10分钟的时间。"下一次去纽约期间，我去了他的办公室。和他握手寒暄后，我把手表摘下来放在他的桌子上，然后说："我很想和您谈谈您是如何拯救纽约，以及如何给卢出谋划策的——我想向高手讨教。如果您在洛杉矶有任何我能帮忙的事情，我都愿意效劳。"我说这些都是为了让他可以打开话题，并表明我知道他做过什么，我非常仰慕他并希望向他学习。10分钟过后，我说，"非常感谢您"，然后起身去拿我的手表。而费利克斯像其他所有我对他们用过这招的人一样，让我坐下继续聊。我就这样认识了艾伦公司的老板赫伯·艾伦和摩根士丹利的罗伯特·格林希尔，我到纽约期间总是会去拜访他们。我还会拜访莫特·詹克洛和其他15位文学经纪人，艺术界的一些名流，以及我们的客户梅丽尔·斯特里普、迈克·尼科尔斯、阿尔·帕西诺、西德尼·吕美特、罗伯特·德尼罗和马丁·斯科塞斯。

事实证明，从我当时已经在酝酿的一些计划来看，娱乐界之外的人脉对CAA非常有用。他们将会成为我们通向更广阔世界的桥梁。

除了把《捉鬼敢死队》改编成动画电视连续剧的计划，制片厂也在催促拍摄续集——有很多项目要谈。继《肉丸》和《杂牌军东征》之后，比尔完成了三连胜，成为票房明星。由于丹非常注重业务，所以我为《捉鬼敢死队》专门设立了一个"董事会"，成员包括我们两人，以及伊万、哈罗德、比尔和CAA的顶级律师雷·库尔茨曼。1987年4月，我给他们所有人发了一份备忘录，而且是装在大信封里派人亲自送去的，我称呼他们为"董事"，并且告诉他们，我们必须讨论一下拍续集的事情，"当务之急是未来两周内要在洛杉矶开会"。其实那并不是什么当务之急，只是他们需要指导和组织，所

以我创建起这套流程和一种紧迫感。我们保留会议记录，尽可能地让一群自由散漫的家伙遵守《罗伯特议事规则》①。

我们召开第二次董事会前夕，哥伦比亚影业的母公司可口可乐公司让出身上流社会的英国人戴维·普特南替换弗兰克·普赖斯担任哥伦比亚的董事长。在普特南眼里，美国电影公司的高管都是过度消费的白痴，美国的导演都是笨手笨脚的乡巴佬，而美国的演员都是劣迹斑斑的小混混。他在《视相》的头版谴责比尔·默瑞是"既得利益者"和好莱坞式自私自利的典型代表之后，我立即予以反击，捍卫我的客户（并同时捍卫CAA，因为普特南是在间接攻击我们的定价策略）。我给哥伦比亚公司的首席执行官迪克·盖洛普和可口可乐董事会里最有影响力的董事赫伯·艾伦打了电话，我告诉他们比尔·默瑞是哥伦比亚影业最大的明星，他按照要求参与了每一次新闻发布会和公关活动，而且比尔是我认识的人里最不自私的。我还提到了比尔诸多慷慨之举中的几件小事。然后我说，这种攻击对我本人及所有认识比尔的人来说都是绝对无法接受的，而这些人大多数也是CAA的客户。

"我们能做什么来解决这个问题？"迪克问。

"除了让戴维·普特南走人，我想不出别的办法。"我说，"比尔气疯了。我们的回应不会直接针对你们——我们对你们两位非常敬重，所以我们不会在媒体上攻击你们，但是会有间接后果。"哥伦比亚影业拥有《捉鬼敢死队》的专营权，但没有人能阻止我们采取拖延战术。在第二次董事会议上，我提出立刻停止所有项目——所有人附议，马

---

① 《罗伯特议事规则》(*Robert's Rules of Order*)，由美国将领亨利·马丁·罗伯特撰写并于1876年出版，将美国国会议事程序修改后供民间组织参考沿用，目前仍是美国广为使用的议事规范手册。——译者注

第七章　第二道山谷

上执行。直到普特南在位仅仅 16 个月就被解雇之后，伊万和公司才开始制订复工计划。这就是"捉鬼敢死队"系列第一部电影和续集间隔五年的原因。

在此期间，伊万·雷特曼让我们了解到一种新的经济模式。他在 1988 年执导电影《龙兄鼠弟》时，两位主演阿诺德·施瓦辛格、丹尼·德维托和伊万自己一分钱的预付片酬都没拿。相反，他们从票房总收入中拿到了相当不错的份额。当这部电影在全球获得超过 2 亿美元的票房收入时，所有人都发了大财。从《肉丸》和《杂牌军东征》到《雾水总统》和《魔鬼二世》，伊万保持着超乎寻常的票房大卖连续命中率。《捉鬼敢死队 2》的漫长等待只会让制片厂更加迫切：于是我们帮伊万、比尔、哈罗德和丹谈下了高额预付片酬外加 30% 的总票房分成，而且如果电影票房达到了拍摄成本（片厂付清所有拍摄费用所需的金额）的 2.5 倍，那么分成比例会提高到 35%。

这部电影在西雅图的试映会上大受欢迎。通过率超过 90%——哥伦比亚影业不需要伊万做任何修改。回洛杉矶的飞机上，他翻阅着观众的评论，导演们通常会以此作为进一步剪辑或重拍的参考。评价读起来令人愉悦。然后他把评论放在一边，说："片子还不够清爽。"他给我看了一页笔记，上面是他认为需要删减的地方。大多数导演都恨不得和每一帧胶片永结同心，但伊万想让影片节奏更快、更有趣，于是在剪辑室"大开杀戒"。《捉鬼敢死队 2》最终又让他剪掉了 5 分钟。这部电影在全球获得了 2.15 亿美元的票房，并且进一步验证了我们的理论，那就是：CAA 做主的时候，所有人的表现都不错。

第八章

没有冲突，就没有利益

我上大学的时候，没有哪个演员能比保罗·纽曼更厉害。他就是"酷炫"本身。

保罗的经纪人也永远是顶级的，20世纪50年代是卢·沃瑟曼，之后是CMA的弗雷迪·菲尔茨。60年代和70年代初是保罗的黄金岁月：他主演了《原野铁汉》《地狱先锋》《野狼》《铁窗喋血》《虎豹小霸王》《骗中骗》等影片。1975年，马文·约瑟夫森并购CMA并创立了ICM之后，保罗决定自己处理业务，但举步维艰。罗伯特·奥特曼执导的反英雄西部片《西塞英雄谱》表现很差。《冰球小子》是一部现象级非主流影片，但没有赚到钱。保罗又回去找奥特曼合作了《五重奏》，票房一败涂地。火山喷发灾难片《大震撼》票房总收入不到400万美元。一位巨星能够扛住连续两次惨败，或许三次，但是四次就回天乏术了。保罗最后一部卖座的电影是《火烧摩天楼》，一部群星戏，那还是在1974年——6年前。

1978年，他的独生子斯科特因服药过量而去世，更让他心力交瘁。

保罗结发20多年的妻子乔安娜·伍德沃德早在马丁·鲍姆加入

CAA时就成为我们公司的客户，她让迈克·罗森菲尔德和我在世纪城的山本餐厅跟她见面。我一直觉得她很让人害怕：她非常有礼貌，但她的某些行为总让我觉得她对我有看法，认为我能力不足。这次见面时，她想得到我们的建议：保罗陷入了恐慌，我们能帮忙吗？几天之后，我到他们位于比弗利山平地区域的家中拜访并跟进这件事时见到了保罗，他很安静，还带着自嘲。他谈到了他想做的事情，比如，与罗伯特·奥特曼一起拍更多电影。没问题，我说，只要他同时也拍具有主流吸引力的电影就行。他正在拍的这部《布朗克斯，阿帕奇要塞》就在往正确的方向走。（我们公司的经验法则是每拍一部非商业片都要搭配两部商业片。）我们需要为保罗开发内容，而不是一味接受制片厂丢过来的东西，因为那都是别人挑剩下的。我措辞很小心地说："我想做出几部观众想看，你也会为之骄傲的电影。"他满怀希望地点了点头。

几周之后，他邀请我到纽约和他一起吃午餐，他正在那边拍摄《布朗克斯，阿帕奇要塞》。我搭乘红眼航班在早上5点半抵达。淋浴、剃须、更衣之后，11点半，我到中央车站生蚝餐厅的雅座和他见了面。保罗点了四打小帘蛤，开始大快朵颐。他喜欢吃蛤蜊，谈论蛤蜊，探索博大精深的蛤蜊文化中的边边角角。我偏巧很讨厌蛤蜊。但是如果保罗·纽曼热爱蛤蜊，那我也热爱蛤蜊。我全面开启变色龙模式，模仿他把几只蛤蜊丢回盘子，再吸吮一些汁液，也就是蛤蜊壳里残留的汁——实际上我把那堆恶心的东西都偷偷扔到桌子下面了。一个小时的畅聊之后，我们握手告别。我跑到离我最近的一家小吃店，给自己买了一份美味又安全的金枪鱼沙拉三明治。

公司为保罗找到一部剧本，讲述了一个可敬的酒商和一个草率的记者之间的故事——对他来说再合适不过，因为当时有媒体认为《布朗克斯，阿帕奇要塞》中对布朗克斯南区的描述带有种族歧视，这让保罗觉得自己也遭到了媒体的不公正对待。我把这部叫作《没有恶意》的剧本拿给了西德尼·波拉克。故事的主角是个意大利裔美国人，父亲生前是黑手党老大，西德尼想让（当时还不是CAA客户的）阿尔·帕西诺来演，但我力推保罗出演男主角。像保罗这种伟大的演员根本不需要调整风格，他只需要转换跑道，离开只拍过一部真正热门电影的罗伯特·奥特曼，与西德尼·波拉克合作。西德尼是一位有信誉的商业片导演，能够成就作为演员的保罗。

为了促使保罗和西德尼尽快表态，我说服他俩花一天时间修改电影剧本，这版剧本是保罗的哥们儿乔治·罗伊·希尔写的，他也是保罗出演的《虎豹小霸王》和《骗中骗》两部戏的导演。西德尼去了保罗在比弗利山庄的家里，他们坐在保罗家餐厅的桌子旁花了10多个小时把每一页剧本都做了修改。而我就坐在旁边，目睹一位明星和一位导演在找到两人的契合点之后如何顺畅地工作，那仿佛是一次超乎寻常的洗礼。他们改变了主角的人设，弱化了他的意大利特征，让他更像个美国人，还按照西德尼的要求构建了牢固的三幕式结构。西德尼是开发剧本的高手，而保罗本身也是导演，但是这次开会的重点除了剧本结构，还有他们相互间的化学反应。两人可以说是一拍即合：都是"钢铁直男"，都喜欢小型飞机和跑车。那天我唯一的贡献就是推荐了我们的一位客户，也是我的高中同学萨莉·菲尔德扮演前去调查采访——当然最终还会爱上保罗的记者的角色。

几周后，保罗要到加利福尼亚北部的西尔斯角试驾他的新跑车，西德尼包了一架里尔35飞机，让大家一起飞过去。返航途中，几杯

第八章 没有冲突，就没有利益

酒下肚的保罗对年轻的飞行员大喊:"嘿,你能来个桶滚[1]吗?"我听到之后无比震惊。短租飞机这样做是违法的。

"你心里有数的,保罗,"西德尼严厉地说,"他不能那么做。"我于是接着喝啤酒,没有注意到西德尼给飞行员使了个眼色。等我再回过神儿来,我发现自己杯子里的酒都洒没了。保罗和西德尼大笑起来,而我眼前浮现了一条新闻标题:保罗·纽曼、西德尼·波拉克和友人因飞机失事丧生。

西德尼在哥伦比亚影业为我们小范围放映了《没有恶意》的粗剪版,观众包括他片子里的明星和哥伦比亚影业的几位高管。粗剪版很不好评价:没有最终的配乐,也没有满座的影厅里令人鼓舞的反应,所以很难从中预见成片的效果如何。最有名的例子是斯皮尔伯格为环球影业放完《大白鲨》的粗剪版之后,该公司干脆表示影片不能发行。走出影厅时,西德尼焦虑地瞟向我,我焦虑地瞟向保罗,保罗瞟向乔安娜。然后乔安娜说:"保罗拍这部电影的样子跟我看电影时一样无聊。"

我的心跳加速了。我说:"乔安娜,我很抱歉让你有这种感觉。等我们给真正的观众放映之后,再看看是什么情况。"她有种天赋,总能让我感觉自己既鲁莽又愚蠢,不外一个经纪人罢了。保罗和我现在已经是一起喝啤酒、玩赛车的交情,而且我感觉他开始把我当成他死去的儿子的某种替身。虽然身为英俊潇洒的电影明星,但保罗几乎没有亲近的朋友,而我正在成为这样的朋友。不过,他唯一真正信任的人就是乔安娜。如果我们为他策划的第一个项目就失败了,那么我们很可能一下子就把我们的招牌导演和新签的大明星都丢了。那天晚

---

[1] 桶滚(barrel roll),一种飞行特技,飞机在匀速飞行的同时通过旋转和速度在空中画螺旋轨迹。——译者注

上，我打电话给保罗说："我必须跟你说，我很欣赏乔安娜，但我认为你在那部电影中表现非常出色。我不同意她的看法。"

"嗯，我也不确定自己是不是同意她的看法。"他若有所思地说，"我知道她对我的作品很挑剔。但我们彼此间知无不言，而且我信任她。"乔安娜的轻蔑让我一直非常不安，直到电影正式上映——好评如潮。保罗内敛的表演为他获得了奥斯卡提名，我们可以感觉到，他的命运开始有了转机。

我们用纽曼领衔包装的下一部电影是由大卫·马梅特编剧、西德尼·吕美特导演的法庭惊悚片《大审判》。制片方最初选中罗伯特·雷德福出演专打事故赔偿官司的酒鬼律师弗兰克·加尔文。但一贯非常注意个人形象的罗伯特不想演一个对女人挥拳相向的失败者，所以拒绝了。由于保罗很想展示他演技中更加黑暗的一面，我让他得到了这个角色。电影的票房表现和评价非常好，再次让他获得了一次奥斯卡提名。他回到正轨了。

———

雷德福和保罗是相互照应的关系。雷德福还是个年轻的无名小卒时，保罗为他倾力出演了《虎豹小霸王》；4年后，当红的罗伯特出演了《骗中骗》作为回报。15年来，我一直想要为他们俩找到第三部可以联合出演的影片。最合适的是《致命武器》(Lethal Weapon)，但是罗伯特讨厌那部剧本。

他们是一拍即合的好友，也是截然不同的两种人。保罗热情好客，罗伯特则与外界保持着距离。保罗非常守时；罗伯特总是会迟到两个小时，按照"雷德福标准时间"行事。我与罗伯特签约时，西德尼的妻子克莱尔·波拉克对我说："我要给你一些很实用的建议。跟罗伯特见面要约在你的办公室，如果约在他的办公室，那你去之前记

第八章　没有冲突，就没有利益

得先打个电话确保他在。"

雷德福和西德尼·波拉克的关系比较复杂。他们是挚友,有过奇迹般的合作,但也经常争吵。他们在《走出非洲》的片场大吵之后不久的一天,我和雷德福在圣莫尼卡的一家餐厅吃晚饭。我看到西德尼走进来,就告诉了罗伯特,罗伯特立即带我从后门偷偷溜走了。

在罗伯特创办圣丹斯电影节的犹他州,那个他外出就餐也能不被人打扰的地方,他就变成了一个完全不同的人。他散漫、放松,让周围的人如沐春风。后来他开始执起导筒,也把这个职位视为一种崇高的使命,并且努力迎接挑战。布拉德·皮特和唐纳德·萨瑟兰等演员众口一词:作为导演的罗伯特非常随和,善解人意,慷慨大方,全心支持演员。他毫无保留。我去他的片场探班时,见到的总是其乐融融的环境。《豆田战役》的全体演员都非常爱戴他。作为导演,罗伯特成了他想要成为的人。

可惜的是,我在大部分时间里要应对的是作为演员的罗伯特·雷德福。由我们打包的20世纪30年代棒球电影《天生好手》开机第一天,我提前15分钟,于早上8:45到达纽约布法罗的拍摄现场。罗伯特10点过后才现身。他带着羞涩的笑容对导演巴瑞·莱文森说自己前一天晚上从洛杉矶飞来之后忘记调整手表的时差了。呵呵。为演员们量身制作旧式宽松风格的球衣时,罗伯特要求自己的球衣贴身剪裁,不用管什么历史准确性。他在电影里看起来确实很迷人,但是在镜头外却表现得像个浑蛋。和他一起主演这部电影的格伦·克洛斯问他该不该跟我们签约的时候,他建议她别签:"CAA太大了。"不过她还是跟我们签了约,因为她告诉我们:"后来我问他:'那你要离开CAA吗?'结果他说:'不啊。'"

为雷德福处理日常业务的经纪人戴维·奥康纳喜欢告诉别人罗伯

特是如何给他打电话说受够了我，还准备给我打电话提出让戴维当他的首席经纪人的。然后，戴维继续讲道：过了一会儿，我把戴维叫到我办公室说，我觉得他已经能够单独服务罗伯特·雷德福了。怎么说呢，我确实喜欢表现得无所不能，好像天底下所有的事情我都预料得到并能够让它们发生。这是我的弱点，而罗伯特很清楚这一点。但是事情的真相是，我给罗伯特打电话说，也许应该让戴维全面负责他的事务（因为罗伯特实在太难搞了）。罗伯特同意了。然后他转过头立即打电话给戴维，假装这次调整是他的意思——他很清楚，由此产生的种种暗示可能会引发纷争。

他讨厌我加诸他的各种限制，也讨厌我坚持让他阅读发过去的剧本并快速做出回应。问题的核心在于，他讨厌当电影明星，讨厌被人奉承，讨厌被人当作珍稀物品对待。他曾经是个画家，他如果继续当画家，可能会快乐很多。西德尼·波拉克告诉我，罗伯特内心深处对表演感到非常尴尬。这些都是人性的正常反应，也都不难理解。但是他并没有选择另外的职业，而是把他的不快乐发泄在周围的人身上。

他是我们最难应付的客户之一，但他又如此才华横溢，所以我们从未在公司内部说过："这不值得。"

————

《大审判》之后，保罗拍了一部他自己热爱的电影《父子情深》，它讲述了一名建筑工人和他的两个成年子女断绝联系的故事。他通过这部作品来排解自己失去独生子的痛苦与内疚。尽管他集结了一个强大的演员阵容，并且自导自演，但该片在票房上并没有成功的希望。

但我有个计划，于我们双方都有帮助。保罗总是会从近期的电影中寻找启示。我跟他吹捧了马丁·斯科塞斯的《愤怒的公牛》，他看完之后，兴奋万分地给我打电话说："这是我看过的最好的片子

第八章 没有冲突，就没有利益

之一！"

"你应该和马丁合作。"我立即说道。

"你有什么具体想法吗？"

"目前还没有，但我会找到的。你先给他写封信表达一下崇拜吧。"那时候的人还会亲笔写信，而这种信的作用不可小觑。我每年通常会寄出1 000多封信，祝贺每一部新片上映（我还会让公司礼品部随附一枚幸运马蹄铁作为贺礼）、提名或者获奖。这些还只是例行的信件。真正能够起作用的是那些私人通信，它们充满热情恳切和真心赞美，只为让对方知道：我看了你的作品，它可太棒了。

保罗说："你开玩笑呢。"

"没有，他对你充满敬意。"我不确定这是不是真的，但怎么可能不是呢？每个人都对保罗充满敬意。

我把保罗的信送到了马丁的办公室。我看到他读着信喜笑颜开的样子，感觉自己的机会来了。从《穷街陋巷》和《出租车司机》时起我就崇拜马丁。如果我能把他签到CAA来，他会让公司实力倍增。每一位值得我们代理的演员都想跟斯科塞斯合作。他会像达斯汀·霍夫曼一样成为我们的招牌客户，让我们能够和业内顶级的人才接触。

马丁一直以来的经纪人哈里·乌夫兰德正在转型电影制片人。当时马丁正在筹拍根据尼科斯·卡赞扎基斯的小说改编的电影《基督最后的诱惑》，并遭遇了重重困境。为了找机会插上一脚，我花了很多时间对他表达了同情与支持。虽然没人认为这个项目有丝毫的商业价值，但马丁还是想办法与派拉蒙影业达成了项目开发协议。但是，就在开拍前四周，一群福音派修女在愤怒中写信痛骂制片厂，于是派拉蒙的母公司海湾西方石油公司（Gulf & Western）叫停了整个项目。这对马丁来说是个毁灭性的打击，他已经花了一年时间进行前期准备，而在此之前的 10 年里，拍摄这部电影一直是他的执念。

公司的经纪人蒂娜·尼戴斯把《金钱本色》的书稿校样版给了我。这是沃尔特·特维斯创作的一部台球厅小说，也是他上一部小说《江湖浪子》的准续作，主人公是 25 年后已经是中年人的"快手"艾迪·费尔森[①]。我们建议保罗买下小说版权并将其改编成电影，他并不情愿。"快手"艾迪是他的招牌角色之一。如果新电影或他的表演不如预期怎么办？老派的电影明星从来不拍续集，也不买版权开发项目。所以，我们公司冒险以 7.5 万美元的价格买下了特维斯新作的改编权，在那时候，这对我们来说是一个不小的数目。一般来说，经纪人不负责买版权，但我把它当成对马丁·斯科塞斯的业务投资。

马丁连夜读完了书稿，第二天一早就来到我家。他很可爱，但精神高度紧张，对自己的未来充满焦虑。他滔滔不绝地说了一大堆创意的想法，同时也吐露了他的担忧。然后我们谈到了他一团糟的财务状况。马丁的商务经理没给他缴税。他最近拍的三部故事片中，有两部——《纽约，纽约》和《喜剧之王》——都是鼓舞人心的作品，却没有引起观众的共鸣。他不知所措。他需要一部有冠军相的影片。和斯科塞斯签约不是为了佣金，因为他几乎不在乎他的电影赚不赚钱。问题在于，他在其中大展身手的这种媒介价格不菲。我的计划是推动马丁向商业片领域发展，减轻他的财务困难，再让他随心所欲地拍电影。马丁喜欢我的商业背景以及我愿意与电影公司对抗的意愿。当我

---

① "快手"艾迪·费尔森，《江湖浪子》的主人公，保罗·纽曼当年曾经在改编的同名电影中出演了这个角色。——译者注

第八章　没有冲突，就没有利益

提出我要重启《基督最后的诱惑》时，他动了感情。我不知道该怎么做，但我答应他会想办法做到。聊完之后，按照双方的理解，他的业务从此就会由我们代理了。

尽管马丁对拍续集没什么兴趣，但跟我年龄相仿的导演崇拜的明星也跟我一样。马丁很想跟保罗·纽曼合作，正如保罗也很想跟马丁合作一样。我把他们俩拉到一起时，他们看起来像是一个别扭的组合，一个是粗枝大叶的运动健将，另一个是紧张兮兮的唯美主义者。不过他们在截然相反的同时又相互吸引。

我们请来了CAA客户中最优秀的小说作家之一理查德·普莱斯帮助马丁改编《金钱本色》的剧本。他们找到了一个平衡点，在把艾迪·费尔森塑造得更黑暗的同时，也使其处在保罗认为他的影迷可接受的范围之内。不过，即便有马丁和保罗加盟，要给这部电影找到买家也不是件容易的事。我们本以为已经跟福克斯影业谈妥了，结果该公司的老板把工作丢了。在哥伦比亚影业也发生了同样的情况。其他公司都不想要，因为影片听起来过于深奥。这不是一部用两句话就可以推销的热门题材，你实际上也不能把它当作续集来宣传，因为35岁以下的人都不记得《江湖浪子》这部电影了。

为了在最后关头搬到救兵，我请马丁写信给迪士尼试金石影业的杰弗瑞·卡森伯格，这家公司是迪士尼王国的一部分，而我的老朋友迈克尔·艾斯纳在1984年被任命为迪士尼的掌门人。迪士尼从来没买过CAA的项目。它不想多花钱买我们打包好的项目，而且艾斯纳觉得，所谓打包，本质上是一种敲诈电影公司的手段。此外，试金石影业是以《美人鱼》这类合家欢喜剧片著称的。不过当时迪士尼非常想拥有一部靠明星卖座的电影，而且这部电影的拍摄成本——在它的坚持下——只要1 400万美元。对马丁来说，这意味着他要回到拍《穷街陋巷》时的老办法，采用游击拍摄①，只不过这次有明星而已。鉴于他拍片超预算的习惯，他需要证明只要钱花到位，他就可以交出一部星光闪耀的大片。

为了让电影吸引年轻观众，我们为"快手"艾迪的徒弟这个角色找到了一个特别的人选：汤姆·克鲁斯。CAA 以撬走别的公司培养的客户闻名。我们对此毫无愧疚。考虑到我们在签约艺人身上投入的时间和精力，去签那些有过成功经验或至少显示出潜力的人才是很合理的。但我们也从零开始培养了一些年轻的人才。巴瑞·莱文森是其中之一。另一个就是汤姆，向我们推荐他的是哥伦比亚影业一部低成本电影《熄灯号》的制片人斯坦利·贾菲。斯坦利给我们公司负责对接哥伦比亚影业的优秀青年经纪人葆拉·瓦格纳打电话说："你们应该看看这孩子的表演片段，他太惊人了。"（大多数人给我们做这种推荐都是想卖个人情，这样以后有好项目的时候我们能想到他，斯坦利也不例外。）汤姆当时 18 岁，他拍《熄灯号》只拿了 5 万美元片酬。我们知道斯坦利品位极好，所以看了一些样片，之后葆拉完全相信汤姆就是下一个大明星。

我们随即安排了见面，汤姆礼貌而专心，全程都在说"是，先生"和"不，先生"。他一定很紧张，但没有让我们看出来。他和那些因为长得帅就想拍个电影玩玩的人不同。他接受过严格的表演训练，你可以看出，他不仅热爱自己的表演技艺，而且有着成为超级明星的疯狂决心。"我希望得到指引。"他说。我告诉他："你把全部信任都交给我们，是需要很大勇气的。"他用力点着头说："是的，先生！"

---

① 游击拍摄（guerrilla filmmaking），多见于低成本独立电影的拍摄方式，指预算、人员和道具都非常有限的情况下，不申请拍摄许可，就在实景地快速拍完撤退的游击式做法。——译者注

第八章　没有冲突，就没有利益

我这番话也是起了疫苗的作用——我在给他接种，这样汤姆走红后，他就能够抵挡住其他公司经纪人的游说了。

我们把我们认为他应该合作的导演和演员的名字都写了下来：雷德利·斯科特、托尼·斯科特、罗杰·唐纳森、巴瑞·莱文森、马丁·斯科塞斯、奥利弗·斯通、罗伯·莱纳、斯坦利·库布里克、保罗·纽曼、达斯汀·霍夫曼和罗伯特·德尼罗。然后我们承诺，如果他签到CAA，他一定能跟上述每个人都合作成——那时，我们已经有了做出这种承诺的实力。最终，除罗伯特·德尼罗外，汤姆确实跟他们每个人都合作了。每次他从名单上画掉一个名字，他都会打电话来告诉我们他离清零又近了一步，并且表达感谢。

我们用《乖仔也疯狂》一片帮助汤姆脱颖而出已经是两年前的事情。他也马上要在《壮志凌云》中大红大紫，所以当配角的日子已经屈指可数，但是我们知道，他一定会抓住与保罗和马丁合作的机会——通过一部电影就能画掉名单上的两个名字。

开拍之前，马丁带着一份装订松散的剧本来到了我的办公室。剧本的页边密密麻麻写满了潦草难辨的批注。左边的空白页上都是手绘的拍摄分镜图，每页3到4幅，图上还用小细柱标示了演员的位置。马丁已经预先在脑子里把影片设置好了，连机位都考虑到了。在大约400幅分镜图的每个场景中，他都非常确切地知道自己想要什么。在一个紧张的台球比赛场景里，任何导演都会把摄影机直接放在台球桌正上方拍摄，但是只有马丁能想到把摄影机放置在房间的一个吊角，以45度俯瞰的视角来呈现场面的张力。我无比佩服那个镜头，因为我知道自己100万年也想不出这种拍法。

拍摄如梦一般在预算内完成。在芝加哥的片场，我看到了让马丁与众不同的原因。他的准备工作非常充分，但是如果有人有更好的想法，他也会随时改变计划。他给演员们最大的自由度，也会在他们过火的时候控制住他们。正如保罗所说，"他像一只鹰那样盯着我"。每个电影明星都有一个银幕形象：保罗的形象就是在《铁窗喋血》《虎豹小霸王》《骗中骗》中大放异彩的那种满不在乎的无赖。观众期待看到这样的他，制片厂也能从中赚到大笔大笔的钱。但是，马丁从来不会让他的演员徘徊在他们的舒适区里。在《金钱本色》中，保罗变成了另一个人——阴郁、易怒、腐败，但内心很有原则。多年后，马丁在《纽约黑帮》里也这样改造了莱昂纳多·迪卡普里奥，这就是莱昂纳多随后又跟他合作了4部电影的原因。这是斯科塞斯的专长，他会把电影明星打磨成艺术家。

———

乔安娜·伍德沃德对《没有恶意》的抨击在我心头萦绕多年。《金钱本色》同样让我忐忑，直到保罗凭借此片将多个最佳男演员的奖项收入囊中。彼时他已经6次提名奥斯卡金像奖均落败，这让他发誓再也不会出席颁奖典礼。此前一年，奥斯卡颁给他一个特别荣誉奖，让他尴尬万分（他在芝加哥与现场进行卫星连线时说，"让我尤为感激的是，这个奖没有被包装成森林草坪[①]的礼券送到我手里"）。不过斯科塞斯的声望帮了忙，评委们似乎终于决定应该对保罗长久以来一直极为出色的表现给予奖励。他的名字被颁奖者宣读出来，随后他的好友、《音乐之声》的导演罗伯特·怀斯上台替他领奖时，我跑到大厅里给在家的保罗打电话。"所以我是7提1中，"他说，"总比当头一棒要好。"不过他听上去很开心，也很骄傲。

我也是。但我暗自担忧的是，保罗还没有签好下一部电影的片

---

① 森林草坪（Forest Lawn）是位于洛杉矶郊区格伦代尔的公墓纪念公园，许多名人长眠于此。——译者注

第八章 没有冲突，就没有利益

约。罗恩和我有一条规矩，如果我们的演员获得了奥斯卡提名，那我们必须迅速为他签好下一部电影，因为经验告诉我们，如果他获了奖，那么突然间他就会感受到各种新的压力和期望，到那时无论什么项目看起来都不会太令人满意。确实，保罗再次出现在银幕上已经是三年之后，在一部没什么记忆点的影片《胖子与男孩》中。

按照奥斯卡的传统，保罗要在得奖的翌年为最佳女演员颁奖。他知道我和他一样讨厌这类仪式场合，于是一定要我陪同他才答应出席。我带他到膳朵餐厅（Spago）参加"机敏大师"拉扎尔[①]举办的奥斯卡晚宴。距离保罗的登台时间还有45分钟时，我们钻进一辆豪华轿车奔向多萝西·钱德勒剧院。我们从后门进入演员休息室，保罗虽然不太想交际，但对每个人都很友好。然后他走上舞台，颁完奖，走下舞台，说："咱们离开这儿吧。"我们又回到膳朵餐厅待到晚宴结束。

我们的交情超越了经纪人与客户的一般关系后，我就像他的朋友们一样用P.L.来称呼他，这是他的名字和中间名 Paul Leonard（保罗·伦纳德）的首字母缩写。我们会在洛杉矶找一条优质跑道一起比赛卡丁车，或者我会去康涅狄格州他家附近找他喝啤酒。有一天晚上，他开着他那辆增强动力的大众汽车送我回纽约——一路上我紧张得要命，因为P.L.的目标是打破他单程大约50分钟完赛的个人最好成绩。

他总是提醒我多休假。有一次，我跟他提到我马上要和家人到火奴鲁鲁的卡哈拉希尔顿酒店度假了，他说："差不多是时候了。"一个温暖舒适的下午，我抵达我们的套房，用钥匙打开门。门开了几

[①] 即欧文·保罗·拉扎尔，人称"机敏大师"的好莱坞知名经纪人。——译者注

英寸[1]之后就推不动了。我伸着脖子探头进去,看到成箱的百威啤酒,一直堆到距离天花板不到2英尺的地方。我曾经为保罗谈下了百威啤酒的代言,好帮他的赛车队筹集资金,所以没看附言卡片我就知道是谁干的。果然,卡片上写着:"放松享受吧。P. L.。"

与大多数的影坛大腕不同,保罗很清楚明星身份的陷阱。他曾经对我说:"你知道,我当电影明星很久了。无论我多么努力地告诉自己,我只是一个普通人,我都还是会听到一片夸赞我优秀的声音。长此以往,总有一天你会开始觉得自己不可一世。"

偶尔被现实打回原形时,保罗也享受其中,比如我们到马丁在纽约的办公室去看他剪辑《金钱本色》那次。当时有一位中年女士走进电梯,惊呼之下,她开始向保罗表白她有多崇拜他在《火烧摩天楼》里的表现。他报之以微笑。然后她开始叫他"史蒂夫",就是与保罗合演该片的演员史蒂夫·麦奎因。保罗索性继续应和,但我看得出来他就快忍不住笑出来了。那位女士的楼层到了,她说:"能遇到你真是太好了,史蒂夫。"

而保罗回应道:"你该多注意一下跟我合演的那个保罗·纽曼。他是个不错的演员,人也特别好。"

———

《金钱本色》在北美狂收票房超过5 200万美元,是成本的近4倍。迪士尼欣喜若狂,马丁也高兴地松了口气。"你知道吗?马丁,"我跟他说,"你终于可以靠当电影导演赚钱了。"我们签下他之前,他的酬金不超过三十几万美元,而且他从没拿过影片利润分成。我们会把他的酬金提高到300万美元。(到20世纪80年代中期,我们已经让我

---

[1] 1英寸为2.54厘米。——编者注

第八章 没有冲突,就没有利益

们所有的导演都成了"300万美元哥"——可惜的是，当时还没有女性执起导筒；过了五年，我们又把公司的顶级导演送进了"500万美元俱乐部"。）

这是CAA首次将一位风格化导演与两位夺目的大明星打包在一起并大获成功的项目。但我仍然欠着马丁《基督最后的诱惑》，这个无法打包的项目正在逐渐走向灾难。煽动性的内容、直观吸引力的匮乏和被派拉蒙公司拒于门外的耻辱让它沾上了很多污点。然而马丁还是想拍《基督最后的诱惑》，他告诉我，"超过世上任何其他事情"。我既不认同他对这部电影的热情，也不认同他的信念，但是，只要能让这部片子上映，CAA就尽显英雄气概。

马丁提出把预算减半到700万美元，具体措施包括把外景地从以色列转到没有工会限制的摩洛哥，按允许的最低限额支付演员工资，并把他自己的酬金减到最少。和电影公司谈判之前，我们为影片建立了一个财务模型，把支出和收入（国内票房、海外票房、录像带租赁、电视网和有线电视预购等）汇成一个矩阵。我们预计《基督最后的诱惑》在最坏的情况，也就是票房销售为零的情况下，亏损额为2 000万美元；中等表现的情况下，损失能够降到500万美元。

那么，谁还欠着我们价值七八位数的人情呢？2 000万美元听起来是一笔巨大的恩惠，但一切都是相对而言的。两年前，美国音乐公司/环球影业靠着CAA打包的两部影片发了大财，一部是《回到未来》（1 900万美元的预算，全球总票房3.5亿美元），另一部是《走出非洲》（全球票房2.66亿美元）。现在它们该接住《基督最后的诱惑》来回报我们了。马丁还需要一个固定的办公室来跟他长期合作的剪辑师塞尔玛·斯昆梅克一起手动剪片，我们也把这一点要求提了出来——一个巨大的报恩礼包，包括了马丁所有的需求。

1986年10月，美国音乐公司任命娱乐律师汤姆·波洛克为环球影业的董事长。这似乎是一个激进的选择，但汤姆是一位极具洞察力的领导者，对电影经济学了如指掌。早在1973年，他就已经实践了交易方式的创新，当时他代表乔治·卢卡斯要求收取《美国风情画》一片净收入的20%来代替导演酬金。汤姆一手为"星球大战"三部曲筹措了资金，并成就了卢卡斯的事业。我们很喜欢汤姆，因为他曾经与CAA的很多导演达成过影片开发协议，包括伊万·雷特曼、罗伯特·泽米吉斯、约翰·休斯，还有朗·霍华德和他的制片人布莱恩·格雷泽。波洛克领导下的环球影业是旧式好莱坞体系的回归，只不过这次有一家经纪公司介于中间。我知道电影公司会努力吸纳马丁这样的人才，就像我们曾经那样；对于像汤姆这样有事业心的领导者，我们有可能说服他把《基督最后的诱惑》看作一单赔本但可以赚来吆喝的交易。

我把这部电影推销给环球影业，并提出可以借此做一笔更大的生意，那就是斯科塞斯未来的所有项目，环球影业都有优先选择权。后来我还把我们想要的其他条件都糅了进去——不在纽约美国音乐公司大楼里经营马丁的公司的日常开销，后期剪辑设备，还有一间放映室。汤姆找了一个财务伙伴——加斯·德拉宾斯基的欧典院线（Cineplex Odeon）来对冲发行《基督最后的诱惑》的风险，不过，他在马丁签约答应拍摄更多商业片之前就已经同意为这部电影出资。

现在只剩下最后一个问题没解决了。由于《基督最后的诱惑》是在派拉蒙进入开发的后期阶段才突然被叫停的，制片厂已经在布景、服装、道具和场地方面投入了超乎寻常的大笔资金。派拉蒙影业的总裁弗兰克·曼库索已经抹掉了300万美元的坏账。当我要求弗兰克按照环球影业的要求把剩下的100万也抹掉的时候，他想起他们公司刚

第八章　没有冲突，就没有利益

刚从我们手里拿到了《壮志凌云》，于是没有争辩就同意了。那时的生意场更像是个家庭。每个人都在愤恨抱怨，但我们也互相照顾，并相信与人方便，自己也会得到回报。

大好局面只持续了5分钟。然后，环球影业拒绝马丁选择带有布鲁克林口音的哈维·凯特尔扮演犹大。哈维、德尼罗和乔·佩西都是马丁的御用男主角，于是我们告诉汤姆·波洛克，争这个是没用的。他们必须让马丁按照他自己的方式拍这部电影。《基督最后的诱惑》对他而言不仅是一部电影，而且是他的信仰表白，他很担心自己能否做到位。我每隔一天就要给身在摩洛哥的他打电话，因为他正在与他人生中最严重的焦虑做斗争。

为期八周的拍摄到圣诞节当天正好杀青，此时宗教组织开始了骚动。早期的各种小规模抗议我都没太在意，学园传道会要拿出1 000万美元买断电影以便把所有拷贝销毁，我也没当回事。可能会有地方媒体报道这件事吧，我想。（免费宣传的机会总是让我难以抗拒。）我太天真了。1988年7月，影片上映前几周，《基督最后的诱惑》因其引发的争议愈演愈烈而登上了《时代周刊》和《新闻周刊》的封面。一位所谓的主教大人谴责了"这些腰缠万贯的犹太制片人"。一个主张宗教激进主义的街头剧团跑到卢·沃瑟曼在比弗利山庄的家门口去表演，一个扮演卢的家伙把脚踩在基督的背上。联邦调查局还记录了"雅利安国"组织威胁实施暗杀的消息，沃瑟曼的副手西德·谢恩伯格收到了一头血淋淋的猪。

卢没有被吓倒，但是西德崩溃了。有一天早上，他从家里给我打电话说："奥维茨先生？"我们关系很好——我跟电影公司的高层关系都很好，但他一直尊称我和所有人"先生"。西德身材瘦长，有1.89米高，脸上有痘坑，长期以来都是卢的替罪羊。他知道自己永远得不到卢的职位，于是就把愤恨发泄在其他人身上。但是他的敌意中有一种纯粹。他把我跟以色列情报机构摩萨德的特工相提并论，我权当一种夸奖。

"怎么了，西德？"

"奥维茨先生，我想通知你，有100个人举着标语牌在我家门口的车道上游行呢，我的家人都吓坏了。"

"西德，我真的很抱歉。需要我过来一趟吗？"

"我觉得你可能挤不进来。"

预测舆论走向是我的工作，我觉得自己很失败。我担心马丁的前途。我甚至可能会让汤姆丢掉在环球影业的饭碗吧？

舆论甚嚣尘上之时，马丁让我跟他一起参加该片在威尼斯电影节的首映。朱迪和我提前动身到蔚蓝海岸度周末。抵达后的第一天早上，我骑着公路自行车外出锻炼，沿着酒店旁边一条坡道向下骑行。行至一英里左右时，一辆跑车别了我一下，我偏离道路冲向了鹅卵石路肩。我的自行车被卡住了，我被甩到一道低矮石墙的另一侧。

我在医院里醒过来，浑身前所未有地剧痛。我断了四根肋骨，一边的肺被刺破，还有脑震荡。几个小时之后，因为药物作用而迷迷糊糊的我打电话给马丁，告诉他威尼斯我去不成了。他的态度很和善，但一直在说："你确定不能来吗？听起来你的状况还不算太糟糕啊。"

接下来的一切都无惊无险。电影基本上平安无事地上映，获得了大约800万美元的票房。环球影业没赚没赔。马丁这部电影的制片人乔恩·阿维奈后来说"这部电影得以拍成"应该归功于我，还说我"是凭着坚定的意志才让它实现的"。我很感激他的美言。但是《基督最后的诱惑》让我感觉最好的时候就是我终于不用再为它操心的那天。

第八章 没有冲突，就没有利益

马丁加入我们之后，我就知道，曾经主演5部斯科塞斯电影的罗伯特·德尼罗肯定会跟过来。

经纪行业有一条基本规则：同时代理两位戏路相似的明星会有利益冲突。但这一点我从来不买账。相反，我一直主张"没有冲突，就没有利益"——我们想拥有一切冲突，因为那会增加我们谈判的筹码，制片厂就不会再威胁我们说它会从另一家经纪公司选择一名类似的演员了。在罗伯特所属的性格演员男主角这个类别里，有3个人能够竞争：罗伯特自己，我们的客户达斯汀·霍夫曼，以及阿尔·帕西诺。20世纪80年代中期，达斯汀的片酬是650万美元，另外两人也差不多。此外，纽曼和雷德福这两位演什么都是他们自己的绝对男主角也是这个价位。只有史泰龙和施瓦辛格这类动作片明星能够赚到更多——而且是多很多的片酬。

此外，很关键的一点是，这种冲突向来是表面多于实际的。我仔细查看了我们的档案，发现达斯汀过去五年拍的电影里，从《克莱默夫妇》到《杜丝先生》，没有一部是德尼罗想演的。我把这个观点跟达斯汀沟通后，他也认同这个逻辑，他同样不想演《愤怒的公牛》和《喜剧之王》。于是，我向德尼罗游说了我的想法，就是如果CAA能垄断男主角市场，那对大家都会更好。所有最好的角色都会涌向我们公司，并且我们会打包分配给最适合出演的人选。万一真的出现了两位明星想演同一个角色的情况，我们会协调解决。（这种情况实际上从未发生过。）

几年后，阿尔·帕西诺不再要求我们把佣金降到5%的时候，我们也会按照这个逻辑和他签约。三位处于人气巅峰期的巨星在CAA都有了蓬勃发展，而我们也为他们所有人拿到了更好的片约。虽然制片厂一直在假装声称如果德尼罗不能按照它们开的价出演某个角色，它们就会去找霍夫曼，但我们早就知道霍夫曼根本不想接。我们甚至将帕西诺和德尼罗打包成双男主阵容，让他们出演了优秀导演迈克尔·曼的大热影片《盗火线》。

在我们所有的客户中，德尼罗是最注重隐私的，他甚至比雷德福还低调。他的行为不像电影明星，也受不了别人把他当明星对待。(梅丽尔·斯特里普也是这样，她住在布伦特伍德，和我家在同一条街上，她会和邻居一起轮流拼车送小孩上学。) 罗伯特签约后不久，我约他到拉西埃内加区一家还没什么名气的日本餐厅吃饭。餐厅的门脸儿很小，但是店主松久信幸的厨艺堪称一绝。他把餐厅旁边车库上方的一间小公寓改成了一个私人包间，从停车场就可以直接上去——对罗伯特来说堪称完美。

和蔼的松久夫人为我们呈上一道道美味佳肴时，罗伯特一直在瞟向我的身后，或者透过餐厅的小窗子张望。洛杉矶地区竟然有这么一家完全不为人知的四星级餐厅，这让他难以置信。之后的10天里，他又光顾了三次，第四次我和他一起去了，并且把他介绍给了信幸。他们两人热火朝天地聊起食物和纽约，由此建立的友谊后来让他们成为生意伙伴，一起在罗伯特家附近的特里贝克地区开了NOBU（信）餐厅。

像保罗·纽曼一样，罗伯特作为待价而沽的演员在挑选剧本时也有些问题。我向他解释了我们的客户是如何控制自己的项目的，比尔·哈伯建议把制片人简·罗森塔尔介绍给他。简后来和我们一起在《铁面无私》《午夜狂奔》《无语问苍天》《回火》等影片中为罗伯特开发出了非常强大的角色。她和罗伯特还共同创立了翠贝卡电影中心，并一直合作至今。

第八章　没有冲突，就没有利益

到现在我都很难相信，我们在 CAA 策划的一些电影竟然真能拍成。比如 CAA 客户尼古拉斯·派勒吉创作的小说《好家伙》后来被马丁·斯科塞斯和作者本人一起改编成同名电影，就是一个典型的有风险的例子。故事的主人公亨利·希尔有真实原型，是个可卡因上瘾的密探，打老婆，用手枪托暴打手无寸铁的人，而他的黑道朋友们则随意开枪爆别人的头。至少从书里看，亨利是个毫不值得同情的人。距离《黑道家族》播出还有 9 年的当时，我们无从判断能否将这部电影做成商业片。

环球影业拒绝之后，我把它推荐给了华纳兄弟影业的鲍勃·戴利和特里·塞梅尔。他们希望把片长控制在 140 分钟以内，并且批了 2 500 万美元的预算，并不宽裕。双方的第一次意见相左出现在选角问题上。华纳兄弟是一家主打明星的电影公司，而《好家伙》里唯一的明星是出演配角的德尼罗。由于德尼罗被雷·利奥塔在《散弹露露》里的表演折服，马丁决定让雷出演亨利·希尔。制片厂那边不断抛出一些更有名气的明星，比如汤姆·克鲁斯和埃迪·墨菲（后者是制片厂思维可怕之处的经典示例，因为它会导致一些极为复杂的剧情改动），并准备为了再请一位明星而增加预算。但是马丁认为，明星太多会削弱故事本身的力量。所以我也拒不退让，德尼罗对我为了他想要的东西斗争到底的态度大为赞赏。

如今回看，除了雷·利奥塔，你根本想不出亨利·希尔还能有其他的样子。他其实要扮演四个截然不同的角色：想出道的黑帮分子，成熟的黑帮分子，失去控制并自我沉溺的黑帮分子，还有证人保护计划中的笨蛋。《好家伙》激发了他一生中最好的表演。

———

我读遍了关于好莱坞历史的鸿篇巨制，也看过了 1929 年以来的每一部奥斯卡获奖影片，但是直到20世纪80年代末，马丁在曼哈顿西57街我居住的大厦里租下一套一居室公寓，我开始和马丁一起看电影的时候，我才真正懂得了电影。凌晨1点，我从洛杉矶赶到纽约，到房间放下行李，敲开马丁的房门，随便拿点儿吃的，无论那天深夜他的放映机上在放什么电影，我都会坐下一起看。马丁是一部行走的电影百科全书，他的片单从米开朗基罗·安东尼奥尼到二战前捷克和波兰那些作品晦涩难懂的导演，应有尽有。他很欣赏他的剪辑师塞尔玛·斯昆梅克的丈夫迈克尔·鲍威尔的作品，于是一遍遍地放映《红舞鞋》。走进一个黑暗的房间，放映机正在闪烁，播放着一部我从没听说过，但有一天可能会对马丁的创作产生影响的老电影，没有比这更加美妙的感觉了。在我日趋繁忙的生活中，那个昏暗的房间是少数几个能让我感觉像是家的地方。

在《好家伙》的片场，马丁允许我跟在他身边，我的学习之路也得以继续。我学到了细节的重要性，以及如何让计划与灵感共存。我还上了电影配乐的大师课，这部影片的配乐是有史以来所有影片中最好的配乐之一。当亨利·希尔在哈利·尼尔森演唱的《焚身以火》（"Jump Into the Fire"）的歌声中逃避缉毒警察的追捕时，马丁没有运用任何对白，依靠音乐推进行动就已经足够了。

华纳最主要的担忧是影片中的暴力镜头。我们给管理层放映了马丁的175分钟粗剪版，有两场戏让鲍勃·戴利格外不安。第一处出现在影片开头主创名单刚刚播完之后，你能听到乔·佩西的角色正在用菜刀劈开一个被绑住手脚的匪徒的身体。第二处是佩西在黑帮成员的牌局上枪杀年轻的服务生"蜘蛛"。（扮演"蜘蛛"的迈克尔·因佩里奥利后来在《黑道家族》中扮演了克里斯托弗。）马丁认为这两场戏很有意思，而且交代了剧情，但华纳认为没必要。

第八章 没有冲突，就没有利益

我像亨利·基辛格一样周旋在制片厂与我的客户之间。在伯班克的《好家伙》试映场，有一半观众没看完就跑掉了，情况变得格外严重。我担心影片会被取消放映，于是恳求马丁修改拿刀捅人的镜头，理由是那些场面确实太过了。我还请求他缩短《好家伙》的时长，这样每天晚上影院可以安排两场放映，有机会赚点儿钱。虽然马丁对作品充满激情，但他同样乐于接受明智的建议。他把《好家伙》缩短到了145分钟，把第一场戏改得更干脆利落，没那么血腥了。作为回报，我支持马丁把"蜘蛛"之死那场戏完整保留的决定。那场戏彰显了他特有的野蛮滑稽的现实主义调性，要改掉它就像是告诉德加①不能使用蓝色作画一样。

第二场试映是在洛杉矶远郊的奥兰治县，华纳兄弟的高管们迟到了半个小时，暗场时观众已经等得不耐烦了。银幕上，佩西和德尼罗对倒霉的黑帮大开杀戒——但是没有声音！场灯重新亮起来，放映推迟了一会儿又开始，放映员想要将画面与声音调成同步——但再次失败。马丁要疯了。经过长时间的延迟和两次播放事故，影片不可能得到公正的评价。我匆忙把他拉到马路对面的一家咖啡店。鲍勃·戴利和特里·塞梅尔也跟了出来。在他们追上我们之前几秒，我和助理杰伊·莫洛尼耳语了几句。我听见鲍勃和特里向我们请求再试一次，最后我说："好吧，你们继续。但是我们不会参加。"马丁拼命摇头，感觉遭到了背叛。我带着他走向我的车，准备开车回洛杉矶。

他说："我们不进去看试映了吗？"

"不去。"

"为什么不去？"

---

① 埃德加·德加，印象派重要画家及雕塑家。——译者注

全能经纪

就在那时，我的车载电话响了。我打开扬声器，听见华纳的一名高管正在抓狂中询问拷贝的下落，他们四处都找不到。马丁看起来吓坏了。我说："不是吧！真不敢想象会发生这种事！"挂断电话后，我向马丁解释说，是我让杰伊·莫洛尼把胶片拿出来放进我的后备箱了。马丁爆发出大笑，笑得停不下来。

之后那次试映一切顺利。《好家伙》在那年秋天上映，收获了几乎全数的好评，并且得到了 6 项奥斯卡提名。

————

1989 年，我连续好几个月都在催促马丁接拍《恐怖角》，这部电影是 1962 年一部黑色电影的翻拍项目。原片讲述了一个有犯罪前科的精神变态麦克斯·卡迪（由罗伯特·米彻姆饰演）实施报仇的故事。这是部商业片，可以让马丁履行与环球影业的合约，而且我知道他一定能拍好。"这是翻拍片，"他一直说，"我不接翻拍片。"

他对拍续集也是一样的态度。这是个我能想办法绕过去的原则。但是《恐怖角》还有另外一个问题：版权不在马丁手里，而在史蒂文·斯皮尔伯格手里。当时史蒂文还没有经纪人，虽然我一直在努力想把他签下来。他听说斯科塞斯手里有《辛德勒的名单》的版权之后，一直念念不忘。这部剧本改编自托马斯·肯尼利的小说《辛德勒方舟》，讲述了一位德国实业家从纳粹的毒气室里救出 1 000 名犹太人的故事。史蒂文认为，辛德勒的故事是理想的载体，可以拍成一部易懂的电影来呈现这个极其艰深的主题。

在我看来，这两个项目和两位导演完全搭错了。史蒂文需要一部更有文化相关性的电影来拓宽他的影片类型：要想更知名，就要从具体处入手。于是，我故技重施——在法律意义上真正代理一位客户之前，我就已经在帮他出谋划策了。

第八章　没有冲突，就没有利益

"你知道吗？"我对马丁说，"我能理解你为什么想拍《辛德勒的名单》。但是你并不需要去拍。史蒂文也不需要再拍一部《恐怖角》风格的电影。你们两个为什么不换一下呢？"

马丁不为所动。我又试了一次："你看，你可以让鲍比（罗伯特·德尼罗的昵称）来演米彻姆那个角色，这不是皆大欢喜嘛。"与德尼罗合作永远会吸引马丁。但是说服他答应或者放弃任何事情都绝非易事——他必须自己想通才行。他对天主教的情结不亚于史蒂文对犹太人的情结。他的电影充满宗教意识，而他也渴望去探索另一种信仰。放弃《辛德勒的名单》对他来说是很痛苦的事情。

与马丁和他的 16 毫米放映机一起度过了无数个夜晚之后，我知道了他对类型片的热情，从恐怖片到晦涩的亚洲电影，越血腥越好。（多年以后，他在 80 年代给我看过的香港剧情片《无间道》[1]启发他拍出了赢得奥斯卡金像奖的《无间行者》。）"《恐怖角》是你以前从来没拍过的东西——一部斯科塞斯风格的黑色电影。"我说，"你会塑造一个真正邪恶的反派！"原作中米彻姆的角色与 14 岁的洛丽·马丁扮演的青涩少女之间的互动让马丁非常喜爱。在《出租车司机》一片里，他在德尼罗和当时年仅 13 岁的朱迪·福斯特之间也营造了类似的氛围。

经过了五六次激烈的讨论，马丁终于准备好了。我给史蒂文打了个电话说："马丁对《恐怖角》有个非常好的想法。你们应该聊聊。"

我为史蒂文和马丁安排了一次通话。他们从来没有谈过业务上的事情，但两人都有无畏的精神，所以我听说他俩一拍即合也不惊讶。马丁在犹豫中和史蒂文一起请我帮忙协调版权交换事宜。一周之内他

---

[1] 《无间道》上映于 2002 年，本书所说的"他在 80 年代给我看过"与影片上映时间不符，应为原书谬误。——译者注

们就达成了共识。史蒂文同意制作《恐怖角》，并且用优厚的后期分账协议聘请马丁担任导演，而马丁则把《辛德勒的名单》转给了史蒂文。

就在我如同治理国家一般处理这项交易时，我接到了另一位客户的电话。斯坦利·库布里克说："我听说马丁要拍一部大屠杀的电影。"

"实际上并不是。"我说，"目前看，他可能会把那个项目换给斯皮尔伯格。"

"因为，你知道，我这儿也有个剧本。"二战期间，斯坦利在纽约的一个犹太家庭长大。多年以来，他一直想拍一部关于纳粹德国的电影《雅利安文件》(The Aryan Papers)。他拍电影产量特别小，因为他把每部片子都当成写博士论文一样，每个细节都不放过。这部影片一直在他想拍的片单上搁置，直到关于《辛德勒的名单》的传闻重新引发了他的兴趣。他现在希望我能读一读他的剧本初稿，好帮我决定他的下一步。

因为斯坦利的剧本从来不外发，而且他有25年没坐过飞机了，于是我到英国赫特福德郡他那座巨大的柴尔德维克伯里乡间庄园去见他。起初，有一个邮递员把《雅利安文件》的剧本送到我住的酒店，我读剧本的时候他就守候在门口，我读完后他再把剧本收走。我读剧本时很紧张，因为我知道，大屠杀题材的电影只能拍一部，两部都上映会分散各自的票房，并引发不适当的比较。很快我就要建议一位殿堂级的杰出艺术家放弃一个梦想项目——他可能是我们最可敬的客户，也可能是我们最想签下的导演。

让这件事变得更加棘手的原因是这两位导演彼此惺惺相惜。斯坦利公开赞赏过年轻导演史蒂文的作品，而史蒂文对《闪灵》和

第八章　没有冲突，就没有利益

《2001：太空漫游》也是如此。他们经常打电话畅谈好几个小时，史蒂文每次去伦敦都会到斯坦利家拜访。但是在好莱坞，哪怕是微小的冲突，也常常导致友谊的破裂。

我带着坏消息开车来到斯坦利的庄园。《雅利安文件》与《辛德勒的名单》相比不够出色，也不够商业化。它没有奥斯卡·辛德勒那样情绪复杂的主人公去吸引观众。而且由于斯坦利在剧本开发阶段要花的时间比史蒂文更长，再加上40周或更长的拍摄周期（大约是正常周期的两倍），影片的上映时间会排在后面，这对他极为不利。

我们坐在斯坦利家厨房的木质野餐桌旁。我告诉他，《雅利安文件》与《辛德勒的名单》太过相似，而且太像八年前大受好评的影片《苏菲的抉择》的衍生片目。"如果不能独具一格，那就不是库布里克的电影。"我说。看到他仍然有些犹豫，我压低声音补充道："另外，坦率地说，我们刚刚历经万难让马丁和史蒂文交换了剧本。"在这件事上，我很清楚我想要的结果也是对斯坦利最有利的结果，唯独在这种情况下，我才会打出"请你帮我一次"这张牌。

"我明白了。"他沉重地说。之后那一周，他打电话给史蒂文说决定放弃拍摄《雅利安文件》。他的慷慨让两位导演的关系更加亲近，直到1999年库布里克去世，他们都是非常好的朋友。又过了两年，史蒂文完成了斯坦利没有拍完的《人工智能》，并将影片献给了斯坦利。

《恐怖角》的全球总票房达到1.82亿美元，是马丁以往票房纪录的3倍多，而17岁的朱丽叶·刘易斯也因为在片中不那么纯洁地与德尼罗调情而获得了一项奥斯卡提名。

《辛德勒的名单》赢得了包括最佳影片在内的七项奥斯卡金像奖，史蒂文获得了最佳导演奖，拿到了他的第一座奥斯卡奖杯。

马丁很高兴。史蒂文很高兴。斯坦利也没有不高兴。

这是极不寻常的。

————

与马丁交换剧本之后，史蒂文·斯皮尔伯格用了三年时间才把《辛德勒的名单》拍完。环球影业也不着急：《辛德勒的名单》在高层眼里就是成本更高的"基督最后的诱惑2"，题材敏感，会引发观众的反感。如果史蒂文不是环球影业的摇钱树，又或者史蒂文没在它的片场拍摄，这样他们就不会每天都见到他，那么环球影业可能最初根本不会谨慎地支持投拍。

史蒂文觉得他必须在大屠杀的真实发生地波兰进行拍摄，但是西德·谢恩伯格说那样太贵了。史蒂文接受了非常有限的预算，赢下了第一回合之后，制片厂拒绝了他用黑白胶片拍摄的计划。汤姆·波洛克乞求他为了录像带市场考虑拍摄彩色版，到影院发行的时候可以转制为黑白版。史蒂文不为所动。他说，如果用彩色胶片拍摄，转制后的画面会偏粉色和白色。双方僵持了数周。由于西德和史蒂文就像家人一样，争执会伤害彼此的感情，所以我必须介入。我说，史蒂文对大屠杀事件有一个明确的想象——"没有光明的日子"。黑白影片对于这种想象至关重要——问题解决了。

在波兰的严冬里，《辛德勒的名单》在克拉科夫开拍了。我因为其他事务飞去探望史蒂文时，开始感到紧张不安。小时候，一直有别的孩子叫我"犹太佬"，我在反抗他们的时候挨过不止一次打。但是我有生以来一直都在避免想到大屠杀，因为它让我感到愤怒，那么多的犹太人曾经如此软弱无力，而全世界都在袖手旁观，任由残酷的暴行发生。

我早上抵达，匆匆参观了一下拍摄现场，包括在奥斯威辛-比克

第八章　没有冲突，就没有利益

瑙郊外搭建的死亡集中营外景。清除克拉科夫犹太人聚居区的戏已经拍了一个小时，到处都是穿着纳粹制服的冷漠面孔，让我感觉自己好像生活在1941年。史蒂文想要拍出一场让人几乎难以忍受的戏，他做到了。当纳粹突袭一个家庭，用机枪把两名藏在床垫与弹簧床架之间的犹太人杀死的时候，我心想，600万人被杀害，我本来也有可能是其中之一。我感到非常恶心，几乎快要吐出来。

那一整天的行程，我都是在恍惚中度过的。小时候，我曾经问移民美国的祖母："为什么犹太人不反抗？"现在，我觉得我明白了。犹太人没有反抗是因为他们动不了，他们被吓瘫了。在那个片场，我有同样的瘫痪感。

那天晚上，我到史蒂文在附近租的住处去找他，凯特·卡普肖和史蒂文的继女杰西卡也在。我提出了一项我们准备了一年的动议：把史蒂文的制片公司安培林娱乐（Amblin Entertainment）扩展为一家提供全方位服务的制片厂。CAA将会指导并委托安培林制作项目，按月收取咨询费。前景似乎不可限量——当然，我们也终于能够让史蒂文成为我们的客户。

竭力摆脱生存恐惧或者至少在尽力避免受其影响的我在晚餐时发表了我最好的一次游说。我在游说史蒂文的同时更是在游说凯特，因为她对家庭时间的要求非常严格，晚上6点之后，我在给她丈夫打电话之前都会先征得她的允许。我一边说，一边看到凯特在摇头。她不希望自己的丈夫像艾斯纳手下的制片厂主管杰弗瑞·卡森伯格那样辛苦。"那个人除了工作什么都不干，"她说，"工作就是他的全部生活。"我闪闪发光的想法刚说出口就被扼杀了。

一年后，史蒂文与卡森伯格和大卫·格芬共同创立了梦工厂影业，这是70年来洛杉矶首家新成立的全方位服务制片厂。凯特同意了，因为杰弗瑞是合伙人之一。她认为杰弗瑞会是那个不停工作的人，而史蒂文只要拍他的电影就好。确实，梦工厂基本上一直就是按照这样的方式来运作的。

《辛德勒的名单》上映后，CAA向史蒂文为了保存大屠杀幸存者的视频证言而创立的机构"大屠杀基金会"捐献了100万美元。这个数额比我们从这部影片中获得的佣金总额还多。这笔捐赠让我感到欣慰，但是在片场的体验也把我人生中潜在的问题暴露无遗。因为我一回到洛杉矶，就会抑制住在大屠杀片场泛起的各种情绪，马上回到为客户奔忙的水深火热中。

然而，每次观看这部影片时——我们举办过很多次试映——那种体验就会重新震撼我，我会稍停片刻，铭记自己是多么幸运，也铭记所有不幸的人的命运。这，就是电影的作用。

第八章 没有冲突，就没有利益

第九章

别有压力

我的成长环境中没有绘画和雕塑。我上的高中不教艺术课，我的父母对艺术也没兴趣。我第一次看到值得一看的艺术品，是在入读加州大学洛杉矶分校前开车到纽约旅行期间，参观了大都会博物馆和现代艺术博物馆。那种纯粹的视觉刺激让我在情绪上大为震撼，甚至觉得自己出现了幻觉。纽约随处都有艺术，在公园里、广场上，以及公寓楼的大堂里。那次旅行我只在纽约参观了三天，但它彻底改变了我。大学二年级，我第一次选修了一门艺术史课程（之后还会选修更多），课上会放映幻灯片，巡礼从洞窟壁画到杰克逊·波洛克[①]等各种艺术。我每次都迫不及待地跑去听这门课。

在 WMA 工作期间，我开始收藏年轻的加利福尼亚艺术家，比如拉迪·约翰·迪尔[②]和查尔斯·阿诺尔迪[③]的作品。我收藏艺术品没什么章法，我喜欢且买得起的，我就买。下一次大的飞跃是我们成立 CAA 以后，我开始经常到纽约去。20 世纪 70 年代末，克里斯出

---

① 杰克逊·波洛克，美国艺术家，抽象表现主义画家。——译者注
② 拉迪·约翰·迪尔，美国画家及光影装置艺术家。——译者注
③ 查尔斯·阿诺尔迪，美国画家、雕塑家及版画艺术家。——译者注

生前的那段时间，我每个月都有两三个周六在纽约度过。工作结束后，我会抽出几个小时去参观画廊和博物馆，通常朱迪会陪我一起去。我热爱我所看到的一切，尽管大多数时候我完全不知道自己看的是什么。极简风格的艺术作品尤其让我不知所措。（我的品味已经变了，如今我广泛收藏这类作品。）但我并不需要理解一件作品才能被它打动。艺术滋养了我，现代艺术博物馆成了我千里之外的家园。即使从那些已经看过十几遍的作品中，我也总是能够找到新的认知与兴奋。

也就是这段时期，我认识了比尔·哈伯的一个好朋友、电视网高管巴里·洛温，他在收集洛杉矶最有意思的当代绘画和雕塑。巴里很聪明，好奇心强，性格迷人，凡事亲力亲为。他是坐落在洛杉矶市中心的当代艺术博物馆的创始人，也是洛杉矶县艺术博物馆的重要支持者。他是我所认识的最热情的人之一。他有教养，讲话温和，并且有一双慧眼，预见了埃尔斯沃思·凯利和赛·托姆布雷这些年轻艺术家可以走得更加长远。

我们隔天就会畅聊，经常是在我家或者他家的晚餐桌上，聊的话题更多关于艺术和生活，而非生意。巴里罹患艾滋病之后，我每天都与他保持联系，鼓励他振作。他委托我作为他的遗产执行人，并把他收藏的大量艺术书留给了我，这些书成为我个人图书收藏的核心部分。巴里于1985年去世，终年50岁。我偶尔从书架上取下某本书的时候，连带着会有一张署着他名字的纸条飘落——是他提醒我查看书中某张图片的便笺。这些偶遇的时刻令人揪心，但也总会让我微笑。

―――――

我第一次大手笔购买艺术品是在1976年，我从双子星版画工作室购入了贾斯培·琼斯的版画《潜望镜一号：红，黄，蓝》。这幅画标价 600 美元，签支票时我感觉到了惶恐。莫特·詹克洛知道我需要指导，便介绍我认识了他的朋友、佩斯画廊的阿恩·格里姆彻。我漫步在阿恩的展厅里，假装很懂行，但价签上的数字让我目瞪口呆。他说："我有件东西想给你看看。"1 分钟之后，我盯着亨利·马蒂斯的一幅作品。"价格真的很公道了，只要 75 万美元。"

这个数字太不现实，以至于我都不知道该怎么回答。后来，我愤怒地给莫特打电话说："谁能有 75 万美元啊？"我跟他抱怨说阿恩是个让我觉得自己像土鳖的势利眼。

莫特笑了，然后说："你再给他一次机会吧。"

我给了。阿恩耐心地指导我，并帮助我看到了眼前那些作品的微妙之处，最终我花 6 万美元买下了一幅布莱斯·马登[①]的代表作。工作间隙和阿恩通电话成为让我愉悦的消遣，这个曾经被我吐槽的家伙成了我亲密的朋友。我们各自携夫人一起到巴黎旅行时，阿恩带我见识了艺术家视角下的城市面貌。他将我的艺术品收藏范围拓展到不同时期的不同媒介。他带我参观了现代艺术博物馆的"原始主义"展厅，让我在那里了解到非洲面具如何激发了毕加索创作立体派肖像画的灵感，后来我又回去参观了 30 次。现在我家里有一个房间专门摆放毕加索的作品和非洲面具。每次我走进那个房间，心里都会涌起一种怪异的感觉，那就是毕加索对我的影响。

我逐渐丰富的艺术品收藏让我觉得自己终于逃离了圣费尔南多谷。但是逃离从来不会毫无痛苦。有一天，我的父亲来到我们在布伦特伍德的家中，看到了我花 10 万美元收藏的第一幅毕加索的画作。他看了看画，看了看我，然后移开了视线。我们两人什么都没说。

[①] 布莱斯·马登，美国当代艺术家，其抽象极简主义风格颇受东方艺术尤其是书法的影响。——译者注

第九章　别有压力

我给父母买了一套宽敞的公寓，父亲很感激，虽然有点儿难为情，因为现在是我在照顾他们了。我的母亲虽然也很感谢我，但她会抱怨我从来没有足够的时间陪伴她：她是个让人内疚的专家。她越来越让我想起那些难伺候的客户，就是无论你怎么做都没办法让他们满意的那种。家人总是希望你保持住他们设想中的样子。

———

几年后，我看了迈克尔·曼执导的《最后的莫西干人》。那部影片完全将我征服，它就像是一幅112分钟的油画。我从车里给迈克尔打电话，说我有三个词要告诉他。第一个词是"brilliant"（精彩绝伦）。后面两个词是"Albert Bierstadt"（阿尔伯特·比尔施塔特），这是19世纪一位以描绘美国西部明亮风景著称的画家。

迈克尔又惊又喜："你是怎么知道的？"他说比尔施塔特正是他拍摄这部电影的灵感源泉。

听他这么说，我也很高兴，因为这验证了我一段时间以来的一个想法。随着我越来越融入纽约的艺术界，我开始看到艺术、时尚、电影与电视的相似之处，也就是所有创造型产物之间的共通之处。我对画家和雕塑家的理解越深，就越能理解电影艺术家。艺术尤其让我对作家有了更深入的感触。当一位作家向我阐述某个想法时，相比此前，我对实现这个想法的可能性有了更加强烈的视觉感受。我可以看到它在银幕上可以如何实现（或无法实现）。我对布景设计甚至照明和服装都有了参考的框架。我的意见在讨论中也会更加有用。

斯科塞斯的作品给我的亲切感正是深源于艺术。如果你把马丁的影片定格，你会发现每一帧都可以装裱成一幅画。

———

我们的长子克里斯不到一岁时患上了全身性感染，病情很严重。

医生花了一些时间才诊断出病因，把朱迪和我吓得要命。有一次我们在马里布的家中度周末，克里斯的抗生素用完了，而当地药店周日不开门，孩子忍受着病痛的困扰。我穿着T恤衫、破洞牛仔裤和人字拖鞋飙车前往圣莫尼卡的圣约翰医学中心。我敲着玻璃告诉药剂师我需要的药品，然后我发现我没带钱包。

"这样，"我说，"这是我的电话号码，给我的妻子打电话，她会跟你证明我是谁！"我听起来一定是疯了。

那个人抬了抬手，平静地说："把药拿走吧，明天把支票给我就行。"

第二天我带着两张支票回去了，一张是买药的钱，另一张是一笔大额捐款。但我到处都找不到能够接受第二张支票的人，于是就给医院宣传册上列出的一位董事会成员打了电话，他叫格伦·麦克丹尼尔，是利顿工业公司的法律顾问。6个月后，我本人也加入了董事会，开始与格伦一起为圣约翰医学中心基金会工作。朱迪负责每年为CAA打包的大片，比如《捉鬼敢死队》和《走出非洲》，举办一场慈善首映式。每次我们都能筹集到至少200万美元的捐款。

作为加州大学洛杉矶分校的毕业生，朱迪和我后来很自然地开始为学校的医疗中心助力。当时校医院还没有成立董事会，只有一个医生协会，一年能筹到6.5万美元。我们组建起一个由知名人士组成的董事会，并且在福克斯影业举办了一场启动筹款活动，有1 500人参加。我们请来CAA的客户切维·蔡斯和"克罗斯比、斯蒂尔斯和纳什"乐队到场助兴，又筹集到200万美元。我为加州大学洛杉矶分校医疗中心努力筹款的部分原因是它对CAA来说确实非常有用，我们一个电话就可以让客户和未来的客户得到最好的医疗服务，但更重要的原因是，我坚信它的使命和守望相助、救死扶伤

第九章　别有压力

的信念。

到 1985 年，我们已经拥有约 600 位客户。我们逐渐变成了一家企业，由循规蹈矩的高管们运营着这个不断扩张的帝国中的大片封地。我在 WMA 时就认识了雷·库尔茨曼，他接替萨姆·萨克斯担任公司的首席律师并管理一个 25 人的法务团队时，已经拥有了在哥伦比亚影业和米里施电影制作公司（Mirisch Corporation）担任首席律师的经验（并制作过《纳瓦隆大炮》和《豪勇七蛟龙》等经典影片）。雷的办公室在我隔壁，我们交情不错。他个子不高，语调柔和，毫不出众，但如果有人做了不光彩或者不专业的事情，他大声斥责起来也会毫不留情。我们"五人帮"当年离开 WMA 去创建 CAA 之后，按照合同规定需要赔偿给原公司的费用就是雷负责追讨的——数目相当可观。这件尴尬的事情也让我们一直保持着联系。

1978 年的一天，我对他说："我没办法保证给你你现在赚的薪资水平，但我们希望你加入我们。"雷当时 40 多岁，有三个孩子和比弗利山一套房子的抵押贷款。离开强大的 WMA，加入我们的初创公司，需要极大的勇气去冒险：他会减薪 75%，年薪变成 12 万美元，我们的法务部门也只有他一个人。但是他不喜欢 WMA 的领导层，也做好了放手一搏的准备。他从零开始建立公司的商务和法务部，并且为我们完成了数千笔交易——相较其他经纪公司来说，我们会把更多的合同细节交给律师处理，这样经纪人就可以有更多时间开发新业务——不过最重要的是，他充当了我们的大家长。他就像 50 年代情景喜剧里立家规的老爸。雷是公司的良心，也是我们贴心的导师和亲密的朋友。现在他的儿子也在 CAA 工作，这让我暗自欣慰。

鲍勃·戈德曼在成为 CAA 的首席财务官之前是我的私人会计师。他比雷还要沉默寡言，但是同样专业且谦卑。他处理我们的房地产投资和纳税事务，确保我们的资金安全。我们其余的人在外面摧城拔寨的时候，是他和雷让 CAA 保持脚踏实地，稳扎稳打。

在 CAA 的最初 10 年是我一生中最美好的 10 年。而之后的那几年，一切似乎也在向着更好的方向发展。到 20 世纪 80 年代后期，CAA 已经成为一家故事工厂。每个月都有成百份剧本、大纲、文章和小说雪片般飞进我们的办公室。10 位全职的阅读专员会为我们的经纪人撰写三到四页的内容梗概，经纪人选出最有前景的内容并读完所有材料之后，将其带到员工会议上供大家评判。每周五，公司的任何一位经纪人都可以一对一直接向我推荐项目，所以每个周末我都会翻阅他们推荐的几部剧本。我们的项目打包业务也进行得如火如荼。ICM 或者 WMA 每年或许能打包六七个有多位客户参与的影视项目；我们能打包 30 个，甚至更多。我们的规则是，在影片中打包的艺术家所得分成的总和要达到制片厂总收入的 20%~30%。如果这部电影能给制片厂带来 1 亿美元的收入，我们的客户就会分到 2 000 万~3 000 万美元。这笔钱的 10% 对 CAA 来说就是一笔丰厚的报酬——1985 年的 300 万相当于现在的 700 多万。

为了赚钱，我们拼尽全力。我们详细审查电影拍摄预算，剧本每改一稿都给出意见，我们出席每一次试映会，如果需要修改就亲自去说服导演，影片完成后还要审查每一则广告。我们为青年经纪人进行阅读培训，让他们读 1978 年《时尚先生》杂志上一篇关于摆着机械公牛的下等酒馆的报道，文章的作者是我们的客户阿伦·莱瑟姆。后起之秀里最聪明的人能够把这篇文章展望成一部电影，就是我们在 1980 年拍的卖座大片《都市牛郎》——由莱瑟姆编剧，詹姆斯·布里

第九章　别有压力

奇斯导演，约翰·特拉沃尔塔和德博拉·温格主演。我们在电视和音乐项目上也投入了同样热情的努力。《华尔街日报》采访阿伦·斯佩林，提到我们帮他打包的杰姬·柯林斯迷你剧《好莱坞的妻子们》及另外一些项目时，他把我们称作他的编外"主创人员"。

业内流传的玩笑说我们公司的经纪人像电影《复制娇妻》里的人物：收入丰厚，讨人喜欢，开着闪闪发亮的新车，生活在美国梦之中。他们都很年轻，平均年龄三十出头：比我们最大对手公司的经纪人年轻10岁。而且他们都很开心，因为一切都很顺利——或者说，至少已经做到了经纪人里最开心的程度。正如知名经纪人"机敏大师"·拉扎尔所说："从1947年卢·沃瑟曼和美国音乐公司垄断好莱坞以来，还没有出现过一家像CAA这样的现象级公司。把CAA与它最强劲的竞争对手比较，就好像去比较蒂芙尼珠宝行和A&P杂货店①。"

我开始拥有一些个人影响力，这种感觉好极了：仿佛一脚踩下法拉利跑车的油门，感受那阵骄傲的轰鸣。1982年，沃尔夫冈·帕克在日落大道上开了膳朵餐厅，把口味更清淡的加利福尼亚美食引入洛杉矶：烟熏三文鱼比萨、黄桃乳鸽、醇厚山羊奶酪。朱迪和我成为这家餐厅的忠实顾客。沃尔夫冈烹调出如此美味的食物，为人也魅力十足，连讲话的口音都富有亲和力，我认为他应该被更多人知道。于是，1986年，我和朱迪邀请ABC娱乐部门总裁卢·埃利希特夫妇一起到膳朵餐厅共进晚餐。我事先给沃尔夫冈打了电话，让他拿出最好的水平，而且要把卢照顾好。当晚的食物无与伦比，沃尔夫冈智慧又迷人，他精挑细选了3瓶红酒佐餐，卢一个人干掉了

---

① 大西洋与太平洋茶叶公司，曾拥有美国最大的连锁杂货店品牌A&P。——译者注

至少两瓶。

卢酒足饭饱醺醺然的时候，我对他说："你看，你让朱莉娅·柴尔德出现在《早安美国》的烹饪环节里了。她特别棒，你为什么不让沃尔夫冈也上三期节目试试，好吸引一些更年轻、更时髦的观众呢？你也看到了，他是天才。如果效果不错，他会成为一个出色的常驻嘉宾。"卢说："你写合同吧，我来签。"他喝到那个程度，估计我说什么他都会答应。"太好了！"我说。我掏出笔，在一张餐巾纸上写出我的方案，并让卢签了字。

第二天卢打电话来感谢我款待的晚餐，闲聊了几句之后，我问他什么时候安排沃尔夫冈上节目。卢问："你在说什么呢？"他对昨晚的那段故事完全没有记忆。我说："那我把合同给你送过来。"我让收发室的一个小伙子开车去世纪城的 ABC 总部，他一到就立刻被带去了卢的办公室。这孩子拉开他运动外套的拉锁，卢签过字的那张餐巾纸就牢牢地别在他的衬衫上。

"拿过来。"卢一边说，一边伸手去拿。

"对不起，"那孩子拉上外套的拉锁，退后一步说，"奥维茨先生让我把您签过的合同给您过目，之后再拿回去还给他。"

这件事让卢有点儿不高兴，但是沃尔夫冈得到了出镜的机会。他上节目的前一天，我给全公司发了一份备忘录，让每个员工第二天早上在沃尔夫冈亮相之后发动家里的亲戚朋友给 ABC 的电话总机打电话说他们有多喜欢那位新厨师。20 世纪 80 年代中期，电视网是通过总机接到的电话数来评估节目热度的，差不多等于推特粉丝的早期版本。ABC 大为意外。这招儿我从此再没用过，它是那种只能用一次的招儿。但这都是为了帮助一个真正有才华的人，他凭借自己的实力早晚也会成为电视名人——只不过速度会慢很多。ABC 不能抱

第九章　别有压力

怨我耍了他们，因为时至今日，沃尔夫冈仍是《早安美国》节目的常客。

随着影响力的不断增加，我帮助我们的艺人涉足其他相关领域也越来越容易。我知道华纳兄弟的史蒂夫·罗斯想要建立一个让有才华的艺术家在各条业务线上都能够长足发展的帝国。我们发现公司里就有这样一位艺人：麦当娜。我和她的经理弗雷迪·德曼、律师艾伦·格鲁布曼讨论了她的未来，然后我告诉史蒂夫，我们有一位客户，可以在展示自身才华的同时为他的公司撑起门面。"她在你们的唱片公司生意做得很大，"我说，"她的个人形象也称得上巨星。她在猎户座影业出品的《神秘约会》（Desperately Seeking Susan）里表现不俗。她还想写本书——而你们有一家出版社。咱们不如一起来想想怎么把她能做的事都揽下来吧？"

史蒂夫愿意试试，于是我和弗雷迪、艾伦开始干活儿。首先，我们必须逐个获得时代华纳各部门主管的支持，因为他们拥有很大程度的自主权。麦当娜是华纳音乐的热门金曲制造机，所以唱片公司的总裁莫·奥斯廷不想让她分神。但我们还是说服了他到纽约来开会。最不买账的是鲍勃·戴利，他的电影里不需要麦当娜。但是他也同意来开会。华纳图书的负责人拉里·基尔希鲍姆也是一样。

有时候，走红纯属意外。因为你是彼得·弗兰普顿，于是所有人都开始买你的现场专辑。你卖掉了1 600万张唱片，然后逐渐沉寂。但麦当娜并非偶然。她19岁那年我就认识了她，弗雷迪·德曼带她去过我们在世纪城的办公室。会议全程她都低头趴在桌子上，像个百无聊赖的少年——但她把每个字都听进去了。她在当时和之后都称呼我为"奥维茨先生"，把我看作一个西装革履的成年人。然而在CAA所有的客户中，她是最擅长开拓自身品牌的。尽管她个性极端，但她遵守纪律、目标明确，而且很有教养。

我们与史蒂夫和他的部门首脑们见面时，麦当娜已经坐在圆桌旁，仔细阅读着她用钢笔写好的一大篇提纲。会议刚开始，艾伦·格鲁布曼的一个合伙人不小心把一杯水打翻在麦当娜的提纲上，纸上的字都洇湿得难以辨认。明显不悦的麦当娜镇定了一下，索性脱稿侃侃而谈。她谈到了电影开发和电视节目制作，以及如何借她的音乐之势或者反向借势。她提出出版一本性爱书的想法。她提出了自身品牌在各个方面与史蒂夫的娱乐帝国展开合作的建议，让他大为赞叹，于是我们签署了一份史无前例的综合协议。麦当娜的某些想法效果极佳——她那本金属色封面的性爱书一周内就卖出了 50 万册，但她作为女演员却一直没有起色。没有人能把所有事都做得完美无缺。

———

我现在有能力为电影公司安排高级管理层人选，然后向它们出售我们的项目，供需双方尽在掌控。1984 年，迈克尔·艾斯纳没有被派拉蒙选为巴里·迪勒的接班人，他就知道他在那里没有未来。幸运的是，另一家电影公司需要新的领导者。迪士尼在电影和电视方面严重受挫，而专营商品及衍生品业务更是惨不忍睹。其海外业务几乎等于不存在。公司的首席执行官，华特·迪士尼的女婿罗恩·米勒每天下午 2 点就下班了。迈克尔和他的竞选搭档弗兰克·威尔斯为了得到这个职位，与他们能找到的每一位董事会成员都做了沟通。但他们没有途径接触迪士尼遴选委员会负责人、州立律师协会主席萨姆·威廉斯。萨姆在洛杉矶市中心的一家律师事务所执业，该事务所的高级合伙人塞思·赫夫斯特德勒是我的私人律师。当时，洛杉矶的商务圈分为市中心和西洛杉矶两个区域，双方各自为政，相互几乎没有联系。争夺

第九章　别有压力

罗恩·米勒接班人位置的主要竞争对手是被市中心商务圈看好的丹尼斯·斯坦菲尔,他似乎稳操胜券。

最后关头,我在奥兰治县安排了一次秘密会面,好让弗兰克和迈克尔与萨姆·威廉斯见面。他们征服了他。后来,迈克尔与即将成为迪士尼最大股东且爱好艺术品收藏的石油大亨西德·巴斯初次见面前,我也帮他做了准备。为了避免让迈克尔看起来像个肤浅的娱乐业从业者,我向他简单介绍了巴斯家里的每一幅藏画。迪士尼提出让威尔斯坐上头把交椅,担任董事长兼首席执行官,艾斯纳担任总裁。迈克尔告诉弗兰克自己不会给他当二把手,两人的工作眼看要黄。

唉,我多希望弗兰克当时就让迈克尔滚蛋,那会让我在以后的日子里少受多少伤害啊。但是弗兰克太善良,太不愿意起冲突。而且,他后来告诉我,他觉得自己在创造力方面确实不如迈克尔胜任。如果他当了一把手,艾斯纳肯定会离开,那么弗兰克就得再去找一个合他心意且对故事很在行的人。要想找到一个读剧本能像能读报表那样心明眼亮的人并不容易,除了艾斯纳就只有大卫·格芬、巴里·迪勒、特里·塞梅尔、鲍勃·戴利和弗兰克·普赖斯这为数不多的几个人了。

在之后的10年间,迈克尔在弗兰克和制片厂负责人杰弗瑞·卡森伯格的鼎力支持下,让迪士尼起死回生,成为一家真正实力强大的公司。CAA处在从这种关系中获利的完美地位上。但我们一直没和迪士尼做什么生意,因为它就是不想按市场价付钱。

————

我的技巧和信心都日臻纯熟,这让我觉得只要我跟一个客户——随便一个客户找个地方谈一下,我就能把他或者她签来我们公司。我的成功率相当高。但哪怕我使出浑身解数，詹姆斯·L. 布鲁克斯都拒绝离开 ICM。我在签下阿诺德·施瓦辛格之后又不得不和他解约，因为史泰龙觉得受到了威胁，对罗恩大发雷霆（史泰龙属于少数几个对我们"没有冲突就没有利益"的理论不买账的人）。不过施瓦辛格后来回来了。还有一个我签不下来的人是梅尔·吉布森，因为他只愿意付 5% 的佣金。但基本就这些了。

每一位演员、编剧或导演都认为他或她的成功靠的是自己。我所做的不过就是把这种信念反向灌输给他们。"你看，不管有没有我们，你都能成功。"我会这样说，"但我们可以让你立于不败之地，因为每个项目都是我们最先看到的，我们会为你开发，我能代表电影公司每一位重要的高管——所以我们能够为你匹配最完美的项目。而且我们会照顾你其他所有个人需求，让你可以专心工作。和我们签约就像买了一份职业保险。"很多经纪人会抓住人们的焦虑和绝望，把自己说成灵丹妙药："没有我，你就不能成功！"在我看来，这有悖于人类的本性。

如果这位潜在的客户仍然犹豫不决，我就会说："不着急，慢慢考虑，别有压力。"而我说的"别有压力"，意思是"在我下一次，可能是一小时后，再跟你联络之前，别有压力"。我尽量避免让人觉得我在催促他们，但同时也会无处不在并百折不挠。那些聪明的客户能够看懂我的做法，并且知道我的意图，但是无论如何我都能达到目的，因为每个人都想被需要。而且，意识到你未来的经纪人已经做好了应对任何事情的方案，并且有能力执行它，你会感到放心。1989 年我能签下凯文·科斯特纳，一定程度上是因为我说服他坚持拿 300 万美元的片酬来执导并主演他最想拍的电影《与狼共舞》。他本来只打算要 100 万美元，好降低成本，让影片能够拍成。我告诉他一定要相信

第九章　别有压力

我，而且之后他就会明白为什么。所以他收了300万美元，当影片的制作如我所料超出预算的时候——第一次拍大片的新手导演肯定会提前把钱花光——他得以把多拿的片酬投进去完成拍摄。我为他完成梦想项目提供了一份他所需要的保险。

事实证明，在一个长期兴奋过度的环境中创造一个冷静区，有助于消除敌意。每当我们与制片厂发生争执，以至于我必须面对某位高管怒气冲冲的指责时，我都会更加平静地说："有些事情我没搞清楚。"或者更主动一点儿问对方："你能指点我一下吗？"他们本来在等着你回骂，而你却用中立的态度和适度的好奇心让他们放松下来。而且，你让他们开口讲话，你只管听，以静制动。这样可以保全你手里的选择。

我几乎是在下意识中发展出的另一个对策就是动摇对方的信念。如果谈判桌对面的人非常自信地说出一个属于绝密或者可能引发争议的数字——比如某家对家电影公司某部竞品影片的预算，我就会立刻回答"比这个高"或者"比这个低"，怎么更符合我们的利益就怎么说。这种断言会让对方措手不及，并暗示我对一切了如指掌，哪怕实际上我只知道一部分而已。最起码这样可以让我估计对方的信息有多可靠，以及他们有多大信心。如果他们立刻反驳"不对，你绝对说错了"，我只需要回答"我从最高层那里听到的不是这个数"或类似这种不相信的话，然后改变话题。

我痛恨别人把这些技巧说成经纪人的把戏，我认为这是实现预定策略的必要手段。我所有的姿态都是策略性的，比如，我讲话轻声细语是因为我想让对方不得不专心或者离我更近些才能听到我说的话。我发脾气的情况虽然极少，但每一次都是权宜之计。我们一个名叫罗布·罗思曼的经纪人跳槽到吉姆·伯库斯的经纪公司——后来该公司并入联合精英经纪公司——的时候，我对他大喊："我要让你生不如死！"这是我在竭尽全力挽留他无效之后发出的最后的咆哮。直到那一刻，也只有那一刻，我才会抄起那根球棒，威胁着要让他过水深火热的生活。我想让那个家伙再考虑一下。每当有经纪人要跳槽的时候，我都会咆哮着做出这样的威胁，我是否后悔那么做呢？是，也不是。后悔是因为那样做从来不起作用，而且会更加让人觉得我是个有仇必报的浑蛋；不后悔，是因为我必须这样做。

———

我眼前不断浮现的一个噩梦场景是在某场大型公众活动上想不起某位客户或者潜在客户的名字。为此，我会安排一两名助理牢记行业工会资料里艺人们的大头照，每当在场内看到一张熟悉的面孔时，他们就会立刻小声提醒我那是谁。即便如此，我也仍然担心自己出岔子。我身边围绕着一个巨大的保护带——由5名助理组成，但我还是觉得不够。

其中一名助理，比如理查德·洛维特或戴维·奥康纳，是在我身边学习如何当经纪人的；有两个人负责处理来电和回电；有一个专门负责我的日程安排；其余那个只负责送礼物。70年代末，我们根据"人们喜欢免费的东西"这个毫无争议的道理创建了著名的CAA礼品部。是我的父亲和他那些施格兰酒让我学到了礼物的妙处。所以我的一位助理会记录所有客户的爱好和他们参与的慈善活动。如果有经纪人掌握了相关的新情况，比如汤姆·汉克斯在上水肺潜水课，诸如此类，这则情报就会通过公司内部的备忘录也就是"内部小条"传到礼品助理那里。下一次客户过生日、出版新书或开拍新片的时候，他就会收到一块户外手表或一个漂亮的行李箱，或者，比如保罗·纽曼和汤姆·克鲁斯在开拍《金钱本色》时就收到了装饰精美的

第九章 别有压力

台球杆。罗恩告诉我西尔维斯特·史泰龙很喜欢我那台老式法拉利时，我就把车的所有权送给了史泰龙。《拉文与雪莉》走红之后，一直是我在帮潘妮·马歇尔处理续约事宜，我告诉派拉蒙公司的加里·纳尔迪诺："对了，加上一台洗烘一体机作为礼物。就说是你送给潘妮的。"

我们还发明了"开工礼"：开拍第一天，一个价值500美元的"救生包"食品篮会被送到马耳他或者新西兰的某个偏远的外景地，放在演员的化妆间里。不是我们客户的人也会收到我们的开工礼，因为我们遵循的原则是，非客户只是现在还没想明白的未来客户。我的得力助手苏珊·米勒发出的一份典型备忘录，列出了三个星期内我们送出的生日礼物，上面记录道：（在诸多其他礼物之外）我"送给达斯汀一个E-Tak[①]，送给阿梅安·伯恩斯坦一本《人脉之城》[②]，送给沃尔特·耶特尼科夫一副AKG牌耳机，送给罗伯特·德尼罗一本未来主义的书、一本马蒂斯的巨型画册和几张CD（激光唱盘）——他的父亲是位画家，"送给罗伯特·雷德福一幅马尔科姆·莫利的版画，送给特里和简·塞梅尔夫妇一些艾布拉姆斯艺术图书，送给肖恩·康纳利几副AKG牌耳机，送给迈克尔·杰克逊一件定制睡袍和一本关于好莱坞音乐歌舞剧的书"。

除了开工礼，我的原则是重要礼物不能是一次性消耗品：不要送香槟，不要送松饼篮。而是要送珍贵的古籍首版、古希腊的硬币、油画和版画，甚至偶尔送一辆汽车，这些都是能够长期存在、坚固耐放且有心的礼物。如果一位客户每年付给我们50万美元的佣金，我们拿出5 000美元买礼物送给他或她，对我们来说损失不大，却能让客

[①] 一个车载GPS（全球定位系统）品牌。——译者注
[②] 一本讲述20世纪40年代的好莱坞的书。——译者注

户格外开心。我们礼品部每年的花销超过 50 万美元，收获的人情和好意不计其数（虽然我们确实在三个不同场合都给《辛普森一家》的一位编剧送了同一款威焙烤炉）。每年圣诞节，我们都会送出蒂芙尼的钥匙扣或者类似的东西给我们最喜欢的制片厂高管的秘书们，我们还会派人给我们最喜欢的餐厅老板和领班们送去 500~1 000 美元现金，这些人与我们相识于微时，却一直把我们视作要客：有查森餐厅的罗尼、汤米、朱利叶斯和珀尔，哈里酒吧的弗朗索瓦和安娜，山本餐厅的汤姆，斯坎迪亚餐厅的玛丽露和蒙特，莫尔顿牛排坊的彼得和帕姆，松久餐厅的信幸，乔治奥餐厅的乔治奥和伊莲娜，吉米餐厅的吉米和戴维，棕榈餐厅的吉姬，等等。

我有两名助理负责处理来电，因为电话会不停地打来。我每天上午和下午会各查看一次电话留言记录，并用红色水笔在每条留言旁边画点。五个点表示"立即回电"，四个点是"30 分钟之内回电"，三个点代表"下一顿饭之前回电"，两个点是"今天下班前回电"，一个点则是"本周末之前回电"。即使最重要的客户也未必能立刻接到我的回电。我和马丁·斯科塞斯签约时，我告诉他："我不会每天花一个小时跟你打电话，那样我就没办法去做我需要做的其他事情来搞清楚到底发生了什么事，那我对你就没有任何价值。"所以，每次马丁打电话给我，如果不是特别紧急的事情，我的一名助理就会告诉他："他现在脱不开身，不过今天下班前他一定会给你回电话。"之后杰伊·莫洛尼会替我回电，跟马丁聊上一个小时，然后写一张内部小条解释马丁来电的缘由。这些内部小条本身也会按重要性排序——规则是如果小条的内容包括提问，就必须在当天给出答复——然后我会打电话给最需要我关注的人。

如果我想把我签下的客户的日常事务交给手下的某个经纪人来

第九章 别有压力

处理，我就会一直让那个年轻点儿的经纪人替我回电话，一般来说，等我亲自给比如阿尔·帕西诺回电的时候，他已经放心每天让里克·尼西塔帮他办事儿了。只要年轻的经纪人具备了应对能力，高级经纪人就会尽快把手里最大牌的艺术家交给他们负责，从放慢亲自回电的节奏开始。这是耍手段，没错，但是这个交班的过程可以减轻罗恩和比尔这些要签新客户的经纪人的压力，同时让年轻的经纪人尽快上手，并激发 CAA 持续壮大。沃伦·比蒂曾经对我说："你们让年轻人承担那么多工作，并且给他们那么多支持，是很聪明的。这让你们看起来更加重要了。"他是对的，这样做可能显得公司高层比较利己，但也是为公司的利益着想。大家目标一致，至少在当时如此。

不过，每次去纽约时，我都会约阿尔·帕西诺坐坐，叙叙旧。我的目标是设法让自己慢慢脱离经纪人的工作，手里一个客户都不留，但是有大约 35 个客户在重要的事情上必须跟我本人谈，比如库布里克、莱文森、霍夫曼、纽曼、雷德福和《周六夜现场》的所有人。其他好几百人也把我当作他们的经纪人，但实际上我并不是。所以我比以往更加努力地工作。经纪公司是建立在"你的经纪人会对你倾注全部精力"这个谎言上的，但是一天里用来照顾每个人的时间真是远远不够。

导演罗伯特·泽米吉斯 1985 年的成名作《回到未来》原本是哥伦比亚影业开发的。弗兰克·普赖斯（罕见地失策）将剧本搁置之后，环球影业接手，该片在全世界获得了 3.5 亿美元票房。由于该系列太受欢迎，卢·沃瑟曼和西德·谢恩伯格决定用一个长拍摄周期把《回到未来 2》和《回到未来 3》两部续集一次拍完。

全能经纪

问题在于，鲍勃（罗伯特·泽米吉斯）的后端利润分成按照我们的标准来说太少了。他不太愿意要求加价，因为他与制片人史蒂文·斯皮尔伯格的关系很好。我们公司的杰克·拉普克代表鲍勃竭力争取，但制片厂拒绝让步。主要场景开拍之前三天，导演还没有签约。杰克打电话给环球影业说，鲍勃觉得下周一开工不太合适。

五分钟后，西德就给我和杰克打电话来了，说："你们不能这样做！你们这是在让制片厂承担数亿美元的风险！我们要告你们！"西德是律师出身，把法律诉讼当成摇钱树。他和我在马里布的房子紧挨着，后来他还因为海水没过我家的沙袋涌入他家地盘而起诉过我（后来起诉被驳回）。他还起诉过索尼教唆剽窃他们的大尺寸磁带录像系统（官司输了）。他对证词的兴趣似乎比对剧本还大。

"卢也在，"西德说，"我跟你们俩的通话现在开免提了。"

虽然我们都听过卢擅长"歌剧花腔式谩骂"的传闻，但他和我还从没交过手。电话那头，卢发表了你能想象的最铿锵有力的长篇演说。他的嗓门很大，但非常冷静。他像个石匠一样把论点一一堆砌起来，并且把每一点都凿在实处。我怎么敢这样做，他说。泽米吉斯应该开始工作，而我不应该阻止他。制片厂很有诚意地承诺为电影出资，但我们让它陷入了非常难办的境地。经纪人在破坏行业，让我们本该促成的合作流产。在他暂停喘口气的间隙，我正要答复，结果他又从头说了一遍。西德偶尔能插句嘴："泽米伊斯先生不能这样做！"他把泽米吉斯错读成了"泽米伊斯"，我和杰克竭尽全力才没有笑出声来。

等到卢终于平静下来，我说："卢，你说完了吗？"

"我说完了。"我不清楚他知不知道我一直以他为榜样，但他已经做了他该做的，现在轮到我了。

第九章　别有压力

"卢，"我的语气像他一样平静，但温柔得多，"我明白你所有的看法。但是鲍勃需要拿到后端利润分成。如果你们能做到，我们会很高兴。如果你们不能，那我们只能被迫推迟开机日期。你也知道他多想拍这两部电影，但如果没有公平的合约，我们就不能让他出现在拍摄现场。"

西德吼叫起来："这是泽米伊斯先生的分内事。泽米伊斯先生欠着我们……"

"西德，"我打断他的话，"我想，该说的我们都已经说了。整个周末我们都在，你知道怎么联系我们。我们也计划让鲍勃周一开工，因为我们认为你们会做出正确的事情，拿出一份更加公平的合约。"

我挂断电话，然后赶在西德游说史蒂文·斯皮尔伯格之前给史蒂文打了电话："这是他们要解决的问题，不是你的。"

当晚，环球影业开出了新的薪资条件，约为调整后毛收入（票房总收入减去制片厂的标准核减数额）的 5%~10%，与我们公司其他顶级导演的薪资标准相符。鲍勃周一开了工，"回到未来"系列第二部和第三部一共带来了 5.75 亿美元票房。皆大欢喜。但是从那以后，卢就开始跟我过不去了。在他凭借《百战宝枪》颠覆好莱坞之后，又过了一代，CAA 再次改变了游戏方式。天平再次偏向了演艺人才和他们的经纪人，而卢对此无能为力。我们在使用他的战术手册来对付他，但是其中的意味无论是致敬还是讽刺，他都不能接受。

———

在过去的制片厂体系中，制片厂要承担的工作不仅是支付人才的薪金而已。它们要照顾导演、演员和编剧们的日常起居饮食，帮他们起艺名并进行身份背景的包装，比如它们曾经把辛辛那提一位裁缝的女儿西奥多西娅·古德曼变成了法国艺术家与阿拉伯公主所生的

"喝蛇血长大的女妖"蒂达·巴拉。制片厂为旗下的明星提供法律援助、公关培训、应急保姆服务，还会提供药物帮他们减肥，让他们快乐，或者至少调整到勉强能够开工的状态。制片厂掩盖过无数婚外情，安排过非法堕胎，甚至有一两次销毁过谋杀现场的证据，这些都是为了让它们的客户维持一尘不染的声誉并继续工作。

到了20世纪70年代后期，制片厂合约与制片厂体系几乎已经是相隔一代人的遥远过去。演员和导演也为此付出了代价：当众崩溃，职业停滞，以及不必要的丑闻与破产。我们趁虚而入，开始提供全方位的管理服务。我们每半个小时就要满足一次的基本要求包括为客户搞到一部电影的拷贝、一部舞台剧的演出票或者一家火爆餐厅的订位。再往上一级的要求往往会出现在我的办公桌上，比如有人需要把他们的孩子送进某所学校就读，或者需要约到城里最好的治疗膝盖的医生或能力最强的离婚律师，等等。最高一级的要求，而且没想到经常会有人提出来，是希望能够得到教皇的接见。这个我们做不到——宗教信仰不同，但我们总是回答会想想办法。

如果有人需要私人健身教练、宠物美容师或根本不可能订到的餐厅的桌位，我们的助理会一直打电话，直到把事情解决。这个过程重复一千次之后，你就得到了能够搞定一切的名声。我们为汤姆·克鲁斯和妮可·基德曼举办了婚宴，也在两人离婚期间分别为他们提供法律咨询，两个人都留在了公司。罗伯·莱纳和潘妮·马歇尔离婚时，我们也为双方出谋划策，他们也都没有转签别的经纪公司。我们用了4周时间就帮贝特·米德勒的孩子入读了一所私立学校，而她之后在事业上经历数次起伏，但仍然和我们在一起。

有一天下午，我手下一位最优秀的实习助理戴维·奥康纳接到了米舍利娜·康纳利（米舍利娜·罗克布吕纳）的电话，她大发雷霆。

第九章　别有压力

她租的汽车在圣费尔南多谷抛了锚，这肯定要怪戴维，因为那天早上是戴维把车给她送去的。戴维匆忙赶去帮米舍利娜解决问题，结果发现车子只是没油了：她开车跑了一整天，把一箱油都用光了。米舍利娜从来就没有想过，即使是CAA提供的汽车，说到底也是需要加油的。戴维找到了一个加油站，问题解决了。

客户还经常会要求我们安排和其他客户约会，但是在自己客户之间拉皮条这类事情，我不感兴趣。最过分的一次是有一位电影明星想让我帮他约到公司收发室里他看上的某位女士。我找了个借口推辞，希望他能把这事儿忘了，但他一直跟我提。最后我说："这样看起来像是我在要求员工跟一位尊贵的客户约会一样。你应该明白我为什么不能这么做，对吧？"他只得悻悻作罢。

有一次，我到鲁珀特·默多克家里吃午餐，总是在寻找突破口的我问起他的内科医生是哪位。他说他没有，我立刻帮他约了加州大学洛杉矶分校的内科主任。他得到了很好的医疗服务，并成为医院的赞助人。多年以后，20世纪90年代初，我遇到一件麻烦事，有人拍到了我们公司一位顶级明星被一个愤怒的男人追打的视频画面。这位明星好像是在拍摄某部电影期间跟这个男人的妻子睡了一觉。FOX娱乐频道的一档节目准备播出这条视频，让我们那位本身也有家庭的明星客户大为光火。我给鲁珀特打电话说明了情况，并且说："如果这件事能够消失，我会感激不尽。"

"迈克尔，我不能干预我们的节目或者杂志的任何内容，你应该比谁都清楚。"他停顿了一下，然后补充道，"不过我看一下吧。"第二天他给我回电话说："我们在FOX的素材库里仔细寻找了你说的这条视频，但根本找不到。"说完他就挂断了电话。那件事之后，我知道自己永远欠着鲁珀特的人情，他让我参与的每一次慈善活动或者政治候选人筹款，我都做了贡献。

最紧迫的个人需求都与医疗有关。有一天，达斯汀·霍夫曼打电话给我说："我在圣莫尼卡医院的急诊室，跟巴瑞·莱文森在一起。巴瑞的儿子摔得很厉害，反复昏厥。"

我说："我现在就派一辆救护车过去接他到加州大学洛杉矶分校医院，让最优秀的儿童神经科专家沃里克·皮科克医生给他做检查。"我们派了一辆移动急诊车去接巴瑞的儿子，车子抵达加州大学洛杉矶分校时，皮科克和他的12位住院医生已经在门口等候。此前我给他家里打电话才联系上他，他告诉我他重感冒还没痊愈，但我坚持让他亲自去一趟。我说："你是我唯一信得过能给他做检查的人。"整个晚上我都陪着巴瑞，凌晨3点，皮科克决定不给巴瑞的儿子施行开颅手术，这是一次巨大的赌博。不过那孩子挺过来了。但是随后皮科克昏了过去，他自己被送进了急诊室。他出院时，我送了他一台巨型电视机，他太太说那是他一直想要的东西。

巴瑞是我最亲密的朋友，但我也会为其他客户做出同样的事情。这种危急时刻的可靠性，在生死关头能够完全为他人着想的品质让我相信，我也可以是一个高尚的人。这反映了我自身最好的一面。

然而，待客户如家人让我和我真正的家人很不好过。我早上5点45分起床，15分钟后，我已经开始在个人健身房里骑自行车，同时给欧洲打电话，浏览5份报纸，标出重要文章交给助理摘录后在公司里散发。骑车40分钟后，我会练30~40分钟武术，直到筋疲力尽。洗完澡并迅速吃完早餐之后，不到8点，我已经在驱车前往办公室的路上打车载电话了。上午例会之后，我要继续开别的会，然后吃午餐，和某个同事一起小酌，然后是工作晚餐，这一切都是在"不停打电话"的间隙进行的，最多每天能有300通电话——从斯皮尔伯格、

第九章 别有压力

库布里克、德尼罗、霍夫曼到默瑞，每通电话都跟其他电话一样重要。我的孩子们都像这些客户一样优秀、有才华，但我永远无法给他们足够的时间和精力。而客户与亲生子女的不同之处在于，在客户面前我一点儿错误都不能犯，否则他们会开除我。

在工作中当了一天变色龙之后，回到家里我要花上一个小时左右才能搞清楚我到底是谁。而且这期间电话会一直响，这让朱迪几近抓狂。她想和我聊聊今天过得怎么样，想与我更亲密一些，但忙了一整天的我已经疲惫不堪，我也不想当着孩子们的面提工作上的事情，我想让他们感到平凡安稳。我曾经尝试好好规划我们的生活，最大程度争取相处的时间。有一次我甚至为了观看有克里斯参加的少年棒球联合会全明星球赛，专程从爱达荷州太阳谷的艾伦大会上飞回来，看上几局之后，再飞回去。我们在马里布买下了一处房产，让孩子们能跟我们一起享受海滩，后来我们又在阿斯彭置业，全家可以一起滑雪——这样他们没有借口到别的地方去度假。他们都明白，感恩节不在家里过是大逆不道的。

孩子们年龄够大之后，我会带他们一起与客户吃晚餐，尽我所能让我们的家庭生活正常化。你知道，就是正常的家庭晚餐，跟保罗·纽曼和乔安娜·伍德沃德一起吃。但是每天晚上孩子们入睡后，我都要工作，从我带回家的三四盒录像带里挑一两盒快速看完，随便翻翻手边的一堆剧本，午夜时分，伴着约翰尼·卡森的节目进入梦乡。

多年来我一直担心，经纪行业需要我表现出的冷漠会让我的孩子们也变得铁石心肠。但我的世界在孩子们眼中并不是一个值得向往的地方，而更像是他们需要把我从那里拉回来的地方。他们经常注意到，尽管我正在陪他们一起玩（在他们很小的时候）或问他们今天过得好不好（当他们长大一些的时候），但我其实心不在焉。"你能回到现实里来吗？"他们会这样说，或者就是简单地说一句："爸爸醒醒啦！"我把车里当成回电话的场所，把旅行的时间看作没法儿工作的时间。他们会正确地把这段时间当作家庭时间，而且他们会定期切断我与外界的联系，或者把电话从我手中夺走。

我发现自己根本不可能不接电话，哪怕只是说一句"我等会儿打给你"；我人生中很大一部分时间都花在了给某人回电说稍后我会跟他通话，约定一个我们两人真正有空详谈的时间点。但我确实已经在一个工作狂力所能及的范围内尽量努力陪伴孩子们了，哪怕有时候是人在心不在。他们也知道，在重要的事情上，我会为了他们抛下一切。

———

公司里有几名年轻的经纪人非常出色，后来成为著名的少壮派：理查德·洛维特、凯文·胡维恩、布莱恩·洛德、戴维·奥康纳和杰伊·莫洛尼。他们每个人都是我亲自带出来的，但我感觉我跟1983年作为暑假实习生加入公司的杰伊关系最亲近。他高大英俊，热情好客，非常讨人喜欢。他承诺会比其他人更加努力工作，也让我的生活轻松了不少。事实证明他确实是我所有助理中最优秀的，也是CAA最好的经纪人之一。即使在复杂的情况下，他也有着出众的品位与直觉。他格外擅长跟进客户、让客户安心并让他们感受到一切都在掌握中。像所有卓越的人物一样，杰伊也有操纵别人的天赋。他身上有一种想要我对他产生好感的纯粹的渴望，这让我确实对他很有好感。他告诉我他已经从南加州大学毕业时，我给了他1万美元去购买几套西服正装，这样他就可以到我公司来当经纪人了。实际上，他当时还没有从南加大毕业，但是他并不在意类似的小细节。

第九章 别有压力

杰伊在创造机会方面兼具罗恩的魅力与我的直觉，从某种奇怪的角度来说，他就像我们两人的孩子。某次聚会上，他直接走向梅丽尔·斯特里普，对她说："你绝对应该成为我的客户！"她大笑，然后问："为什么？"他冲着她咧嘴一笑，回答："因为那对我来说就太美好了！"他这么干就不会引起别人反感。我把他带入了达斯汀·霍夫曼、肖恩·康纳利、马丁·斯科塞斯、迈克·尼科尔斯和比尔·默瑞的生活，他们都很喜欢他。他分担了我的工作量，预先安排周到，让我的生活轻松不少，同时也不忘扩大他自己的影响力。他会查看我的日程，看到我刚刚与约翰·卡利吃过午餐，他就会打电话给卡利说："我听说过很多关于你的美谈，约翰，而且我知道你刚刚和我老板迈克尔·奥维茨一起吃过午饭。如果有任何我可以为你效劳的事情，我将不胜荣幸……"他用口才征服了CAA签的几位女演员，包括珍妮弗·格雷和吉娜·格申，与她们相爱，然后又凭口才脱离了这些关系。

杰伊接受了武术训练，像我一样；他后来买了一幅利希滕斯坦的作品，像我一样（而且他是让我帮他做的交易）；他在我家里的时间太长，以至于他感觉自己就像是我的家人。他知道我有收集手表的爱好，于是送给我一只金色的瑞宝手表，表壳一侧刻着"MSO 爱与感激 JM"的字样。它就像是儿子送给父亲的礼物。我私心认为，他顺理成章会成为罗恩和我的接班人。

然而，当杰伊明白他可以凭借自身魅力从麻烦的状况中脱身之后，他就开始插手一些本不该由他插手的复杂状况。他一直在客户面前以我的名义假传一些我并没有说过的话，太急切，也太得寸进尺。每天我都会听说他又做了让我非常恼火的事情，但我只是一时火大，然后就让事情过去了，因为说到底我自己也是个得寸进尺的人，而且操纵别人是这个行业里很重要的一部分。如果他知道如何利用我，那正说明他可以成为一个伟大的经纪人。在这方面，我对他设立的标准比对别人的低——我真希望自己没有这样做。

———

随着CAA的发展壮大，罗恩、比尔和我是公司毫无疑问的摇钱树。90%的业务都是我们带来的。我们所有的经纪人都在推销公司的信条"你的经纪人不是1个，而是5个"——之后更是变成"10个""50个""100个"。但是签客户和掌舵的任务其实还是落在我们三个人，通常是我一个人身上。这个不断扩张的服务机构里的各项事务，从纳税计划和养老金到培训项目，在很多个夜晚和周六上午将我淹没。人力资源、法务和财务部门都向我汇报工作。如果公司需要购买一台新的施乐复印机，也是我来选择型号——单面打印还是双面打印？我每次走进公司大门，都会切身感觉到一阵寒意，就像是高中进入期末考试考场前的那种感觉。今天我们需要赚多少钱才能与支出和企业经费相抵？如果业务流失，资金枯竭了怎么办？当我坐在办公桌前开始工作的时候，这种感觉就会短暂消退，但是直到我在公司的最后一天，这些恐惧都在伴随着我。

到1985年，公司的主要部门都是我在管理，收入的大头也是我贡献的。罗恩有一群能够稳定创收的客户，包括迈克尔·道格拉斯、乌比·戈德堡、雪儿和史泰龙，但在他之后，公司里其他人带来的收益都远远落后，我承担了这么多的工作却得不到应有的回报，这也让我感到疲惫。我们的打包项目能带来数百万美元的收益，罗兰并没有跟上比尔、罗恩和我的节奏，却在分享我们赚来的钱，这让我觉得不公平。这些年来，马丁[①]确实给了我们巨大的帮助，但事实上他没有

———

① 此处的马丁指的是CAA的合伙人马丁·鲍姆。——译者注

第九章 别有压力

再签新客户，他的主要客户布莱克·爱德华兹、朱莉·安德鲁斯和宝黛丽的收入也越来越少。1986年，我们以每人100万美元的价格以及终身年薪50万美元为条件，让罗兰和马丁把他们手上的股权转给了我们。从那之后，我拥有CAA股份的55%，剩下的部分由罗恩与比尔平分，每人占股22.5%。

同年，我花了75万美元与西德尼·波拉克一起以9折的价格购买了一架里尔35A私人飞机。这是CAA的飞机，我需要它是因为我要在一天之内到两个相距遥远的片场探班，在第二天赶回公司照常工作。多年来，我一直在升级私人飞机。罗恩的不满之一就是我没有让他充分利用公司的飞机，他说得没错。但是我最不希望的就是让CAA变成华纳兄弟那种养着5架飞机用来浪费的公司，而且我很清楚，如果罗恩和我之外的其他人知道公司有飞机，他们肯定都想跳上去。所以，每当片场出现紧急情况，我要为公司其他经纪人预订私人飞机赶去时，我都会说飞机是西德尼的，他只是让我们借用。少壮派得知实情后气坏了。但我一直觉得这件事本来就跟他们毫无关系。

―――――

罗恩和我任何时候都在一起。我们分享一切，从单调的公事——我们该把这个人开除还是给他机会在工作中成长？——到内心深处关于婚姻与子女的秘密。我们能接上对方没说完的话。而且，当我在不同客户面前扮演着不同角色，逐渐变成一个有着一千副面孔的人，变成权力的源泉和梦想的赋予者之后，我知道还有那么一个人，就在我楼下的办公室里，能毫无保留地欣赏真实的我，这让我非常欣慰。我曾经确信，再过几十年，我们两个人各自离婚了，还能住进电影从业者养老院继续做邻居，按照旧日的习惯生活，就像《阳光小子》里的沃尔特·马修和乔治·伯恩斯。

全能经纪

罗恩和我会一起带着家人到威尼斯、科莫湖和夏威夷的卡哈拉希尔顿酒店度假。我们都有不加掩饰的幽默感：1987年在威尼斯的古根海姆博物馆外面，我们和马里诺·马里尼创作的雕塑《城市天使》，也就是一个"金枪挺立"着骑在马上的男人雕像合了影。我们知道制片人雷·斯塔克也有同样一尊雕像，只不过是个没有"金枪"的版本。我们把照片放在一个蒂芙尼的盒子里寄给他，还附上了说明："雷，我们找到了你的枪！"然后我们还说服古根海姆博物馆帮我们给那根"枪"做了个倒模模型，将其作为晚餐礼物送给了雷。

我们在对待敌人的态度上也团结一致。我们永远不会忘记WMA是怎么想要搞垮我们的，以及它对待菲尔·韦尔特曼的方式。（实际上，我们在办公室里为韦尔特曼挂了一块铭牌，用这家经纪公司向他致敬。）所以我们惩罚了WMA，先是挖走了一批经纪人，然后在最初几年抢走了它手里的70多名客户，其中大部分是电视剧编剧、日间电视节目制片人和性格演员。我们的公司越大，胃口就越大。WMA的头牌电影经纪人斯坦·卡门于1986年去世之后，我们抢来了沃伦·比蒂、歌蒂·韩和切维·蔡斯。直到1989年，我还在纠缠其客户凯文·科斯特纳，让他改签我们公司。他已经是巨星了，但我相信我可以让他成为下一个加里·库珀，而且他是WMA的客户，这一点无疑也增添了我要拿下他的动力。人们称其为一场战争，但它实际上是一场所向披靡的征服：WMA打不过我们。

即使是微小的恶行也会受到严厉的惩罚。华纳兄弟公司的罗伯特·夏皮罗不再给我们的经纪人劳丽·珀尔曼回电之后，罗恩和我在一次员工会议上告诉大家："所有人都不许再给罗伯特回电。"这样过了一两个星期，罗伯特的太太珊迪在焦虑中给我打了电话。我跟她解释："罗伯特给劳丽打过电话之后，我们会很高兴给他回电。"他立即

第九章　别有压力

给她打了电话，还道了歉，一切恢复了正常。

之后不久，人才经理伯尼·布里尔斯坦把我惹毛了，他得到了运营洛里玛影视制作公司的工作，但事先完全没有告诉我他在谋求那个职位。由于我们有一些共同管理的客户，所以如果他能提前跟我打个招呼，我会很感激的——而且更重要的是，我希望看上去业内所有高管的职位变动我都有份参与。于是在伯尼下次来公司开会之前，我告诉所有人，不许跟他讲话。罗恩支持我的做法，但我们两人都知道这样是很极端的，因为伯尼的女儿也在我们公司当经纪人，他跟我的关系也一直很好。伯尼来了以后开始侃侃而谈，兜售一些想法——会议室里一片死寂。那是一次很短暂也很让人难堪的会议。伯尼后来满怀羞辱地打电话给我说："你们太可怕了！"他说得对，不过尽管如此，我还是告诉我们的经纪人，只要伯尼还在洛里玛任职，它就不能得到CAA的任何项目——他的任期不到两年就宣告结束。很羞愧地说，当时的我为傲慢所累，做得确实太过分了。（我应该采取相反的做法：把我们没办法卖给其他公司的内容全都卖给洛里玛。）我们的关系再也回不到从前，伯尼称之为结仇，但我其实并没有想那么多。

1988年，朱迪·霍夫伦和戴维·格林布拉特离开CAA，成立了联合人才经纪公司（Inter Talent），罗恩大为愤怒，尤其是他相信曾经担任他助理的朱迪就是《视相》上那篇贬低他的文章背后的爆料人。他们带走了公司里最优秀的实习生之一阿里·伊曼纽尔，还带走了几个小客户，罗恩决心毁掉他们。他首先解雇了汤姆·斯特里克兰，因为汤姆早就知道这场酝酿中的叛变，但没有告诉我们，还因为罗恩推测汤姆反正都会去联合人才经纪公司（后来他确实去了）。然后罗恩在一次员工会议上气到失控——这是他少数几次听起来很像我的时

全能经纪

刻——并让所有人在全行业说他们的坏话。我们正在打破我们自己定下的第四条戒律，但我们已经不在乎了。

我们的经纪人开始假冒法庭之友①给制片厂和电视网的高管打电话，话里话外贬低联合人才经纪公司的律师，逼迫高管们虚报低价，并称联合人才公司的业务人员不会拒绝。罗恩组建了一个由5名经纪人组成的攻击小队，给联合人才的每一位客户打电话，寻找机会动摇、破坏并挖角。不到4年，他就让联合人才经纪公司破产了。这一次，我几乎没有插手——但我完全支持他。如果你伤害了我们，我们就会竭尽全力发起反击。

1987年，三合经纪公司（Triad Agency）的主管，一位名叫彼得·格罗斯赖特的经纪人向埃里克·克莱普顿的商务经理大献殷勤，想把克莱普顿从我们公司挖走，我给这位彼得打了个电话，把话讲清楚了。正如我稍后给公司音乐部门负责人汤姆·罗斯的备忘录中所述，格罗斯赖特"声称他与那位商务经理是好朋友，而且克莱普顿与我们此前并没有很深的交情，所以这就创造了一个可乘之机。我向他阐明，我不希望他利用任何可乘之机，而且就此说来，他没有道理再继续保持与克莱普顿的经理之间的'友谊'"。深知如果不收手，我们就会把他的经纪公司毁掉，格罗斯赖特屈服了。

罗恩也采取了同样的做法，尽管带上了一种更友好、更随意的态度，但他从未表现得像我一样在乎金钱和所向披靡的光环。晚上，一直忙到9点的罗恩会跟艾丽·麦古奥这样的漂亮女士外出潇洒，而我会和华纳兄弟的约翰·卡利吃工作晚餐，代表公司阐述方案。罗恩是经纪人界的沃伦·比蒂，总是能招摇过市，而且从来不会被中途叫走，

---

① 法庭之友（friend of the count），英美习惯法系中不属于控辩任何一方，但会自愿或根据双方要求就案件本身向法庭提出重要观点、诉求及文书的人。——译者注

第九章　别有压力

我嫉妒他的生活方式。而罗恩觉得我为人过于谨慎保守。如果人生中没有我的存在，他现在应该是 WMA 一名杰出的经纪人，但他经常也会坦承，没有我，他永远不会取得这么高的成就。罗恩曾经介绍他自己是我的管家和经纪人——虽然是半开玩笑，但是带着一种"天生副手"深埋于心的伤感情绪。当然，没有他，我也永远无法取得这么高的地位。我们齐头并进，相辅相成。我依赖罗恩的坦率，而他也会定期勒住我的缰绳："你把我们的人逼得太紧了。稍微松一下油门吧。"他总是对的。

让我放松下来很难：1985 年，我的年薪已经超过 100 万美元，更多的财富和权力似乎也唾手可得。对贫穷的恐惧已经消退，但我就像是一个总想超越自己、不断创造新纪录的运动员。《巴顿将军》里有一幕很贴切，乔治·斯科特说："我不想再听到任何让我们原地待命的消息。我们无论如何不能留在原地不动……我们要不断前进。"还有巴顿抽了被炮弹吓昏的战士一个嘴巴，鼓舞他重返战场的那场戏——我应该不会动手打他，但我会想办法说服他克服恐惧心态，重新投入战斗。巴顿是一个令人生畏的浑蛋，我也是。

或者说，早晚有一天我会成为一个令人生畏的浑蛋。不管了。多年以来，我已经把绝大部分的感觉与情绪、我身上人性的一面剥离，让罗恩代表我们两个来表达——正如他将狡猾、野心勃勃的一面卸下，全部让我代为表达一样。这样做的结果就是，我被誉为公司里有远见的人，而他得以保留大部分灵魂，并充当我的守护人。

20 世纪 80 年代中期，我曾经考虑成立一家二线经纪公司，专门代理电视连续剧的主演：那些比较低调但是很能赚钱的演员。CAA已经签了一些，比如伯特·康威和唐娜·米尔斯，但我担心我们会变成 WMA 那种"捏着鼻子卖掉就好"的以量取胜的公司。如果有一家二线公司，我们就可以毫无顾虑地签下《哈特夫妇》的罗伯特·瓦格纳和斯蒂芬妮·鲍尔斯，《胡克警探》的威廉·夏特纳，以及《豪门恩怨》的约翰·福赛思。如果这些演员成了电影明星，那么二线公司可以把人才输送给一线公司——就像约翰尼·德普演完电视剧《龙虎少年队》之后那般。而且，如果某位"埃里克·埃斯特拉达"永远冲不上一线，二线公司仍然可以从《铁骑巡警》中获利颇丰。罗恩强烈反对这个提议，认为这样会伤害我们的品牌，所以我放弃了。当时来看，他是对的，那样做确实会玷污我们的名声。但从长远来看，我是对的——如今，电视与电影已经同等重要，你只需要扩大一线公司就能够代理所有人才。

每一年我都会为公司拟出一年、三年和五年计划。到年底，我会把旧的计划销毁——我担心别的经纪公司会打听到我们的计划——并撰写新计划。事实证明，一年和三年计划是最有用的：通常我们会在两年内把三年计划完成。但是罗恩和比尔对这种事情没有战略直觉。罗恩是一个完美主义者，只想代理更多更优秀的客户，而比尔并不想承担新挑战带来的额外工作量，虽然在我的说服下，他总是能够把工作完成得很好。到了90年代，我就不再把我的计划给他们看了，因为我不灭的野心会让他们生气。我的想法是我直接去做对我们最有利的事情，他们之后会感激我的。

嗯。

第九章 别有压力

第十章

好戏上演

我们建议客户在电影宣传期之外保持低调，少说话。那时很少有人知道汤姆·克鲁斯的宗教信仰，因为我们跟他说过："像其他所有人一样，把你的宗教信仰和你的工作区分开。"为了更好地理解我们要面对的是什么，我阅读了该教创始人的书，还去见了作者的继任者，并向他表明，我们有一项共同利益："我们不想看到汤姆的名字因为事业之外的任何其他事情出现在报纸上。"这是一个看上去像建议的警告。我们还与汤姆的公关经理帕特·金斯利——她有个外号叫作"不博士"，因为她拒绝了几乎所有的媒体采访——合作，把那些八卦小报上的传闻都压了下去，我们不再插手汤姆的事务之后，这些传闻就闹得沸沸扬扬。史蒂文·斯皮尔伯格跟我说过，在他俩2005年合作的影片《世界大战》的片场，汤姆甚至设立了一个临时摊位，方便演职人员现场入教。

我们公司也秉持守口如瓶的姿态。在好莱坞以外，CAA的名字几乎无人知晓，这很适合我们。作为一家私人持有的合伙公司，为什么要透露我们的行事风格呢？我们禁止经纪人接听记者的电话。1985年，我在发给全公司的一份备忘录中指出："任何人（再次画重点：

任何人）在与我商议之前不得接受任何媒体（例如电视、广播、报纸、杂志等）的记者采访。"如果有人跟我说他们想接受一次采访，我都会建议他们不要接受。公司里不需要授权就可以直接面对媒体发言的人只有我、罗恩和雷·库尔茨曼——但我们什么都不说，至少不会公开说。作为公司合伙人的比尔·哈伯也有权发声，但幸好那不是他的风格。

《洛杉矶时报》的编辑汤姆·约翰逊非常自豪报社的卡片目录保留着过去50年所有洛杉矶当地报道的摘要。有一次我们在他办公室见面时，汤姆说："咱们来看一下我们都有关于迈克尔·奥维茨和CAA的哪些报道吧。"他把我的名字输入他的通用自动计算机系统，结果失望地发现机器只返回了一条记录：一张CAA合伙人的照片，没有文字说明。

1986年12月，《华尔街日报》把我们曝光了。某次电影首映式后，眼尖的记者迈克尔·西普利发现我正在查森餐厅应酬一屋子客人。我把举办聚会当作一次回复25个电话的方法，西普利看着我在一群高管之间穿梭，像一只忙着给花朵授粉的蜜蜂。他的头条新闻题为"好莱坞之星：一位用打包交易操控影视制片厂的经纪人"。文章开头说："从某种程度上说，好莱坞最有势力的人既不是明星也不是制片厂的总裁。他是一位经纪人，名叫迈克尔·史蒂文·奥维茨。"西普利继续写道，在我的领导下，CAA"成为好莱坞人才与故事素材的主要代理"。虽然我拒绝接受《华尔街日报》的采访，但我觉得这篇报道对我们的生意有帮助。但是我的合伙人们会做何感想？在CAA成立的最初10年间，我和罗恩一直被视为平等的合伙人和公司的共同领导者。罗恩告诉我，"这篇报道对我们有好处"，并且坚持说他不介意焦点都集中在我身上。但我确定这件事埋下了怨恨的种子。

记者们推断出我是幕后推手之后，更多的报道纷至沓来。我被列入《财富》杂志的"最有吸引力的商务人士"排行榜和《人物》杂志的"最让人感兴趣"人物榜，不管那是什么意思吧。然后，从1990年开始，我连续三年在《首映》杂志的好莱坞百大势力人物"权力榜"上位居榜首。第一次看到排名的时候，一种焦虑感从头到脚遍及我的全身。神秘感比曝光度好10倍，被人当成伟大而有力的神秘奥兹比被人揭穿只是又一位幕后高手带劲得多。

无论什么时候，只要我走进房间，在场的高管们就会开始说："他终于来了，好莱坞最有势力的人。"我会说"是，是，是"，试图敷衍过去，他们就会说："行了吧，你肯定很喜欢！"我真的没有，因为它没有任何可供我利用的地方。我感觉自己时刻都处于目光注视之下。我感觉自己在公开场合陪孩子们玩的时候不能表现得太蠢，在宴会上也不能表现得太活跃。

CAA就像是明星版的珠宝展示橱窗一样，慢慢为公众所熟知：每当电视上播出了一场颁奖典礼时，第二天就会有游客来到我们公司楼下，期待能遇到一两位名人。1990年奥斯卡金像奖颁奖典礼翌日，一个30多岁、风姿绰约的女人来到我们的前台。她穿着香奈儿套装和香奈儿皮鞋，背着香奈儿挎包，还戴着一只金色的劳力士手表。"汤姆·克鲁斯在吗？"她礼貌地问。我们的三位前台员工中有一位回答她："对不起，他不在。"这个女人又问："麦当娜在吗？"坐在前台旁边的保安汉克开始密切注意她的举动。

前台回答说麦当娜也不在，并接连回答这个女人的一连串询问：保罗·纽曼和罗伯特·雷德福也都不在。前台解释说这座大楼不是演员的家或者俱乐部，只是他们的经纪人上班的地方。那个女人点点头，然后说："那么，迈克尔·奥维茨来了吗？"

第十章　好戏上演

"很抱歉，他没来。我能帮你留个口信吗？"

女人摇了摇头，转过身去。她转身时把挎包的肩带滑进手中，然后猛地回头，竭尽全力挥起包甩向汉克，打中了他的头。包里放着一块砖，汉克直接被撞到身后的墙上。但他竟然承受住了这次暴击，并且蹿出前台，把正要跑掉的凶手控制住了。整座大楼里都回荡着她的尖叫声，直到警察到场。

这类事情加剧了我原本就很严重的妄想症。为了调整我的个人形象，让它更加柔和，变成和蔼可亲的"迈克尔大叔"，我试图跟媒体培养感情。我开始花时间跟记者们私下聊聊天，透露一下我们的动向，主动逢迎，让自己成为他们在业内的消息来源。如果某一天下午 5 点要举行记者会宣布新闻，3 点我就会告知某位行业记者。但是这些周旋和讨好并没有起太大作用：我的形象已经根深蒂固，主要是因为一直以来我作为暗黑权术高手的所作所为让我自食其果。那也是我第一次突然意识到，如果我失去了在 CAA 的地位，那我将会变得多么不堪一击。

事情本来不该变成这样的。我从没有向往过在镁光灯下和明星们一起笑着合照。但是我应该意识到，知名度会跟随势力而来，正如那些明星一样。1986 年，我和朱迪在阿斯彭买下了一处位于雪道附近的房产，我们只是希望等孩子们长大以后还能一直到这里来，全家一起度假。同一时期，迈克尔·艾斯纳也出于相同的原因在阿斯彭买了房。随后我们有很多艺人都开始在那里租房或买房：伊万·雷特曼、切维·蔡斯、迈克尔·道格拉斯、库尔特·拉塞尔和歌蒂·韩等。CAA 阿斯彭"分公司"由此诞生。没过多久，我们就开始每天招待数十位客户及其家人共进午餐，最多的时候一次招待了 200 位来宾。圣诞节期间，我家连续 14 天都有人来访，每天中午到下午 3

点，我家大门是对所有人敞开的，而许多客人会一直待到晚餐时间。有一天下午的客人除了我们在当地的熟人，还有肖恩·康纳利、迈克尔·凯恩、达斯汀·霍夫曼、西尔维斯特·史泰龙和巴瑞·莱文森，他们都围在歌蒂·韩和库尔特·拉塞尔旁边，听韩回忆在《喜剧秀》的日子，然后听拉塞尔讲述外出打猎之前把麋鹿的尿泼了自己一身的故事。

公事是免不了要谈的，但是在阿斯彭，气氛比在洛杉矶愉快得多。我和艾斯纳的滑雪教练是一个很有魅力的年轻人，名叫帕特里克·哈斯伯格。为了寻开心，我们恶作剧一样给他介绍了一份工作，让他去电视剧《天龙特攻队》剧组给史蒂芬·坎内尔当编剧。我们当时的想法是："看看咱们能不能凭空创造一个好莱坞人才？"没过几年，帕特里克和坎内尔联手创作了《侦探哈德和麦高铭》(*Hardcastle and McCormick*)和《龙虎少年队》，并成为业内最知名的电视制片人之一。

这件事随便你们怎么看。

———

从 CAA 成立时开始，公司所有的未支配现金都会存入我们的建筑基金。艺术家的职业生涯总是不断起伏的，所以，如果经纪公司能够表现稳固，他们——以及为他们的才华付钱的人们就会感到放心。拥有自己的房产能够证明我们的永久性。至少这是我的信念，我的合伙人们翻着白眼顺从了我。

20 世纪 80 年代中期，我们在银行已经有了 1 000 万美元的资金。我看到贝聿铭在波士顿设计的约翰·肯尼迪总统图书馆和博物馆，以及他在华盛顿特区设计的国家美术馆东馆之后，我属意的建筑师名单上就只有他一人了。1985 年，也就是我们创业刚满 10 年的时候，我

第十章　好戏上演

给阿恩·格里姆彻打了个电话，他的画廊就是很多年前由年轻的贝聿铭设计的，我请他帮我一个忙："我必须跟贝聿铭见个面。"

他说："没问题，什么事儿？"

"我要请他设计 CAA 的总部。"当时贝聿铭正忙于卢浮宫金字塔和香港中国银行大厦的项目，听起来我完全是在痴心妄想。

"这个项目对他来说有点儿小，但谁也说不准。"阿恩委婉地说。

"别跟他说我要正式见面。问他能不能给我 15 分钟时间。午餐之前的空暇就行。"

阿恩帮我约好了。我走进麦迪逊大道上贝聿铭的办公室时，先把手表放在他的桌子上，表示我会遵守时间。贝聿铭是我见过的最见多识广的人。他会说普通话和法语，英语说得比我还好。将近 70 岁的他礼貌、持重，显然很有疑虑。我知道他在洛杉矶唯一的项目是 1965 年的一栋公寓楼，这说明他并不喜欢我们的城市。

我先向他介绍了 CAA，然后说："我们的公司在洛杉矶，我知道你不想去那儿，但我想和你谈谈我们的总部，以及我们为什么需要你。"

我掏心掏肺地游说他。15 分钟变成 30 分钟，又变成 45 分钟。然后，贝聿铭说："我们一起吃个午饭如何？"

完美。

在餐厅里，他一直在跟我说他为什么不能接这个项目。他手上的项目太多，时间却太少。中国银行大厦的面积是 80 万平方英尺，我想请他设计的楼只有它的十分之一大。但是我大肆宣扬我们在威尔希尔和小圣莫尼卡交会处的优越地理位置，那里是比弗利山地区的核心商业交叉点。然后我告诉他我想在中庭里放一幅壁画。

他说："你打算怎么做到呢？"

我就说："我想在室内营造一个室外空间。"这是我从他的华盛顿国家美术馆东馆设计中借鉴而来的想法。那会是一个无法做其他用途的空间，是能够让建筑师拥有极大自由度的一种奢侈。

午餐持续了3个小时。最后我说："这件事如果没有你，我是无法做到的。我没有第二选择。"

"如果我拒绝呢？"

"那么我想我就不会建这座大楼了。"我说。那一刻，我说的是真心话。

他皱了皱眉。"可是，我真的没法儿接。"

"好吧，我明白了。"我说，"别有压力。"

那以后，我每次到纽约都会约他见面，我们会在他的办公室见20分钟或者1个小时，聊聊艺术和我盖楼的计划。一次午餐过后，他说："你知道，我一直在思考你说的那种室内的室外空间。"他抽出一张半透明的绘图纸，摊开在他的书桌上。"我没有时间做这个项目，但你说的是这个意思吗？"他画出了一个长方形，然后在两侧各添加了一个曲面的造型。他一边画一边问："你觉得这样怎么样……然后这样……再这样呢？"

我仔细看着他画出的草图，尽量抑制住内心的激动。"我喜欢这个，还有这个，"我指出各个细节，随意地说，"我也喜欢那个。这完全就是我们想要的。"

"但我还是没法儿接。"

"我就先当你确实没法儿接，但是我们可以先动起来。先画一些图纸。"

"我没有时间。"

"好的，那我们找别人来画，然后请你审阅。不过，第一张图必

第十章　好戏上演

须你亲自画。"那就是他在我面前开始画的那张图。（完整的版本如今就挂在我家的书房里。）

下一步是把贝聿铭请到洛杉矶。1986年3月，我请他飞过来，并安排了最高规格的接待：他在洛杉矶期间，我的助理丹·阿德勒寸步不离他的左右，确保他到哪里都不需要为任何事情费心。我举办了一场晚宴，让达斯汀·霍夫曼、凯文·科斯特纳、特里·塞梅尔和迈克尔·艾斯纳与贝聿铭欢聚一堂。我还让艾斯纳找他为迪士尼世界设计一家酒店，当时的著名建筑师都时兴接这类锦上添花的活儿。贝聿铭不感兴趣，于是我没再提。

第二天，贝聿铭让我们把他带到大楼新址的场地，再给他一把折叠椅。我的助理在车里等着，他穿着港式西装坐在那儿。那片场地已经清空，只剩下一家多年前就已经关闭的西部联邦信贷分支机构的小办公室。贝聿铭在那里坐了4个小时，只是观看与思考。此行结束后，他给我写了一封信，列出了项目的日程表，这封信开头的几句话让我心里暖洋洋的："亲爱的迈克尔：毫无疑问，你是我见过的最体贴周到的人。"所有对细节的关注得到了回报。

三年后，评论家保罗·戈德伯格在《纽约时报》撰文写道：

> CAA的大楼无疑洋溢着传统风格的优秀品位：它出现在洛杉矶这个环境中，就像是遍地涤纶连身裤中出现的香奈儿，遍地现代汽车中出现的宝马，遍地比克斯笔中出现的万宝龙……
>
> 的确，尽管规模很小，但它是贝聿铭最好的作品之一……CAA大楼或许是洛杉矶有史以来出现的最美的当代建筑。

业界却批评这栋三层建筑太过招摇，像一座为权力而建的冷冰冰的纪念碑，但在我看来，这座楼的感觉正对。我觉得淡琥珀色的外立面和玻璃铝架的幕墙让人感到温暖甚至振奋，而石墙和角塔的设计重点体现了我曾经与贝聿铭反复讨论的堡垒心态。在这些垛口里，你会受到保护；在外面，你就要靠自己了。这是我们与它们的对抗。

中庭的壁画是点睛之笔。我们需要一个能在超大幅面上作画的人，而贝聿铭也和我一样很喜欢罗伊·利希滕斯坦的作品。我带着硬纸板制作的建筑模型，向罗伊的经销商、著名的利奥·卡斯泰利提出了我的想法。罗伊很喜欢这座建筑，也很尊敬贝聿铭。我们达成了协议。

罗伊开始进行我们委托的壁画创作之前6个月左右，我有幸到他位于纽约西村华盛顿街的画室拜访。我在那里坐了一个小时，喝着咖啡，只是看他画画。在那段宝贵的时间里，没有人能联系到我，过后的我宛如新生，所有的压力都消失殆尽。在项目完成后的很长一段时间里，继续拜访罗伊的画室成为我在纽约的固定行程。

终于，我被叫去观看等比缩小的壁画样稿。罗伊揭开作品蒙布的那一刻，我就知道我眼前是一幅杰作。罗伊以新楼内的开放式楼梯为参照，把现代艺术博物馆里奥斯卡·施莱默的画作《包豪斯楼梯》做了重新诠释。"有什么建议吗？"他问，"哪里需要修改？"他有种包含讽刺的幽默感。

"不需要修改。"我说。

我们与卡斯泰利签署的协议要求罗伊在现场完成壁画。他和他的妻子多萝西与我们朝夕相处了4个星期，其中大部分时间里，罗伊都骑在脚手架上。我们很荣幸能在打电话和完成交易条款的同时目睹这幅26英尺高的壁画逐渐成形，观看这场无与伦比的艺术创作。它提醒着我们应该拥有怎样的追求。

第十章　好戏上演

壁画临近完工时，我们在大楼的中庭举办了一场宴会，与400名客户、制片厂和电视网的高层，以及罗伊和贝聿铭共享烛光晚餐，庆祝新总部的落成。因为贝聿铭一直没有正式签约接下这个项目，于是我献给他的祝酒词是："希望终有一天你会同意设计这座楼。"

虽然CAA的管理层可以自由选择他们想要的家具陈设，但我们建议采用现代风格。我们提供了米色和米绿色两种中和调性的地毯，与贝聿铭设计的简洁线条相得益彰。所有人都从善如流，除了比尔·哈伯。比尔订了一张颜色绚丽的亚洲地毯和一座假壁炉。他选的家具是路易十四风格的，布满雕饰，金光闪闪，他的卫生间里还有一个坐浴盆。这就如同他温柔地对我说了句"去你的"，也是他个性的强烈表达。

在杰里·韦斯特时期，我逐渐成为洛杉矶湖人队的球迷。但我第一次看湖人队的现场比赛是在1980年，当时一个身材瘦长的新秀引起了我的注意。"魔术师"埃尔文·约翰逊用一种兼具流畅与力量的风格把队友带往前场篮下。他从来不会失去理智，也不会在能把球传给无人盯防的队友时选择自己投篮。获胜是他百分之百的目标。当我有机会买到论坛体育馆[①]前排的全季套票，并且能坐在杰克·尼科尔森旁边时，我丝毫没有犹豫。

"魔术师"和球队创下四次总冠军的辉煌战绩之时，我接到了国会唱片公司首席执行官乔·史密斯的电话。湖人队从明尼苏达州迁至洛杉矶以来，持有全季套票的乔一直是球队最坚定的拥护者。"我知道你不代理运动员的业务，"他说，"但你得跟'魔术师'约翰逊见个

[①] 论坛体育馆曾经是洛杉矶湖人队的主场。——译者注

面。他想聊聊他的商务发展。"

"你说得对,"我说,"我不代理运动员。"

"就当帮我个忙吧。"

我勉强答应了见面。20世纪80年代后期,代理职业运动员的经纪业务价值很小。美国职业篮球联赛(National Basketball Association,缩写为NBA)的平均工资是50万美元,联盟还要收取4%的佣金。湖人队每年要打50多个主场,再加上季后赛,而他们的经纪人每一场比赛都要在。有限的收入+繁重的服务=不合算的生意。

"魔术师"准时到达,弯下2.06米的身躯走进门来。当他弓身坐上我的沙发时,我说:"所以你有什么需求?"

"魔术师"说:"我想学习有关商业和投资的知识,这样我到40多岁时就不会一无所有。"

"我喜欢看你打球,也赞赏你的深谋远虑——但是我们不签运动员。"我说。

之后他又打电话来要求再次见面,也因此通过了我的第一个考验:他有决心。这一次我们谈到了他与湖人队的合同。在他历史性的新秀赛季结束后,球队老板杰里·巴斯给了他一份体育史上最优厚的续约合同:年薪100万美元,签25年。这是一笔棒极了的交易——对杰里·巴斯来说。随着基准利率在十几点徘徊,这份合同签订的瞬间,其价值就会大打折扣。我告诉埃尔文,他应该拿到的是年薪至少500万美元、为期5年的合约。我对巴斯也是这样说的,他也赞同——如果我能够绕过NBA为了限制球队花钱而设置的薪资上限。

我到NBA总裁戴维·斯特恩的纽约办公室与他见面并提出了我的诉求。斯特恩喊道:"把文件拿过来!"NBA的法律顾问加里·贝特曼(现任美国国家冰球联盟主席)应声而入。他拿来了联盟那本非

第十章 好戏上演

常厚、措辞非常严谨的集体劳资谈判协议。贝特曼和斯特恩得意扬扬地想看我能有多大机会钻到空子。我需要想别的办法。我再次找到杰里·巴斯，向他指出加利福尼亚州规定个人服务合同的最长期限是7年。他同意缩短向埃尔文付款的周期，并在他运动生涯结束后卖给他球队的部分股份。

我与埃尔文的第三次见面是在膳朵餐厅。我们进门时，正在用餐的客人们起立为他鼓掌。我意识到，这是一位已经拥有自身品牌的名人了，他只需要让这份名声带来回报。

我发现埃尔文是一个开朗、真诚且坦率的人。我给了他一份《华尔街日报》，让他每天阅读头版的内容。他瞥了一眼，说：“我完全不知道这上面在说什么。我连最基本的都不懂。”只管读就好，我说：“你唯一的阻碍就是要改变人们对运动员的刻板印象，在谈吐上要像我认识的你一样精明。”我为他订阅了《华尔街日报》、《福布斯》和《财富》杂志，并且每周在电话上给他做小测验，询问他商业交易的时事和趋势。埃尔文是个生来就极具魅力的演说家，他研究了自己接受电视采访的录像带，好让自己精益求精。

我们的第一个行动是去争取一个百事可乐的装瓶业务特许经营权（bottling franchise）①，因为我们恰好得知百事可乐迫切希望它的体系中能有更多少数族裔的股东。百事可乐的总裁克雷格·韦瑟拉普正在寻找一个人与杂志出版商厄尔·格雷夫斯联手接管华盛顿特区的特许业务，我们推荐了埃尔文填补这个空位。这是他自高中以来第一次需要接受工作面试。我们让他沉浸在大量软饮行业的调研资料里。我们让他坐在我们公司的会议桌对面，就百事可乐的历史、收入、利润

---

① 可乐饮料行业将浓缩糖浆出售给装瓶合作商进行装瓶分销的商务模式。——译者注

和市场营销对他进行了多次集体质询。我们一次又一次批评他的答案，直到我们知道他已经准备就绪为止。

克雷格把会议地点安排在纽约的 21 俱乐部，我们入场时，埃尔文紧张得要命。不过，按照我们预先演练好的方式，他首先展示出热情友好的态度，然后才进入商务模式，给在场的高管们留下了极其深刻的印象。我们代表埃尔文与厄尔·格雷夫斯签署了协议，这是百事可乐在美国最大的一桩少数族裔拥有的特许经营生意。

后来，我把埃尔文介绍给了索尼影业，他随即投资了它的院线部，并创立了"魔术师"约翰逊连锁影院，主要设立在非裔美国人社区。从那之后，"魔术师"约翰逊的企业版图扩展到了商业房地产、私募资本、餐厅和一个迎合非裔美国人口味的有线电视网络——如今其价值已超过 10 亿美元。2012 年，埃尔文与古根海姆公司以 21.5 亿美元的价格收购了洛杉矶道奇棒球队，这是美国体育特许经营权有史以来的最高售价。

我们一分钱佣金都没收。我想我是在报答埃尔文在论坛体育馆里带给我的所有快乐。

———

但我们并非事事成功。我犯过的一次尤为严重的错误是环球影业于 1986 年发行的《法网神鹰》。在我的设想中，这部由伊万·雷特曼执导的影片是为达斯汀·霍夫曼和比尔·默瑞量身定做的好哥们儿电影。结果达斯汀档期不合适，比尔也退出了，伊万为罗伯特·雷德福和德博拉·温格把剧本改成了一个拘谨的助理地方检察官与一个年轻气盛的女辩护律师之间的故事。《军官与绅士》和《母女情深》取得成功之后，德博拉炙手可热。她性感、热情、风趣，似乎有自信成为她那个年代的詹妮弗·劳伦斯。罗伯特一直想尝试一部爱情喜剧片，

第十章　好戏上演

我想她会是罗伯特的理想搭档。伊万有把喜剧片拍成功的能力，而且他手上的剧本非常扎实，出自CAA的两位客户吉姆·卡什和小杰克·埃普斯之手，他们编剧的《壮志凌云》和《成功的秘密》等高概念重点项目正在筹备中。

我在各个方面全都错了。在影片的准备阶段，罗伯特就明显表现出对伊万的不满，因为伊万太商业化；伊万不喜欢德博拉，因为她太自命不凡，反过来，德博拉也不喜欢伊万。罗伯特和德博拉之间完全没有化学反应，剧本里充满概念，但并不高明。我找到最优秀的"剧本医生"汤姆·曼凯维奇重写剧本时，他说这是部电视电影的剧本。沉重的感觉告诉我，他是对的，但是已经没有回头路可走了。

在拍摄现场，任何糟糕的关系都会急剧恶化。德博拉和罗伯特的对手戏平庸无奇，她就迁怒于我把她拉进这个混乱的项目。有一天，伊万来电话说："我觉得你最好能来一趟。"

我的窗外，一道闪电正在劈开天空。"出什么事了？"我说。

"你的客户拒绝从房车里出来。"

"为什么？"

"她不喜欢她的对白。"

我叹了口气。"我马上就到。"当我在繁忙的交通中终于抵达环球影业的片场时，正在下着倾盆大雨。"好吧，伊万，"我说，"我们去跟她谈谈。"

他给了我一个苦涩的微笑："太晚了。"生了两个小时闷气之后，德博拉走出她的房车，在大雨中走进摄影棚，说："我准备好开拍了。"当然，那会儿她的妆发尽毁，服装也都被雨水浇透。要让她重新做好一切准备还需要两个小时，于是伊万干脆让大家收工回家了。

尽管《法网神鹰》收回了成本，但我还是很后悔自己当初做了这个项目。德博拉在媒体上抨击我把她当成"商品"来对待，然后离开了CAA，她是我在CAA期间第一个也是唯一一个背叛我的明星。其他明星也心烦意乱——贝特·米德勒考察了我们3名经纪人，最后才跟里克·尼西塔签了约——但我们把他们都留住了。甚至德博拉本人在几年之后也回到了CAA的怀抱。她是个冲动的人，但还没冲动到不知道我们有价值的程度。我们照她控诉的那样"逼着她接项目"的时候，她答应了。随后她也赚到钱了。

————

我们迁入新楼后不久，我的助理接到了戴维·洛克菲勒办公室打来的电话，对方询问能否约个时间让戴维跟我通话。"听起来像是真的。"助理告诉我。

"告诉比尔，我会给他回电话的。"比尔·默瑞和达斯汀·霍夫曼经常冒充名人，而且通常是已故的名人给我的办公室打电话。今天是胡言乱语的马龙·白兰度，明天就是刨根问底、痴迷于童年经历的西格蒙德·弗洛伊德。不过稳妥起见，我还是让助理给戴维的纽约办公室打电话确认了一下。两个小时后，戴维·洛克菲勒——东海岸久负盛名的慈善家兼权力掮客、现代艺术博物馆的董事会主席，真的出现在电话那头。

他说："我想出来跟你谈点儿事情。"

我告诉他我很乐意，并且提出到纽约去见他。

"不，"他说，"我想看一眼你们的新楼，在那儿见你。我去你那儿吧。"

那个时期的我已经没那么容易诚惶诚恐了。但是在我看来，戴维·洛克菲勒会专程来拜访一个山谷出身，直到18岁才第一次亲眼

第十章　好戏上演

看到真正的油画作品的后辈，这太超乎现实。戴维走进我们大楼的时候，那种感觉就像是乔治·华盛顿来了一样。当他邀请我加入现代艺术博物馆的董事会时，那是一种至高无上的认证，是我人生中最伟大的荣誉之一。

看着戴维工作让我学会了优雅与轻描淡写的功效，以及如何用不推销来做推销。现代艺术博物馆开展筹款活动时，戴维邀请我和朱迪共进晚餐，在3个半小时的用餐过程中，他只字未提捐赠一事。他只是在谈我有多杰出，朱迪有多优秀，以及博物馆将会变得多么伟大。这顿饭结束时，不知道为什么，我们心里已经很清楚，我们无论如何都要捐够最低限额：500万美元。

即使在我加入了其他董事会和美国外交关系协会这类有声望的机构之后，我也从没觉得自己真正属于那些过于高贵的圈子。1993年，戴维在纽约上东区的饕餮盛宴餐厅为索尼公司总裁盛田昭夫举办了一次晚宴。晚宴只邀请了13位客人，其中包括亨利·基辛格、世界银行行长詹姆斯·沃尔芬森，以及基本上拥有整个委内瑞拉的富翁古斯塔沃·西斯内罗斯。他们都在谈论国家和全球经济，以及如何撬动那些杠杆，随意极了。我借口上洗手间离席，然后找了部公用电话打给朱迪。"我只是需要清醒一下，"我说，"为什么我会出现在这个晚宴上？"

朱迪说："你在那儿是因为你们在各自的行业中有着相同的地位。"我并不完全相信她说的，但是她这样说真的非常贴心。

———

1987年的一个早上，罗恩来到我的办公室，关上门，说："我遇到了麻烦。"

我说："说吧。"我们有上千次对话都是这样开始的。

"我打扑克输了很多钱,我还不上。"

我大为震惊,但我说:"好吧,我们来解决。"我以为最多也就是10万美元的事。"多少钱?"

"我不确定你有能力解决。"

"到底多少钱?"

"超过500万。"

我竭力让自己保持冷静,罗恩告诉我,他每周都会去几趟拉斯韦加斯。他下班后飞过去,一直玩到深夜,然后睡上几个小时,早上飞回洛杉矶,像往常一样拼命工作,一次会议都没缺席过。

我没法儿理解他所说的。我和罗恩到拉斯韦加斯出差的时候,我偶尔会看他玩半个小时的21点,输赢也就500美元上下。没有任何迹象显示他是那种用天文数字下注的赌徒。他一定是个了不起的扑克高手,我想。他不会让人看穿。

可话说回来,他肯定也是个很烂的扑克玩家,因为他刚刚输掉了500万美元。那是他年薪的很大一部分。我的即时反应是担心他、想帮助他,但我迅速抑制住了这种冲动,因为我读过太多强迫成瘾行为的案例,所以我才感到非常害怕。我的合伙人,我最好的朋友,我的一生都与之相系的这个人显然在潜意识中需要丢掉我们为之奋斗的一切。(后来我才知道,卢·沃瑟曼唯一的弱点也是赌博——他也在拉斯韦加斯输了很多钱,只能靠他的导师和密友朱尔斯·斯坦帮他脱离困境。)

我告诉我们的首席财务官鲍勃·戈德曼:"罗恩遇到了很大的麻烦,我们要帮助他解决。我们得把他挖的坑填平。"我们借给罗恩100万美元,鲍勃取消了罗恩的信用卡。罗恩发誓这种事永远不会再发生。我不知道剩下的钱他是从哪里找的,不过他最终还清了欠公司

第十章 好戏上演

的款项。我放下了顾虑，很高兴当作一切都没发生。我也从来没有告诉过他："嘿，我很担心你。出了什么事，我能帮上什么忙吗？"

之后的一年半，我和罗恩比以往更加努力工作，关系也更加密切。然后，一个早晨，他关上了我的门，坐下来，用一副出席葬礼的表情看着我。"我说出来你可能不会相信，"他说，"但是……"还是打扑克，这次输得更多：650万美元。

我的感觉就像是他挥起一支球棒狠狠打向我一样。这个人到底是谁？

罗恩、比尔和我就像是连体婴。所有的文件，无论是贷款、租约还是合同，都是我们三个人共同签署的；如果我们中有一个人摔了跤，大家会一起倒下。即使到现在，我也没办法知道罗恩到底有没有说实话。他欠的债可能是他承认的数额的几倍多，而且，他有没有隐瞒其他事情？如果他下一次打扑克输掉2 500万美元呢？

这件事带给我巨大的、深刻的打击。自从朱迪和我离开圣费尔南多谷之后，我就从未摆脱过某一天我会失去一切，重新回到山谷的恐惧。我已经竭尽所能防止不测的发生，我把通向我们堡垒的每一扇门和窗都上了锁，然而，就像恐怖电影中的情节，我把祸事和我锁在了一起。夺命的电话是从屋子里面打出的。

我告诉鲍勃·戈德曼："罗恩的麻烦又回来了。"他苦笑。"我们怎么做才能保护公司？"

鲍勃说："我们能做的只有设法控制他的支出——取消他的信用卡，限制他的消费额度。"

我们给罗恩足够的额度来维持他的生活水平，并且不会让他的孩子们受委屈，但除此之外没有更多。这次他只能自己偿还债务，我们希望这会让他未来不再重蹈覆辙。他从朋友们那里借到了钱，我立刻放下了心——他在伤口上贴了创可贴——同时又深感担忧。他的交际圈里有的是腰缠万贯的人，他也有利用他们的技能，所以他为什么不继续去利用他们呢？

我不再给罗恩更多钱并限制了他的信用卡消费，这让他非常不满。（鲍勃和我不知道的是，在拉斯韦加斯，罗恩很容易就能得到远超他信用卡额度的预支现金。）但是他并没有明显地反抗我们加诸他的束缚。他说："你们是对的，是我搞砸了，我会把事情解决的。"我希望他能和我一起对抗这个问题，这样我们才能够把它根除。然而罗恩做了他最擅长的事情。他蒙蔽了我。

尽管我是全方位的妄想狂，但这些事情我全都没有预见到，这让我毛骨悚然。我自诩能够读懂人们的心思，并且能从细微的线索中做出预判。汤姆·克鲁斯是真的优秀，还是只是个礼貌又帅气的家伙？哈尔·阿什贝真的天赋异禀到能够让我们不计较他的缺点，还是仍然弊大于利？然而，10年里，我完全没有读懂罗恩。这个事实让我震惊到想要立刻把它全部遗忘。但我做不到，而且从那时起，我就一直在担心罗恩会把公司拖垮。然而，我仍然没有想到的是，我该仔细思考一下罗恩把他自己介绍为我的经纪人时，背后的逻辑是什么——想一想随便哪个经纪人有多少事情瞒着客户。我当然也从来没想过我要去担心有朝一日罗恩会把我拉下马。

第十章　好戏上演

第十一章

应对失控与对赌

20世纪80年代末,CAA已经树立了明确的行业领导地位,媒体采访的请求也纷至沓来。我聘请了纽约一家顶级媒体关系公司——鲁宾斯坦联合公司帮我们免于见报。但是,我们厌恶接受报纸和杂志采访的态度也让我们在塑造公众形象方面束手无策。其实,当时如果态度柔和一些,我们可以被更好地对待——或许那样就能减轻公司在1989年经历的唯一一次真正的丑闻所带来的影响。

事情的起因是《闪电舞》和《血网边缘》等电影的编剧乔·埃泽特哈斯决定找个新的经纪人。更确切地说,是他决定回到以前的经纪公司。埃泽特哈斯是个身材壮硕、留着大胡子、讲话很吵、擅长自吹自擂的家伙。他最初是克利夫兰的一名新闻记者,后来跳槽到《滚石》杂志,他的剧本处女作《拳头大风暴》被拍成电影并由史泰龙主演之后,他就成了一名电影编剧。乔原来的经纪人盖伊·麦克尔韦恩离开ICM跳槽到哥伦比亚影业之后,乔成了CAA的客户。

乔这个人很难搞。他"丰富多彩"的性格实际上非常让人头疼。但他写的剧本充满活力,能卖到125万美元,并作为利润丰厚的打包项目的载体。因此,我们忍气吞声并提醒自己:这毕竟是个服务行业。

乔在两年之内把我们两名最好的经纪人折磨到无法忍受，甚至连性格坚强的经纪人罗莎莉·斯威德林都被他气哭了，之后他的事务就一直由兰德·霍尔斯顿处理。然后，盖伊·麦克尔韦恩被哥伦比亚影业解雇，回到了 ICM。乔便开始到处说他多么喜欢盖伊，以及他觉得从道义上来说，他要回到盖伊那边去。1989 年 9 月，他通知兰德，他想离开 CAA。兰德把消息告诉我的时候，我皱了皱眉头，觉得无论怎么挽留可能都是徒劳。但我还是想尽量尝试一下：我非常想留住乔这个客户，而且在公司推介会上，"没有客户离开过我们"永远是一句非常好用的广告语。德博拉·温格离开过——但她又回来了。其实乔自己在 1982 年也离开过一次——他也回来了。只不过他现在名气更大，也更吵闹，而我担心这次他走了就不会再回来。但压倒一切的恐惧是如果有一个大客户永远离开我们，就会有 10 个人壮着胆子效仿他，然后就会有 100 个。

那天晚些时候乔走进我办公室之后发生的事情成为娱乐界的传说。据说乔要求我放他走；据说我大发雷霆，用最恶毒的语言威胁了他；据说他在暴怒中离开了我的办公室。两周后，他给我写了一封措辞激烈的信，还抄送了他的制片人、他的律师和盖伊·麦克尔韦恩。他声称我威胁他说如果他离开 CAA，我就会起诉他，让他官司缠身、无法工作，此外，我还补充说，"我每天都会派小卒子们出去闹得满城风雨，让你不得安宁，把你逼疯"，以及"如果你让我吃屎，我也会让你吃屎"。

乔的信被泄露给了媒体。我发表了一份回应，否认了他对我们会面内容的陈述，并表示我们支持他回到盖伊身边去，如果那是他本人的意愿。乔又写了一封信把我臭骂了一顿作为回应。

这件事让娱乐界纷纷扰扰了好几个月。乔对相关事件的说法在任何了解我的人看来都是可信的，而我们的律师为我撰写的回应则显得软弱无力，只有招架之功——律师们非常害怕编剧工会因此插手调查我们是否有行业限制行为。我没能很好地应对失控的经纪人或者客户，这一点千真万确，而且，最后关头我会以毁灭地球来威胁，想让那些任性的人明白我们是多么伟大的朋友和多么可怕的敌人。

但乔的说法是一派胡言。实际情况是这样的：乔坐在我的沙发上承认他在 CAA 挺开心的。他的问题是不知道怎么样才能继续留在我们公司，同时不会对不起盖伊。我开玩笑地说："很简单，乔。你就告诉盖伊，我威胁让你日子不好过，而你不想面对这种压力。告诉他，我说要让小卒子们把你逼疯。"我们两个都笑了起来。然后，我建议他公开表示 CAA 要求他履行他的合同和佣金义务——这样等于给了他一个借口，而且我认为这样也是很好的广告，能显示我们态度强硬。

他看起来松了一口气，也很高兴有了办法。"太好了。"他说。虽然我们握了手，但我直觉我们私下的共识不久就会尽人皆知，而且像乔这样不受控制的人可能最终还是会离开我们。他确实是这么做的。我能感觉到——我肯定乔也能感觉到，我们那次见面的背后隐藏着太多的潜台词与深意。乔让我想起小学里专门欺负别人的同学，我确信我对他这种恶棍的蔑视已经表露得很明显。他既不愚蠢也不迟钝。即便如此，我也完全没想到他会把我随口编的"威胁"说成真的，并且扮演起无辜受害者的角色。现在我们两人各执一词，并且乔的声音更响亮。而且，就算他的说法是真的，他离开之后，我实际上能对他做什么呢？把他的打字机砸了吗？

争议曝出后，罗恩在公司内外都表示了对我的支持，但并不由衷。比尔则给我写了张便条说，我当初就该直接放乔走人。他是对

第十一章　应对失控与对赌

的：乔实在是没法儿控制，没有他对我们更好。但我真的希望在我四面受敌的时候，比尔能够跟我站在一起。我也希望自己没有建立这种特别适合让乔抹黑嫁祸的公众形象。如果我没有下定决心要表现得无所不知和无懈可击，那么我的人生一定会快乐得多。

这场捏造的争议让乔名声大噪。不久之后，盖伊帮助他为剧本《本能》拿到了创纪录的 300 万美元酬金。通过贬低我和 CAA 以及操纵媒体，乔的身价翻了一倍多。4 年之后，乔的事业逐渐平淡，他找到我们公司的某个人，问能否回到我们公司。

我礼貌地拒绝了。

迈克尔·克莱顿出版第一部科学惊悚小说《天外来菌》时，我就成了他的书迷。迈克尔是哈佛大学医学博士，还是索尔克生物研究所的研究员。他的文章曾经发表在《大西洋月刊》《花花公子》《新英格兰医学杂志》上。他书写的主题丰富多彩，包括建筑设计、电脑和贾斯培·琼斯等，而且颇具权威性。他能深入钻研任何主题，并在十几页的篇幅中就让读者觉得他们已经成了专家。他还用电影的方式写作：他的书会让你的脑海中浮现一连串的画面。我曾经贸然给他打电话说我非常喜爱他用罗宾·科克的小说《昏迷》改编并执导的同名电影。一年之后的 1978 年，我到《火车大劫案》在英国的外景地去探肖恩·康纳利的班，这部影片是克莱顿根据自己的小说改编的，于是我见到了作家本人。他身高 2.07 米，有点儿羞涩，而且博学多闻，我和他聊了几分钟之后都感觉自己更聪明了。那就是我们此后美好友谊的开始。

第二年，我帮助迈克尔的电影经纪人鲍勃·布克曼完成了从 ICM 跳槽到 ABC 娱乐部的合约谈判，然后机会来了。迈克尔也在跟其他经纪公司接洽,但还没有签约。他跟我说他感到沮丧,因为没人相信他能够促成热门电影的诞生。大多数经纪人仍然在沿用过去的思维:观众到电影院是去看明星的。但是迈克尔的小说凭他的名气就能大卖,人们还争先恐后去听他的演讲。我告诉他,他本身就是一个崛起中的品牌,这正是他希望听到的——同时也是实话。

与迈克尔签约后,我们终于可以接触他那位极为强势的文学经纪人,也就是ICM文学经纪部的负责人琳恩·内斯比特。鲍勃·布克曼——他后来从ABC跳槽到了哥伦比亚影业,让我们在那儿有了个买家朋友,然后又在1986年加入了CAA——告诉我,ICM让琳恩非常气愤,因为它没有理会她想要成为公司合伙人的要求。鲍勃和我在纽约与琳恩一起见面吃午餐,然后我俩又去找了莫特·詹克洛,并且提出:他为什么不考虑跟她合伙呢?莫特不喜欢ICM,所以比较抗拒,但是我们一直没放弃努力,到1989年,他和琳恩终于联手。CAA在文学经纪领域最强劲的对手现在成了我们的同盟。詹克洛&内斯比特公司至今仍然是全世界最大的文学经纪公司之一。

尽管我们怀着很高的期待开始与迈克尔合作,但他最初的两部电影剧本都失败了。我们计划把克莱顿新出版的一部小说打包给另一位导演,好让迈克尔专注于下一个精彩的想法。但他陷入了低潮。80年代末,他连续两年都处于完全停工的状态。我每天都给他打电话,试着让他振作起来继续创作,也经常去看望他。每当有人提出请他执导或重写某部剧本时,我都会让我们的经纪人说他正忙于新的原创作品。

CAA的经营原则中很重要的一项就是要跟客户说实话,但这不代表我们会把实话告诉所有人。为了能够最终兑现我做出的承诺,我不得不经常夸下海口。如果真相对我们不利,我们就必须改变现实,

第十一章 应对失控与对赌

然后把它作为我们一直以来所承诺的去兑现。与此同时，你会变得很有创意。我们打掩护打得最漂亮的一次就是在两年中让整个业界都相信迈克尔正在努力工作，而他实际上正蜷成一团毫无产出。我们放的烟幕弹从来没穿过帮，因为我们在保护的客户把我们供出去对他们自身没有任何好处。

我从不把这种误导视为撒谎。撒谎在我看来是毫无目的便直接做出的虚假陈述。我认为我们所做的是确定立场、加以塑造、混淆视听：让事实偏向我们所期待的结果。每天，我们与买方的每次交谈都建立在这样的思维模式之上。例如，一位制片厂高管打电话对我说："我们想用弗雷德代替鲍勃"——两位都是CAA的客户——"进行下一轮剧本修改。"

"不可能。"我说。因为鲍勃比弗雷德价格高，而且我知道如果制片厂能给鲍勃一次机会，他是可以把工作完成的。

而那位高管说："实际上是有可能的，因为我们已经跟弗雷德谈过了。"他想用一个谎言来镇住我，可我知道那是个谎言，因为我已经跟弗雷德谈过了，而且他跟我说他不想替代鲍勃（这也是个谎言）。

所以我说，"我已经亲自和弗雷德谈过了，他告诉我他不想替代鲍勃，更何况鲍勃是他最好的朋友"——我这是在信口开河，但这么说会让那位高管因为破坏了两人的关系而感到不安，还能给我这边加点儿码。"此外，鲍勃已经完成了下一稿的四分之三，而且写得棒极了。"这句跟事实完全不沾边，但是到这会儿谁又能断言呢？还是接着让他写吧。

对我来说，这些从来都不是谎言，而是我把破事儿搞定所需要的工具。

有一天，迈克尔来电话说："我想跟你说说我最近一直在构思的一个想法。"听到他声音里的活力，我欣喜若狂，我们约好一起吃午餐。

他穿着他最典型的一身行头出现了——蓝色西装外套、灰色休闲裤和便士乐福鞋。就座之后，他说："有三个科学家在一个游乐园里克隆恐龙的时候被困住了。这些克隆出来的恐龙跑出了笼子，所有人都在仓皇逃命，引发了混乱。你觉得怎么样？"

我说："哇！"我认识的每个人，从我的孩子们和他们的朋友们到我七十高龄的父亲，一提到恐龙都会兴奋得疯了一样。低潮期有所好转的迈克尔已经悄悄进行了好几个月的研究工作，他说他能在6个月内完成手稿。我告诉他，我们都翘首盼望早日读到《侏罗纪公园》，那天午餐剩下的时间里，我们一直在筹划如何在这本书出版之后把它拍成电影。

为新作进行研究的阶段是迈克尔最享受的。他会尽量拖延动笔的时间，然后开始每天写作18个小时，每周7天笔耕不辍，直至终稿。《侏罗纪公园》是他开足马力一气呵成的作品，就好像他之前一直在冬眠中蓄积所有力量来成就他的这部代表作。

我分两次看完了草稿。"我认为这是你最好的作品，"我告诉他，"而且会是一部所向披靡的电影。"

经过迈克尔的同意，我们为他尚未出版的手稿做了一些非常规操作。我们把《侏罗纪公园》独家提供给了仍然没有跟CAA签约的史蒂文·斯皮尔伯格。史蒂文是迈克尔和我知道的唯一一位同时拥有营造惊奇感的技术和能力，从而可以将这个故事付诸实现的导演。在这部影片上钦定某位导演会得罪其他一大批导演，但这么做是值得的。比如，CAA的所有项目都会给罗伯特·泽米吉斯看，只有一两次例外。

第十一章　应对失控与对赌

而这次就属于例外。当他和其他五六位导演向我问起《侏罗纪公园》的时候,我跟他们每个人都说:"迈克尔·克莱顿坚信只有史蒂文能把它拍出来。如果情况发生变化,我一定帮你约他见面。"

我为此遭受的所有谴责都是值得的,因为正是这个项目让史蒂文·斯皮尔伯格终于成为CAA的客户。

为了灌输紧迫感,我请史蒂文用一个晚上读完小说。第二天早上6点,他给我打电话说:"我喜欢这个故事。我接了。"你是不可能让一位顶级导演接拍一个资金还没到位的项目的,更不可能让他一夜之间就拿定主意,但《侏罗纪公园》是极其罕见的例外。史蒂文在安培林娱乐公司的合伙人兼制片人凯瑟琳·肯尼迪按照他的意思跟进。迈克尔会协助把他的原著小说改编成电影剧本,所有的关键要素都已经谈妥。选角是次要的,因为这部电影的明星是恐龙。

由于史蒂文与环球影业的西德·谢恩伯格关系很密切,所以我们没有公开竞价。我给西德打了个电话,说:"我有个好消息,还有个坏消息。你要先听哪个?"

"好消息吧?"他犹豫着回答。

"好消息是,我们手里有一部迈克尔·克莱顿写的关于恐龙的小说,6个月内就会出版。史蒂文已经答应将它作为自己的下一个项目拍成电影。迈克尔会与戴维·凯普一起创作电影剧本。凯瑟琳·肯尼迪说,全部算下来6 000万美元可以拍成。"

"太棒了!那坏消息是什么?"

我说:"坏消息是这项目是我们的,不是你的。"

西德紧张兮兮地笑了笑,说:"好吧,那我们怎么才能补救?"

我跟他提出了条件,与之前《龙兄鼠弟》的方式类似,只是更大胆了——制片厂与迈克尔和史蒂文两人按五五分成,两人会免除担纲主创的酬金。成本从总收入中抵除。总票房超过预算之后，赚到的每一美元双方都要平分。如果电影失败了，我的客户们会颗粒无收。但是《侏罗纪公园》的故事和主创赢面很大，值得一赌。

由于环球影业已经在低迷状态中徘徊了很久，迫切希望能够有一部高票房电影，所以西德的答复并非要求我们把比例改成七三分、六四分，甚至五五四五分。他的答复是"好的"。不到一周，我们就把一份错字连篇的手稿变成了一个制片厂确认全资投拍的电影项目。而且史蒂文终于成了 CAA 的客户！我们从未正式谈过这件事或者走过任何书面流程，只是从那个时刻起，我就自然而然地开始代理他的业务了。

《侏罗纪公园》这个项目最困难的部分是应付其他制片厂打来的电话。高管们都非常愤怒——不是生迈克尔·克莱顿的气，而是生我的气。艾斯纳尤其擅长"狠狠打我一巴掌再揉三揉"以安抚我的情绪，让我等着下次挨打，但这个套路人人都会用。他们会说："我可是帮你扛过事情（指某部票房失败的电影）的，你怎么能这样对我？"我就会说："你说得对，我们非常过意不去。"然后我就会解释一下特殊情况：在这个项目上，"迈克尔只想让斯皮尔伯格执导，而斯皮尔伯格坚持尊重他与环球影业的关系"。影片在试映之后如果看起来有火爆的迹象，他们就会再次来电话重复抱怨。如果试映反响不佳，他们也就不会再说什么。

全都是戏。

————

史蒂文从来没有和观众一起看过自己拍的电影，也从来没办过试映会。他很相信他的直觉，并且很容易被反对意见惹恼，所以何必呢？但是我对《侏罗纪公园》充满信心，于是连哄带骗拉着他和我们一起出席了在艾维克使馆电影公司（Avco Embassy）举办的首映式。放映开始时，他是被朱迪、凯瑟琳和我拖到后排的座位上的。从开场时用笼子运输迅猛龙那个震撼的场景开始，观众就已经身临其境般被牢牢吸引了。双手捂着眼睛度过了影片开头的 15 分钟之后，史蒂文开始放松下来。片尾滚动出现演职人员名单时，我们在暴风般的热烈掌声中跑出影院，我从没见过他那么兴高采烈。

《侏罗纪公园》获得了将近 10 亿美元的票房收入，成了环球影业的印钞机。而且这一次，创作这部影片的艺术家们也得到了同等丰厚的回报。

———

迈克尔又有了媒体知名度之后，我们仔细翻阅了他以前的作品，想找到一些感觉还很新的旧作。一位年轻的经纪人托尼·克兰茨想起，1974 年，迈克尔以他本人当住院医生时的经历为背景写过一部关于医院急诊室的电影剧本。"剧本很前卫，"托尼说，"但一部电影放不下。"他觉得拍成剧情类电视连续剧倒是很合适。

我给我们的老朋友托尼·托莫普洛斯打了个电话，这时他已经去了史蒂文·斯皮尔伯格新成立的电视制作公司安培林。（托尼被迫离开联美影业后，是我们帮他在这家公司找到了工作。）然后，我们把华纳兄弟拉进来确保投资和发行，接着把这个项目推销给了 NBC，它买了一集试播集。

按照迈克尔和史蒂文的要求，试播集在洛杉矶一家废弃的医院中拍摄完成。片子节奏很快，层层推进，全部使用手持摄像机，所有人都在互相喊叫，到处都是血。片子令人耳目一新，但又惊人地真实。可是 NBC 西海岸的负责人唐·奥尔迈耶不这么认为。唐穿着羊绒衫，不穿袜子，看起来像是出没在乡村俱乐部的高尔夫爱好者，但实际上却一副满口脏话的牛仔作风。他打电话给我说："这是我看过的最大一坨臭大粪。这种破玩意儿别想上电视！"试播集的观众调研——类似于电影的试映会——得到的结果也很不乐观。接着，唐挑衅地说："但我知道你肯定会逼我接受的。"

我说："我就不和你争论这个了。"我挂断了电话，然后打给了莱斯利·穆恩维斯，他是我们的客户，也是华纳兄弟电视网的总裁，我们又分别致电唐的老板、NBC总裁鲍勃·赖特，一起劝说他。我们俩都强调了这部戏的开创性及发自肺腑的真诚，我还告诉鲍勃："最重要的是这部戏关系到斯皮尔伯格、克莱顿、华纳兄弟和CAA。"他肯定不希望任何一方的关系受到严重影响。

"你想怎样？"鲍勃问。

"再订6集。"我说。电视网第一次订购节目通常都会订6集，包括试播集，但是我对这部电视剧非常有信心，所以我希望观众能有尽量多的机会收看它并喜欢它。鲍勃同意再买6集，并且在华纳兄弟的棚里搭景拍摄。演员阵容是一流的，每一集都在一位名叫约翰·威尔斯的编剧兼制片人的监督下得到了精良的制作。我接到了奥尔迈耶打来的电话，期待着听到他说很高兴剧集的效果很好，甚至还能有几句假惺惺的道歉。

"你们这帮人非要跟我过不去，是吧？"他吼道。

《急诊室的故事》播出了15季，赢得了23项艾美奖，成为历史上播出时间最长的黄金档医疗电视剧。

———

虽然迈克尔结过五次婚，但他天生是个孤僻的人。我们认识的时候，他刚刚恢复单身，总是独自一人来参加我们为肖恩和米舍利娜·康纳利夫妇、达斯汀和丽莎·霍夫曼夫妇，以及西德尼和克莱尔·波拉克夫妇这些朋友举办的奥维茨"家庭"晚宴。我记得有一次晚餐一直持续到凌晨1点半，这在洛杉矶是闻所未闻的。迈克尔谈到计算机的潜力或者贾斯培·琼斯的种种灵感源泉时展现的才思总是让他成为大家聊天时的中心人物。

几年之后，我在布伦特伍德的意大利餐厅"托斯卡纳"和我的好友、私募基金亿万富翁西奥多·福斯特曼吃饭，并认识了陪他一同前来的谢丽·亚历山大。西奥多和我相识于80年代中期，虽然很多人不喜欢他，但我和他关系一直很好。我加入了5个他主持的董事会，兼任他感情生活的参谋——这份差事还挺忙的。虽然他与戴安娜王妃和帕德玛·拉克施密的绯闻曾经轰动一时，但他从来没结过婚，因为一直找不到合适的女人。

当然，他可不是个软柿子。90年代后期，我曾经把他跟《考斯比一家》和《罗斯安家庭生活》等电视节目的制片人马西·卡西和汤姆·沃纳拉在一起，竞购以播放大量旧情景喜剧为主的家庭频道（Family Channel）。我仔细地帮西奥多做了准备，试着让他把棱角磨平，跟他解释这是一笔娱乐业的交易，他必须表现得善良。他保证会乖乖的。结果，在谈判桌旁坐下后，他说出的第一句话就是："是这样，你们很快就要破产了。所以你们要么现在就卖给我，要么就等过半年再来找我，但那会儿你们会损失好多钱。"交易没成，并不意外。西奥多对这个电视频道的前景判断是准确的——它的拥有者确实失去了掌控能力，但是在谈判中，你不能用这样的方式开场。不过，他仍然是个非常讲义气的人：直到他于2011年去世时，他仍然在花钱养着前理发师、前司机、一个前厨师和5个前女友。

在托斯卡纳餐厅，谢丽·亚历山大和我聊了两个小时。她很有魅力，活泼可爱，也很健谈，但是西奥多似乎不以为意。晚餐结束时，谢丽站起身……继续起身……一直起身。这个女人到底有多高啊？

确认她和西奥多只是普通朋友之后，我给迈克尔打电话说："我终于找到了一个你会喜欢并相处得来的女人——而且你们俩在一个视平线上。"他大笑着记下了她的电话号码，但总是把号码弄丢，要不然就忘记打。最后我告诉他："如果你今晚不给她打电话，我就再也不跟你说话了。"他打了电话，他们出去约会了——而且立刻确认了对方是自己一生追寻的至爱。令人悲伤的是，他们在一起仅仅度过了4年时光，迈克尔就因喉癌英年早逝。

迈克尔和我在艺术上有着相同的品味：都喜欢琼斯、利希滕斯坦、劳森伯格和克莱斯·奥登伯格的作品。迈克尔将琼斯视为美国最优秀的画家。我买下《白旗》之后，他会坐在我的客厅里，连续几个小时盯着那幅画，讲述着贾斯培的逸事。那幅画他永远看不够。如今，每当看到那幅画时，我都会想起他。

迈克尔曾经在他的一篇文章中写道：

> 如果你想快乐，就忘掉你自己。全都忘掉——你的长相，你的感觉，你的事业进展如何。把关于你的一切都忘掉……那些献身于身外之事的人——那些帮助家人和朋友，或者投身某种政治事业，或者关注比自己更不幸者的人，是世界上最快乐的人。

他是我最具智慧也最忠诚的朋友；我成功时，他很安静，但我失败时，他会给我无限的宽容和安慰。就像他最爱说的那样："人生总会有另一场赛跑和另一条赛道。"

我每天都在想念他。

第十一章　应对失控与对赌

第十二章

锁腕

上高一时，我放学以后会去练习体操。我还记得我们本地著名的体操选手坂本兄弟给大家展示武术中的锁腕技巧时，我看得目瞪口呆。但真正让我敬畏的是他们的自制力。他们身上有一种沉静，把他们与我身边一起长大的其他孩子区分开来——也与我和我的脾气区分开来。

受到鼓舞的我自学了武道（budo），也就是武术与自卫的哲学。很快我就吃到了一知半解的苦头。当我试着用初级柔道的招数对付欺负我的坏孩子斯科特·克雷格的时候，我却被他打得屁滚尿流。打输了之后，我想，我不愿意这样一直被一个就住在几个街区之外的恶棍恐吓。所以，我祝贺斯科特把我痛揍了一顿，还称赞了他的力量与技巧。之后，每当他骑着那辆美国飞行者牌自行车拐过街角时，我都会挥起手跟他大声打招呼。我的魅力攻势实施几周之后，他成了我的朋友，然后又成了我的保护者。这是如何化敌为友的重要一课。

在 WMA 期间，我开始每周六到埃德·帕克武术学校学习肯波流空手道。创立 CAA 之后，我转投圣莫尼卡的一位私人教练，并且开始练习更传统的松涛馆流空手道。最后我着重练习的是合气道，一种融合了舞蹈、象棋和格斗，并通过转移对手的能量来借力打力的武术。那种感觉和经纪人的工作很相似，你得把客户身上具有破坏性的热情转移到新的更有成效的方向上。

我每天都会晨练45分钟，但自从我开始邀请别人周六早上来我家参观我练习之后，这件事就开始有了传奇色彩，空手道成了我神秘人设的一部分。我们公司年轻的经纪人理查德·洛维特自从看到我把教练像羽毛一样抛来抛去，对待我的态度明显放尊重了不少。诺曼·利尔始终难忘他见到的场面，于是也开始上课学习。不过他没坚持下去，因为空手道很难：需要自制力、专注和很长时间的苦练。每个人都半途而废了。但我没有。

有一天，马丁·鲍姆告诉我："我见到了一个最出色的武术家。我从没见过他练的那种武术——你一定要见见他。"

他叫史蒂文·西格尔，十几岁时从加州移居日本，是第一个在日本经营合气道道场的外国人。他有2 500个徒弟，作为一个"外人"，也就是外国人，这相当了不起。他回到了洛杉矶，目前正在帮助拍摄《永不言败》的肖恩·康纳利训练一场格斗戏。我请他给我上一课，虽然在听说他把肖恩的手腕掰断了之后，我有点儿忐忑。

我的新教练开着一辆古董劳斯莱斯驶入我家门前的车道。我们在垫子上只练了15秒，我就明白了马丁的意思。西格尔身高1.95米，身材健壮修长，移动起来像一只瞪羚。我聘用他每周带我训练3次，每小时50美元。

就这样过了几周，某一天课程结束，我们互相鞠躬致意后，史蒂文从双肩背包里拿出了一份他写的剧本。"你能读一下这个吗？"他问，"我想当演员。"

我说："史蒂文，我知道你想当演员，不然你就不会在这里教我了。我会利用周末把它看完。"我在一个周五的晚上读完了剧本,第二天上训练课之后,我告诉他:"剧本还不错"——我这已经是往好了说——"不过让我想想从整体上还能做些什么。"查克·诺里斯已经证明,一个身体素质合适的家伙并不需要演技加持,也不需要一部出色的剧本。在动作电影中,你只需要一个角色、一个任务和一份大概的行动大纲。我热爱动作片,它们让我放松,我也相信每10年就会有一个新的动作巨星横空出世:伊斯特伍德、施瓦辛格、范·戴姆①,以及之后的范·迪塞尔和"巨石"强森。

华纳兄弟已经有了伊斯特伍德,但他正在朝动作要求不那么高的角色转型。我打电话给华纳的总裁特里·塞梅尔,向他提出拍摄一个武术片系列,由一个新面孔担纲。"我让这小子到你那儿去一趟,"我说,"我需要你准备一些训练垫和三明治,然后在午餐时间把你的秘书和助理叫出来观摩一下他的演示。"然后我让史蒂文带上他最好的徒弟,我要那种血光四射、骇人听闻的效果。

他带着四个黑带级别的徒弟去了。他大步走到垫子正中,用一把屠刀刺破拇指,举起流血的指头展示给周围的观众,并把血抹在了脸上。然后他用日语大喊了一句,那四个家伙就提着刀同时向他猛扑过去。史蒂文一个闪身,轮流和他们单挑,每个人都被他打得飞了出去,最后一个家伙干脆被他高高地抛向空中。垫子上全都是血。史蒂文鞠了一躬,一言不发地离开了。

特里来电话时,肾上腺素飙升的兴奋仍未消散。"那个人到底是什么来路?"

"那个人就是你的动作片新星。"我说。制片厂批了800万美元

---

① 指的是好莱坞动作明星、比利时演员尚格·云顿。——译者注

第十二章 锁腕

预算投拍非工会项目《法律之上》，由一位很有前途的年轻导演安德鲁·戴维斯执导。看到粗剪版的时候，我心想，这家伙一定会大红大紫。影片的开场就是他精心编排并展示给特里·塞梅尔的那场格斗。

我们应邀在伯班克举办了试映会。史蒂文在放映厅的过道里徘徊，根本没有人认识他。制片厂的首席执行官鲍勃·戴利走过来跟我说："迈克尔，这次你可把我害惨了。这片子我昨天晚上看了，实在是太差了。"他是一个人看的，他也不是功夫迷，所以他根本就是在胡说八道。

"鲍勃，我了解功夫片，"我说，"这部好极了。"

"不，你把我坑了。"

"这样吧，"我说，"CAA现在就从你手上把它买回来。明天上午我会寄给你一张800万美元的现金支票。"我知道福克斯影业取消了一部春季档影片，需要找别的片子顶上。我一个电话就可以把《法律之上》转卖出去。

鲍勃说："成交！"我们握手说定了。

在伯班克的试映标志着合气道电影在美国银幕上的首秀。当史蒂文把坏人甩向窗户，让他们撞碎玻璃飞到外面的时候，观众的反响极为热烈。影片末尾，我们的英雄男主角解决了中央情报局里的一个坏特工并破除了一个强大的贩毒网络，观众们起立鼓掌。场灯亮起时，人们发现了史蒂文并蜂拥到他身边。

我扭头对鲍勃·戴利说："太可惜了，这片子已经不是你的了。"

"废话！"他回答。

虽然《法律之上》的票房成绩只能算是过得去，但录像带发行带来的收益却一飞冲天。史蒂文·西格尔主演的一系列电影总票房接近3亿美元，他是迄今为止华纳兄弟在20世纪90年代前期最赚钱的明星。《法律之上》让他赚到了15万美元，他兴奋不已。《七年风暴》这部电影，我们为他争取到了300万美元片酬；再之后的3部电影，他的片酬一共是4 000万美元。算上后端分成的话，CAA从他身上赚了1 000万美元。虽然史蒂文片子拍得越多，体态也越发福，但我觉得他还能这样演上很多年。

可是他想要的不止这些。有一天他告诉我："我觉得我和霍夫曼、德尼罗那些人一样出色。"

我说："史蒂文，这个我不能确定，但是你的特别之处在于，那些人不会合气道。"

"你不明白，"他说，"我想自己执导下一部电影并拿下一座奥斯卡金像奖。我希望你能帮助我。"

的确，我们常常能够做到一些几乎不可能做到的事情。1982年，歌手"王子"（Prince）来办公室找我。他穿着一件金色针织连身裤，脚上蹬着一双硕大的木底松糕鞋，踢踏踢踏地经过我们的走廊，像是一匹拉车马，陪同他的保镖是我见过块头最大的。在我相当费劲地说服Prince让保镖等在门外之后，他告诉我，他想拍摄并主演一部音乐电影。我跟他说我们能办到。但是华纳兄弟的鲍勃·戴利完全反对这个想法，哪怕Prince的音乐就是华纳兄弟旗下的唱片厂牌推出的。

于是，我打电话给他的儿子鲍比，让他跟他父亲谈谈。我并不知道鲍比是Prince的粉丝，所幸他是；如果他不是，那我就会说："我先给你寄一些他的专辑，之后咱们再说。"鲍比跟他父亲谈了，并说服他相信Prince就是未来，影片《紫雨》最终也获得了巨大的成功。这种手段我现在还在用，就是让孩子们告诉他们大权在握的父母现在

第十二章　锁腕

到底流行什么。哪怕你真的很懂流行趋势,但是当你过了35岁,甚至30岁时,你就不会有任何对未来的准确判断了。当我看到我女儿金伯莉开始效仿麦当娜的穿衣风格时,我才终于相信了麦当娜货真价实的超级巨星地位。

可是,CAA作为"奇迹创造者"的名声意味着我们经常接到的请求不仅有"把病人治愈",甚至还有"让死人复活"。[1] 我们的客户迈克尔·杰克逊在电影《新绿野仙踪》里大获成功后,我们到迈克尔家里开了个会,他告诉我们,他想成为动作片明星。他正说着,头上戴的帽子掉落进桌上的鳄梨酱里了,他把帽子从酱里捡起来重新戴到头上。要命的是,帽子上面沾了一坨鳄梨酱,正在慢慢地朝着帽檐滑落。罗恩·迈耶拍了拍我的腿让我看,我们两人都在惊恐中欲罢不能地看着那坨酱越滑越低,而此时迈克尔正在竭尽全力向我们阐述他为什么会是美国下一位动作片英雄。那坨酱终于掉了下来,罗恩忍不住大笑起来。而我虽然使出浑身解数控制自己,但也没绷住笑出了声。迈克尔愤而离席。

我出去找到他并花了15分钟解释我们刚才不是在笑他,而是在笑那坨酱。我说我们绝对不会笑话他,无论是作为一个人还是一位艺术家,我们对他都是极为敬仰的。我说了一遍又一遍,语气越来越热切。终于,迈克尔的脸色恢复了正常。"好吧,奥维茨。好了。"他说,"但是我想演詹姆斯·邦德。"我可以很自豪地告诉各位,这次我没笑。我通情达理地点了点头,仿佛真的在考虑实现的可能性,然后我说:"你比较瘦,而且性格细腻敏感,你出演一个心狠手辣的硬汉会不太可信。当然,你肯定能够演好,只不过这对你自身不利。"

---

[1] 此处"把病人治愈,让死人复活"的说法出自《圣经·马太福音》。——译者注

史蒂文·西格尔的梦想是演一个敏感并饱受折磨的艺术家，不幸的是，这同样不太可能实现。史蒂文看出来我对这件事不太热衷，于是离开了 CAA。他接着自导自演了影片《极地雄风》，但一败涂地。他已经无法自拔地陷入了一种非常危险但又全然符合人性的幻觉：如果你在某个领域取得了成功，那么你就无所不能。

————

朱迪明确表示过，对她来说，三个孩子已经足够了。但我一直想有五六个孩子。特别是假日里，一大家子人可以欢聚一堂，这一直是我梦寐以求的场景（或许是因为在我的童年时期，我们从来负担不起真正的家庭旅行）。所以，随着孩子们都长大了，我开始临时添加新的家庭成员。克里斯的朋友乔丹·哈里斯从科尔盖特大学毕业之后要找个地方落脚，我鼓励他搬到我家来住。乔丹断断续续跟我们一起住了好多年。他成为我的教子，也是我们家里的幕后和事佬——他是一个特别乐观又镇定的孩子，始终确保家里其他人都能和谐相处。

90 年代后期，我认识了巴西柔术明星雷克森·格雷西，并对他动感十足的武术风格大为好奇。不久之后，我就开始每周七天都跟着雷克森的徒弟马尔科·阿布奎基训练。马尔科 23 岁，来自里约热内卢的贫民窟，他身高 1.8 米，颈围 50.8 厘米，大光头上还有刀疤。尽管他的外表令人生畏，但他的性格非常温柔，他就像是朱迪和我的儿子，是我孩子们的大哥哥。他总是会照顾他们。我知道他确实有能力保护自己，这让我感到格外欣慰：每周六，他会到联邦调查局去教特工们如何在抓捕时控制住职务便利犯罪嫌疑人。(在讲授锁腕那一课的时候，他让我作为特邀教师跟他一起去了。)

克里斯和他的朋友、达斯汀·霍夫曼的儿子杰克·霍夫曼在二十

第十二章 锁腕

出头的时候，有一天晚上到一家名叫纳西诺的夜店里玩。杰克不小心撞到了一个身材魁梧、看起来很不好惹的醉汉，那个人立刻变得气势汹汹。杰克立刻道了歉，但那家伙开始威胁他。然后，马尔科不知道从哪里突然冒出来，站到那个人面前，用葡萄牙语吼叫起来。对方被这个斗牛犬一样的人吓到了，说"对不起，哥，我错了"，并且向杰克道了歉。仍然火冒三丈的马尔科让他去跟吧台另一边的克里斯道歉。那家伙已经吓到发抖，于是走向克里斯，拍了拍他的肩膀说："哥们儿，对不住，请你跟你朋友说一声，我真没有要惹事的意思！"知道马尔科在罩着我的孩子们，我放心不少。

马尔科会为我们做一切事情：他帮朱迪铺好了地面的瓷砖，训练埃里克练习柔术，还帮他搬家。他忠实又体贴，而且像乔丹一样，每次都跟我们一起外出度假。他的副业是导游，经常带着美国游客去里约热内卢，但是他在洛杉矶期间每周3个晚上都住在我家，另外4个晚上则住在我们在马里布的海滨别墅。为了泡妞，他还总喜欢说海边的那座房子是他的。我们一起到卡普里岛度假时，他带3个意大利女人上船来了一次独家参观。"阿布奎基先生，有什么是我可以帮到您的吗？"我跟他闹着玩儿，这样说道。"我们想要一瓶船上最好的霞多丽葡萄酒，"他咧嘴笑着回答我，"请马上拿来。"

2010年的平安夜，我们接到了马尔科的堂兄从里约热内卢打来的电话：马尔科在他童年时住的贫民窟被两个混混枪杀了。那两个人吸食了大量毒品，想要抢走他的路虎汽车和他给朋友们买好的一堆礼物。

这个消息如同晴天霹雳，命运的不公令人震惊心碎，也给我们的家庭留下了巨大的空洞。

他死时年仅39岁。

CAA 内部奉行"根回"[①]制度——一种日式的自下而上的广泛共识。任何外部聘用都要经过整个部门面试并得到认可才能确定。这个流程让入职过程变得顺利，也让新员工更轻松地融入公司氛围。（更好的一点是，每吸纳一名新员工，我们都会提拔两名老员工。）没有人会质疑我们的决定，因为他们之前已经同意了。

现在看起来似乎是老生常谈，但是在 20 世纪 80 年代，美国对日本非常着迷。当时的日本就像今天的中国一样，代表着一种神秘莫测又令人生畏的亚洲新力量。对日本文化的迷恋始于我们在 1980 年推出的迷你剧《幕府将军》，但随后由于日本的工业开始对美国半导体和计算机公司产生威胁，这种迷恋又变得小心翼翼起来。日本人的文化特性——同质化、自我贬低、外人难以捉摸——让他们看起来很可怕。谁知道他们接下来会收购或颠覆什么呢？正如美国前副总统沃尔特·蒙代尔在谈及未来时所说："我们的下一代还能做什么？在日本计算机旁边打扫卫生吗？"

我相信日本不容小觑，于是尽可能阅读了有关这个国家及其文化的一切资料，从美国驻日本前大使埃德温·赖肖尔的著作到盛田昭夫所著的关于索尼公司惊人崛起的《日本制造》。1963 年，盛田联合创立了这家公司并为它选了一个听起来像是英语的名字之后，举家移居纽约。他把孩子们送进美国的学校就读，并且吸收了美国人的思维方式。他在《埃德·沙利文秀》上看披头士乐队的表演。我们的文化对他产生了深远的影响——反之亦然。索尼最终在美国成为顶级品牌。

[①] 根回（nemawashi），原意是指园艺师在移植树木时会小心地把所有根须包裹好一起带走，在企业文化中指在做决策时征求所有人的意见，获得最广泛的认可和意见统一。——译者注

第十二章　锁腕

盛田是一个变色龙一样的首席执行官：他在亚洲是亚洲人，在欧洲是欧洲人，在美国就是美国人。但我认识的所有人里，只有我看过他写的这本书，并且从中获益匪浅。

我最初开始在日本做生意，是当时全球领先的音乐公司哥伦比亚唱片的那位盛气凌人的总裁沃尔特·耶特尼科夫牵的线。自从我在贝特·米德勒和丹尼·德维托主演的黑色喜剧片《家有恶夫》里给沃尔特安排了一个制片人的头衔之后，我们的关系就和睦起来。1985年，我们开始正式代表他"就一桩独家电影交易与迪士尼展开谈判"——如我在写给员工的信中所述。沃尔特想进军电影业，而我想了解他的领域。沃尔特的风格是从内到外天翻地覆般撼动一切，他的艺术家们都非常信赖他。在新时代的伪饰之下，他是一个很难对付的客户。"我很注重精神力量，"他曾经说，"我与内在的自我精神相通，然后我出去努力把别人搞死。"

1986年，拉里·蒂施开始掌管CBS，沃尔特随即向这位被他称为"邪恶小矮人"的新老板宣战。与迈克尔·杰克逊和布鲁斯·斯普林斯汀等超级巨星成功签约后，沃尔特觉得他已经有足够的势力让蒂施吃尽苦头。

通过在哥伦比亚/索尼唱片公司（一家在日本蒸蒸日上的合资企业）的工作，沃尔特与索尼公司总裁、盛田愿景的实现者大贺典雄建立了交情。大贺很偏爱这个"疯狂的美国人"。那是苹果公司崛起之前的年代，任何能单手握住的小型电器的标准都是由索尼制定的。它首先推出了迷你录音机和晶体管收音机，然后是"随身听"（Walkman）——所有晨跑者腰上都会绑着的模拟版iPod（苹果音乐播放器）。索尼现在希望拥有一部分能够在这些设备上播放的内容，这个"疯狂的美国人"就是因为这个出现的。沃尔特非常希望索尼能够收购哥伦比亚唱片。

我开始成为哥伦布大道上一家业内人常去的酒馆的常客，跟沃尔特和他的哥们儿——音乐经理汤米·莫托拉和律师艾伦·格鲁布曼一起混。他们从来不会让你觉得无聊。（我目睹了沃尔特在纽约西52街CBS总部黑岩大厦里把艾伦的衬衫扒掉的场面。）在好莱坞没有人乱说话，但是在音乐行业则完全不同。有一天，沃尔特大声嚷嚷着说哥伦比亚唱片马上就要被卖掉了，还披露了各种保密级别的财务数据。我说："哎，这些你可不想让别人听见吧。"

"你什么意思？"他说，"我要让所有人都知道我想干掉那个'邪恶小矮人'！"

15分钟不到，我就被叫到汤米·莫托拉的豪华轿车里接车载电话。电话那头是迪士尼的迈克尔·艾斯纳，他想抄底。"我听说沃尔特放消息了，我们想参与竞标。"他说。（一如既往地，他的出价特别低。）那时我才知道沃尔特疯言疯语的醉翁之意。他在促进低价抛售哥伦比亚唱片，这样他就能在新东家的手下控制公司。

这笔音乐产业的交易是罗恩和我之间第一次产生分歧。我没有耐心跟雪儿打一个小时的电话，他有。但我有耐心跟沃尔特·耶特尼科夫一起坐5个小时并听他猛烈抨击拉里·蒂施和策划如何出售哥伦比亚唱片。罗恩则认为这一切都失去了重点，是在浪费时间。

虽然并没有实质的资格——我不代理CBS或者索尼的业务，甚至也不代理迈克尔·艾斯纳，但我还是让自己参与其中了。我是个牵线人，这是我整天都在做的事情，现在我决定尝试把各方拉在一起，同时了解一下在这个过程中我能起什么作用。通过保守秘密和少说多看，我保住了谈判席中的位置。虽然每个人都完全有理由对我说："这儿有你什么事儿？"但是他们从没说过。

第十二章　锁腕

我帮沃尔特和拉里·蒂施安排了一次会面。"这件事没必要搞得剑拔弩张，"我告诉沃尔特，"拉里是个精明的生意人，他会听取你的意见的。"无论你对蒂施的管理才能有什么看法，他毕竟把一个电影院线和卡茨基尔地区某个二流度假村打造成了价值700亿美元的洛伊斯集团（Loews Corporation）。我觉得凭这个，他就值得尊重。

结果沃尔特做了每一件我让他千万别做的事情。他嘲笑他的老板对音乐行业一无所知，当面称呼他为"邪恶小矮人"，并直接拒绝为来年准备预算。后来我打电话给拉里道歉。"我已经习惯了。"他无力地说。如果沃尔特敢用这种态度对待史蒂夫·罗斯，史蒂夫会对着他放声大笑，然后让两个保安把他叉出去。通用电气的杰克·韦尔奇会直接从桌子对面跳过来把他打晕。但他们都是老虎，蒂施却是猫，而且沃尔特一直欺负他，反倒让他相信哥伦比亚唱片如果缺了沃尔特就会土崩瓦解，他愿意考虑索尼的提议。只要能让沃尔特离他远远的，怎么样都行。

索尼背后的投行黑石集团由苏世民和彼得·彼得森创立并运营，后者是索尼公司的董事，并曾担任理查德·尼克松政府的商务部长。在日本，美国政府的任职经历会给你镀上一层金，盛田昭夫尊崇彼得森的判断。我的工作是为沃尔特提供建议，但他无视我的存在，所以大部分时间我都是躲在阴影里观察和聆听。拉里·蒂施批准以12亿美元的价格将哥伦比亚唱片公司出售给索尼之后，CBS的董事长兼创始人威廉·佩利却不太想把他遗产的一大块拆分出去。CBS的董事会否决了交易，盛田仍然很冷静，最后他付了20亿美元，这是一个很多人都觉得过高的数额。但是盛田非常精明。通过获取这家唱片公司的独有权，索尼在东京的房地产市场获得了数亿美元的收入，而这部分不知道为什么被CBS的审计师漏掉了。

第一次接触企业并购案之后，我列出了一份并购专家名单——合适的律师、最好的会计师、顶级的公关公司，然后约他们见面，学习他们的技艺。弄清楚达成交易的各项细节之后，我猛然发觉，这跟打包一个电影项目并没有太大的区别：首先你要把所有的要素找齐，再把买卖双方拉到一起，最后商量出合适的价钱。

由于人才经纪公司与各人才工会之间的合约所限，我们在制片厂或者制片公司拥有股份的比例不能超过10%，所以对CAA而言，退而求其次的出路就是在资本之间充当掮客。如果我们与拥有媒体公司的巨头们有直接联系，而那些有意向的买家必须通过我们才能与那些巨头搭上线，那么我们的位置就很理想了。这成为我们（意思是我自己）下一个五年计划的核心。我的最终理想是拥有一家制片厂，但我觉得，如果我们能够成为交易顾问甚至委托人，那就会进一步拉开我们与其他经纪公司之间的差距，并带来大笔费用——还能让我没那么无聊。

———

大贺典雄很喜欢索尼的美国业务负责人米基·舒尔霍夫，这让沃尔特对后者产生了深深的敌意。米基是一位物理学博士，会说好几种语言，做事平稳有条理，与耶特尼科夫截然相反。大贺典雄看重米基的职业道德，并且完全信任他。大贺完全不信任沃尔特，但他看重沃尔特的能力与放肆，以及围绕着他的美好生活。大贺的年薪大约是40万美元，按照美国高管的标准来说简直少得可怜，但他过着远超自己薪资水平的高端生活，在纽约的俄罗斯茶室附近住着一套顶层复式公寓，里面摆满了高端艺术品。米基和沃尔特就像是大贺的左脑和右脑。

1988年春，索尼收购哥伦比亚唱片公司的交易完成后不久，米

第十二章　锁腕

基打电话给沃尔特，告诉他东京的高层有意收购一家电影制片厂。做梦都想成为大亨的沃尔特看到了自己的机会。"你去找一家制片厂，"他告诉我，"我来收购。"

我知道沃尔特喜欢在没得到授权的情况下随便启动计划，于是我说，在确认存在正当的买方之前，我不能随便去征询卖方。"好吧，"他说，"我让你跟盛田当面说。"

"为什么不让他到洛杉矶来跟我见面呢？"我说，确信对话到这儿就能结束了。

"什么时候？"

我给了他5个备选档期。沃尔特确认了第二个日期，是在两周以后，并且把会面安排在上午10点半，地点是布伦特伍德我的家里。我根本不信他们真的会来，于是带了一堆工作回家，想利用他们爽约的时间处理。10点半，我家的门铃响了。门外是一个优雅的男人，一头波浪形的灰发梳成中分，他旁边站着沃尔特和米基。盛田昭夫乘坐公司的公务机飞抵洛杉矶后直接过来了，但他的西装没有一道皱褶，衬衫也熨得非常平整，还打着领带。他看上去阳光又健康，好像刚刚健身完毕洗过澡一样。盛田用流利的英语做了自我介绍。我们一起到我的放映室里，谈了两个小时。

盛田是个热情奔放的人，他坦率地谈论起他的公司在录像机大战中的惨败。索尼公司推出的贝塔麦克斯（Betamax，超大尺寸磁带系统）格式败给了以松下为首的财团联盟推出的家用录像系统（VHS）格式。"我不想再被打败了。"盛田告诉我，"如果当时我拥有一家电影制片厂，贝塔麦克斯格式就不会屈居第二了。"他坚信协同增效，也就是他所谓的将硬件与内容结合在一起的"全面娱乐"。收购哥伦比亚唱片公司（很快更名为索尼音乐娱乐公司）之后，他的公司成为世界领先的音乐内容制作商。拜特丽珑品牌所赐，索尼也是排名第一的电视制造商。而视频内容——电影和电视节目——似乎是符合逻辑的下一步。

他最大的难题是公司里各个部门之间的钩心斗角。例如，索尼日本公司拒绝与米基·舒尔霍夫管理的索尼美国公司沟通。如果盛田问我，我就会建议他坚持发展硬件，或者至少联合某家电视网一起收购哥伦比亚，这样会有人帮他熟悉这个领域。好莱坞对局外人来说出了名地难以掌控。不过，经纪人不是靠评价首席执行官的方案来赚钱的。我的选择只有帮或不帮盛田而已。

为了CAA的利益着想，我选择帮他。我们是为主流制片厂提供人才的顶级供应商，帮助金主们持续更好地发展对我们来说意义重大。他们需要现金，而在低迷时期还有什么资金来源比得过日本呢？如果我们成功了，那么身为卖方的CAA将会参与购买一个曾经的买方。我们会走出其他经纪公司从未走过的路。

———

那年秋天，我出发前往东京的索尼总部，那也是我多次东京之行的第一次。虽然盛田和他的副手们对好莱坞的了解比其他亚洲公司的高管强得多，但他们仍然需要一位内行来评估制片厂。七大主要影业中，我先画掉了4个。在艾斯纳的领导下风生水起的迪士尼影业太贵。索尼没有机会拿到史蒂夫·罗斯掌管的华纳兄弟影业，鲁珀特·默多克手里的福克斯影业同样不可动摇。派拉蒙影业的问题在于其母公司海湾西方石油公司的董事长马丁·戴维斯。他是业内无人不知的"嘴炮王"，光说不练，谈着无数的交易，却很少真正谈成。

于是还剩下3家。米高梅/联美影业已经一落千丈，但你要支付多高的溢价？然后是可口可乐公司拥有的哥伦比亚影业。可口可乐最

第十二章　锁腕

近刚刚通过把哥伦比亚影业派股重组并将其与三星影业合并，赚到了10亿美元。如果出价合适，它或许能够被说服全资出售公司，把钱拿回去。

我的首选是因为股价低迷而前景堪忧的环球影业。拥有电影、电视、音乐事业板块及 400 英亩优质房地产的这家公司看起来非常合适，而且索尼会拥有卢·沃瑟曼和西德·谢恩伯格严厉的管理风格。但是，身为环球影业母公司——美国音乐公司的董事长和绝对统治者的卢并没有轻易放手的打算。我打电话过去探听他的口风时，他反唇相讥：“环球影业不出售，而且无论出现什么情况，我都不会卖给日本人。想都别想。"

接着我去找了柯克·克科里安，两年前，他从特德·特纳手中买回了负债累累的米高梅影业，之后就一直在切割处理该公司的资产。像沃伦·巴菲特一样，柯克也是个低调的亿万富翁。他住在比弗利山庄一处占地 10 英亩的简朴住宅，卧室就在车库上方。他会亲自接电话。柯克把我迎进他的办公室，然后问：“我出价很高。索尼打算怎么付钱？"弦外之音是：给股份还是给现金？

我掏出一张信用卡放在桌上，柯克大笑起来。“我猜你应该不想要它的股票。"我说，"我想索尼会付现金。但我建议你先跟盛田见个面，看看大家的想法是否一致。"

见面约在我家客厅，盛田是最后一个抵达的。我把话题引向索尼最新的技术，柯克对这个话题很感兴趣，两位重量级人物开始争论。盛田虽然身为买家，但还是充当起了推销员，而且他有备而来。他带来一个箱子，里面装着最新款的索尼"随身电视"——他们的便携式袖珍电视机产品。整个见面期间，柯克都在盯着那个箱子看。最后，盛田说："我想给你展示一下我们即将发布的新产品。"这是世界上第一款彩色的"随身电视",是柯克梦寐以求的东西——那时科技时代刚刚开始,拥有一件别人没有的小电器是很酷的事情。然后,盛田把那台随身电视放回箱子带走了。如果你想拥有一台这个,你就得跟我们达成交易。

但柯克的信条是投资回报最大化。他给制片厂标的价远高于10亿美元,还要求拥有在他全球的酒店继续使用米高梅品牌的剩余权益。盛田说:"价格太高。"

然后,我从好莱坞首选的投资机构艾伦公司的赫伯·艾伦那里听说,哥伦比亚影业可能有意出售。

———

7年前,制片人雷·斯塔克介绍我跟赫伯·艾伦认识之后,赫伯邀请我参加了他举办的第一届年度太阳谷峰会,也就是后来为人所熟知的所谓"大亨夏令营"。峰会上,每天都有来自全美各大公司的主要负责人的正式商务案例研究演讲,在随后的午餐期间,我发觉自己正在与鲁珀特·默多克和有线电视供应商"电信通信公司"(Tele-Communications, Inc.)的首席执行官约翰·马龙一起品味人生。我对媒体业务的企业端有浓厚兴趣,而企业高管们也很好奇我如何与人才建立联系。之后每年,我都会去参加这个峰会。太阳谷的假期为我的人脉和我的个人形象创造了奇迹。

除了媒体和社交爱好者,所有人都可以接触赫伯。他清晨5点之前起床,晚上6点准时用餐,9点前就寝。有一次,在他怀俄明州的牧场,我因为接电话迟了半个小时才进入餐厅。我的餐位上已经摆了3道餐点。赫伯看着我,说:"我说6点开饭的意思就是6点开饭。"虽然他是微笑着说的,但我明白他的意思。

赫伯是品格正直的榜样。萨姆纳·雷石东在违背承诺与另一家投

第十二章 锁腕

资银行合作之后给艾伦公司寄了一张 100 万美元的支票，做个姿态。支票寄到的时候，我恰好就在赫伯的办公室。他拿出剪刀，把支票剪成碎屑之后，退还给了寄件方。

赫伯也超级重情义。他从不会忘记朋友的生日，还经常招呼大学时期的老朋友们共进晚餐或者一起骑单车出游。一个朋友因职务便利犯罪进入莱文沃思监狱服刑期间，赫伯每年都去看望他两次。

他还是一位高明的商人。1982 年，赫伯把哥伦比亚影业送入可口可乐的怀抱，他还把自己全部的股份孤注一掷，换得可口可乐董事会的一个席位，并且曾经短期担任董事会主席。策划了与三星影业的合并之后，他仍然是哥伦比亚影业的教父。1987 年，公司总裁戴维·普特南充满争议的任期即将结束之际，赫伯打电话问我："你知道有一部名叫《宝贝东西》（*Me and Him*）的电影吗？"

我说我知道。

赫伯说："我这有点儿麻烦。"他刚刚接到可口可乐首席执行官罗伯托·戈伊苏埃塔[①]怒气冲冲的抱怨。"他们给可口可乐的人放映了这部电影，结果片子被毙了。"

"你知道这部电影是讲什么的吗？"

"不知道，罗伯托一直用西班牙语吼个没完。"

"这么说吧，赫伯，"我说，"《宝贝东西》永远不会获准发行。"

"为什么？"

"好吧，开场是这样的：格里芬·邓恩正在等公交车。一个漂亮姑娘沿着街道走过来了。镜头切到格里芬·邓恩，你听到一个声音说：'哇，她真的很可爱，是不是？'然后格里芬喊道：'闭嘴！'随

[①] 又译罗伯托·郭思达。——译者注

后还有一段对话，但镜头里你只看到一个人。"我继续给他讲，掰开揉碎地讲，乐在其中地讲，直到赫伯终于插嘴说："我去！"他意识到了问题所在：可口可乐，一家典型的美国公司，拥有一部"主角的鸡鸡会说话"的电影。

然后是《飞越迷城》，由达斯汀·霍夫曼和沃伦·比蒂主演，一部著名的烂片。可口可乐决定，是时候跟光鲜亮丽的好莱坞说再见了。

虽然哥伦比亚不是我们为索尼推荐的第一选择，但它是唯一可行的选择。首先，我必须安排双方面谈。这并非易事，因为沃尔特·耶特尼科夫与行事固执的哥伦比亚影业总裁维克托·考夫曼长期不和。我在他们两人之间斡旋，提醒他们互相斗气是在违背他们老板的意愿。考夫曼最终同意与米基·舒尔霍夫一起吃顿午饭。米基和赫伯·艾伦见面之后，双方才进入认真商谈的阶段。

尽管我和赫伯坐在谈判桌的两边，但他和他的助理们全程都在指导我。恩里克·西尼尔为我详细讲解了估价的奥妙，保罗·古尔德是我在交易要点方面的指导老师，赫伯本人也在教我如何持续推进谈判。他不需要抽出鞭子或者发脾气就可以让最难对付的人们服服帖帖。而且，由于我对赫伯的诚实有着最高的敬意，所以我从来没有担心过他会给我们挖坑。

索尼委托CAA对哥伦比亚的创意资产进行评估。这家制片厂的片库里有两百多档电视节目，其中包括肥皂剧和梅夫·格里芬主持的智力竞赛类节目。电影方面则有数百部经典电影，以及CAA最辉煌的一些成果（《杂牌军东征》《捉鬼敢死队》《甘地传》《杜丝先生》等）。我们的任务最终归结到一个极具不确定性的问题上：一档还在播出的电视节目或者一部古老但经典的电影的价值是多少？

我们依靠从制片厂和华尔街挖过来的哈佛MBA（工商管理学硕

第十二章 锁腕

士）们来解决这个问题。其中一个年轻人之前的两份工作都失败了，但是我的朋友和助理迈克·门彻极力推荐他，于是我决定给他个机会。1986年，我让这个名叫桑迪·克里曼的小伙子经历了一次颇为艰难的面试，我问他愿不愿意一开始只拿象征性的薪水，在我的小会议室里办公，他没有任何犹豫。数字方面的出色才华很快让他成为我信任的副手，进而担任了公司的财务主管，手下管理着10名员工。（多年以后他告诉别人，我曾经授意他含蓄地威胁制片厂的高管，这种说法非常可笑：桑迪是个又矮又胖的正统派犹太人，连一只老鼠都吓不倒。如果我真想含蓄地表示威胁，我会亲自去的。）

　　桑迪带着6名员工把哥伦比亚片库里的内容手动输入电脑，整理成数百页的表格。这是一项需要深入研究并付出极大耐心的艰苦工作。通用的算法并不存在，我们逐行评估了表格中列出的每一部电影、每一档电视节目。某一片目都签有什么样的合同，何时到期？当前的现金流是多少，未来前景如何？各种变量相当复杂。一部热门大片在电视台联卖时可以搭上6部不太著名的电影。比如，以《杜丝先生》作为主打，一个地方电视台可以编排一套达斯汀·霍夫曼影片周末联播节目。最棘手的部分是预测哥伦比亚影业正在制作的150部电影的收入。但我们阅读了所有的剧本，并且知道哪些项目是我们会与顶级客户打包的，因此我们对票房的预估也会有一定的准确度。

　　彼得·彼得森和苏世民在黑石集团有一个王牌团队，他们从每一个可能的角度对哥伦比亚影业及其名下的房地产进行了估值。与彼得、苏世民和赫伯·艾伦合作胜过到哈佛商学院读书，他们教会了我怎样成为一名投资银行家。（那是黑石集团早期达成的最大几项交易之一，目前价值在400亿美元左右。）彼得和苏世民仔细研究了我们的数据，并且分高中低三档对哥伦比亚影业做了估值。最终实际支付的价格将由盛田定夺。

我们的交易团队第一次拜访位于东京的索尼总部时，我就爱上了日本。东京的奇异之处——充满象形文字的标牌、高架公路——让我精神百倍。在这个平民不持枪的国家里，凌晨 3 点慢跑经过干净整洁的鱼市时，我也感到绝对安全。火车准点到达，车站一尘不染。迈克尔·杰克逊在 6 万人体育场的演唱会结束后，观众们安静地坐在原位，等待着一个身穿黄色夹克的工作人员指挥他们分批退场。我热爱秩序，所以这里本质上是我的梦想国度。

我们的一位东道主问："你有什么特别想去的地方吗？"

我说："我们想了解这个国家。我们是你们的学生，教我们吧。"我们接受了所有的邀请——参观皇宫或者神社，还顺便去了一趟京都。只有要睡觉的时候，我才会回到酒店房间。给我一个小时的空闲，我都会跑出去，到银座找一家寿司店，向厨师鞠一躬，然后给他指我要吃的东西。或者我会去东京的苏荷区——涩谷，那里的青少年都穿着滚石的 T 恤衫和最新款的耐克球鞋。

我对文化的热情似乎给对方留下了深刻的印象，但是我们与索尼的会议过程仍然与《迷失东京》中的一场戏非常相似，在那场戏里，广告导演用日语滔滔不绝地说了好久，结果翻译告诉比尔·默瑞的只有一句"要更强烈"。当会议上其他人侃侃而谈，而大贺陷入沉默甚至似乎打起瞌睡的时候，我只能猜测是不是有什么地方我们没做好。

然而索尼的高管们逐渐放松下来。原来他们喜欢的东西跟我们一样——武术和电子产品自不必说，还有高尔夫、网球和电影。6 次东京之行已经让我学会保持耐心。赢得日本人的信任花了好几个月。他们从不着急做决定。他们注重礼貌胜过坦率；他们口中的"是"通常

第十二章　锁腕

代表"不是",而"不是"经常代表"是"。我不止一次遇到刚从东京回来的美国人宣称:"我从没经历过这么好的谈判,我们马上就能签约!"我让他们一年之后再来告诉我进展。一年后,他们会懊恼地打电话告诉我,他们的交易仍然待定。

————

那年秋天,赫伯·艾伦和米基·舒尔霍夫在新泽西州的泰特伯勒机场见面敲定价格。我和米基一直以来都在密切合作,我希望能帮助他谈成一个合理的数字。坦白说,我觉得如果没有人帮忙,他会被生吞活剥的。赫伯是个杀手级的谈判者,敏捷熟练,捉摸不透。两人一对一谈判的话,实力太过悬殊。但米基仗着总裁的头衔和与大贺的关系,选择单独去谈判。或许他觉得我和赫伯的关系太好,又或许他想把实现盛田梦想的功劳全都揽到自己身上。像沃尔特一样,他的野心是掌管索尼娱乐帝国。

米基一开始的出价是每股在20~23美元这个区间内。赫伯的要价是35美元——这确实有点儿狮子大开口,因为哥伦比亚的股票交易价格一直在12美元左右的低谷徘徊,票房也连续第二年处于下滑态势。这是一场只有一个买家的竞拍,只有索尼愿意从可口可乐手里买下哥伦比亚。所以,如果米基能淡定一些,或许结果会更好。

双方密谈时,赫伯利用了鲁珀特·默多克在交易最后阶段参与竞标的传闻——在谈判过程中,利用情报或者推测的情报来让自身处于更有利的位置,这种做法是完全可以接受的。(如果赫伯说的是鲁珀特给出了确凿的出价并附带了条款清单,那当然是不妥当的。同样,如果他授意某个记者撰写并发表了一篇关于另一个竞标方的文章,再利用这篇文章来作为谈判筹码,那也是错误的做法——众所周知,有些银行家就是这么做的。)我知道鲁珀特不需要也不想要哥伦比亚。

他唯一感兴趣是哥伦比亚的片库，而且他的出价不会超过每股 15 美元。但是赫伯让米基担心起来：如果默多克快速行动了怎么办？他很清楚盛田多想拥有一家电影公司，所以他绝不能空手而归。

米基没有跟任何人商量，就在深夜给大贺打了个电话。然后，他打电话到赫伯家里，提出每股 27 美元的新出价，这个价格远远高出黑石公司给出的低档估价。赫伯高兴地把这个价格汇报给可口可乐的董事会，董事会随即也欣然接受。交易的最终价格高达 50 亿美元（包括 16 亿美元的债务），是好莱坞有史以来最大的一笔交易，也是日本企业在美国境内完成的最大一桩收购。

1989 年 7 月，也就是索尼聘用我一年多之后，公司董事会批准了哥伦比亚影业收购案，但附带一个条件：给哥伦比亚找一位新总裁。

———

谈判初期，沃尔特·耶特尼科夫随口提过，收购完成后，他希望由我来运营哥伦比亚影业。索尼的领导层也有同样的想法，虽然他们直到交易临近完成时才提出了正式的聘用意向。我请摩根士丹利的总裁罗伯特·格林希尔代表我进行合同谈判，但这只是为了保护我在交易中的位置而做出的姿态。我的一部分心思——已经开始把 CAA 当作跳板的那部分——确实是希望有朝一日能够运营一切。但是当时 CAA 各方面都在全速前进，我也很喜欢那里。我不想跳下我们正在风驰电掣的赛车，去跟日本人合伙。我不会说日语，而且索尼内部的官僚程度跟波吉亚家族①有一拼。即使是最讨人喜欢的美国人身边最终也需要一个试毒师。

无论如何，我都不可能在沃尔特手下工作。他和盛田钦点的索

---

① 波吉亚家族（House of Borgia），欧洲中世纪贵族家族，在文艺复兴时期最为显赫，因家族中由于争斗而发生过各种戏剧性事件而闻名。——译者注

第十二章　锁腕

尼接班人大贺之间的关系当然是牢不可破的。但是随着交易进入关键时刻，沃尔特消失了。我再次听到的他的声音，是从明尼苏达州海瑟顿戒毒中心的公用电话那头传来的。他遇到的挫折并没有伤害他与大贺的关系，但索尼公司的其他人就没那么宽容了：沃尔特的影响力在逐渐减弱。虽然我很喜欢他，但我不能把全部身家系于一个随时会爆炸然后灰飞烟灭的人身上。[沃尔特在他的回忆录《对月长嚎》（Howling at the Moon）里写到他有个武侠幻想，就是要和我在麦迪逊广场花园体育馆决斗至死。他在某种程度上确实是个疯子，但真打起来的话对他来说就太不公平了。]

为了让日本人面子上过得去，我要求拥有公司20%的股份和哥伦比亚影业董事会的控制权，这是任何一家上市公司都绝不可能接受的条件。当沃尔特告诉我他只能再找别人的时候，我高兴地帮他列出了几个候选人。我的第一选择是运营过哥伦比亚影业的弗兰克·普赖斯。他出身故事为王的电视圈，知道怎么读剧本，也擅长与艺术家沟通（而且他总是愿意接受CAA的打包项目）。我的第二选择是弗兰克·威尔斯，他是迈克尔·艾斯纳的二把手，一个交易高手。但是普赖斯和我一样对日本人拥有的公司持谨慎态度，而威尔斯拒绝离开迪士尼。

到这个时候，索尼开始显露出经验不足。沃尔特倾向于选择彼得·古伯和乔恩·彼得斯，两人的制片团队在蒂姆·波顿的《蝙蝠侠》成功后无限风光。（他们还声称他们是《雨人》和《紫色》背后的功臣，但实际上根本没他们什么事儿。）我认为索尼选择他们是错误的。虽然我很喜欢圣费尔南多谷美发师出身的乔恩，但他性格冲动鲁莽，不适合高管的职位。我也怀疑彼得真的想要这份工作：他之前已经做过，而且他不需要钱。

我期待着古伯以他的魅力征服好莱坞新手大贺和米基·舒尔霍夫。但是索尼付了2亿美元把古伯和彼得斯从他们的原公司挖走，又花了5亿美元帮他们提前解除了与时代华纳公司的合约，这让我震惊不已。如果沃尔特能听从我和米基的恳求，带着一点点诚意去找史蒂夫·罗斯谈谈，史蒂夫或许送个人情把合约取消。但是沃尔特总是想"硬杠"，史蒂夫也就毫不客气地狠狠敲了他一笔。

我在交易中的最后一项任务是主持一次会议来解决监管问题。我们花了一个小时才看完可口可乐方面的待查清单，上面列出了《哈特-斯科特-罗迪诺反垄断改进法案》①、涉及美国证券交易委员会的担忧等诸多问题。然后我问索尼那边有没有什么未尽事宜。公司的一位代表说："没有，都已经解决了。相关各方都对这次交易表示支持。"盛田昭夫是他所在的经连会（keiretsu），也就是日本政府支持设立的企业联合商会的核心成员，他打一两个电话就清除了所有的繁文缛节。

———

易主后的哥伦比亚影业举步维艰。1991年，也就是收购完成后两年，沃尔特·耶特尼科夫被索尼音乐解雇后一年，乔恩·彼得斯也被迫离职。彼得·古伯于1994年辞职，差不多同时期，索尼核销了哥伦比亚影业34亿美元的坏账，这是娱乐业史上最严重的亏损之一。米基·舒尔霍夫又在索尼待了一年，然后大贺的继任者让他走人了。我很高兴自己没有接受沃尔特的邀请。

索尼收购哥伦比亚的交易象征着投资好莱坞的危险性。但是相比短期利润，盛田昭夫更关心索尼的长期地位。他从哥伦比亚唱片赚到了一大笔钱，又向日本政府申请了一笔免息贷款，这缓解了索尼在

---

① 1976年设立的该法案要求交易各方向联邦贸易委员会和美国司法部反垄断局报告大型交易，以便进行反垄断审查。——译者注

第十二章　锁腕

电影公司方面的亏损。尽管他的硬件软件协同增效理论最终被证明只是海市蜃楼，但随后索尼部分借助在电影片目方面的雄厚实力让蓝光DVD（数字激光视盘）成为高清标准，总算是为之前贝塔麦克斯格式的失利扳回了一局。而且，90年代后期，哥伦比亚影业的业绩在约翰·卡利和艾米·帕斯卡尔的领导下有所回升。虽然这家公司最近又遇到了麻烦，但它仍然是业内六大影业之一。

对我们来说，这笔交易是完全成功的。哥伦比亚影业当时正面临倒闭的危险，可口可乐也在着手剥离这项业务。它有可能将制片厂分拆出售，让我们的客户遭受严重的伤害。我们对索尼的干预确保了我们最大买方的完整性。后来哥伦比亚从我们手上购买的项目并不比平时多，但是与制片厂高层谈判时，我们曾经是收购交易中间人的身份对我们起了微妙的帮助作用。他们知道我能打电话给他们在东京的老板，而他们不能。

我们从交易中赚到了1 000万美元。罗恩对他分得的那部分表示感激，但从他的各种暗示里，我能看出，我在日本出差或者被各种报表吞没时，维持CAA流畅运转的任务只能落在他的身上，他对此不太开心。与盛田昭夫和日本的新关系让我过于兴奋，以至于我并没有意识到自己正在危害另一种重要得多的关系。

索尼收购案的经历让我意识到自己有多喜欢收购游戏中的悬念、赌注和策略，以及与掌管行业王国的领导者们做交易。我把目标设定为将CAA打造成娱乐业中的麦肯锡公司，使它成为一家不可或缺的顾问机构。我迫不及待地希望自己完成一笔大交易。

没过多久，机会就来了。

第十三章

防弹货车

索尼的交易临近完成之际,桑迪·克里曼列出了随后最有可能收购电影公司的日本买家。排在首位的是拥有 JVC(日本胜利公司)和 Panasonic(松下电器,如今其母公司也已经改为这个名称)品牌的电器巨擘 Matsushita(松下)公司。它们几乎从未涉足过美国市场,并且拥有 120 亿美元的现金。

在日本,"松下"的外号是"模仿者"(maneshita)。它不事创新,而是模仿竞争对手的产品后推出低价版。它的低风险策略一直让它获利颇丰,但最近停滞不前。索尼正在用特丽珑、随身听和新款摄录机把它逼上绝路。盛田昭夫收购哥伦比亚影业让业界震惊之余,松下录像机播放的很大一部分内容也都归索尼所有了。公司就像人一样,在受到威胁时会草木皆兵。盛田下一步要做什么?如果索尼把哥伦比亚的电影都转换为只能用索尼机器播放的格式怎么办?如果其他制片厂也跟风照做怎么办?

松下认为,最好的防守就是自己拥有一家制片厂。它遵循"模仿者"的风格,联系了帮助索尼交易的同一批人。哥伦比亚的交易完成两周之后,JVC 的一名员工打电话找我。他叫亨利·石井,是该公司驻洛杉矶的代办工作人员，主要工作是向大阪总部汇报洛杉矶当地的动向。我让秘书告诉石井我不在。等级制度在日本是至关重要的：两家公司会谈时，最高级别的管理人员相对而坐，他们的下属则按照级别高低的顺序向后分散就座。显得过于急切会降低我在松下眼中的地位。石井连续三周给我打来电话，我才终于同意在办公室和他见面。他问我是否愿意接受他的上司，JVC 高级常务董事丹羽诚一郎的拜会。

当然，我说。丹羽是一位亲西方的高管，曾经与二十世纪福克斯公司前总裁拉里·戈登联合成立了一家新的电影制片公司。他抵达我的办公室时，我们互致 90 度的鞠躬礼、双手交换了名片并颔首问候。我呈上了见面礼——一枚巴卡拉水晶球，上面雕刻着星星，象征着好莱坞和我们蜚声国际的客户群。

丹羽和我只是泛泛而谈。我的这位客人说，在他看来，松下的未来在于软件和内容，但是公司里其他人则没有他那么热衷于这个方向。第二天，他寄给我一本松下幸之助的语录，松下幸之助是松下公司的创始人，那年春天刚刚去世，享年 94 岁。然后，丹羽问我是否愿意到大阪与松下的高级管理层见个面。

我问："具体要见谁？"

"平田雅彦。"

很好，我心想。公司最高管理者是董事长松下正治，他是松下幸之助的倒插门女婿。但他只是个挂名的一把手，像伊丽莎白女王一样。排第二的是公司总裁谷井昭雄，他奉行自下而上达成共识的"根回"式领导风格，一贯与执行委员会保持一致。平田雅彦作为公司的执行副总裁兼首席财务官，排在第三，负责管理公司的日常运营。他可以促成交易，只要最后得到谷井的批准即可。他正是我要见的人。

全能经纪

我提出了一个折中方案：平田和我在位于松下公司与 CAA 之间的火奴鲁鲁进行为期三天的会面。

我在洛克菲勒中心找到了一家日本书店，买了十几本松下公司已故董事长写的书（他一共写了 44 本）。我还到电器商店花了几个小时了解松下的产品线。拿到松下庞大的批发目录之后，我开始专注研究视频和音频设备。很快，我就可以极其详尽地告诉你松下最好的大屏幕电视是如何与索尼抗衡的。

CAA 和松下会在卡哈拉希尔顿酒店会面，那是我每年两次和家人度假的地方。如果有洛杉矶的熟人在那儿看到我，他们也绝对不会多想什么。和我出差的团队由我的心腹们组成，包括桑迪·克里曼、雷·库尔茨曼和鲍勃·戈德曼。

感恩节刚过，我们抵达卡哈拉，桑迪向松下一方的人员询问着装偏好。那位高管回答说，"你们提出的不需要打领带的建议非常周到"——我们根本没提过。日本人比我们更不愿意在夏威夷打领带。为了显得正式，我们穿着西服走进会议室，但很快就脱掉了。

创始人的去世让松下公司的下一代领导层——一群 60 多岁的男人有了开辟一条新路的机会。但是与索尼合作的经验让我知道在日本谈判的速度有多慢，而且，在双方建立交情之前根本不会有进展。正如我在早餐时跟同事们说的："我们来这里不是为了谈生意。我们是要参加一场社交注视比赛，而且我们不能眨眼。我接下来要讲的一些事情可能会让你们感到窒息。忍住。"

平田身高大约 1.62 米，为人矜持但很幽默。我们聊了两个小时高尔夫、我们的孩子、日本艺术、立体声设备、我的日本青铜花瓶收藏、棒球，以及我对日本的一切的热爱。然后我们一起吃了午饭，并且细细品味了巧克力碎曲奇的魅力。我把朱迪特地为我们这次见面烤

第十三章 防弹货车

的曲奇分给大家品尝。下午我们继续畅聊詹姆斯·克拉韦尔的小说和黑泽明的电影，也思考了《七武士》给了《豪勇七蛟龙》怎样的灵感。我们还谈到了日本的空手道流派松涛馆流。

之后两天也和那天下午差不多。在我们轮流举办的晚宴上，大家都换上了蓝色西装，也打了领带。我们用苏格兰威士忌、清酒、啤酒和葡萄酒敬酒，并大谈友谊和女人。我们竭力避免提到我们见面的根本原因。整个场面隐晦、疯狂、滑稽、婉转，但也绝对必要。那是一种日式的在职培训。

最后一天晚上，我们安排了一场让人难忘的盛宴，第一道菜就是在冰块上堆得冒尖的贝类海鲜。我知道日本人热爱牛排，于是请酒店找到了火奴鲁鲁最上等的烤里脊牛排，在餐桌旁切开分给各位。菜式极具犹太风格，每道菜的菜量都极大，我们的新朋友似乎有些错愕。最后一轮敬酒时，我评估了一下形势。从对方波澜不惊的面色上判断，我沮丧地得出结论：他们这次来访只是试探一下而已。

然后平田转过身来对我说："是这样，我们有兴趣了解该如何收购一家电影制片厂。我们想知道请你们帮忙的费用是多少。"

我好几周之前就想好了答复。"除非你们确实对我们的工作感到满意，否则我们分文不取。"我说，"如果你们不满意，只需要给我们报销实际支出——不用支付服务费。"

平田说："如果我们满意呢？"

"如果你们满意？"我看着他的眼睛，"那我们希望你们租下一辆防弹货车装满黄金，送到我们的办公室。"

平田面露喜色并深鞠一躬，额头差点儿蹭到他的甜品盘。然后我们握手说定。我告诉他，我们非常高兴能够与他们合作，随后大家鞠躬告辞。

全能经纪
276

开车去机场时,我突然意识到,自己遇到了人生中最艰难的挑战。如果交易失败导致我们拿不到报酬,我就会被合伙人和媒体大肆嘲笑。我会变成大幕拉开后发现魔法失效的奥兹魔法师。

但是我从来都不是一个沉溺在消极观念里的人。CAA 之所以能够走到今天,就是靠开拓创新。此外,我们知道松下公司的收购可以从何处开始。

———

我们创立 CAA 的时候,卢·沃瑟曼的美国音乐公司/环球影业是电影巨擘和电视霸主。之后,难以置信的事情发生了:最后的大亨老了。20 世纪 80 年代,随着电影制作成本的飙升——很大程度上是由于我们,环球影业逐渐式微。尽管乔治·卢卡斯的《星球大战》获得了巨大成功,但当卢卡斯的律师汤姆·波洛克在《夺宝奇兵》项目上提出五五分成的要求时,环球影业还是拒绝了。派拉蒙影业接手并答应了条件,大赚了一笔。卢和西德·谢恩伯格决定谨慎度过泡沫期,并拒绝他们认为要价虚高的项目。但是泡沫期持续了 15 年。华纳与时代公司合并,以及索尼收购了哥伦比亚之后,美国音乐公司开始显得过时了。

它的弱势在电视方面格外明显。鲁珀特·默多克在福克斯公司建立第四家电视网并吞并了都市传媒(Metromedia),但卢却在最后一刻退出了与美国无线电公司/NBC 的并购交易——一个巨大的错误。借助财力雄厚的美国无线电公司,卢可以统治美国音乐公司到他死的那天。他曾经是第一个看到电视行业潜力的人,但现在他错过了付费电视和 HBO[①]。他的公司拥有驾驭这些浪潮所需要的一切条件:专业

———

① HBO,全称为 Home Box Office,美国知名有线电视网。——译者注

第十三章 防弹货车

知识、现金流、大量抵押品、零债务。他拥有或者说控制着美国音乐公司19%的股份，而且董事会里没人敢反对他。然而，环球这只传说中的八爪鱼却躲到了石头下面。

尽管美国音乐公司股价暴跌，还有史蒂夫·韦恩这类准备大额吃进的大鲨鱼环伺，但卢仍然没有屈服。1984年，71岁的他说："我不打算卖掉公司，我不打算退休，我也不打算死。"6年后，这三件事发生的可能性越来越大。如果公司股价跌破30美元，美国音乐公司的房地产价值将超过其市值。恶意接管者可以将公司分拆出售，并且把包括3 000部电影和超过3万档电视节目的片库免费拿走。

当时，米高梅/联美影业已经命悬一线，大型电影公司开始显得像是濒危物种。这种发展趋势对经纪公司来说是非常可怕的，因为没有多个买家，卖家就没办法借力打力。我们不仅是在帮松下收购一家制片厂，也是在帮娱乐产业渡过难关。我感觉自己就像路易斯·布兰代斯大法官，他在联合制鞋机械公司基金一事上代表利益冲突的各方发言后，有人问他真正代表的是哪一方。"我代表的是目前的情况。"他回答。

虽然这样说不太地道，但我很高兴能够再次与卢交手。我知道我们最后肯定做不成朋友——但话说回来，我们一开始就不是朋友。他对新好莱坞的一切谴责正是我所支持的，从不断增长的制作成本到艺术家们想要自己做主的诉求。我们中间只有一个人会赢得这场战斗，而另一个人会输。

———

哥伦比亚易主，以及三菱公司收购洛克菲勒中心之后，美国国会议员们开始指责出售国家文化资产的行为，《新闻周刊》的封面还刊登了一张哥伦比亚影业的标志"火炬女神"身披日本国旗的图片。我认为这种强烈抵制非常可笑。外国公司愿意为资金短缺的美国企业提供财力支持,并且保护美国人的就业机会,这是在帮我们的忙。他们不是在掠夺——他们是在帮我们融资。正如参议员比尔·布拉德利在谈到索尼的交易时所说的:"他们又不能把电影公司拿走,带回东京去。"

松下的脸皮比索尼还薄,所以保密对它来说更重要。它知道它是在效仿,但它觉得,如果交易经过足够长的时间才被披露,那么看起来就不会是它在厚颜无耻地效仿索尼。"如果这件事过早泄露,"平田告诉我,"我们就会予以否认并到此为止。"我们之间的备忘录都是手写的,阅后马上销毁。知道我下落的人只有我的太太、我的助理们、罗恩·迈耶和比尔·哈伯。在日本期间,松下要求我使用"尼尔森先生"这个代号,我一直没明白为什么。

1990年年初,我们初次拜访位于大阪的松下总部时,带去的礼物比在夏威夷时更贵重:给一位爱好高尔夫的高管带去了大头杆,给平田带去一幅劳森伯格的自由女神像版画。为了不让媒体捕捉到任何风声,我们先包了一架飞机飞到旧金山,然后从那儿转乘商业航班。当地时间下午5点降落时,迎候我们的是8位高管和4辆丰田小型豪华轿车——我们每人乘坐一辆。司机戴着白手套,轿车里一尘不染,座椅和头枕上都铺着饰巾。

大阪和洛杉矶差不多,遍布低矮的村庄和成群的高楼大厦,但交通状况更糟。两车道高架路在建筑物周围及上方蜿蜒伸展,汽车在上面缓慢前行。我们抵达酒店并沐浴更衣完毕时,已经是洛杉矶时间凌晨1点,日本的晚饭时间。我们的东道主为我们10个人包下了一家露着木质房梁的大型餐厅。我们在一张低矮的"正坐"(seiza)餐桌边坐下,每位用餐者旁边都有一位艺伎服侍,并在随后表演仪式舞

第十三章 防弹货车

蹈。宾主互敬了无数轮日本清酒之后，我们才终于回到酒店，瘫倒在床上。

我凌晨3点半起床，接通办公室的号码并从那里轮流拨打我在正常时间里例行要打的电话，好创造自己仍在洛杉矶的假象。早上9点整，我们被送到松下总部。行政大楼看起来像一座城堡（或者监狱），围墙高耸，门卫们戴着闪亮的银色头盔。一位高级主管走过来的时候，警卫们马上立正敬礼。

大楼内部的感觉更像一家工厂，灯光昏暗，统一装饰着木镶板。一番匆忙的介绍之后，是我们与各部门的负责人见面的时间，严格按照每个部门15分钟的安排进行。在精美的午宴上，我们见到了公司的首席执行官谷井昭雄。他比平田高15厘米，客气但冷漠。在场还有一位言辞刻薄、想在谷井面前与平田争宠的高管村濑通三。他立即向我提出了一个狡猾的问题，让我初次体会到松下公司如同带刺铁丝网般的政治斗争：“你为什么觉得我们需要做这笔交易？”

"你们并不需要做这笔交易，"我说，"但这是一份优质保险。如果索尼控制了内容，它就会控制VHS市场。"VHS市场是松下最赚钱的领域。从在座各位不动声色的表情来看，很难说我这句话的分寸是否合适。在大阪，我们没有盛田昭夫来解决分歧，也没有大贺典雄来全力推进。这时候我觉得索尼简直是开诚布公的榜样。

下午，我们与财务、销售、市场和研究人员见了面。下午5点半，拜访临近结束时，平田把我拉到一边说："我想给你看些东西。"他带我上到行政办公楼层，没有带翻译。我们经过一条长长的走廊，来到一扇锁住的门前，打开门，里面是一个步入式衣帽间大小的房间。平田指着地板上堆积如山的塑封装订的文件夹。我捡起一份来自摩根士丹利的文件，封面上夹着一封其投行部门主管亲笔签名的信函。类似的文件还有很多，都是纽约、伦敦、巴黎和法兰克福各地顶级投资银行的提案书，每一份文件都有很多份副本。

这些来信方都希望能够得到指导松下公司进入电影业务荒野之地的特权。它们列出了自己的服务，每项服务都标明了费用。除了欧陆式早餐，一切都需要付费。我翻阅着这些文件，平田的笑容越发灿烂，我明白了：CAA是唯一一家没有提出收费的公司。我们在日本的所有交易都未签订过书面合同。我们的态度是：我们相信你们会遵守君子协定。对于平田这样的老派生意人，这种姿态是必需的。尽管他的英语水平很有限，我的日语水平等于零，但我们还是会互相信任。

———

下一次出差，我们开始给他们上课，题目是好莱坞。我全天都在两块白板和两块6英尺高的屏幕前站着讲，我的助理们就站在我旁边。平田要求我们假设他们一无所知，这倒是很接近事实。我们从美国电影业的深度历史入手，从旧日的片厂体系讲到现在。电视行业的课程也照此进行。答疑结束后，我们到工厂参观，作为行程的收尾。那是我最喜欢的时刻，可以和工程师们打交道。我从没见过如此整齐有序的工作场所。工人们穿着公司的连身工装，每条生产线的工装颜色都不同。车间一尘不染的地板上用油漆涂着方向指示，每隔几码[①]就有一条写着积极口号的横幅。我们全天都在通过翻译讲话，晚餐时，翻译们都已经精疲力竭。我提议让他们轮换休息一下——这也是一种善意的表现，毕竟我们的人不在时，我们必须依靠松下的人。

虽然日本人很熟悉我们最卖座的电影，但好莱坞的运转机制——打包策划和发行网络、节目联卖分销等对他们来说则无比神秘。

———

① 1码约为0.91米。——编者注

第十三章 防弹货车

有一次，我从纽约飞到洛杉矶再飞往大阪，长途跋涉之后，刚下飞机，他们直接把我带到了全城最好的天妇罗酒吧。先来一轮啤酒，再来一轮啤酒，然后是三杯清酒。我还在慢慢喝着第一杯啤酒，尽量让自己保持清醒，这时一个名叫丰永圭也的董事会成员说："迈克尔，你能不能给我们解释一下什么是创造力？"我内心哀号着说了一堆完全不知所云的东西。对于这个问题，我至今没找到确切答案。

我们在艰难地推进。美国音乐公司的股票持续下跌，抄底者进行恶意收购导致日本人被吓退的风险也增加了，但是直到春天，松下公司才终于做好了继续交易的准备。一连好几个月，我们都在屏幕上放出同一张幻灯片给他们看，上面的网格图里，左侧纵轴列出了七家电影公司，顶部横轴列出了一系列业务领域：电影、电视、音乐、主题公园、动画、房地产、零售、出版。该公司在哪个领域有业务，对应的单元格里就会画上个"X"。只有迪士尼的"X"比美国音乐公司多。

这个表格很能说明问题。环球的影视片库首屈一指，自身价值至少20亿美元。环球也拥有最先进的制片设备，在视频游戏和衍生品销售方面具有强大潜力。我谈到了卢·沃瑟曼的发家史，并一直追溯到20世纪30年代他给广播电台和夜总会担任经纪人。我谈到了他与民主党和劳工组织的关联，他如何用铁腕政策管理环球影业，以及如果拥有一个实力强大的合伙人，他还会取得什么成就。我故意把他描述成了美国版的松下幸之助。

几个月过去了，我们出了更多次差，举行了更多次座谈。同样的人问出同样的问题，然后记下我们的答复，看看与之前相比是否有变化。平田和其他高层似乎都倾向于做成交易。但是我很清楚，他们宁愿最后入场，也不愿出现"欲速则不达"的情况。

真正的文化差距不是东方与西方的差距，而是硬件与软件的差距。如果你是录像机的行业龙头，你设计出一打各不相同的机器外壳，但里面的部件还是一样的。你的工程师会告诉你每个零件能够持续使用多久不坏。这些都是实打实的数字。

然而，一个关于电影的创意是没有内在价值的。把相同的概念交给10个导演，你会得到10部截然不同的电影。电影艺术家并不是要用一匹布做出一件衣服——他们是在织造这匹布。最终成品的价值是主观的，是你和我在品味上的差异。

在大阪，我们花了很长时间才把这一点讲清楚。

我们仿照哥伦比亚影业交易的流程来处理美国音乐公司的交易。我们评估了环球影业的片库里从《E.T. 外星人》到《迈阿密风云》等每一部影片和每一档电视节目——它当时的价值是多少，它在联卖分销或有线电视及录像带租赁市场能够获得的净利润是多少。然后，我们还检查了所有开发中的内容：电影、电视、唱片。哪些艺术家与环球签有合同？公司拥有哪些行业大师？

艾伦公司用自己的现金流预测模型分析了我们的数据。我想让赫伯参与是因为他的坦率：他并不避讳说出"这是我听过的最愚蠢的事情"这种话。拥有这位银行家作为后盾大大减轻了我对这笔交易的担忧。我们与艾伦公司一起估算出美国音乐公司的价值在每股60~70美元。（我们没有把美国音乐公司拥有的一家纽约电视台WOR包括在内，否则每股要再多5美元。）

那个夏天，我们选好了我方的顾问、会计师和公关人员。他们一定要聪明且不事张扬。我们聘请了盛信律师事务所，这是纽约顶级的律师事务所之一，并且与交易各方没有任何利益冲突。索尼公司的米

第十三章 防弹货车

基和沃尔特之间的纷争让我吸取了教训：虽然在战略和执行上，我会依靠我们的员工，但是松下和美国音乐公司之间只能通过我一个人来沟通。如果交易失败，责任全部在我。

———

为了说服卢·沃瑟曼，我们必须拉西德·谢恩伯格入伙。我喜欢和西德打交道，因为他能力很强且直率。在一个本身已经成为公司代名词的人手下运营美国音乐公司绝非易事。卢只有一个孩子，是个女儿，他把西德当成儿子看待。但是直到古稀之年，大多数这个岁数的高管都满足于退居董事长一职，卢仍然霸占着首席执行官的位置，并没有交权给西德。有一些企业家——维亚康姆公司的萨姆纳·雷石东是另一个例子——视公司如生命。只要仍然大权在握并拒绝任何人接班，他们就能长生不死。

我们正式向美国音乐公司提出交易意向之前几周，我去了一趟西德家，跟他随便聊了聊。能够卖给松下是福气，我告诉他，因为什么都不会改变。他和卢可以继续在最小干扰的情况下运营他们分管的部分。最好的一点是，由于没有内部竞争对手，西德明显仍然是卢的接班人。"你们会卖掉公司，"我说，"但感觉几乎就像一份临时融资协议。"我还建议，如果美国音乐公司在松下手中能够熬过眼下的低迷时期并反弹，那么他们可以再从日本人那儿把公司买回来。这当然是乐观的说法，但这会让西德从一个愉悦的角度看待这笔交易——尤其是现在，另一种结局是美国音乐公司可能被接管和瓜分，他和卢被扫地出门的可能性越来越大的时候。

西德接纳了我的看法，虽然他还想了解更多我无法透露的情况。几天后，有传闻说卢在着急重启与派拉蒙影业之间的换股并购谈判。我知道，如果能选择，他肯定更愿意跟美国人合并。但是，派拉蒙的首席执行官马丁·戴维斯——又一个控制狂——拒绝让西德担任联合首席执行官，谈判破裂了。

———

8月，大阪那边终于批准了下一步，我正式向美国音乐公司的董事会成员、金融家费利克斯·罗哈廷提出了收购意向。他是我10年前就开始维系的人脉，所以我们的沟通非常轻松。费利克斯安静、审慎且极为聪明。虽然他对卢忠心耿耿，但我可以相信他是个务实派。

当时萨达姆·侯赛因刚刚入侵科威特，市场被扰乱，导致美国音乐公司的股价跌到了30多美元，费利克斯告诫我："你不能只考虑股票现在的交易状况。"他在游说我，这一点让我很高兴。他好像是在说，问题并不在于美国音乐公司是否要出售，而是在于售价多少。

美国劳动节的那个周末，我打电话给卢，向他确认了我客户的意向。他生硬地说，他会听取任何正当的收购意向，但他并没有出售的想法。我们在他家里见了面，我阐明了这桩交易的优势。松下在娱乐产业方面的经验不足对他有利——它需要他。它准备跟他签一份新的五年制合同，年薪为300万美元。

卢似乎并不热切。但他没拒绝。

———

给一个大型企业集团——哪怕是拥有很多难以定价的资产的集团——定价的余地比你想象中的小。包括现金流、收益及历史交易价格区间在内的财务数据都会指向一个"合适"的数字。对美国音乐公司来说，这个数字应该是60多美元。由于目前股票的交易价格是30多美元，所以我们的交易有很大顺差。

尽管卢的目标价格——每股100美元是痴人说梦，但松下知道它

第十三章　防弹货车

提出的收购价必须引起美国音乐公司各位股东足够的兴趣，才能强迫卢谈下去。9月19日，平田委托我表示，他们正在"认真考虑"每股75~90美元的出价。作为初步设定的价格，这个范围很合适。上限已经非常接近卢幻想中的价位，所以不会让他感到被冒犯。而下限在减去WOR额外加价的5美元之后，也符合我和赫伯认为合适的价格范围的高点。

我把报价发给了费利克斯·罗哈廷。"我去报给卢。"他说。

———

与亨利·石井见面10个月之后，我发现自己正在小心翼翼地穿越一片雷区。松下公开支持了一项由阿拉伯人主导的抵制以色列的行动，把我吓坏了——卢一直是犹太事业的主力筹款人。同时，财大气粗的意大利金融家詹卡洛·帕雷蒂信誓旦旦要收购米高梅影业。不算美国音乐公司，七大影业中有三家将由外资拥有。美国媒体的仇外情绪空前高涨。但我最担心的是消息走漏。一旦有可能并购的消息传出去，套利者就会对股价进行炒作。在我的噩梦中出现过暴怒的股东、破裂的联盟和惊慌失措的日本人，而我要扛下所有的指责。

9月25日上午，我在大阪与平田见面，以确定下一步行动的时机。一名职员走进来，递给他一份传真。平田脸色发白，把传真递给我。《华尔街日报》刚刚发表了一则新闻说，松下正在寻求"以每股80~90美元的价格"收购美国音乐公司。

"消息已经漏出去了，"我说，"我们要在事情崩塌之前抓紧进行。"平田没有表态。美国音乐公司的股价飙升到54美元，上涨了57%；华尔街打赌，交易必然会达成。那天我在均不表态的双方之间调解时，感到信心大减。

是谁走漏的消息？大卫·格芬的唱片公司那年年初被美国音乐公

司收购，这让他成为集团最大的独立股东，他有可能利用了《华尔街日报》来提高他所持的股票价格，并施压促成交易。村濑为了给平田使坏，什么事情都干得出来，他可能出于完全不同的目的——让交易失败——而利用了《华尔街日报》。赫伯·艾伦希望交易能够继续，而他和撰写那篇报道的劳拉·兰德罗关系很好。

很多人都认为罪魁祸首是我。后来，康妮·布鲁克在《纽约客》上写道："参与交易的很多人普遍认为，消息泄露的幕后推手是迈克尔·奥维茨。"根据她的消息来源，我必须在卢和西德退却之前逼迫松下出手。这是大错特错的，为了做好保密工作，我付出了加倍努力。我确信公众的关注对任何秘密谈判都没有帮助。

平田发表了一份声明来安抚事态。"与美国音乐公司的讨论正在有条不紊地进行，目前还没有新的进展可以公布。任何与此不符的报道都是错误的。"事实证明，《华尔街日报》的报道确实刺激了松下，并推动了交易的进行——它让这件事情有了实感。但是，由于双方都在指责对方走漏了风声，这次联姻在起步阶段就一波三折。

————

我们加快了工作节奏。我每周都去大阪出差，通常只停留24个小时。（我一共出了14趟差。）我每天都在和平田、西德、费利克斯·罗哈廷通电话。我还接触了美国音乐公司的董事会成员鲍勃·斯特劳斯，他与赫伯和松下董事会成员丰永圭也的关系都很好。鲍勃·斯特劳斯拥有一份黄金履历：美国民主党全国委员会主席，美国贸易代表，中东和谈调解人，美国驻苏联大使。美国音乐公司与松下放弃了所有冲突，让鲍勃以"交易顾问"的身份参与。来自得克萨斯州洛克哈特市的老好人鲍勃成为最终的幕后沟通渠道，因为他只关心交易本身。而且我们正好需要再多一位中间人，因为我在竭力让交易

第十三章　防弹货车

双方的负责人保持距离。我不希望卢和平田发现他们的共同点是多么稀少。

日本人慑于卢的名声，愿意间接讨价还价，但卢在费利克斯的怂恿下，希望当面会谈，这样他就可以评估一下买家。一段时间以来，我一直在用赫伯和鲍勃·斯特劳斯为松下的诚意担保：他们旁听了这次电话，也看过了那份传真。但到了10月，卢那边拖不过去了。于是我安排双方在他家见面。

我提醒前去见面的日本人小心西德反复无常的性格，我也告诫西德我们的客人不习惯高声讲话。结果这次见面大家只是闲聊，让我松了口气。西德带平田参观了卢的房子，给他看了德加和马蒂斯的作品。卢说："你们如果买下了公司，就也能得到这些画——它们是美国音乐公司的财产。"那是一个奇怪的时刻。大多数处在卢这个位置上的人都会把这种细枝末节的事情留到交易临近达成时再提，然后提出想得到这些画作为纪念，而这个请求也肯定会得到满足。

平田似乎对卢家后院的锦鲤池塘更加感兴趣。

两周后，卢在考虑松下提出的初始收购价期间，我们又遭遇了一次泄密。日经通讯社报道，美国音乐公司的要价高达每股95美元。一位不愿透露姓名的松下高级职员称，日本方面希望能够有一个"冷静期"，直到11月中旬。是村濑，我想。这一切都让我想起了《幕府将军》那部电影里互相攻讦的将军们。如果平田在我们的交易谈成之前输掉内斗，那我们就死定了。那天美国音乐公司的股票下跌了18%，卢火冒三丈。"你最好把这件事给我摆平！"他对我吼道。他的股价已经太低，如果我们的交易不成功，公司似乎很难摆脱被恶意收购的命运。

全能经纪

11月13日，以平田和丰永为首的日本代表团一行抵达纽约。美国音乐公司的谈判团队也坐着卢的私人飞机前来。双方共进欢迎晚餐时，西德·谢恩伯格喋喋不休地唠叨着日本的甜瓜价格有多贵，让我更觉得之前没让他抛头露面的决定太正确了。

第二天早上，我到平田的酒店去询问他确定的出价。如果他们提出的数字是50多，我担心卢会走人。互道早安之后，平田面无表情地简单说了几句。我转身去看翻译。"我们计划的出价是，"他说，"每股60美元。"

我想说服他加价："如果我们直接出价65美元并坚持到底，那么成交的速度会快很多。"此前我已经警告过平田，在这桩交易中我代表双方——这是达成交易的方式，如果有必要，我会向他施压。我现在就在向他施压。

平田摇了摇头。"我们希望出价60美元。"翻译说。我放弃了说服。每个报价都有一定的回旋余地，如果买卖价差不超过10%，那么交易仍有可能达成。每股66美元的报价，卢是很难拒绝的，要知道这几乎是《华尔街日报》爆料之前公司股票价格的两倍了。再加上WOR的5美元，我们已经接近两个月前赫伯和我提出的价格底线。60美元的出价是一个精确的基准数，是能够安全地让谈判继续的最低出价。

那天临近中午时，正式谈判在特朗普大厦西德和史蒂文·斯皮尔伯格共同拥有的一套公寓内开始。我向大家介绍会议日程，气氛安静而紧张。我们简单回顾了之前已经达成的交易要点。卢和西德就得到了五年期的合同；如果卢不能完成其首席执行官的任期，西德就会接任。

第十三章　防弹货车

最后，我谈到了价格。首先我指出，自松下公司最初提出动议以来，外部条件——中东战争和油价上涨已经损害了美国音乐公司的市值。我说出收购价格后，卢表示愤怒，并指责我们误导了他。他这样主要是在演戏。

然后我的实际工作开始了。我一连三天在曼哈顿中城的两家律师事务所（代表松下的盛信律师事务所和代表美国音乐公司的沃奇尔·立普顿律师事务所）、平田在凯悦酒店的套房、费利克斯·罗哈廷在拉扎德公司的总部之间来回穿梭。通常我会步行，但如果有需要，我也可以钻进随时待命的豪华轿车与赫伯或者桑迪·克里曼密谈一番。第一天进展缓慢。卢拒绝考虑60美元的出价，而松下也不让步。赫伯敦促我让双方保持沟通，但是说起来容易做起来难。5点，鲍勃·斯特劳斯来电话说："我们一定要推动这笔交易，所以我要召开一次董事会会议。"

"你在说什么啊？"

"来凯悦酒店自己看吧！"

我去了鲍勃的套房，客厅里的吧台是我见过的最长的。平田和他的副手们都挤在吧台旁边，正准备大醉一场。"咱们交际起来吧！"鲍勃说。我们开始聊天喝酒，越聊越兴奋，越喝越多。没谈成什么真正的生意，但是所有人都在谈。

第二天早上，也就是感恩节之前两天，平田给了我一个新的数字：每股64美元。我认为这就差不多了，于是到特朗普大厦与费利克斯、西德和卢的律师马蒂·利普顿商量。他们说价格还是太低，交易不可能实现。我试图保持冷静。卢脑子里的想法是个巨大的未知数，我不敢逼他还价，因为他说出来的数字可能会让双方的差距大到无法弥补。卢之前已经证明过，如果你把他逼得太紧，他就会终止交易，哪怕那桩交易是他迫切需要的。

他倾注了一生的事业应该报价多少才算公平？"他在'硬杠'，"费利克斯说，并一直让我理解卢的心情，"我觉得我们陷入了僵局。"当费利克斯告诉我他当天晚上要离开到南安普敦度周末时，我明白了。他需要表现出交易似乎已经完蛋的样子。如果卢看到所有人都走了，他或许会让步。

周三，套利者基于每股85美元的预测收购价将美国音乐公司的股票炒到每股68.5美元。这个数字就像《农民年鉴》(*Farmer's Almanac*)发布的天气预报一样没什么参考价值，但我担心卢可能会以此为基础还价。我回去找平田，知道自己必须谨慎行事。如果我给他施加太大压力，可能会让他和谷井陷入困境。我也知道他有个"影子"顾问——野村·瓦瑟斯坦投资银行，银行的人很可能在劝他按兵不动、后发制人。交易没有其他竞购者，所以这个建议是合理的。但是野村·瓦瑟斯坦投资银行不了解卢·沃瑟曼。我的直觉告诉我，64美元仍然不够。

我对平田说："我认为我们需要提高出价。涨到66美元怎么样？"他说他会考虑一下，但没有做出任何承诺。

那天傍晚，我动身前往洛杉矶。感恩节是奥维茨家族的大日子，我并不打算因为卢和平田僵持不下就留在纽约过节。赫伯·艾伦出发前往长岛。马蒂·利普顿也回家了，似乎我们真的已经没戏了。

但是日本人没有离开，这是一个好兆头。卢还住在荷兰雪梨酒店。这就是他在表达希望交易达成的意愿，而鲍勃·斯特劳斯像阿玛里洛瘦子[①]一样一眼看穿了他的心思。稳妥起见，他也陪卢留下了。

[①] 阿玛里洛瘦子，原名托马斯·奥斯汀·普雷斯顿二世，美国职业赌徒，以高超的德州扑克技术与下注技巧闻名。——译者注

第十三章　防弹货车

我刚刚到家，赫伯·艾伦就联系我说有新消息了：卢和鲍勃正在21俱乐部吃饭。之后鲍勃打电话来说："我觉得这桩交易还没死透。我认为再加2美元，我们就可以成交。"他们吃完晚饭开车回家的路上，卢也这样暗示过。我叫醒了平田。当他带着翻译给我回电时，我说："看起来我们能够以每股66美元的价格成交。"

"我要考虑一下。"

"不要太久，"我说，"你们已经非常接近成功了。"

感恩节的大部分时间，我都在家里的办公室打电话。跟赫伯、费利克斯、鲍勃和平田的翻译来回来去沟通了好几个小时之后，松下把出价提高到了每股66美元。我把消息告诉了西德，双方于当天下午在沃奇尔·立普顿律师事务所见面。卢与平田握手成交。我真恨自己没在场，但我们终于达成了初步协议。

是什么促使卢最终点了头？虽然你永远不能把恐慌这个词和卢·沃瑟曼联系在一起，但我认为他看到了交易正在瓦解，也明白这意味着什么。或许这是卢职业生涯中第一次感到走投无路。他拒绝了那么多有意收购的买家，现在只剩下松下——以及那些潜伏的恶意收购者了。

日本人总比海盗好。他没有办法操纵平田，因为所有的联系都是通过我进行的。他看到自己只剩一步棋可走，于是走出了这一步。

而日本人那边，没把美国音乐公司收入囊中之前，他们不会离开纽约。面对着压力重重的卖家，他们作为唯一的买家，手里掌握着所有的筹码。他们做好了打持久战的准备。

但是，说实话，这个收购价刚刚好。略高于日本人的计划，也略低于卢的期待。买卖双方都感到后悔才是人生。客观来看，双方都赢了。一家制片厂免遭被秃鹫投资者抢走的命运，而且日本人作为合作伙伴具有强大的潜力。卢拿到的钱根本花不完,而且他有一份长期合同。这桩交易对所有人都有利——或者说应该都有利。

周一早上,在盛信律师事务所的会议室里,一百多人端着香槟酒杯会聚一堂。卢和平田坐下来签署文件时,我就站在他们身后。我百感交集,这是我职业生涯中规模最大、最耗费心力的交易。它以65亿美元的总价打破了索尼保持的日本公司在美国收购的价格纪录。我说服了一位末代大亨在他谢幕之前把公司卖掉,而且是卖给了一家他只打过两次交道的公司。我在并购业证明了自己的能力。我赢了。

平田兑现了之前"防弹货车"的承诺。他开出了一张巨额支票让我随意分配:金额是1.35亿美元。在支付了银行家和所有顾问的费用之后,我为CAA留下了6 000万美元(在今天相当于1.1亿美元)。它改变了我们的一切。第一,它让我们的合伙人口袋里有了更多的钱——罗恩拿到了1 000万,比尔拿到了1 000万,参与过这个项目的人各自拿到了100万到300万不等,剩下的归我。第二,它让我们能够在不消耗储备的前提下雇用更多的人。第三,它让我们能够继续支付经纪人高于市场水平的薪酬,以确保他们不会离开。第四,它标志着我们的公司提升了档次。在好莱坞这个人们连高盛和萨克斯第五大道百货都分不清楚的地方,一家艺人经纪公司能够负责安排和执行这种规模的交易,并赚到服务费,足以让所有人无比震惊。

当然,我的风生水起让我的合伙人们觉得恼怒。而我开始觉得自己像是滚轮上的仓鼠一样疲于奔命。我有时候觉得自己跑错了滚轮,我应该自立门户——但同时我又觉得自己实际上并不是一只仓鼠,而是一头猎豹,是旷野里速度最快的动物。即使特德·阿什利、罗恩、我的妻子等所有人都在劝我慢下来,我也还是想加速前进。

第十三章　防弹货车

交易签字之后几天，我到美国音乐公司去向卢提出了我对松下的看法。"你目前的处境很好。"我告诉他，"你和这家公司还有五年的缓冲期，而它想要的不过是让大家忘掉索尼和哥伦比亚而已。"他和西德每天要做的就是与松下的一位名叫上出的代办工作人员保持书面沟通，好让大阪那边了解情况并保持冷静。"他们喜欢有事提前告诉他们，"我说，"不要打电话，也别期待他们快速决定。如果你想做一笔交易，在你要求他们签支票之前，要确保他们明白他们买的是什么。"我提出可以引导卢完成过渡。"他们付钱让我再做两年顾问，"我说，"别让我白赚这笔钱。我已经和这些人建立了交情，他们信任我。让我来帮助你。"

卢在听，但我看得出他没兴趣。我在和外国人做生意时，会向盛田昭夫学习。我一下飞机就会立即去适应当地的环境。但卢是个老派的美国人，他希望全世界适应他。

而且他永远不会原谅我站在别人的立场上拯救他。交易完成后，我带着谷井、平田和丰永来到环球影业的片场，正式接管美国音乐公司。我把车开到兰克希姆大道公司正门附近，停好车，然后陪着我的客人们走上步道，卢和西德已经在那里等候了。我重新介绍了双方。卢和西德一言未发，转身陪着日本人走进了制片厂，把我晾在了一边。我面不改色，但心里感到非常受伤和沮丧，这肯定是卢希望达到的目的。

从那之后，我再也没有和卢·沃瑟曼说过话。

第十四章

毕加索

娱乐业的很多事情都围绕着自负和恐惧。人们宁可委屈自己，也不会和一个明星起冲突，哪怕那个明星显然是错误的一方。必须有人当家长，这个角色就落在我头上："不行，你不能退出那份已经确定的协议。""不行，你不能跟制片厂那么说。""不行，你不能在预算外多加一个星期的时间。"

1992年的一天早上，我的客户、派拉蒙影业的负责人雪莉·兰辛找到我。她非常担心由CAA打包，由罗伯特·雷德福、黛米·摩尔和伍迪·哈里森主演的电影《桃色交易》。"样片不太好，"雪莉说，"罗伯特的特写看着很糟糕。"由于罗伯特在片中饰演的是一个把年轻女人勾引上床（虽然也付了钱）的帅气高管，所以这是个坏消息。在雪莉的要求下，我到派拉蒙去看了样片。果然，罗伯特的眼袋都出来了。

我来到罗伯特的房车里，问："有什么事情我应该知道吗？"

"一切都好。"

"一切看起来都不好。你在样片里显得很疲倦，制片厂不敢直说。出了什么事？"

罗伯特瞪着我说："我们完了。"意思是：你被解雇了。

回到办公室后,我正准备镇静下来并告诉员工我们刚刚丢掉了一个最大的明星客户,结果罗伯特来电话让我回去。我走进他的房车,等着他开口。"我最近一直睡不好觉。"他轻声说。

"我也经常这样。"我说。我没再打听到底发生了什么,只是说我们会按照制片厂的保险条例暂停拍摄,让他放一个长周末的假。等他休息一下之后,我说,"我们再重拍所有内容,并且拍好。雪莉百分之百支持你"。

我说的话不算数,但雪莉理解演员。当我告诉她罗伯特需要放个假时,她中止了拍摄。罗伯特去了他在马里布的住处,靠着几片助眠药把状态调整好,之后那个周一精神抖擞地回到了片场。他看起来并不年轻,但至少也不显老。这部电影获得了将近3亿美元的票房。

―――――

我们和西德尼·波拉克签约已经十多年了,但我仍然要在每个项目上都跟他争论不休。当时派拉蒙购买了约翰·格里森姆写的突破性法律惊悚小说《陷阱》的版权,并且安排由汤姆·克鲁斯主演。我们找到西德尼,请他担任导演,他一如既往地拒绝了:"我喜欢这本书,但讨厌结局。"在格里森姆的小说中,主人公米奇·麦克迪尔从孟菲斯他那家专搞歪门邪道的律师事务所里偷了1 000万美元之后逃之夭夭。西德尼觉得这个结尾并不让人满意。

我说:"你为什么不去跟格里森姆商量一下为电影修改一下结局呢?"

"这倒是个办法,"西德尼说,"但全世界没有一个作家愿意这样做。"他就是不打电话。于是我安排他跟格里森姆的经纪人谈谈,然后,西德尼在惊讶中打电话告诉我:"格里森姆对改结局没意见。"

"那太好了!"

"但我还是没想好要不要接这部片子。"他说。

"西德尼,这是汤姆·克鲁斯主演的《甜蜜陷阱》。你一定要接。"我一直在不停劝说他,直到他答应考虑。他构思了一个他更喜欢的结局,让米奇·麦克迪尔直到最后都保持诚实。他跟汤姆以及编剧们见了面。然后他又动摇了。西德尼总是对电影能否卖座顾虑重重。他希望能够大获成功并得到赞美,但又不想显得自己是为钱拍片。

一筹莫展之际,我给我们的客户、派拉蒙总裁斯坦利·贾菲打了个电话。"咱们试试用别的方法说服西德尼。"我说,"我希望你打电话祝贺他答应执导《甜蜜陷阱》,然后继续说制片厂方面非常高兴,这部影片一定会取得巨大成功,还有你一定会全力以赴地支持它。不要让他有机会开口说出一个字,感谢他之后挂掉电话就好。"

然后我打电话给汤姆·克鲁斯说:"我希望你给西德尼打个电话,告诉他你很激动能够和他一起工作,以及你们的合作一定会很愉快。要特别热情地说,然后挂掉。"

我们的员工当时都在洛杉矶以北90分钟车程的奥哈伊团建静修。我告诉负责西德尼和汤姆经纪事务的迈克尔·马库斯、罗莎莉·斯威德林和葆拉·瓦格纳,如果他们房间里的电话响了,不要接。

斯坦利先打给了西德尼,西德尼还没来得及开口回应,汤姆已经打到他另一个号码上了。汤姆说完突然挂掉电话之后,西德尼冲着助理大喊:"给我拨通奥维茨的电话!现在就给他打电话!"

唐娜试着打电话找我,然后汇报给她老板说:"他在闭关。"

"那就给迈克尔·马库斯或者罗莎莉·斯威德林打电话!"

"他们也在闭关。"

"找葆拉·瓦格纳!"

"都在闭关。"

第十四章 毕加索

我等了 5 个小时才给他回电话。"你好吗，西德尼？"

"你这个浑蛋！"他尖叫道，"你怎么能告诉他们我答应了？我没有答应。简直疯了，这部电影我不拍！"

"我完全不知道你在说什么，西德尼。如果你不想拍这部电影，我建议你给斯坦利·贾菲或者汤姆·克鲁斯打电话。"

"你给他们打！"

"我不会给他们打的。我觉得你应该拍这部电影。"

"浑蛋！"

西德尼在孟菲斯度过了有史以来最轻松惬意的拍摄过程——美味的食物、亲切的人。他和汤姆成了好朋友。《甜蜜陷阱》票房大卖。

而下一次，过程也会同样曲折。

————

迪士尼在拍摄《阿拉丁》时请罗宾·威廉姆斯用三天时间为精灵的角色配音。但他大量的即兴台词非常搞笑，迈克尔·艾斯纳于是干脆把原剧本丢开，围绕着罗宾重新构建了这部电影，但并没有更改他的酬金。后来，罗宾让我到他在纽约的公寓去谈一下这件事。他开始用精灵的声音跟我说起来。他是个忧心忡忡但又惹人喜爱的人，经常躲在这样那样的角色背后面对问题。我说："用你自己的身份和我说话，罗宾。"他终于平静地照做了。我们聊了两个小时，我告诉他我会解决。

我打电话给艾斯纳，他又跟我来"你的客户签了合同也拿到了报酬"的老一套。我告诉他，罗宾不想要更多的钱，但他为迪士尼所做的一切理应让他得到隆重的酬谢——这部电影的票房会超过 5 亿美元。迈克尔最终同意给罗宾一幅经典名画，比如毕加索的作品。我到佩斯画廊找到了一幅合适的毕加索的画作，并告诉迪士尼给阿恩·格里姆

全能经纪

彻寄一张 400 万美元的支票。我知道，尽管这幅画很昂贵，但它换来的价值高得多。当时艾斯纳还声称这幅画仍然是迪士尼的财产，他只是把它借给了罗宾。我气坏了，说："要不是因为我有罗宾这么善良的客户，我会跟你要 1 500 万美元。"罗宾得到了他的毕加索。

在艾斯纳的 40 岁生日惊喜派对上——真的是惊喜，因为这个派对是我在他 41 岁生日那天办的——制片人拉里·戈登在向艾斯纳敬酒时顺便提到我总是告诉电影公司该如何经营业务。事实上，经过这么多年，我明白了一件事，从事创意活动的人往往比商务人士更善于接受坦率的批评。罗伯特·汤会感谢我给他的剧本提出的意见，但高管们却大惊失色，认为我是在告诉他们我比他们更擅长管理他们的公司。我从来没有明确说过这样的话，但有几次我心里确实那样想过。

我的自信心从本质上让艾斯纳感到惊慌，他意外地感受到了潜在对手的威胁。他一直在以莫须有的罪名指控并计划解雇他长期的副手杰弗瑞·卡森伯格，而他的妻子简和我则反复尝试让他改变这样的看法。杰弗瑞身上应该被指控的真正罪行是他简直比机器人还不谙世事，但迈克尔最大的不满在于卡森伯格能力很强且工作起来发疯一样地努力，所以也显而易见成了迈克尔的接班人。

一方面，我把迈克尔·艾斯纳当兄弟一样喜爱——他可以非常迷人和风趣，但另一方面，我认为他比我还要偏执和善于操纵别人。这些年来，我看着他摧残了无数人，但我一直认为，在迈克尔的核心圈子里，有 3 个人是他永远不会伤害的：他的发小约翰·安杰洛、拉里·戈登和我。

1994 年，迈克尔接受心脏搭桥手术期间，我全天候在医院陪伴他，一心希望他快点儿康复。他的状态极差，心情沮丧，浑身颤抖，

第十四章　毕加索

行动缓慢。有一天，为了激励他把心思重新放到业务上，我提到了我的一个宏大构想，能够打破制片厂-电视网-有线电视网对内容发行的严格束缚。人人家里的墙上都有电话公司的插头，为什么不利用它把内容送到千家万户？我告诉迈克尔，我去找过纽约电话公司（NYNEX）的总裁伊万·塞登伯格，他对下一代技术的眼光很独到。我们共同设想了一种交互式服务，利用现有的电话线路把电话、电视和互联网的功能结合在一起。我们会提供一系列新闻、体育和娱乐节目，还有CAA的客户们制作的原创节目。我们签约的公司不仅有纽约电话公司，还有贝尔大西洋公司（Bell Atlantic）及太平洋电信公司（PacTel）。我们请了CBS的霍华德·斯金格担任我们的首席执行官，还找了FOX的桑迪·格鲁休来协助他，计划迅速建立覆盖全美的业务。这是一笔巨大的交易——CAA在未来五年内将会赚5 000万美元，并拥有这家企业四分之一的股份，而且，我们相信我们会彻底颠覆新兴的有线电视行业。（结果，事实证明电话电视是一个太超前的领先于当时技术的伟大想法：有线电视网的"三网合一业务"5年后才出现，而威瑞森光纤服务则还需要等上10多年。）

我刚离开医院，迈克尔就打电话给伊万·塞登伯格，想劝说他甩掉我，与迪士尼合作开展类似的项目。和伊万谈崩之后，他又打电话给自己的副手，让他们和亚美卡思（Americast）以及美国通用电话电子公司（GTE）签约，好跟我们竞争。我愤怒地质问他，而他则一如既往地顾左右而言他。他病得很厉害，我又不忍心向他施压。

———

米高梅影业陷入了巨大的混乱。20世纪80年代后期，在CAA电影部门的一次会议上，我们的一位经纪人宣布，根据约翰·勒卡雷的小说改编的间谍电影《俄罗斯之家》给他发来了邀请肖恩·康纳利出演的意向。另一位经纪人高声说："哎，我也接到了他们邀请迈克尔·道格拉斯出演同一个角色的意向。"米高梅影业的两名高管显然没有进行内部沟通，这种差错很有可能导致明星更换经纪公司。我们把发生的事情告知了两位演员，很幸运，迈克尔看过剧本之后没有接，肖恩得到了那个角色。

随着米高梅债务不断累积，柯克·克科里安把公司卖给了特德·特纳。特德融资遇到问题，又将大部分股份卖回给了柯克，柯克于是又一次把公司放到市场上出售。那时米高梅影业每年发行的电影不到 10 部。1990 年 11 月，克科里安把米高梅卖给了一个神秘的男人，获得了丰厚的利润。这个人叫詹卡洛·帕雷蒂，他通过法国最大的银行——里昂信贷银行（Crédit Lyonnais）获得了收购所需的 13 亿美元资金。好莱坞和华尔街对这个人都知之甚少。帕雷蒂在比弗利山庄购买了一栋价值 800 万美元的豪宅，并大肆举办各种豪华派对和首映式。我对他敬而远之，本能地不信任这种被我称作"程咬金"的人，也就是那些为了好玩儿、排面或者为了不切实际地赚大钱而突然杀入我们行业的圈外人。

有一天午餐时，肖恩·康纳利说："这个叫帕雷蒂的真是太邪门儿了。他在伦敦的萨沃伊饭店当领班的时候我就认识他。我怎么也想不明白他从哪儿弄来的 10 亿美元。"帕雷蒂的财富——以及他家里那些令人赞叹的艺术品——可能并不是人们看到的那样。他曾经送给特里·塞梅尔一小幅可爱的毕加索画作，特里欣喜若狂，然后他把这幅画拿去鉴定，发现是赝品。（毕加索在好莱坞的价值不是比你预想的高很多就是低很多。）米高梅的这位救星在两年内亏损了 5 亿美元，然后开始拖欠贷款。1992 年，在欧美两地的检察官提出证券欺诈的指控后，里昂信贷银行没收了抵押品，米高梅的末日即将到来。

第十四章 毕加索

我看到了 CAA 取代米高梅成为第七大电影公司的机会。CAA 的打包项目中有五分之四在票房上实现了可观的盈利，而且多年来我们一直是事实上的执行制片方。为什么不再进一步，也为项目融资呢？我的商业模式部分参照了弗雷迪·菲尔茨在 1969 年创立的第一艺术家公司（First Artists），其成员包括达斯汀·霍夫曼、芭芭拉·史翠珊、史蒂夫·麦昆、保罗·纽曼和西德尼·波蒂埃，他们每个人都同意制作 3 部电影。这家公司出品过《一个明星的诞生》和《周六奇妙夜》等高票房影片，但是这个联盟慢慢瓦解了，因为菲尔茨犯了一个致命的错误，他没有要求公司的各位明星创始人把他们的大预算电影交给第一艺术家来制作。同一年里，史翠珊在第一艺术家拍的《主妇狂想曲》票房失利，在华纳兄弟影业拍的《爱的大追踪》却成为大热。我还受到了导演公司（The Directors Company）的启发，这家公司是我曾经的导师托尼·范托齐在 WMA 时期联合彼得·博格达诺维奇、弗朗西斯·福特·科波拉和威廉·弗莱德金共同成立的。（他们出品过热门影片《纸月亮》，《窃听大阴谋》也获得了极为关键的成功，然而这家公司也慢慢垮掉了。）

我想把我们的顶级导演，比如斯皮尔伯格、泽米吉斯、莱文森、斯科塞斯、波拉克、奥利弗·斯通和朗·霍华德等都召集到一起。导演们要承诺将他们 75% 的项目交给新公司来制作。他们会按照正常待遇签约，但是其中 10% 的所得要放进一只备用基金以对冲失败风险。我和 5 位导演沟通了这个想法，他们都表示很感兴趣，然后我请米高梅公司前任董事长、高级诉讼律师弗兰克·罗思曼研究一个关键问题：经纪公司能制作电影吗？根据我们与各行业工会的协议，CAA 最多可以拥有一家制片公司或发行公司 10% 的股份，但我想到了一个更复杂的交易结构，就是找一家财团来收购电影公司，但该公司由 CAA 来实际控制。我们会与一家银行、一家私募股权基金以及我们签约的一群顶级电影人合作。

弗兰克的白皮书浇灭了我的热情。他的结论是，CAA 很可能会被起诉，所以我们必须与三个工会中的至少两个打通关节并说服它们同意才行。不过，这些工会都还不是成熟的工会组织，所以比较容易被攻破，而且我们和它们的关系很好。导演工会和编剧工会的负责人都是 CAA 的客户，比尔·哈伯和我还曾经帮助调解 1988 年的编剧大罢工。工会的成员们在与电影公司和电视网斗智斗勇的时候都会依靠我们。但我不得不承认，和我们自己的客户交锋，就算我们赢了，也等于没有打胜仗。

————

1993 年 3 月，我飞往纽约，与弗朗索瓦·吉勒会面，他是被迫成为米高梅影业新东家的里昂信贷银行的总经理，精通多国语言。轻松地聊了一阵法国南部以及我们对当地美食的共同热爱之后，我们把话题转向了制片厂。吉勒已经和 8 家主要投资银行的代表见过面。它们全部提供了相同的建议：为了处理 32 亿美元的不良娱乐资产，里昂信贷银行应该将米高梅拆分，裁掉 2 400 名员工，并将剩余资产——主要是狮子标志及其姐妹制片厂联美影业拥有的 1 100 部电影的片库出售。（米高梅自己的片库已经属于特德·特纳，其著名的摄影棚也已经归洛里玛影业所有。）从理论上来看，这种做法似乎是谨慎的，因为制片厂每天要消耗 100 万美元。全部清算能够让里昂信贷银行的损失减少到 9 亿美元。

我说："我有个不同的观点。我认为你应该再向米高梅公司注资 1.5 亿美元，这样它就可以重新开始发行电影。"

"为什么这是最好的策略呢？"

第十四章　毕加索

"因为你的银行想要在纽约开设分行并与美国开展更多业务。解雇一千多名美国人并永远埋葬米高梅品牌会产生非常可怕的公关后果。"

我给了他一点儿时间充分思考，然后我说："我相信哪怕我不能帮你把全部的钱都收回来，收回绝大部分也是没问题的。"CAA可以用几个电影打包项目让制片厂立刻投入运转，这样也能帮法国人争取一点儿时间重启联美影业的几个经典系列，比如"洛奇""粉红豹""007"等。新片会提升旧系列的价值。当里昂信贷银行最终在美联储的要求下出售米高梅影业时，它也会拿到一个好得多的价格。

吉勒说："不会有人同意你的看法的。"

我面不改色，但内心狂跳。在任何一个有许多玩家参与的游戏里，你都想成为那个与众不同的人。我告诉吉勒："你见到的每个人都在做出售资产的生意。但我做的是建立资产的生意，而且我认为你也是。"

"你确实让我有了很多需要思考的事情。"他说。

―――――

一两天后，吉勒来电话说，他接受我关于银行公关形象的观点。（米高梅在法国也是受到珍爱的品牌，法国观众非常喜欢《乱世佳人》和《绿野仙踪》。）吉勒也同意，解雇所有员工并以四成的价格贱卖公司的风险更大。里昂信贷银行希望由CAA担任其独家顾问机构。

刚刚参与过哥伦比亚影业和环球影业并购的CAA紧接着又和里昂信贷银行展开合作，这会让我们与好莱坞半数的买家打通门路。圈内同行们的反响似乎也相当积极。我接到了十几个其他公司经纪人打来的电话，他们都非常渴望看到米高梅能被保住，联美影业能够起死回生。甚至作为竞争对手的制片厂都对马库斯·洛和路易·B. 迈耶联合创立的品牌萌生了保护欲。

激烈的反对声也随即出现。《纽约时报》的伯尼·温劳布发表了一篇明显由 ICM 在背后指使的文章，提出潜在的利益冲突问题。CAA 怎么能一边为制片厂的东家提供咨询，一边又安排自家客户参与该制片厂的电影项目？ICM 的董事长杰夫·伯格公开要求我们披露与里昂信贷银行交易的细节，并称之为"不道德的结盟"。他甚至到美国司法部要求对我们进行反垄断调查（但调查从未开展）。

我能理解杰夫为什么会发难。ICM 在 70 年代末和 80 年代初曾经在这个行业中一统天下，但现在已经远远落后，屈居第二。我们签下了杰夫最重要的客户之一迈克尔·曼，还从萨姆·科恩手里挖来了梅丽尔·斯特里普、格伦·克洛斯和迈克·尼科尔斯。ICM 仍然拥有梅尔·吉布森、阿诺德·施瓦辛格、朱莉亚·罗伯茨、理查·基尔和艾迪·墨菲，但基本就是这些了。除了墨菲，所有人的经纪人都是埃德·利马托——他也因为米高梅的事情打电话向我表达了感谢。他知道我们的计划意味着他的客户能有更多的工作机会。

伯格接下去的动作是给当时正打算买一家制片厂玩玩的亿万富翁比尔·科赫打头阵。我们相信，有人太早出价可能会迫使法国人以过低的价格出手，所以我们给手下 70 名电影经纪人发出了军令："你这周在见到每一个人和打出每一通电话的时候都要提到，科赫的事情纯属无稽之谈，里昂信贷银行不会出售米高梅。"在互联网出现之前，像 CAA 这样团结一致的机构可以左右好莱坞的想法。科赫也帮了我们一把，他在一次公开谈话中错把银行的名字说成"法国里昂银行"，之后又在一份新闻稿中把"米高梅"（Metro-Goldwyn-Mayer）错写成了"米金梅"（Metro-Golden-Mayer）。过了不到一个月，他就搁置了

第十四章　毕加索

竞标计划。

娱乐媒体称杰夫·伯格为好莱坞第二大经纪人，但他根本挤不进CAA的前五。罗恩·迈耶的客户名单强大得多。比尔·哈伯、杰克·拉普克、葆拉·瓦格纳、李·加布勒和我们电影部门的联合主管里克·尼西塔也是。我与弗朗索瓦·吉勒见面前不久，里克告诉我，杰夫想要跟他见面谈一谈ICM总裁这个职位。我建议里克去见他，哪怕只是弄清楚ICM葫芦里卖的是什么药都好。"只管听之，"我告诉他，"假装你是客户。看他怎么说服你。"杰夫竭尽全力游说里克，说他打算招聘一大批人员——这是你在挖角高级经纪人时要说的标准废话。他说他非常想让里克加入，所以愿意给里克每年100万美元左右的薪水，比他自己赚的都多。当里克说出"那我要少赚很多钱了"的时候，杰夫一定非常泄气。里克当时的薪水是杰夫出价的3倍多。

当然，杰夫对我们在米高梅这件事上的评价有一点是合理的：CAA从设立结构上来看就是各种冲突的会合点。每当CAA打包了一部电影或者一档电视节目时，我们既代表（希望尽量缩减预算的）制片人，也代表（应该得到市场标准薪酬的）艺术家。我们帮莱斯利·穆恩维斯铺平了成为CBS总裁的道路一周之后，就向他推销我们客户的电视剧试播集。所有的利益冲突都是公开、已知并被预先考虑在内的。这就是好莱坞的运作方式。但我向各个工会做出了保证，我们不会插手米高梅的创意管理，也不会接触任何机密信息。（非CAA客户在做什么项目对我们来说都一样，因为说到底，我们才是市场的制定者。）争议到此为止。

———

1991年，派拉蒙解雇了总裁弗兰克·曼库索，并一直（借口会计处理问题）推诿支付拖欠他的2 000多万美元。曼库索帮过我们很多忙，这次轮到我们回报他了。我找到派拉蒙影业母公司海湾西方石油公司的总裁马丁·戴维斯，提醒他弗兰克在圈子里，尤其在我们经纪公司里，是很受欢迎的人物。马丁付了弗兰克 1 500 万美元。

弗兰克有档期、能力强，对我们也很好。我原本的计划是让弗兰克在米高梅现任董事长小艾伦·拉德的领导下负责重启并运营联美影业。结果弗朗索瓦·吉勒打来了电话。"我们撤掉了拉德，"他说，"你想如何重组？"

第二天，我们已经构建了另一套管理体系。"我们让弗兰克出任董事长吧。"我告诉弗朗索瓦。我已经另外找到了运营联美影业的人选：华纳影业前制片主管约翰·卡利。12 年前，约翰在 50 岁时宣布退休，并搬到了他在长岛湾费希尔斯岛上那座拥有 35 个房间的豪宅。最近我们在迈克·尼科尔斯的纽约办公室见面时，他告诉我："我知道你的时间很宝贵，所以我跟你直说吧。我每天睡 12 个小时。我读完了家里的每一本书。如果让我继续保持退休状态，我会死掉的。我想回来工作。"

我立刻想到了约翰曾经的老板特德·阿什利退休后的惨状，于是我说："让我看看我能做些什么。"

弗兰克 60 岁，约翰 62 岁。他们知道如何迅速为制片厂补充筹备中的项目。我们让 CAA 的迈克尔·马库斯在弗兰克手下担任米高梅总裁，完成了团队的配置。迈克尔是一流的电影经纪人和打包策划人，他和其他胜任这个职位的人一样优秀，而我也不在乎批评我们的人会怎么想。

里昂信贷银行提高了米高梅的信贷额度，超出我建议数额的一倍多，并从其资产负债表里抹掉了大量债务。这笔钱花得很值。到 1994 年，制片厂已经脱离险境。两年后，柯克·克科里安付给里昂信

第十四章　毕加索

贷银行 13 亿美元——超出米高梅拆分售价的两倍，再次成为米高梅的拥有者。

弗兰克·曼库索在米高梅干得风生水起，直到 1999 年退休。约翰·卡利以联美影业作为跳板，最终在索尼影业董事长的职位上完成了职业生涯的谢幕，任内出品了《甜心先生》和《黑衣人》等高票房影片。2005 年，以索尼为首的合伙企业以 50 亿美元的价格收购了米高梅。迄今为止，这家制片厂仍然在为演员、编剧和导演们提供工作机会。

里昂信贷银行聘请我们大约 6 个月后，我们统计了米高梅正在开发的电影项目。有一家经纪公司参与这些项目的客户人数遥遥领先，是 CAA 客户的 3 倍。

这家公司就是 ICM。

第十五章

永远的可口可乐

1982年,可口可乐公司收购哥伦比亚影业前不久,我在艾伦公司的峰会上认识了该公司的高级管理层。人见人爱的唐纳德·基奥从1950年起就在可口可乐公司工作,是儒雅、精明的化学工程师罗伯托·戈伊苏埃塔最理想的二把手。唐纳德与罗伯托有着同样广阔的视野,但同时也非常注重细节。(某次我们一同前往得克萨斯州出差时,他找到公用电话告知机场里有个可口可乐标志摆错了位置。)他们像联合首席执行官那样协作,把这家靠着糖和水建立的公司发展壮大成《财富》50强企业。而且,跟他们在一起很有趣。

唐纳德出席《甘地传》热闹的首映式时,可口可乐刚刚拥有哥伦比亚影业5分钟左右。《甘地传》是CAA打包的项目,正朝着8项奥斯卡奖迈进。唐纳德伸出一只胳膊搂着我说:"我的上帝呀,电影行业太好玩儿了——而且挺轻松的嘛!"呵呵。

两年后,《捉鬼敢死队》在哥伦比亚进行后期制作时,为了配合发行,我们敦促唐纳德把电影的标志印在可乐罐上。但是他和亚特兰大的团队对他们的品牌有着超乎寻常的保护欲。直到《捉鬼敢死队》大获成功后,可口可乐才开始使用电影的标志,但为时已晚,双方都没能获益太多。但我们确实帮他们做了个免费广告。在产品植入开始流行之前几年，伊万·雷特曼接受了我的建议，在西格妮·韦弗被鬼魂捣蛋的冰箱里放了一罐可口可乐。让导演去讨好一下给影片出钱的人从来不会有什么坏处。

1990年，也就是可口可乐把哥伦比亚影业卖给索尼一年之后，在艾伦峰会的度假营地，我来到赫伯的小屋，发现他正在屋后的门廊上跟罗伯托和唐纳德一起喝咖啡。他们在谈论百事可乐的"新一代"（New Generation）广告，罗伯托正为此发愁。我安静地坐下，喝着我的健怡可乐，这时唐纳德问我："你会怎么做？"

"我从没想过这个问题，"我说，"但是作为一个经常看电视的人，我认为你们的品牌形象在市场上遭到了严重打击。"

这话并不是随便说说。我突然想到，市场营销咨询应该顺理成章地成为CAA下一步要开拓的业务，因为我们已经对大众文化有了超级精确的判断。我们每天都会得到确凿的反馈——收视率、总票房、专辑销量，而且我们不仅比大众提前很久就知道买家在寻找什么，还知道史蒂文·斯皮尔伯格、诺曼·利尔和迈克尔·克莱顿接下来会做什么。然而，尽管我很喜欢可口可乐公司的人和产品，但我从未考虑过跟他们合作——直到他们卖掉哥伦比亚影业并消除了所有可能产生的利益冲突。

艾伦峰会之后不久，唐纳德打电话来说："我们想请你飞过来一趟，聊聊公司的发展。"两天后，他在公司位于亚特兰大的双子塔总部的大堂里迎接了我，并且带我去了罗伯托常年恒温65华氏度的办公室。上午9点整，他们在纸杯中倒入经典版可口可乐分享给大家，之后的3个小时中，我们讨论了可口可乐该如何战胜百事可乐。

可口可乐的克星是天联广告公司（BBDO）的董事长菲尔·杜森

伯里。20 世纪 60 年代，菲尔构思了广告界首个主打生活方式的宣传广告《百事新一代》(Pepsi Generation)，彻底改变了可乐战争；80 年代，他通过《新一代的选择》(The Choice of a New Generation) 电视广告再次改写战局。广告中，雷·查尔斯[①]说出的那句"你选对了，宝贝！"令人难忘，而且效果很好。通过将百事可乐打造为年轻人的饮料，菲尔也让可口可乐沦为老年人的饮料。

可口可乐仍然雄霸国际市场，但其北美市场的利润率却在下滑，百事可乐的超市销量正在迎头赶上。"从现在起再过 5 年，"罗伯托对我说，"我想我们就会被打败。"可口可乐的广告一筹莫展。它最新的标语"挡不住的诱惑"(Can't Beat the Real Thing) 并没有打动大众。

像罗伯托一样，我也知道对一个品牌来说，失去声望比重新获得声望容易得多。小时候，我父亲开着一辆雪佛兰，但向往拥有一辆凯迪拉克。等我真给他买了一辆时，凯迪拉克已经在梅赛德斯和宝马面前黯然失色，并且从此再也没有恢复往日辉煌。

但我不吃强行推销那一套。我的风格与罗伯托和唐纳德很相似——礼貌、克制，是美国南方人的作风，与好莱坞格格不入。不要蒙骗我，不要向我推销，有事说事就可以了。当我坦陈自己准备将 CAA 的业务领域扩展到市场营销时，罗伯托说："你需要我们做些什么帮助你起步吗？"

我说，首先我需要时间考虑一下我的推进路径。我隐约感觉我们的这次会面应该是赫伯·艾伦在幕后促成的，于是我直接飞往纽约，赶在赫伯离开办公室去赴 6 点的晚餐约会之前找到他。"你看，"他说，"你有能力，他们需要帮助，他们也在找人。至于'适合吗？'，我的

[①] 雷·查尔斯，美国灵魂音乐家，钢琴演奏家，节奏布鲁斯音乐的先驱人物。——译者注

第十五章　永远的可口可乐

建议是，找出答案，而且要快。"

我打电话给唐纳德："我们的建议是这样的：我们会带着一群高管与你们各部门负责人开一天会。我们想知道他们的实际问题，他们对竞争对手的看法，他们喜欢你们的广告内容的哪些方面，不喜欢哪些方面。我们都想知道。"

我们组建了一个由电影、电视、音乐和书籍等方面的内部专家组成的团队，梳理了自1955年麦肯-埃里克森广告公司（McCann Erickson）负责可口可乐广告创意以来的每一则平面广告和电视广告。两周后，我们在亚特兰大与10位部门负责人会面，然后分小组开始畅所欲言。会议持续了12个小时，这是我接受过的最好的一日教育。

我带着疲惫又兴奋的心情返回洛杉矶，告诉我的合伙人我们要进军新的领域。哈伯全力支持这个决定，但罗恩并没有说太多。我知道他已经开始想象我们的艺人打电话给他抱怨：这些家伙到底在干什么？他们应该为我服务啊。这是合情合理的担忧。此外还有一点：冒险进入一个我们毫无经验的领域，有可能让我们陷入巨大的、不可挽回的、公开的失败。

但我认为罗恩没看到更大的格局。几天后，我在布伦特伍德的家里哄孩子们入睡之后，醍醐灌顶的时刻来了。当时我正在书房里翻阅一本《电视指南》杂志，查看正在播出的节目内容，突然间我意识到：在所有节目中播放的可口可乐广告都是相同的。传统的广告公司每年为每个客户制作七到八则广告，每则广告都从早播到晚："同一个画面，同一个声音，同一个卖点。"但是，如今的电视观众和美国社会其他部分一样，已经产生了分化。追看《宋飞正传》或《大卫·莱特曼晚间秀》的观众和追看日间肥皂剧或美国职业篮球联赛季后赛的观众群体是不一样的。周五晚间情景喜剧的观众比《周六夜现场》的观众年轻，比 ABC《周日晚场电影》的观众则年轻更多。为什么不来个鸟枪换炮——为每个观众群体定制广告呢？我给可口可乐提出的第一个主要建议就是为《晚间新闻60分》和《辛普森一家》制作不同版本的广告。

我们的挑战是恢复可口可乐在年轻人群中的威望，但首先我们要吸引并保持他们的关注。红外电视遥控器已大规模进入美国家庭。广告一出来，观众就会一键换台，或者去厨房或洗手间。我的孩子们会跑到别的房间去玩。所以可口可乐的广告必须像电影一样讲故事，只是速度要快得多。它们要具有娱乐性。广告不是次原子物理学，广告拍得有趣，观众就爱看。从这个结论出发，我开始倒推。广告宣传有三个基本组成部分：原始想法，发展这些想法的创意类型，以及最终完成广告片制作的技术人员。前两个是 CAA 熟门熟路的事情，第三个可以根据项目雇人完成。尽管广告主管们不愿意把工作外包（在公司内部完成一切可以增加收益），但电影制片厂经常外包预告片制作。可口可乐为什么不能采取同样的做法呢？

广告费昂贵是因为麦迪逊大道[①]自己出资成立商业广告制片公司，然后在每项服务上加收高达 18% 的服务费。CAA 可以直接找到人才来削减这部分费用。我们的导演都在从事耗时耗力的大型电影项目，他们中的很多人会愿意抓住这个完全自由地拍摄一部微型电影并拿到 6 位数薪酬的机会。

我拿过一本拍纸簿，潦草地写下了我们的宣言：

[①] 麦迪逊大道（Madison Avenue），纽约曼哈顿一条南北向的街道，20世纪20年代起由于诸多广告公司都把总部设立在这条大道上，所以它后来成了广告业的代名词。——译者注

第十五章　永远的可口可乐

节日广告接力。

更多商业广告。

根据人口统计学产生。

不要"同一个画面，同一个声音"。

新的音乐，新的图案。

聘请有创造力的人。

第二天早上，我打电话给唐纳德和罗伯托说，我有了一些想法，"而且你们要么会很喜欢，要么会很不喜欢。我猜你们会喜欢，但这是高风险、高回报的做法"。先打好预防针，简单明确。然后我飞到亚特兰大，在罗伯托冰柜一样的办公室里，游说他们拿出麦肯-埃里克森广告公司给他们拍七八则广告的预算，让CAA制作24则可口可乐商业广告。我的想法是一次推出几版不同的广告，每则广告都紧紧围绕季节或假日主题。"把它想成一次接力吧。"我说。

第一，夏天的主题是热浪、海滩和清新感；九月，是回到校园的调性；然后是感恩节的家庭团聚；临近圣诞节，是下雪和假期；新年是愿望和计划；情人节是爱与陪伴；到了复活节，主题回到家庭。

第二，每则广告都会根据电视网的节目表，为一个特定的受众群体定制。

第三，我们会融合电影界和广告界的人才，创造一种微电影式的新型商业广告。

第四，可口可乐要付给CAA每月100万美元的顾问费，外加日常开支和外包费用，但我们不会再在其他人工上加收管理费。如果我们得到了广告制作的工作，他们还要为我们制作的广告支付一个合理的价格。

全能经纪

第五，我们要设定自己的基本规则。这意味着没有市场调研，因为相比焦点小组，我们更相信自己的品位。[不再重视市场调研的非传统广告公司正在迅速兴起，比如为苹果推出过"1984"这种大胆广告的夏戴广告公司（Chiat/Day）。]商业广告制作完成后，可口可乐可以接受或者拒绝——但不能要求改动。我们还希望罗伯托、唐纳德和唐纳德的接班人道格拉斯·艾维斯特一起出席我们的广告展示。我喜欢跟能够拍板定夺的管理者打交道，每多一个中间层就等于增添了一分被拒绝的风险。我说："我不希望由你们的研究人员向你们解释我们的广告。"

罗伯托说："你需要用到多少 CAA 的员工？"

我说："五六个吧，最多。"听起来一定像是科幻小说，因为麦肯-埃里克森广告公司有 300 多个员工在服务可口可乐。

"迈克尔，"唐纳德说，"我想我们已经准备好在这儿搞点儿革新了。"他听起来很诚恳，但我知道肯定没那么简单。聘用 CAA 会破坏可口可乐与麦肯-埃里克森广告公司及其母公司埃培智集团（Interpublic Group）的长期关系，而且，唐纳德和可口可乐的所有人一样与麦肯-埃里克森广告公司有很深的交情。唐纳德和该公司的副董事长约翰·伯金的关系尤其密切，两个人是酒友，1982 年可口可乐最后一条强有力的口号"这就是可口可乐！"就出自伯金之手。

在美国劳动节前后，可口可乐聘请彼得·希利担任首位全球营销总监。彼得曾是哥伦比亚影业的营销主管，也是个专业人士，他知道他的工作成效取决于用新方法来支配公司每年 6 亿美元的广告支出。他从第一天起就是我们的支持者。但是，尽管彼得在不停努力，尽管我每周都会打电话推动进展，但唐纳德和罗伯托还是犹豫了一

第十五章　永远的可口可乐

年多。

———

然后，1991年秋，在一份被媒体称为"9月惊喜"的声明中，可口可乐透露已聘请CAA担任其"全球媒体与传播顾问"。正如彼得对《纽约时报》所说："从广义上来说，美国文化……已经成为世界文化。我们身处一个地球村，而CAA代表着能够理解这一文化的最优秀的资源。"我飞往亚特兰大，期待得到罗伯托的祝福，但他的含糊其词令人大失所望。"我们在广告方面需要一个新的方向，"他告诉我，"我很高兴我们正在讨论那个方向会是什么。"在大公司里，在一个新的想法被证明是神来之笔之前，没有人愿意对它负责。

有人向演员工会投诉我们身兼经纪公司和制作公司二职有明显的利益冲突，我们背后向《纽约时报》说明CAA"不会直接参与商业广告的制作"。演员工会的问题没有实际意义，因为我们从来没有打算让我们的客户出镜。在那个时代，任何接拍商业广告的名演员都会被认为过气了。现在人们对这件事的看法已经随意很多，但当时如果让肖恩·康纳利或者杰西卡·兰格出现在可口可乐的广告里，就等于在街上给他们拉皮条。

可口可乐的声明让我们有充分理由聘请一位创意总监。我们选了电影公司有着营销高管背景的谢利·霍克朗，她在推广没有明星担纲的《伴我同行》和沃伦·比蒂拒绝参与宣传的《烽火赤焰万里情》时的表现都非常出色。作为一个广告外行，她没有受到唐·德雷柏[①]时代广告行规潜移默化的影响。而且，她在哥伦比亚影业的前老板彼得·希利把她当女儿一样看待。

———

[①] 唐·德雷柏，AMC（美国经典电影有线电视台）以20世纪60年代纽约广告界为背景的电视连续剧《广告狂人》（*Mad Men*）的男主角。——译者注

为了相安无事，彼得宣布成立三方联盟：可口可乐确定任务，CAA 生产创意，而麦肯-埃里克森制作广告。这是胡扯，而且彼得心里很清楚，没有完全的创意控制权，我们是无法推进的。麦肯-埃里克森后来向《广告周刊》爆料说我们破坏了协议，"在积极招募编剧、导演和制片人，好独立制作可口可乐的广告"。确实，但我们没有破坏协议：我们所做的一切事先都得到了彼得的批准。

麦肯-埃里克森并不会把自己最好的广告客户拱手让人。它从奥美广告挖来了戈登·鲍恩，让他来教我们摆正位置。但是戈登陷入了麦肯-埃里克森的内讧。他问我能否让他和约翰·伯金每周到我们公司在比弗利山的办公室工作几天时，我犹豫了，担心会引狼入室。

比尔·哈伯说："请他们来。"

"为什么要冒险？"

"反正他们公司绝对不会同意。"

于是我请他们过来，甚至为他们准备了一间相当宽敞的办公室——结果，比尔的直觉果然极为准确。麦肯-埃里克森的总裁约翰·杜纳拒绝了戈登的要求，担心我们会偷走他们的独家创意。

他从来没有想过，他们或许也能从我们这里学到点儿什么。

————

1992 年，唐纳德·基奥临近退休时，菲尔·杜森伯里让轰动一时的少女组合 Uh-Huh Girls（嗯啊女孩）与雷·查尔斯一起出演了最新版本的百事可乐广告，让百事可乐在超市销量上进一步缩短了与可口可乐之间的差距，二者相差不到两个百分点。

我之前就说过，耐心不是我的优势。于是我跟赫伯·艾伦说："我们真的非常想做这个广告。但如果可口可乐不能决定，那我们就换别的客户试试。"我的意图是让他把这些话转告给可口可乐。没过

第十五章　永远的可口可乐

几天，我就收到了唐纳德的消息。他问我们愿不愿意跟麦肯-埃里克森比稿。所谓比稿就是两家或更多广告公司在同一个房间里进行创意比拼。听起来让我觉得不妙。我倒是不怕跟麦肯-埃里克森公平竞争，但我担心这是为了不伤面子走的过场，我们会因为政治原因输掉客户。

我说："唐纳德，这件事我们做不做两可——是你来找我们的。现在你又让我们去竞争我们以为已经到手的东西。"

"呃，"他说，"这在上市公司是不一样的。你们仍然坐在驾驶座上，但一路上总有些曲折。10月过来给我们看你们的东西吧。"

我强忍着挫败感，告诉他我们会去的。

为了支援谢利，我们请来了曾任夏戴广告公司创意二把手的莱恩·芬克做她的搭档。莱恩对美国城市居民及中产阶级都有着敏锐的洞察力。和他见了几次面并消除了他对我们长期计划的疑虑之后，我们又提出给他加薪50%。（后来我们给他和谢利的薪水都翻了3倍，达到了7位数。）比尔·哈伯全心全意地投入这个项目。我们还找了一个名叫乔纳森·施雷特的收发室实习生，给了他3 000美元到一家艺术书店去买书。我们5个人聚在公司的创意室里开会，并搜集了数百张照片——从莫奈和马格利特[①]到利希滕斯坦和托马斯·哈特·本顿[②]，全都贴在墙上供我们寻找灵感。

几周内，我们已经有了300个原始概念。其中一半被发展成故事脚本，莱恩和谢利依序绘制了每一个场景。最后，我们从中选出了24则广告准备展示给可口可乐。尽管我们时常觉得自己与麦肯-埃里克森相比确实微不足道，但是我们也有一些优势——没有官僚作风来

[①] 指比利时超现实主义画家勒内·马格利特。——译者注
[②] 托马斯·哈特·本顿，美国画家和壁画家，地区主义运动的领军人物。——译者注

改变我们高风险的创意,也没有繁复的流程让我们喘不上气。

我们不想做稳妥的广告。我们想做伟大的广告。

———

比稿开始前3个月,我们到佐治亚州观看麦肯-埃里克森的新口号提案,顺便观察一下对手情况。戈登·鲍恩建议使用此前被唐纳德和彼得拒绝过的"生命的火花"。令人震惊的是,约翰·伯金当场否定了这个口号,并且提出了"永远的可口可乐"。麦肯-埃里克森的顶级创意人员竟然公开互相拆台!

我看出来唐纳德喜欢"永远"这个词,于是我说:"太好了,就用这条吧。"

唐纳德说:"你真的觉得这条很好吗?"

"绝妙无比。"我们竭尽全力对麦肯-埃里克森表现出友好的姿态。(因为我们需要埃培智集团执行可口可乐的全球媒体购买。)只要其他事都听我们的,我对"永远"没有什么意见。我们只关心视觉的娱乐价值——口号是锦上添花而已。

我打电话给昆西·琼斯,请他推荐他认为最优秀的还没出名的歌曲作者。他给我推荐了一个双人组合:乔纳森·内特尔斯贝和特里·科菲。他们写了一段两小节的主题旋律,并与一系列风格各异的节拍做了混音:乡村西部风、公路风、城市风、拉丁风和古典风等。为了得到唐纳德的认可,我们用我们创作的"永远的可口可乐"主题歌作为每一则广告的结尾。

10月的比稿是我们的冠军争夺战。麦肯-埃里克森有老关系加持,所以我们在分数上胜出还不够——我们必须让它一败涂地。我给负责提案的谢利和莱恩买了阿玛尼西装。我们准备了白衬衫和色彩鲜艳的领带,看起来风格统一,就像霍夫曼和克鲁斯在《雨人》里去赌场时

第十五章 永远的可口可乐

一样。比稿前一天,我打破了CAA禁止白天坐飞机的规定,定在中午时分和团队搭乘可口可乐公司的湾流4型专机出发。我们在凡奈斯机场登机时发现彼得·希利正在飞机上迎候我们。他太希望我们能够获胜了,所以利用航程中的这段时间帮我们的团队了解了很多可口可乐公司内部政治的知识。

我们入住亚特兰大的丽思卡尔顿酒店,然后被豪华轿车送到可口可乐公司进行正式彩排。我并没有逐字逐句地照本宣科,而是在陈述中加入了很多"差不多""等等""之类"等词语,显得不那么呆板。谢利和莱恩设置好了图片演示,又浏览了一遍广告片。之后我们回酒店吃了晚餐,并在10点之前就寝。第二天早上,哈伯和我去了健身房。我们五个人一起吃了早餐,最后又过了一遍提案流程,然后换上了我们刚刚熨好的西服套装。我们看起来不可战胜,自我感觉也是如此。

我们提前15分钟抵达。摆在会场最前面的是供比稿双方使用的两张桌子,第三张桌子是给可口可乐公司的高管们准备的,会场后面还有几排椅子。哈伯和我在CAA的桌子后坐下,谢利和莱恩站在我们的右边。罗伯托、唐纳德、彼得和道格拉斯·艾维斯特也都陆续就坐。11点到了,麦肯-埃里克森的人毫无踪影。10分钟后,二十几个蓬头垢面的广告人蜂拥而入。在我们精明干练的团队面前,他们仿佛是臃肿不堪的企业化身:这是第一个错误。他们当天早上7点才从肯尼迪机场搭民航班机赶到,又饿又累,衣服皱皱巴巴,完全不在状态。没有提前在亚特兰大住一晚:这是另一个错误。

彼得·希利问谁想先提案。我还没来得及开口,约翰·伯金就说:"我们抛硬币决定吧。"他们赢了,我简直想死,因为我很希望能先提案。结果,伯金决定在我们之后提案,这是为了给人留下最终印

全能经纪

象的标准做法：也是最后一个错误。

我们用一张日历幻灯片作为开场，日历上主要的节日都标上了可乐瓶图案。我阐述了我们的接力赛概念，并强调我们的广告是为了娱乐而设计的。我面向可口可乐的高管们演说并不时用名字而非姓氏称呼他们的时候，也会偶尔转身盯着麦肯-埃里克森那群坐在后排昏昏欲睡、不知所措的人。试着吓退他们也没什么坏处。

在开场白的结尾，我说："假设你现在正坐在电视机前。你在公司或者跟孩子们度过了非常难熬的一天。你精神恍惚。你看电视的理由跟我们所有人看电视的理由一样——为了娱乐消遣。你需要的只是坐在那里让自己开心些。请欣赏。"

谢利和莱恩继续。他们利用各种道具（色彩明快的分镜图版、混剪的参考视频、快速翻页的动画书等），像是在打快速射击游戏一样抛出一个个广告创意。有些广告配了声音特效；在其中一条广告中，莱恩本人四肢着地，像狗一样喘着气。其他广告的简介里都带着一个顶级人才的名字："理查德·唐纳，《超人》和《致命武器》的导演，会执导这部广告片。"这是一次以好莱坞风格推销的创意大赏，充满动势与情感。每一则广告都以我们用磁带播放器播出的"永远的可口可乐"混音版来收尾。

我做好了随时插话补充的准备，但是他们的演示完美无瑕。唐纳德和罗伯托在每个笑点都笑了，而且随着"永远"的主题音乐摇摆起来。当拉丁风格的节奏响起时，罗伯托似乎已经准备舞动全场。（他订购了200盒录音带送给他在佛罗里达和哈瓦那的亲朋好友。）在麦肯-埃里克森的桌子上，伯金给坐在旁边的人递了一张纸条，我瞥见了上面潦草的一行字：我们完蛋了。

我们把最好的创意放在了最后：绘制得栩栩如生的北极熊一边畅

第十五章　永远的可口可乐

饮着可口可乐，一边看着北极光，仿佛是在汽车电影院里看电影。当我们需要为圣诞节寻找一个吉祥物的时候，是谢利说出了这样一番话："还有什么能比一头北极熊更温暖、更柔软或更友好呢？"在现实生活中，这些动物是冷酷的杀手。但是，蜷缩在雪地上、被北极光笼罩的时候，它们看起来可爱极了。以CAA大堂里那幅罗伊·利希滕斯坦画作《包豪斯阶梯》中明亮的原色为灵感，我们的这则北极熊小品成为动画界的里程碑。

比尔·哈伯干脆利落地做出总结时，我们已经势不可当。最后的发言由我来完成。我直视着罗伯托和唐纳德，说道："给我们6个月，我们会让百事可乐的广告费都打水漂。我们可以消灭它。你们又有什么可损失的呢？"话毕我就坐下了。后来，约翰·伯金告诉《商业周刊》，我的演讲"非常有魅力，连我都几乎要鼓起掌来"。

麦肯-埃里克森的两位年轻创意像临上刑场的死刑犯一样走到前面，毫无生气。他们开始了第一部分的演说，其实就是生硬地复述手卡上的内容。他们开始了第二部分——然后就崩溃了。他们说到一半就停住了，然后坐回了座位。伯金说："我们说完了。"然后他们都离开了会场。

我们实打实地把他们赶出了赛场。全世界最夺目的广告客户属于CAA。

———

可口可乐买下了我们提供的全部24个广告创意。我们请罗伯·莱纳为日间电视剧时段执导一条广告片。他展示了一对夫妻从青梅竹马到金婚纪念日的罗曼史，每一次时间跳跃都用一听可乐和两支吸管来表示。我们想用披头士乐队的歌曲《当我64岁时》作为配乐，对像我这样的婴儿潮一代来说，它真的能够触发怀旧的情绪。我们利用 CAA 的影响力说服百代唱片的总裁把这首歌的使用权卖给了我们，虽然价格达到了创纪录的水平。

其他的导演则为黄金时段拍摄了微电影广告片，其中包括由电视剧《北国风云》和《波城杏话》的导演乔舒亚·布兰德和约翰·福尔西拍摄的一条托斯卡纳风情广告片。在谢利·霍克朗的独特创意中，一个性感的玻璃工人正在汗流浃背地制作一只可口可乐形状的瓶子，而一位风情万种的年轻女郎透过门廊目睹着这个画面，早已春心荡漾。这种无对话的感官呈现非常适合欧洲。通过拍摄能够在海外播放的广告，我们为可口可乐节省了数百万美元的制作成本。

北极熊动画外包给了洛杉矶的"节奏特效"视觉效果工作室，该工作室创作过很多奇妙的作品（后来还凭借《小猪宝贝》和《黄金罗盘》获得了奥斯卡金像奖）。我们把这家工作室做出的第一版线稿打了回去，要求增添真实感：眼睛更黑一些！鼻子更湿润一些！皮毛更绒乎乎一些！没有一个项目逾期或者超出预算。而且，与罗恩·迈耶的恐惧恰恰相反，公司的客户们非常喜欢这件事：有三分之二的广告是由我们的导演拍摄的。

"时光轴"是莱恩·芬克在一台苹果 IIe 电脑上构思出来的："1886 年，可口可乐在佐治亚州的亚特兰大问世，迎来了和平、融洽、安宁和电光石火的现代时期。"这条广告又酷又好笑，而且非常便宜，专门为了在《周六夜现场》的档期播出而策划。我们向可口可乐公司收取了 35 500 美元的费用，以报销我们的实际开支。它寄来了 35.5 万美元。当我们打电话给帮可口可乐公司开支票的那个人时，他说："今天是星期五，我们马上要关门了，我们确定你们把金额写错了。"他说，在他的记忆中，可口可乐的广告费从来没有下过 7 位数。

第十五章　永远的可口可乐

1993年2月，我们的第一则广告播出前几天，我请罗伯托批准在纽约向媒体首次公开全部24则广告。一开始他有所疑虑，但还是决定相信我的热情。为了避免抢去客户的风头，我没有出席那次活动。虽然我对自己的工作感到非常满意，但我并没有想到可口可乐竟然和我一样自信。罗伯托要亲自主持首播仪式的消息让我大为震惊。

记者们惊叹不已。他们观看了以托马斯·哈特·本顿的画作《拓荒者》为蓝本而创作的草木丰沛的定格动画，画面上，农民们伴随着阿隆·科普兰创作的音乐在金色的麦田里耕种劳动。他们看到了理查德·唐纳巧妙编排的宇宙飞船喜剧。（为了抓住一个混进来的外星人，船长给他的船员们出题：世界上最受欢迎的软饮料是什么？）我们诙谐地模仿了勒内·马格利特的超现实主义作品《戈尔康达》，让一大堆可乐瓶子从天而降，还模仿了爱德华·霍普画作中阴气森森的城市夜景。从充满色欲的玻璃工人到与蓝人秀合作的全打击乐小品，我们的广告不拘一格。不过，每一则广告的最后一帧都定格在以"永远"广告歌为背景的可口可乐徽章——印有白色花体的百年商标的红色瓶盖上。彼得·希利告诉我们，北极熊赢了，新闻发布会变成了一场爱的狂欢。记者们同样喜欢享受娱乐。

《纽约时报》称我们的广告系列具有"超乎寻常的创意和制作，产生的意料之外的新鲜感、广泛度和趣味性同样非比寻常……几乎所有广告都充满聪明、自信和前卫的感觉，然而又充满乐趣，这是可口可乐的广告从1985年'新'系列的灾难以来从未有过的。"《时代周刊》写道："令广告行业感到惊惶的是，上周推出的全部新广告几乎都是由CAA制作的。更糟的是，这些广告都太棒了。"几周后，菲尔·杜森伯里在纽约的一次鸡尾酒会上走到我面前说："我不知道你的来路，但我要向你致敬。我们必须重新考虑一下我们正在做的一切。"

我们的第一批广告片播出后不久，罗伯托·戈伊苏埃塔到CAA来了一趟。他在办公区巡游，把印着北极熊图案的定制爱马仕领带分给大家以庆祝胜利。

彼得·希利为这些广告给我寄来一张1000万美元的支票。还不错，但我把支票退了回去，还附上了一张便利贴："彼得，我们谈一下吧。"我们谈了，然后我给唐纳德和罗伯托打了电话。我态度很友好，但并没有屈服，彼得最终重新给我寄了一张支票，金额是3100万美元。他们认为给得太多了，可我仍然觉得太少。我本来应该坚持为他们直到现在还在使用的北极熊创意收取版权费。

1994年第二季度，可口可乐在美国的批发销量增长了6%，利润增长了12%。当时我们的第二批广告正在播出，甚至连《广告时代》都称赞道："最新一批的30则广告是几十年来最好的可口可乐广告，甚至在全部软饮广告中，或许也是最好的。"

CAA证明了没有人能垄断优秀的创意。我们在好莱坞和麦迪逊大道之间开辟了一条双行道：未来几年中，迈克尔·贝和大卫·芬奇等广告导演会轻松转型故事片导演，而来自设计工作室、数码工坊和综合营销公司的各色人等也都会到广告市场上去分一杯羹。许多人借鉴了我们与可口可乐公司合作时的创新举措，从假日广告接力到根据人口统计学定制，再到可以全球通用的无对白广告等。没过多久，大家便开始期待商业广告具有娱乐性——超级碗就是最引人瞩目的例子。

第十五章　永远的可口可乐

之后的几个月里，汉堡王以及通用汽车的奥兹莫比尔和别克品牌都来找我们做广告。我们认为汉堡王没有什么可做的，而且我告诉通用汽车，我们唯一的兴趣在于接手它的全部广告，而不是只做两个最不稳定的品牌。当然，我采取了相当委婉的说法。柯达也来找过我们，但是，与索尼的合作让我们知道，数码摄影指日可待，柯达注定会失败。

凌驾于一切之上的问题，也是我并不着急应对这些请求的原因是，我计划和西奥多·福斯特曼联合收购大型跨国广告公司智威汤逊（J. Walter Thompson）。那就是我的退出策略。我们会把CAA的日常工作交给少壮派，罗恩会是他们的首席执行官，而我则会负责管理这个企业集团，通过收购其他媒体资产将其发展壮大。

我和各个工会沟通了这个想法，我告诉它们，我们对一家广告公司很感兴趣，工会的人的反应很强烈：你们不能制作广告。我们觉得让客户得到广告方面的工作会有助于行业工会的壮大，但他们并不这样认为。经纪人这个职业又一次把我推到了各种激动人心的可能性的交会点——也阻止了我继续追求它们。回想起来，我当初应该以智威汤逊少数股东的身份继续我的计划。CAA可以拿49%的股份，西奥多拿51%，之后我再逐渐过渡成为大股东。阿里·伊曼纽尔和帕特里克·怀特塞尔最近在威廉·莫里斯奋进娱乐公司（William Morris Endeavor，缩写为WME）就是这么干的，他们如今就在制作广告。当然，时代变了，那些工会现在都急于为会员争取更多工作，所以并没有反对WME。

21世纪来临之际，《广告时代》推出了当代广告史上百大优秀广告人名单。我的很多偶像都榜上有名：李奥·贝纳、丹·威登和大卫·肯尼迪、杰伊·恰特、菲尔·杜森伯里等。第87位出乎我的意料：

全能经纪

迈克尔·奥维茨……1991年9月，他与可口可乐公司签约，震惊了广告界……这一合作关系在美国东西两岸引起强烈反响，并让可口可乐公司长期以来的广告商麦肯-埃里克森广告公司尴尬万分，尤其是在这家软饮巨头开始播放由CAA制作的包含高科技、动画北极熊和朗朗上口的"永远"广告歌的商业广告之后。这种随口味定制广告的方式仍然在影响着广告代理与客户之间的关系。

我们在广告市场走了一遭，进入和退出都轰轰烈烈。

第十五章　永远的可口可乐

第十六章

我不怕你

20世纪90年代初期，美国经济下滑创造了大量收购的机会。凭借松下的大量现金，美国音乐公司本来可以收购一家电视网、几家有线电视网、一家游戏公司和几个电影片库，把自身打造成行业领导者。结果它什么都没做。卢·沃瑟曼和西德·谢恩伯格只是一味地埋怨日本人。"你们要主动找他们，"我一直这样告诉西德，"带他们出去喝喝酒，找家餐厅尝一尝他们喜欢的食物，到大阪去学习他们的文化。他们的怀抱是敞开的。他们只是需要明白你们想做什么。"5年里，卢只招待日本人吃过一次晚餐，他和西德对他们的代办工作人员视而不见。美国人拿走了钱（卢通过兑现交易优先股拿到了3.52亿美元；西德拿到了9 200万美元），但仍然像自己是东家一样运营着美国音乐公司。松下花了60亿美元，只买到了蔑视。

终于，卢决定收购维珍唱片，这会让美国音乐公司一跃成为音乐行业的翘楚。我提醒西德，他的股东们或许会因为维珍[①]这个名字而反对收购，所以他需要帮助他们明白，一个英国阵地会对他们的欧洲

[①] 维珍的英文原文是 virgin，有"处女"的意思。——译者注

市场有什么样的帮助。西德根本不想费力解释他们的想法，而松下终止了交易。

那就是末日的开始。

———

我的父亲跟我讲述过施格兰公司的创始人、来自加拿大的走私者塞缪尔·布朗夫曼白手起家建立亿万美元企业王朝的故事。他是个凭直觉行事的创业者，像老一代制片厂主管一样。我看得出父亲多么敬重他。

1985年，我的父亲65岁了。我已经帮父母搬到了布伦特伍德我家附近的一座房子里。我父亲没有什么兴趣和爱好，如果不工作，他就会逐渐萎靡。塞缪尔的孙子小埃德加·布朗夫曼当时是施格兰公司的首席执行官。我与从未谋面的小埃德加相约在派克大街的施格兰大厦见个面。例行的寒暄之后，我说："我想请你帮我个忙，欠你的人情我会记得。"

"什么忙？"

"我的父亲戴维·奥维茨在贵公司工作了45年，马上就要被迫退休了。我希望你能让他继续工作。无论你给他多少薪水，我都会连同税款一起补给你，所以你一分钱都不会亏。我只是想保证他不会没有工作。"

小埃德加说："我知道你父亲从芝加哥那时起就在公司任职。"他显然为这次见面提前做了功课，我认为这是尊重的表现。"他是个非常优秀的人，大家都很喜欢他。我会把他留下，而且你不需要付我钱。"我父亲一直在施格兰工作到将近80岁，而且一直不知道为什么他可以例外不退休。

小埃德加是布朗夫曼家族的第三代，他想重组家族的遗产。施格兰的资本与杜邦公司紧密捆绑，后者是红利颇高的化学品巨头，为施格兰贡献着三分之二的收益。公司安全无忧，但是小埃德加想干点儿事情。他开始在杜邦董事会会议的间隙给我打电话说："把我从这里救出去吧！"到了1992年，他开始问我如何收购一家娱乐公司。我与他的父亲老埃德加·布朗夫曼见了面——他是施格兰公司的董事长，曾涉足娱乐产业（20世纪60年代末期，他曾短期拥有米高梅公司的控股权）。然后我在施格兰的董事会上做了一次演讲，并提出他们最好的选择是史蒂夫·罗斯掌管的大型娱乐集团时代华纳。

除了缺少一个主题公园，时代华纳在每个条件上都符合我的判断标准。它拥有一家领先的有线网络，顶尖的音乐公司（华纳兄弟唱片），以及包括《时代周刊》《财富》《运动画刊》在内的一百多种杂志。但是史蒂夫罹患晚期前列腺癌，让公司前景堪忧，因为他的二把手杰拉德·莱文能否胜任还是个未知数。在并购市场上，不稳定最容易招来觊觎。我把小埃德加介绍给了赫伯·艾伦，赫伯也说："时代华纳是唯一的选择。"小埃德加从费利克斯·罗哈廷和布朗夫曼董事会成员、高盛集团前任资深合伙人约翰·温伯格那里也听到了相同的意见。

小埃德加相信自己能够得到父亲的支持，但是他不确定自己那位不愿意冒险的叔叔查尔斯·布朗夫曼的想法。我和施格兰公司的董事们见面时，提出尖锐问题的正是查尔斯。但我认为，时机成熟时，他会服从自己的哥哥。

我们一致认为，任何动议都要在史蒂夫·罗斯在世时提出。我转念一想：为什么不直接去找史蒂夫，然后一起想想办法呢？今天友好的投资可能会成为明天的权力筹码。那年9月，我联系了在东汉普顿海边别墅里休养的史蒂夫。"我想过来看看你，"我说，"我有个想法或许能有些帮助。"

第十六章　我不怕你

"过来吧,"他说,"我派直升机去接你。"

我在探望史蒂夫之前先征求了他的医生和护士的意见,也给他的妻子考特妮打了电话,请她帮忙协调。我在曼哈顿中城上了直升机,40分钟后降落在东汉普顿机场。史蒂夫来开门时,他的样子很难不让人倒吸一口凉气:往日那个满头茂密白发、高大魁梧的人如今形销骨立。看到他的样子,我心里难过极了。

我们进屋之后,史蒂夫拿出永远在他手边的拍纸簿。护士给了我30分钟,所以我开门见山:"史蒂夫,我来的原因是施格兰公司想给你的公司注资60亿美元现金,马上支付,随你支配。他们想要两个董事会席位。他们会签署一份为期3年的暂停协议来担保不会进一步接管公司。"

史蒂夫来了精神。他在拍纸簿上潦草地写着笔记,并且抛出很多如何使用那笔钱的想法——偿还债务、申请更多贷款、购买、出售。他像以往一样清晰敏锐。我的30分钟变成了3个小时。护士进来说:"罗斯先生,我很抱歉,但是我们不能让你这样继续了。你现在要马上跟我离开。"又过了10分钟,她动手把史蒂夫拉出了房间。他离开的时候告诉我去找他手下专门负责交易的埃德·阿布迪。

"一定,"我说,"但我感觉杰拉德·莱文会把这件事当成威胁。"

"公司还是我说了算,"史蒂夫说,"而且这件事是我想做的。"

埃德·阿布迪没有正式的职位。身为老大信任的顾问,他很有威慑力:他不受一般管理级别的限制,所以很难撬动。我在皇宫酒店与埃德见面时就感觉我说服不了他。我推测他已经站到了莱文一边,因为他们知道史蒂夫时日无多了。

不久之后见到莱文的时候,我的担忧得到了证实。有人会被杰拉德的圆领毛衣和温顺个性欺骗,但他其实是个毫不留情的内斗高手,

全能经纪

通过权术排挤竞争对手才爬到了首席运营官的位置。我把布朗夫曼家族的想法告诉了杰拉德，然后碰了一鼻子灰。"我们可以接受这笔钱，"他说，"但是没有董事会席位。"

我说："你知道的，杰拉德，布朗夫曼家族想要进入这个行业。他们喜欢你的公司，你这样做会让他们很为难。"我隐含着敌意的措辞并没有吓倒他。史蒂夫已经没有拍板定夺的权力。我们的交易没戏了。

在得到赫伯和费利克斯的同意后，埃德加和我向施格兰的董事会提出了我们的后备计划：利用艾伦公司作为收购代理，慢慢积累时代华纳的股票。同年12月，史蒂夫·罗斯去世后，这个计划开始实施。到1993年5月，施格兰已经拥有时代华纳多于5%的股份。又过了8个月，持股超过了11%。赫伯·艾伦熟练地积累着股份，并且没有引起任何过度关注。我们的想法是把持股率保持在15%，然后突然提高到20%。届时小埃德加就可以按照他的意愿操纵时代华纳的董事会并更换高级管理层。

但是，在施格兰达成这个目标之前，莱文推动董事会采取了毒丸防御[①]：任何持股率超过15%的买家都会触发大量新股发行，从而稀释买家的持股比例。施格兰手里的现金太充裕了，我们完全可以轻松地把所需的新发股都买下来，让毒丸防御失效，但是小埃德加却多少有点儿莫名其妙地取消了整个计划。（很久以后，我们才得知，有时与布朗夫曼家族是商业伙伴关系的戴马雷家族也持有时代华纳5%的股份，所以也许小埃德加担心会引起证券交易委员会的调查。）他想换一个更容易的目标和一个更有意愿出售的卖家。于是我们开始考量

[①] 毒丸防御（poison pill）：股权公司抵御恶意收购的措施，即恶意收购方的股权达到一定比例后，会触发目标公司将股权摊薄，从而抬高收购成本。——译者注

第十六章　我不怕你

美国音乐公司。

1993年11月,比尔·克林顿在宣誓就职10个月之后打电话给我,请我为已经把钱花光的美国民主党全国委员会举办一场筹款晚会。克林顿本人会亲自作为明星人物出来站台。尽管我为他的主要对手之一、参议员比尔·布拉德利筹过款,但几年前我在比弗利山庄酒店的一次午餐会上听过克林顿的演讲,当时他给我留下了深刻的印象,随后的总统大选中我也为他筹过款。我们彼此并不太熟,但是民主党全国委员会的领导层跟我很熟,而克林顿也知道CAA是通向一个民主党高度集中行业的渠道。

我告诉总统:"当然,愿意效劳。"深吸一口气之后,我补充说:"但我有几个条件。"我们两人都笑了起来,他意识到我果然名不虚传。"第一,我想事先看一下演讲稿,以确保你不会无意中说出一些可能会让你在这儿惹麻烦的言论。第二,我希望你考虑在筹款活动上宣布某项立法动议。这是娱乐圈,你的观众想看到些戏剧性的场面。"

他同意了,非常和蔼可亲——然后他告诉我,筹款晚会要在三周之内举办。震惊之下,我大笑起来。挂断电话之后,我立刻疯了一样四处打电话开始筹备。罗恩和比尔都不太喜欢帮克林顿办筹款晚会这件事,因为他们不愿意开口邀请他们的客户和买家出席一个需要交出1 000到5 000美元才能入场的活动(如果能出更多钱,你就可以在晚会正式开始前先来到我们的会议室,在一个私密的鸡尾酒会上和总统见面聊天)。我知道他们或许是对的——这是一份类似于敲诈的邀请,但我觉得为了让CAA获得更伟大的荣光,我们应该做。所以我决定继续。

三周之后,CAA的中庭里挤满了400多人,其中包括很多我们的主要客户，以及好莱坞顶级电影公司和电视网的高管。现场还来了50多名媒体记者。当我站在讲台上介绍克林顿总统出场时，我真正感受到了一股强大的后劲。

由于政治同样要靠互相帮忙，所以不久之后，我就请克林顿帮了我一个忙。我所在的一个筹款委员会要为加州大学洛杉矶分校兴建新医院筹集8.5亿美元的资金。（尤其尴尬的是，卢·沃瑟曼也在这个委员会里——不过我们从来没直接说过话。他筹集了1.25亿美元，但条件是新医院要以罗纳德·里根命名。）我自己也已经筹到了3.5亿美元，然后，我们在1993年洛杉矶诺斯里奇地震发生后向联邦应急管理局（FEMA）申请了援助金。我打电话给克林顿求助。他让副总统艾伯特·戈尔督办此事，联邦应急管理局给了我们4亿美元。我请来贝聿铭担任新医院的建筑设计师——请到他竟然比说服医院建筑委员会考虑贝聿铭还要容易些。令人震惊的是，建筑委员会中没有一个人听说过贝聿铭。或许CAA的大厦即使在本地也不如我想象中的那么有名吧。

同时，我们经纪公司的各方面业务也在蓬勃发展。1993年，我们与耐克公司签署了一项共同开发推广体育赛事的协议，这是我在6个月里一直在向该公司创始人兼董事长菲尔·奈特不断提出计划和建议的结果。7月，菲尔和我向全国大学体育协会（NCAA）提出了我们的宏大构想：为大学的橄榄球队设立一个共有7场赛事（包括四分之一决赛、半决赛和决赛）的季后赛体系，然后让最好的两支球队争夺冠军，也就是一项大学超级碗比赛。我们预测，通过围绕赛事制作电视特辑并向全球转播冠军赛实况，这场锦标赛的每个赛季都会为全国大学体育协会带来超过1亿美元的收入。但是协会拿着我们的构想考虑了一年，最终还是拒绝了。2014年，他们才终于实施了我们那

第十六章 我不怕你

个计划的简版，即大学橄榄球季后赛，它现在已经成为全美的冠军赛事。我的想法太超前了，经常会是这样。

CAA收到的钱实在太多，所以我们才有能力付给杰克·拉普克这个没有什么名气但非常优秀的经纪人400万美元的年薪来服务我们的一些大牌导演客户。少壮派每个人的年薪都超过100万美元。我们每个方向的业务都在扩展。当我站在公司大楼里俯瞰着中庭，听着四周接连不断响起的电话铃声时，当我感觉到我们的涡轮在每一层全力运转的震颤轰鸣时，我感到骄傲。

然而我们之间的嫌隙也开始变得明显。罗恩和比尔每年的实际收入都远远多于1 200万美元——某些年份里的并购交易还会让他们再多赚好几百万美元，这让很多问题暂时得到了缓解。但是罗恩仍然想让比尔出局。我一直告诉罗恩："听着，我懂你的意思，但我不觉得有那么严重。如果你想这么做，那你就该去做。"罗恩看起来与往常一样快乐，但是我在这个问题上的拖延最终会导致他非常奇怪地跟比尔·哈伯站到一起去。在后来的日子里，他们成了非常亲密的朋友，多少是因为对我越来越不信任而结成了同盟。

我也越来越恼火自己每周六上午都不能陪我的小孩而要到办公室处理税务协议或者为日常开销发愁。无休止的工作开始显露它的危害。因为我面对每个人都要表现出感兴趣、专心、有远见和明智，但我又没有本事让自己在任何时候都充满人性，所以时间一长，我就变得越来越不近人情。我变得冷漠、急躁，变成了别人想要尽量躲开的那种人。我的同事们把他们的童年阴影都转移到我身上：我是他们每个人疏远的父亲或者失败的母亲。一个周末，小说作家朱迪思·克兰茨的儿子、我们的经纪人托尼·克兰茨从蒙特雷的一节"爱海德研讨训练"（EST）① 课上给我打电话，很明显，这是现场的训练师鼓励他挑战心魔的结果。"我打电话来只是想说我不怕你。"他用颤抖的声音说道。"太好了，托尼，"我说，"我很高兴你这样觉得，并且有能力说出来。"我尽量表现出鼓励的态度，但我确信我习惯性的平和语气产生了相反的效果。我们两人后来都再没有提到过那通电话，但从此之后我们的每一次交谈都渗透着那句话。我不怕你。

1994年，艾斯纳挚爱的得力助手弗兰克·威尔斯因直升机失事丧生，追悼会在华纳兄弟的一个影棚里举行，一千多位悼念者怀着无比沉痛的心情出席了仪式。为了让弗兰克的遗孀露安妮振作一点儿，我对她说："如果明天我死了，会有2.5万人过来确认我是不是真的死了。"她大笑起来，我的目的达到了。

但我说的是实话。

1993年年初，松下的一桩丑闻导致谷井昭雄和平田雅彦被迫辞职。董事会任命森下洋一接替谷井，做硬件出身的森下洋一从没去过洛杉矶，对美国音乐公司也毫无兴趣。卢和西德并不知道，他们已经失去了最强大的同盟。

除了《侏罗纪公园》，环球的电影部门困境重重。正在夏威夷拍摄的世界末日史诗巨片《未来水世界》已经大幅超出预算，而且杀青遥遥无期。影片的导演和主演是我们的客户凯文·科斯特纳，虽然我一直没明白凯文拍这部电影的热情，但我还是和西德·谢恩伯格以及制片厂主管汤姆·波洛克一起飞往夏威夷，尽我所能去给剧组加油打气。我们登上一艘快艇前往他们在卡韦哈伊港附近搭建的人造环礁。

---

① 20世纪70年代由沃纳·爱海德创立的一种团体心智疗法课程，全称为Erhard Seminar Training。——译者注

第十六章　我不怕你

我穿着牛仔裤和 T 恤，因为我很清楚我是来干什么的。西德穿着牛仔裤和领尖系扣的衬衫。汤姆穿着休闲裤和蓝色正装外套，像个绅士帆船运动员。

一艘双体船载着我们前往环礁。为了上岸，我们不得不爬过一大片软网，海浪就在我们脚下翻涌，把我们打得浑身湿透。爬到半途时，汤姆已经呆若木鸡，面如菜色，把早饭全吐了出来。我们把他送回去了。后来因为涌浪，凯文被迫中止拍摄两个小时——这是再正常不过的延迟。除了表示空洞的鼓励，我们什么忙都帮不上。凯文的技术人员根据卡韦哈伊港半个世纪以来的气候变化规律做出的预测是，拍摄期间的海面会相对平静。但是他们刚刚抵达，天气就变幻莫测。重达 1 000 吨的布景在风中摇曳，给后期剪辑时的镜头匹配造成极大困难，有一次暴风雨干脆把整个布景冲到了岸上。一个替身演员骑着水上摩托来上班时半途没汽油了，海岸警卫队找到他的时候，他已经漂到了 50 英里外的海面上。

在海上拍摄的电影向来有着惨痛历史，而《未来水世界》又增添了令人伤心的一章。影片的美国国内总票房为 8 800 万美元，但制作成本是它的两倍。最近，一些影评人称这部电影为被忽视的经典。相信我，松下公司没有任何人忽视它。

随着日本房地产市场崩盘，松下开始未雨绸缪。1994 年 6 月，森下洋一否决了一项兴建环球主题公园与东京迪士尼乐园对抗的动议。3 个月后，卢和西德带着一项更加雄心勃勃的提案飞往大阪，准备与国际电话电报公司（ITT）联合收购 CBS。环球影业是唯一一家缺少有线或无线电视分销业务的主流电影公司，所以此举可谓事关生死。我敦促西德让他的股东们提前做好思想准备，但他仍然不听。他和卢在办公室外面坐了两个小时的冷板凳，然后他们的提案被否决了。

森下只是想避免冲突，这是日本人办事的习惯，但西德感觉受到了冒犯，并且给董事长松下正治写了一封措辞严厉的信。有一段时间，我通过丰永圭也关注着事态的动向。但是，那年秋天，松下正式否决了收购CBS的提案，西德在《纽约时报》上猛烈抨击了松下之后，这场戏就落幕了。日方好几个星期不和任何人沟通。

11月，他们开始行动起来。松下的人没有给我打电话，因为他们曾经让我帮他们留意美国音乐公司，他们担心我会支持我所关注的对象，哪怕卢和西德已经把我排斥在外了。他们的电话打给了赫伯·艾伦，后者表现出他一贯的优雅与义气，当即表示如果没有我的参与，他不会过问出售美国音乐公司的事宜。之后那周，我和赫伯一同前往大阪与十几位公司高层见面。高管们提出的问题非常谨慎：如果他们想要出售美国音乐公司，它的价值会是多少，有谁愿意购买？我不能给他们尊敬和惧怕的卢透露这个消息，也不能跟他们鄙视的西德说。实际上，因为我与施格兰签有保密协议，所以无论如何我都不能开口。

下一次出差时，我披露了我和小埃德加的关系，并简单描述了施格兰的目标。（在交易过程中，我和赫伯都是为双方工作。没有冲突，就没有利益。）为了走形式，我还列出了其他五个可能的买家，其中包括宝丽金公司（Polygram）和TCI[①]。我个人更希望施格兰可以胜出：小埃德加明确表示过我是掌管美国音乐公司的有力人选，我也非常有兴趣。美国音乐公司有着优秀的架构：这是一家拥有巨大的影棚、丰富的片库和好莱坞最好的电视部门的40年代风格的制片厂。小时候在环球的片场做过几次导游之后，运营这家制片厂就一直是我的

[①] 英国投资人克里斯·霍恩创立的对冲基金，全称为 The Children Investment。——译者注

第十六章 我不怕你

梦想。

试图实现童年梦想是有很大风险的。我开始跟小埃德加讨论此事时，就已经推动了一个滚下山去的雪球，而它会引发一场雪崩。

松下的高管问道："你给我们看的这些公司里，哪家能够真正达成交易，并且能快速达成？"他们希望在90天内成交，这差不多是监管机构允许的最快交易期限。他们的目的只是拿回他们花在美国音乐公司身上的钱，或者接近的数目就可以，从而避免在日本媒体中引发轩然大波。我把我跟史蒂夫·罗斯说过的话跟他们又说了一遍："施格兰可以开出全额支票。它是这里面唯一一家不需要银行支持就能掏钱的公司。"

大阪很少下雪，但是那天雪下个不停，让我有种奇怪的、不安的感觉。当晚我让助理们留下，自己飞回洛杉矶参加西德·谢恩伯格60岁生日的惊喜派对。6个小时后，距离我们住地不到20英里的神户市附近发生了阪神大地震。6 000人丧生。

当我走进比弗利山庄的膳朵餐厅时，里面已经满是客户和竞争对手。西德和我做过不少生意，当我热情地跟他打招呼的时候，我感觉自己是个叛徒。一旦松下把美国音乐公司卖掉，他就完了，而且我知道他一定会因为我没有提前跟他透露消息而大为恼怒。但我身不由己。如果西德找到卢并引发"第三次世界大战"，我会因为违反保密协议而遭到起诉。而且不管有没有我，这桩交易都势在必行。后来，西德确实埋怨我没提醒他，所以把他害得很惨。我们在马里布的房子紧挨着，他干脆再也不跟我说话了，就好像我已经不存在了似的。

但是说实话，我更为卢感到难过。即使他对我从来没有过任何用处，但他仍然是业内有史以来最伟大的人物之一。我把他视为我商业生涯的榜样，而且直到我着手去实现一些连他都从未梦想过的事情时，我才觉得自己确实成功了。然而他的个人生活又让我怕得要死，因为他没有兴趣爱好，没有社交生活，除了跟孙子凯西非常亲近，他什么都没有。卢的全部存在都献给了美国音乐公司和民主党政治，如果失去了美国音乐公司，他就没有用武之地了。如果他存在的唯一理由都消失了，他会怎么办呢？

这个问题引发了我更深层次的焦虑。多年以来，我一直把CAA当作接触更大机遇的跳板，并且坚信我随时可以离开。但是，如果我比自己想象中的更像卢呢？

———

我的团队更新了我们对美国音乐公司影视片库所做的核查，包括筹备中的项目、音乐业务和主题公园等方面。艾伦公司查看了房地产的状况并创建了统计模型。由于我们已经有了模板，所以这次的工作进度更快了。

我从日本回来两周之后，松下的一名初级管理人员——遵照"根回"制度——给小埃德加的首席财务官史蒂文·班纳打了电话，试探施格兰收购美国音乐公司的意向。班纳确认施格兰确实有兴趣，并向小埃德加和我报告了这通电话的内容。施格兰内部的争论越发激烈。查尔斯·布朗夫曼反对交易，老埃德加充其量是不置可否，但他没办法亲口对儿子说不行。

鲁珀特·默多克像往常一样觊觎着一切可能会出售的资产，而迈克尔·艾斯纳想为迪士尼买下美国音乐公司的片库。但是，松下并不想通过出售最后再狠赚一笔。它希望干脆利落地退场，并同意给予施格兰独家竞价窗口。到1995年3月小埃德加按计划访问大阪时，交易成败全系于施格兰了。

我向小埃德加交代了一些基本礼仪："不要跷二郎腿，不要让人

第十六章　我不怕你

看到你的鞋底,这是不尊重对方的表现。你应该像这样把名片递给他们。在会议中如果你想脱掉外套,一定要记得先询问在场所有人是否也想脱掉外套。永远不要询问别人的健康状况,那是极为私密的事情。"我形容了每一位高管的性格、爱好和子女的状况。小埃德加做好了充分准备,信心十足地前往日本。与卢和西德不同,他在任何环境中都能应对自如。我见过他在太阳谷和纽约时的表现,我知道他面对松下没问题。第一次出售美国音乐公司时,我竭尽全力把交易双方分开;第二次,我催促他们坐到一起。小埃德加和森下洋一越早建立交情,交易就能越早达成。他们见面时,小埃德加没有谈到具体数字,一切进展顺利。三周后他返回时,公文包里已经有了一份出售意向书。

双方迅速谈定71亿美元的价格,比小埃德加最初的出价略高一点儿。最后时刻,松下为了挽回颜面,并且在娱乐事业还能有一杯羹可分,要求保留美国音乐公司20%的股份,并按比例把最终售价减少到57亿美元。松下的好莱坞初体验多少是竹篮打水一场空。

3月31日,《华尔街日报》曝出交易新闻时,一切都已经谈妥,只差签字。这时候,我的朋友罗纳德·佩雷尔曼和德国媒体公司贝塔斯曼(Bertelsmann,也是CAA的客户)突然表示有意收购美国音乐公司,我告诉他们,施格兰先下手了。与小埃德加和他的父亲一起审阅过合同草案之后,我对结果感到非常笃定,于是和家人一起到巴哈马度假去了。

4月6日,杜邦集团用88亿美元买回了施格兰的几乎全部股份,这些现金用来收购美国音乐公司绰绰有余。我回到洛杉矶,到施格兰的法务公司谢尔曼·思特灵律师事务所(Shearman & Sterling)出席签字仪式。我下楼到事务所大堂迎接松下公司的代表团并陪同他们前往21层时,并不确定接下来会发生什么。他们会不会突然舍不得过去 5 年的冒险历程？与森下握手打消了我所有的顾虑。他和他的随员都热情坦率——甚至欣喜。他们想要退出娱乐业的渴望和小埃德加想要入场的渴望同样迫切。

我们聚到一起准备签字，松下集团的代表坐在大办公桌一边，施格兰的主管和首席法律顾问坐在另一边。赫伯·艾伦站在一个中立的角落。我必须迅速做出选择。借助松下的力量，我才得以进入并购业并成为主要玩家，对此我永远感激。但施格兰是我的未来。

我在小埃德加旁边坐下，目睹着他签署了我代表 CAA 达成的最后一笔大型交易。

第十六章　我不怕你

第十七章

大势已去

在处理所有交易的过程中,我仍然在做经纪人。1995年的一天,我打电话给芭芭拉·史翠珊,告诉她一个重大消息:我给她的爱情喜剧片项目《双面镜》找到了买家。三星影业希望芭芭拉出任制片、导演和主演。片酬方面,对一个已经52岁——意味着担纲主演的机会越来越稀少的女演员来说,是非常优渥的。"他们会付你800万美元,或者按影片总票房分成。"我告诉她。

"就这些吗?"

"芭芭拉,这是笔好买卖,"我说,"而且你能够拍你想拍的电影。"

她操着永远不变的布鲁克林口音说:"你为什么不能帮我拿到和雷德福一样的酬金?"芭芭拉一直很奇怪地想与罗伯特一争高下,于是开始跟我大谈好莱坞的性别歧视,以及女性被忽视且片酬过低,等等。她说得没错,当然。尽管业内已经出现了雪莉·兰辛和道恩·斯蒂尔这些女性高管,但这仍然是一场艰苦的斗争。可是她说起来没完没了。也许是企业事务的压力,或者睡眠太少,或许是我这在27年里已经接了无数次这种需要安抚明星的自负情绪的电话,总之,我忍不住说出了一个经纪人永远不该对一位超级巨星说出的话。"芭芭拉,"

我说,"你知道我有个15岁的儿子吧?他和他的朋友们成天脑子里只想着姑娘,但是你已经不在他们的考虑范围内了。"

芭芭拉大笑起来,但我不确定那是一种什么样的笑。是觉得很逗,还是被激怒了?恐慌之下,我自己也开始笑起来,假装一切只是玩笑。然后我提到了一个不重要的交易细节,把话题岔开,并且尽快结束了通话。我皱着眉头把电话放下时,看到我的助理正盯着我。"你疯了,是不是?"她说。

是的,我确实疯了。

我把事情经过一五一十告诉了罗恩,而且告诉他我有多心烦。"你必须退出经纪人这个行业了。"他说,一如既往地善解人意。

然而罗恩不愿意承认的是,这份工作也在侵蚀着他。一个周六,他接到了他手上最难应付的客户西尔维斯特·史泰龙打来的电话。无论罗恩多么有条有理地向他解释为什么他应该接拍某部电影,史泰龙都会突然不感兴趣,然后按下"之前的一个小时全部删除"的按钮,让罗恩前功尽弃,只能从头再来。面对这类情况,罗恩的表现非常优秀。他没有显露丝毫的不耐烦,跟史泰龙通话期间以及之后在我面前都没有不耐烦。但是这次,即使对方是史泰龙,这通喋喋不休地持续了10个小时反复说明的电话也太过分了。我没有夸张。我想,那天史泰龙让罗恩彻底失望了。

像我一样,罗恩也渴望拥有买方市场的地位和闲适。他最近和华纳公司的联合首席执行官特里·塞梅尔一起搭公司的专机前往纽约。罗恩在路上的5个小时里一直在工作,不停接电话的间隙还有一堆剧本要读。而特里先吃了点儿东西,然后捡起一部剧本,翻看了一个小时左右,再把剧本放下,喝了杯葡萄酒。他又读了几页剧本。然后他小睡了一会儿。

"他是买方，"罗恩后来不无羡慕地告诉我，"他可以随心所欲。每个人都给他打电话，可他不需要给任何人回电话。"听起来相当不错。

———

我从未停止过对艺术家和创作过程的热爱。我从未失去对凭空造梦的魔法的迷恋。但经纪人是青春饭，你的奔跑总有尽头。在48岁这一年，从WMA时期就在奔跑的我觉得厌倦了。

我厌倦了清晨6点起床，在和欧洲通电话的同时挤出时间去健身房锻炼。

我厌倦了每天打300通电话，一直讲到嗓子酸痛。

我厌倦了把未来3个月的午餐和晚餐都约出去应酬。

我厌倦了每年飞行600个小时，相当于每个月都有整整一周在天上。

我厌倦了为了从11月初直到圣诞节期间的30场必须出席的活动而买6套燕尾服。

我厌倦了晚上7点才回完电话，晚上10点才吃完晚饭，回到家面对堆积如山的加急电话留言，跟日本人通话直到午夜——6个小时后又重新开始这种生活。

我厌倦了把自己淹没——把自己溺死在我客户和他们的家人以及对他们来说重要的人的生活中。我们的客户担心的是他们房车的尺寸和节目单上他们名字的大小，越来越小题大做。事实上，我一直不愿意去照顾这些人的物质享受，去确保我们的演员和导演能吃到新鲜的木瓜和拥有完美的保姆。你是个成年人了，自己的生活自己管！

如果还有其他原因，那就是并购交易让我的胃口越来越大。完成了几笔价值数十亿美元的交易之后，即使是5 000万美元的电影打包

第十七章 大势已去

项目也开始显得像是小生意。但我不能顾此失彼。我们的核心业务是维系其他一切业务的平台。

不过，与此同时，我们核心业务的前景也越来越暗淡。WMA占据主导地位的真人秀电视节目正在抢夺我们占据主导地位的剧本类节目的市场。电影拍摄的数量也在逐年减少，降低了对我们客户的需求。中档演员和导演的价格开始下滑，这对我们的顶级人才也是个警示。我想，过不了多久，制片厂就要开始压缩我们的票房分成比例，或者干脆完全拒绝我们的打包策划了。10年后，我是否还愿意像个劳累过度的机械师一样努力让一辆老化的汽车继续在路上行驶呢？（虽然CAA仍然在娱乐界拥有强大实力，但我担心的一切几乎都成了现实。电视的增长仅限于有线台——人才在这个领域的收入比在电视网少得多，而在电影行业，仍然在按照总票房分成计算薪酬的公司已经寥寥无几。）

是时候做出改变了。

———

1995年4月11日，施格兰与松下的交易达成之后两天，《纽约时报》发表了一篇题为"新的惊悚故事：奥维茨会去美国音乐公司吗？"的报道。5年前有传闻说我将取代卢·沃瑟曼时，我还没做好离开CAA的准备。而这一次的风声是真的。小埃德加的首选是巴里·迪勒，但遭到了拒绝；我是他的第二选择。我们两人带着长子到菲尼克斯观看NBA全明星赛的那个周末让他下定了决心。布朗夫曼家族非常重视家庭，而小埃德加喜欢克里斯和我相处的方式。他告诉我："就是在那个时候，我确定了你是正确的人选。"

很长时间以来我都在想，掌管一家电影公司是什么样的感觉。时代华纳和美国音乐公司是我最想去的地方。迈克尔·艾斯纳反复邀请我到迪士尼与他共事，我一直没有答应。我等待着到自己梦想的公司工作的机会，现在我得到了回报。我有信心能够胜任。我能够像业内任何其他高管一样读剧本，何况我分析资产负债表的能力比大部分人都强。而且我仍然保留着5年前我为松下提出的发展规划。我想让时光倒流，回到米高梅的黄金时代——实际上，就是要把美国音乐公司打造成一个拥有庞大制作部门的CAA。

环球公司一旦与CAA旗下足够数量的客户达成合作协议，就可以在各个领域扩张。我们会制作更多的电影和电视节目（特别是在联合分销售卖权方面比剧情片更赚钱的情景喜剧），出版更多书和音乐专辑。同样的人才有助于我们在移动电话和视频游戏的数码阵地占得先机。很快每个人都会随身携带一部手机，那些手机就是数据富集内容的接收器。如果罗恩能够取代西德·谢恩伯格，比尔·哈伯运营环球电视，我毫不怀疑我们一定能够蓬勃发展。小埃德加是一个愿意放权的首席执行官。我对老埃德加和查尔斯·布朗夫曼有点儿担心，但我认为我有能力把事情办成。

我就要成为一个非常富有的人了。年轻的时候，现金就是我的出路。从那之后，我赚到了不少钱。但是我渴望能够积累财富——建立资产，这和只想赚钱的感觉不一样。一个经纪人在停止工作之后，是没有累积资产可以依靠的。我目睹着微软公司飞速发展——比尔·盖茨把它打造成了世界上最大的公司之一。人们开始从互联网行业获得财富。被我视为同僚的一些高管，比如迈克尔·艾斯纳和巴里·迪勒，通过股票期权收入了上亿美元。与赫伯·艾伦一起工作并在太阳谷与《财富》50强的首席执行官们打交道时，我对企业掠夺的胃口越来越大。每当我在拍卖会上输给一个拥有更多资金的艺术品收藏家时，我的渴望都会增加。我也想在那个圈子里玩。

第十七章　大势已去

而且说实话，当经纪人一直让我觉得有点儿难堪。虽然CAA已经让我们的行业高度专业化，但它永远不能成为一个高尚的职业。我想成为那6个可以批准电影项目同时不必费尽心思提前把所有因素都考虑周全的人之一。我的大计划是在一家上市公司工作5年，然后到公共服务和慈善界继续人生的第三阶段。我梦想着运用我的谈判技巧效力政府，比如协助核武器条约的签订，或者管理国际红十字会。我厌倦了帮助那些能够帮助自己但是更愿意花钱让我替他们做事情的人。我想开始帮助那些没办法自救的人，那些真正需要帮助的人。我想更大规模地回馈社会，但是我觉得我首先需要一段在上市公司的任职经历作为背书。我仍然在寻求尊重与认可。

————

我让罗恩作为我的经纪人，向小埃德加开价美国音乐公司10%的股权，并谈定为5%。后来有人抨击我太贪婪，但我认为在当时的情况下，这是个合理的要价。很多大公司都专门拿出超过10%的股份作为员工股权，而且让我来管理这家大型企业所需要的价码计算起来很简单。我离开了当时价值至少有3.5亿美元的CAA。一家价值66亿美元的公司的5%就是价值3.3亿美元的股权，这个数字足够补偿我离开CAA的损失，也能偿付罗恩和比尔以及他们在经纪公司的股权，同时还能买断我想带过来的其他高级经纪人。我的薪水会大幅减少，但一切在于股权。我认为我们能够让美国音乐公司的66亿美元成倍增长。

1995年5月底，小埃德加和我在原则上达成了共识。他飞往蒙特利尔向施格兰的董事会报告期间，我在尽量平息CAA内部不断增长的焦虑。6月1日，我召集员工，向他们确认，有人在接触我，但一切都尚未决定。

我没有撒谎，我也忐忑到快要发疯。小埃德加和他父亲、叔叔的讨论迟迟没有结果，我开始担心他并非如我所信那般大权在握，那样的话我就要听命于三个老板，而不是一个。更糟糕的是，这三个老板是一家人，自然会团结一致来对抗我。我要求拿到更多钱——在其他交易点之外，我还要求他们替我缴税——但那不过是权宜之计。我开始明白，让我辗转难眠的原因是收拾东西走人并不是那么容易。CAA不是身外之物。它就是我。

罗恩恳求我看在我们两个人的分上继续谈。"也该有些新的尝试了，"他说，"你需要更广阔的空间，你一生的历练就是为了这个。而且，跟卢和西德相比，我们能差到哪儿去？"

我和小埃德加在洛杉矶见面，确定了条件。几个小时后，小埃德加又要见我。"我们需要重新谈判，"他说，"他们不接受这些条件。""他们"指的当然是他的父亲和叔叔。

我反而松了口气。"那就意味着你做不了主。"我说。

"迈克尔，"他说，"施格兰是一家大型上市公司。我的父亲和他的弟弟是主要的股东。这是上市公司运营的方式。我可以尽量推进、促成这件事，但是从长远来看，这样对你我都没有什么好处。"

我需要至少3年让环球影业翻身，可是如果布朗夫曼家族的三位成员不能一致支持我，那这份工作就没有任何意义——我可能没有足够的时间把公司拆分以便重组。我把这个消息告诉了罗恩，他平静地表示理解。

我打电话告诉小埃德加终止谈判，通话很短暂。我挂断电话，再次感到一阵轻松。

我或许已经厌倦了服务客户，但是我仍然热爱我的公司。我热爱与我共事的人们和我们工作的大厦。对CAA的爱像潮水般涌上心头。

第十七章　大势已去

我把全体员工召集到我们的放映厅，并宣布我们都不会离开。我能够感到一阵宽慰溢满大厅，全体员工都起立鼓起掌来。大家相互拥抱之时，我看着并排站在前面的少壮派——洛维特、胡维恩，还有洛德。他们交叉双臂，满脸愤恨，我突然感到真正的警惕。我认出了他们脸上那种固执的神情，20年前，我们5个人在WMA也是同样的感觉：得不到满足，得不到重视，跃跃欲试。然而区别在于，他们手里有非常好的客户资源——是我和罗恩给他们的，还有相当大的自主权，以及财务上的安全。

但我相信我可以与少壮派把关系修补好，哪怕只是为了有序交接权力争取一点儿时间，同时我也在探求下一个舞台。我认为时代华纳的机会比较大，因为杰拉德·莱文的地位似乎不太稳。罗恩和我可以在那里创造奇迹。

只要共同战斗，我们就什么都可以做到。

———

罗恩提出替我再去跟美国音乐公司谈一次，我意兴阑珊地让他去了。我估计他应该能够弄清楚我们到底还有没有机会跟对方达成协议，让我们在不受干扰的前提下运营公司。

7月初的一个下午，罗恩从纽约给我打来电话。"你猜怎么着？"他说，"我见到了小埃德加，计划有变。他想让我来运营美国音乐公司，我想我会答应。"

我完全蒙了，震惊之下动弹不得。那个首席运营官的职位是我与小埃德加在最后一轮谈判时为罗恩争取到的，而唯一的重大区别在于：我出局了。（小埃德加会请弗兰克·比昂迪出任罗恩上级的首席执行官。）一阵漫长的沉默过后，当我感觉自己终于可以不带哽咽地说话时，我告诉罗恩我多么需要他，有他在身边对我来说意味着什么。

我很擅长说服别人，哪怕是在言不由衷的情况下，何况这次我是百分之一千的真心实意，所以那是我有史以来最伟大的一次游说。我确信能让他回心转意。

然而我得到的却是罗恩在一阵狂怒中把压抑许久的不满统统向我爆发出来。他认为我和小埃德加在谈判时帮他谈的待遇太低而给比尔·哈伯的待遇太高，是因为我在开价时把他们两人视为同等价值。他还说我终止与美国音乐公司的谈判是一个巨大的错误，他说我从来只想着自己，完全没有考虑他。他说他是时候该自立门户了，除了被当成我的参谋，他应该得到更多的认可。

我花了两个小时想要说服他，同时胃里翻江倒海涌上喉咙。最终，我的声音开始发颤，我放弃了。他已经下定了决心。我完全崩溃了。罗恩要走了，并且会把我身上最好、最有人情味的部分都带走。我觉得自己像是要离婚一样。

———

挂断电话以后，我尝试着总结自己多年以来对罗恩犯下的错误。其中一个问题是钱，也就是我们分账的方式。罗恩和比尔都可以从我完成的企业并购交易中分得很大一部分，虽然他们跟这些交易几乎毫无关系。但我知道罗恩的心结，我应该做得更好。我可以买下比尔的全部股份，把他的股权转给罗恩。或者留着比尔，但把一切均分成3份。这样或许不公平，但是值得。钱对我来说很重要，但是不如罗恩的友谊重要。

我的第二个错误更加愚蠢，因为一分钱不用花就能改正。从一开始，CAA就反对等级制。我们摒弃了按级别划分职称的常规做法，而是让不同部门的主管轮岗；我把每个人都介绍为我的合伙人。多年来，我的名片上只有名字，没有职位。但是一旦我要开始和《财

第十七章 大势已去

富》50强的首席执行官们见面，我就需要一个正式的职位了，所以在1990年，我成为CAA的首席执行官，罗恩则被任命为总裁。

我应该让罗恩当首席执行官，自己担任董事长。由于他从未提起过这件事，所以我也从未意识到他更加看重哪一种认同。看着我的这位合伙人时，我仍然能看到那个有胆量跟詹妮薇芙·布卓调情的傲慢小伙子。我看到的是一个能够像发小一样和全世界最大牌的明星们相处的家伙。我忘记了罗恩是一名高中辍学生，他对认同的渴望像我一样强烈——甚至比我还要强烈。

最大的问题是，我因为他打牌欠下赌债而限制了他的消费之后，我们的友谊就再没能恢复到从前。我本能地采取行动保护我们的公司，而没有保护罗恩不再自我伤害。我并不认为我那样做是错误的。但我的确认为我之后不该为了逃避害怕的感觉而表现得好像危机从未发生一样。我应该把罗恩拉到一边，跟他谈谈他的状况，重新建立不可动摇的关系，并且明确表示我会与他风雨同舟。但像我这样的人不太善于敞开心扉承认自己内心的恐惧。而他的怨恨在不断发酵。

我不想成为我现在的样子，罗恩也一样。但我们已经是这样了。到今天罗恩都会对别人说："我是世界上最好的二把手。"这个称号我确实要让给他——他在环球二把手的位置上坐了20多年，经历了4个不同的东家。我肯定做不到。

因为我即将通过一种最痛苦的方式体会到，我厌恶当二把手。

———

比尔·哈伯想要努力维持昔日的魔力，但是没有罗恩，我也不能留在CAA。（比尔在几个月后也会离职，并且遵照他一直威胁的那样，到拯救儿童基金会去工作。）罗恩对我有那么多的不满，而我却一无所知，这让我不安。想到以后不能和他一起工作，也让我不安。没有他之后，我要独自面对明显对我恨之入骨的少壮派，这同样让我不安。

罗恩告知我他要离开的几天后，我到太阳谷参加赫伯·艾伦的峰会，看到罗恩和小埃德加在一起谈笑风生，我感到一阵恶心。第一场会议中间，一位名叫彼得·巴顿的朋友走了过来，他看到我心烦意乱的样子，说道："干得漂亮——你丢掉了你的同伴。"我还没来得及问他这是讽刺还是同情，他就已经走开了。我不知道他是什么意思，我只知道我像一个在百货商店里迷路的小男孩。我提前两天离开了峰会。明智的选择是找心理医生聊一聊，但是我并不太想让自己显得那么脆弱。我总觉得真正的男人会扛过去。

我拖着疲惫的身体继续回去工作，每天走走过场。有一天，杰伊·莫洛尼冲进我的办公室大喊："我要查账！"他甚至还摇了我的桌子。"我现在就要查账！"公司里除了股东，没有人可以查看财务报表，很久以来，公司文化的一部分就是不要跟罗恩、比尔和我之外的任何人讨论自己的工资。

我站了起来。我知道是少壮派其他成员怂恿他这么做的，因为那些人都没有杰伊的胆量。我知道杰伊是爱我的，但他见识过我的手段——以及武术训练，所以他也怕我。这个事实在我们之间形成的疏离感总让我感到惆怅，但是现在我利用了它。"你有两秒从那扇门出去，"我说，"不然你就会脑袋朝前从窗户出去。"

杰伊犹豫了一下，然后溜走了。他把我当作榜样的时间太久，现在明显感觉像是个父母离异的小孩。他因为罗恩的离开而责怪我，也因为派系之争已经开始分裂公司而责怪我。但他显然有点儿不像一贯的他。那个事件是我第一次隐约感觉到杰伊可能有嗑药问题。同时那也是个明确的信号：我在 CAA 的时间不多了。我拥有着这些年轻人想要的东西：权力。

第十七章　大势已去

迈克尔·艾斯纳一直在纠缠我。那年春天我和布朗夫曼家族谈判时，他就说过："你明明可以到迪士尼来和我搭档，为什么非要去环球呢？"他做了心脏搭桥手术之后，他的妻子简坚持让他放缓工作节奏，并且一再恳求我劝他放松、尽我所能地帮助他。她相信这样真的能够救他的命。当迪士尼最终同意以190亿美元的价格收购大都会通讯公司/ABC，并在8月完成交易之后，迈克尔会比以往更需要人帮助——对我来说，那也是个关键因素。这次并购会创立全球最大的娱乐公司，远远超出一个人可以独自掌管的规模，何况这个人体弱多病。迈克尔提出让我担任联合首席执行官。

被当时所发生的一切深深伤害的我告诉自己，迪士尼可以成为我的盔甲，它有一个非常强势的新闻办公室，能够把记者挡在外面。迈克尔转到工作强度不那么大的董事长职位上，可以从事宏观管控，并且在迪士尼周日晚间的电视节目上代表迪士尼发声。我会负责日常运营并把重点放在欧洲和亚洲，处理所有他不想做的烦琐乏味的细节。到50多岁的时候，我会拥有一份辉煌的简历和一大堆钞票，为我进入政府或者慈善领域保驾护航。

这一步也伴随着风险，我知道迈克尔是如何对待他的副手的。艾斯纳最亲密的朋友之一约翰·安杰洛曾经直截了当地告诉我："迈克尔没有能力与任何人有福同享。"就在前一年，迈克尔跟我说过他要解雇当时的电影和动画部门主管杰弗瑞·卡森伯格，弗兰克·威尔斯去世之后，杰弗瑞成了不可或缺的人物。迈克尔在家中用最恶毒的语言咒骂杰弗瑞的时候，简和我都恳求他三思。他听从了我们的话，勉强同意了。（艾斯纳拒绝让杰弗瑞接替威尔斯，而杰弗瑞在同年晚些时候离开了迪士尼，与史蒂文·斯皮尔伯格、大卫·格芬共同创立了梦工厂影业。)

但我相信自己可以对迈克尔的愤怒和猜疑完全免疫,他是罗恩之外我最好的朋友。而且我想他能为我填补一些空缺。"好吧,"我告诉迈克尔,"我加入。"

第十七章 大势已去

第十八章

二把手

1995年8月,携家人在阿斯彭度假期间,迈克尔和我一起徒步了一次,以确定我的角色和头衔。这段时间,他一直在说全洛杉矶只有两个人能取代他的位置:巴里·迪勒和我。他在手术后曾经专门就此事致信董事会。有几位董事告诉过我,他们会支持我。而且不止一位董事补充说,希望我把CAA"团队优先"的文化引入迪士尼这个背后插刀盛行一时的地方。但事实证明公司最大的股东西德·巴斯对艾斯纳可谓言听计从。他本性天真又容易受人摆布,无论艾斯纳想改变什么,他都会像个橡皮图章一样立刻同意——结果艾斯纳什么都不想改变。

迈克尔对我们两人的分工安排一直在变,这让我有点儿担心。一开始我们两个人是联合首席执行官。然后他提出他自己继续留任董事长而让我独自担任首席执行官。最近他又谈到把迪士尼和ABC设为两家独立运营的实体,我们各自运营一家。头衔实际上并不重要,我们也都同意这一点。我们是实打实的合伙人关系,就像可口可乐的戈伊苏埃塔和基奥,或者华纳的戴利和塞梅尔那样。

随着9月我入职日期的临近,迈克尔决定自己留住首席执行官的头衔,让我担任总裁和首席运营官,直接向董事会汇报。他对弗兰克·威尔斯也做过同样的安排。我问他,在他现有的高管班底中,他打算如何安排我的位置。"他们都为我工作,"他说,"所以他们都会为你工作。"很公平。我以为我会从二把手做起,然后往上走。

现在,在阿斯彭,他告诉我他对人事安排做了一些小调整。在我"证明自己能够胜任"首席运营官之前,我要向他汇报,而不是向董事会汇报。他说,我需要时间适应从一家小型私营公司到一家巨型上市公司的环境转变。我知道我面临着一个学习的过程,但我原本希望我的这位朋友可以在外人面前力挺我,然后私下给我建议。他向我保证,时间会解决这个问题,但是我觉得自己上当受骗了。

那是第一个预警信号。第二个信号出现在一两天之后,我和乔·罗斯一起搭乘迪士尼的专机前往洛杉矶,乔是迈克尔手下的制片厂主管,也是我的长期客户。当年制片厂需要更多制片人的时候,是我代表乔和迪士尼谈下了最初的合约。现在他告诉我,他担心我会和CAA的客户们一起开发电影项目,把他的饭碗抢走。我向他保证我完全没有这种想法。(为了避免跟乔抢饭吃,我不会插手迪士尼的电影制作业务。)让我感到震惊的是,后来我发现乔一直想得到我的职位,所以他期盼我失败。

第三个信号出现在当天晚上,我到艾斯纳在贝莱尔的家中审阅有关我任命的新闻稿。迈克尔在他的餐厅里问候我之后,我惊讶地发现,迪士尼的首席财务官斯蒂芬·博伦巴克和公司的法律顾问、艾斯纳的下属们都非常讨厌的桑迪·利特瓦克也在场。我们简单握了握手,然后博伦巴克宣称他不会向我汇报工作。利特瓦克也做出了同样的表态。在紧张的沉默中,我最初的想法是迈克尔在故意设局让他们摊牌,好正式澄清事实——如果我在他的位置上,我应该会这么做。我等待着

全能经纪

他表达对我的支持，让博伦巴克和利特瓦克弄清楚状况。但是他把目光移开，把我一个人晾在了那儿。

我尽力想跟新同事们搞好关系，解释说我即将担任首席运营官，他们需要向我汇报工作，但只是组织层面上的——我只是去帮助他们的。但他们非常顽固。我并不知道迈克尔在聘用博伦巴克的时候暗示过会让他接替弗兰克·威尔斯。我也不知道利特瓦克也在打这个职位的算盘，艾斯纳总是在我面前轻描淡写地说他只是个"工具人"。他们一个来自地产界，另一个来自诉讼界。两个人都没有任何与人才打交道的经验，也从未参与过电影、电视和书的制作与发行。

迈克尔和我到他儿子的房间想冷静一下，他看起来和我一样狼狈。他条件反射般地安抚别人，把自主权承诺给所有人，但是很显然我们不可能都有自主权。一个公正的首席执行官根本不会让博伦巴克和利特瓦克踏进他的家门，更不会一言不发任由他们围攻我。我恳求迈克尔支持我。他向我保证会想办法解决。"斯蒂芬和桑迪没有你的创意背景，"他说，"你是适合这份工作的人。"

我走出房间打电话给朱迪。"迈克尔刚刚给了我一个下马威，"我告诉她，"无论我做什么，我在这个职位上都只会失败。我想我刚刚犯下了职业生涯中最大的错误。"

第二天我召集了智囊团，搬出了核按钮：我是否该取消一切？鲍勃·戈德曼比较悲观，但是除了让我想办法脱身没多说；桑迪·克里曼摇摆不定；雷·库尔茨曼认为我应该尽力而为。我不情愿地同意了。在这条路上，我已经走得太远，无法回头了，特别是我刚刚在环球影业努力到最后却功亏一篑，我不想重蹈覆辙。但是自从去艾斯纳家的那天晚上开始，我心里就一直七上八下，从未平静。

艾斯纳当时正在和一位名叫托尼·施瓦茨的作家一起撰写回忆录。

第十八章　二把手

我和智囊团开完会就给他打电话说我接受这个职位。几分钟后，他对施瓦茨说出了前一天晚上我对我妻子说过的一模一样的话——他说他刚刚犯下了职业生涯中最大的错误。他不知道自己能不能撤回这个任命。

我真希望他撤回了。

———

在一家大公司里，你的地位是由你向谁汇报以及谁向你汇报决定的。由于迈克尔把我和董事会隔开，又在下级高管中将我孤立，我感觉自己一开始就被束缚住了。参加毫无意义的会议对我和迪士尼都没有任何帮助。不过，还有另一种打造公司的方法——并购。我来自一艘叫作CAA的赛艇，在那里我可以灵活转弯。如今我登上了"泰坦尼克号"，还没在舰桥上交到任何朋友，我就要掌舵了。舰桥上的船员们因此警觉起来，让艾斯纳感到恐慌，也吓坏了我，导致我开足马力，全速冲向冰山。

以上是简单版本。

上任第一周，我与后来担任派拉蒙影业总裁的顶级电视制片人和人才经理布拉德·格雷达成了协议。我们会得到他制作的节目的独家版权，并且可以直接与他代理的艺术家（从《周六夜现场》的创作团队到创立《黑道家族》的编剧们）合作，作为回报，布拉德会和我们的电影制片厂签一份制作合约。对创作界来说，这是一个重要姿态。但是乔·罗斯和ABC的总裁鲍勃·艾格都不希望布拉德加入制片厂。艾斯纳没有解释原因就支持了他的部下们。交易没成。

第二天，我和迈克尔谈到当年他从我这里偷走的那个电话电视业务概念。虽然我对他两面三刀的作风一向不满，但是现在我们可以重新开始。为什么不把电话电视与他和亚美卡思以及通用电话电子公司联合开发的仿冒版本合并在一起，向着同一个方向发力？他没有理会这个想法。

接下去的几个月里，我在出版、音乐、数字技术和国际运营方面提出了很多新想法。我和汤姆·克兰西、迈克尔·克莱顿、斯蒂芬·金——全球四大最畅销作家中的三位达成初步协议，以获取他们的书、电影和迷你电视剧的独家版权。迪士尼会成为出版界的巨擘。迈克尔说不行。然后我给他谈了一份口头协议，以3.5亿美元的价格收购克兰西的出版商——普特南之子出版社（G. P. Putnam's Sons）。他没有兴趣。（该出版社后来被企鹅集团收购并随即与兰登书屋合并，如今的市值是我们谈定的收购价的10倍多。）我安排我的长期客户珍妮·杰克逊以7 500万美元出版7张唱片的条件离开维珍转签迪士尼。这会给我们的音乐品牌"好莱坞唱片"注入新的活力，并改变迪士尼守财奴的形象。"我们要培养自己的明星。"迈克尔说。在艾斯纳任内，好莱坞唱片一个明星都没培养出来。

我飞到东京与以技术为核心的软银公司的总裁孙正义见面，讨论他所持有的主流网络门户雅虎的少数股权。根据与艾斯纳以及其他董事会成员的初步讨论，我正在酝酿一个让迪士尼网络化的策略。我能够看到我们的卡通角色将雅虎主页的几百万浏览者引导到新闻和气象预报网站，同时销售迪士尼周边产品并推广迪士尼电影。

让我惊讶的是，孙正义说，只要2.5亿美元，他就会出售股份。考虑到互联网的未来发展趋势，他的要价翻五倍也是划算的。午餐之后，我火急火燎地直奔机场，飞行10个小时返回洛杉矶，并在第二天早上10点赶到公司——甚至都没有洗澡、刮胡子。我走进艾斯纳的办公室时，他正和一位很有影响力的迪士尼董事会成员斯坦利·戈尔德在一起。"你肯定不敢相信！"我告诉他，"我们有机会买下孙正

第十八章　二把手

义手里的雅虎股份！"

"这是我听过的最愚蠢的想法。"迈克尔说。他摆出一副睥睨天下的姿态，宣称人们上网是为了获得信息，而不是娱乐。他这样做不仅是犯了一个巨大的错误，他本应是我的伙伴，却存心在斯坦利面前让我难堪。因为，艾斯纳心知肚明，我的弱点就是我的自尊心，他的手段很有破坏力。感到羞辱的我什么都没说就离开了。

当时迪士尼 80% 的收入都来自北美市场，我试图调整我们的本土与海外市场营收比例，以求更加健康地发展。我在北京见到了中国的领导人，和他们讨论了一系列双方共同关心的问题：一座迪士尼主题乐园，联合制作影视项目，打击盗版和知识产权保护。在这一新生关系的强大基础上，我对中国的迪士尼乐园和未来繁忙的合作项目有着很高的期待。时机也非常完美。借着中国经济爆炸式增长的趋势，我们能够尽早将迪士尼的业务版图延伸到中国。但是迈克尔没有表现出任何兴趣，所以这个动议也宣告夭折，我们错失了难以言喻的巨大机会。

迈克尔主张迪士尼是一家"运营公司"，将收购放在次要位置。虽然我知道迈克尔喜欢将一切事务都放在公司内部完成，但是收购 ABC 又给了我希望。在我们同意一起工作之前，他就承认过迪士尼需要在我如今提到的每一个领域有所发展。而且迈克尔很清楚拉我入伙之后他会得到什么：一个擅长做交易的人。

———

在迪士尼任职的早期，我接到了加州大学洛杉矶分校医院打来的一通电话。他们正准备给杰伊·莫洛尼动手术修补先天心脏破损，但是在他的血液中发现了"大量药物成分"。他们取消了手术，然后给我打了电话，因为杰伊把我列为他的紧急联络人。我很感动于杰伊仍然把我当成父亲看待，哪怕我当时也突然明白过去几年间他的表现为什么越来越奇怪：有些日子，他在旷工后会突然浑身是伤地出现，说自己遭到了抢劫。

几个月之后，戴维·奥康纳给我打来电话，听起来快要疯了：杰伊把自己关在穆赫兰道的家里，嗑药嗑到神志不清。戴维和我一起去了他家，赶走了三个妓女，把大量毒品冲进了马桶。杰伊很后悔，自我憎恨，状态一团糟。"我爱你，杰伊，你就像我的儿子一样，"我说，"但是我不会站在一边眼看着你毁掉自己。"

"好吧。"他虚弱地说。

杰伊刚开始堕落的时候，我就已经疏远了他。我觉得他应该有控制地使用药物，而不该让药物控制他；我认为他在背叛自己，因此也不再值得我的爱和支持。那是一个巨大的错误，看着他现在失意的样子，我愿意做任何事情让他好起来。我强烈地感觉自己本应从一开始就对杰伊的需求和他受伤的一面多加关爱。他是那么有才华，而我却因为过于专注自己的需求而放任他拼命工作，让他去给我们所有人赚钱，让他去追逐"成为像我一样的人"这个错误的梦想。

戴维和我开车带他下山，来到日落大道上一家名叫特纳的酒铺，我请来一位我信任的加州大学洛杉矶分校的内科医生，他等在停车场的一辆车里。我们护送着杰伊走向医生的汽车，杰伊很不情愿地坐了进去，然后又想爬出来。我们堵着车门，隔着玻璃劝说他。终于，他放弃了挣扎，任由自己被带到医院做检查，然后进入戒毒所。

这些年来，他5次进出戒毒所，但每一次出来，他的情况都更严重，他也更迷茫。CAA最终只能让他离职。后来，我在我之后任职的艺人管理集团（Artist Management Group，缩写为AMG）里给他找了份工作。我想，杰伊如果重新开始为别人服务，或许就能重新走

第十八章　二把手

上正轨。但是他拒绝了，他已经堕落得太深。1999年11月，我接到戴维·奥康纳打来的电话：杰伊死了。他在自家浴室里自缢身亡，年仅35岁。我震惊又难过，但并不觉得意外。

在他的追思会上，我把他称作曾经"点亮我们的人生的一颗流星"。但是，像往常一样，最精辟的发言来自比尔·默瑞。看着现场代表了90年代好莱坞的悼念者们，比尔说："今天坐在这里的太多人让我更希望我是在给你们致悼词。"

杰弗瑞·卡森伯格的欠薪纠纷即将闹上法庭时，迈克尔让我尝试去调解。我要同时应付杰弗瑞和他的朋友兼顾问大卫·格芬，这就很棘手了。大卫和我在1980年就闹翻了，当时他是影片《个人最佳》的制片人，我们在该片编剧兼导演罗伯特·汤的酬金问题上相持不下，并导致了开机推迟。我尊重大卫所取得的巨大成就，但尽管我在努力赢得他的好感，他似乎还是因为我没有跟他掏心窝子或者遵从他的意愿而感觉被我轻慢了。鉴于他的智力和影响力，和他交朋友并接受他的建议才是更明智的做法，那是个错误的判断。但是我更愿意自己拿主意。

不过这一次，我们的利益是一致的。我们最终谈定的金额为9 000万美元——考虑到杰弗瑞对很多高票房大片，比如《狮子王》的贡献，迪士尼完全不亏。我把协议交给艾斯纳，却被他一口回绝。最后还得由我告诉杰弗瑞这个坏消息，这无疑是雪上加霜。（后来双方据称以2.5亿美元的价格达成了庭外和解。）

曾经战无不胜的人如今一事无成。我不能跟任何人谈论我的困境，因为那只会让我显得更加软弱，所以我振作起来，变本加厉地努力工作，每晚只睡4个小时，像中了邪一样想要推动突破性进展。

简·艾斯纳怒气冲冲地给我打电话说："你疯狂的工作态度给我丈夫带来了压力。他工作的时间太长了，这是违背医嘱的！"我相信，如果我能办成哪怕一件事，比如签下一位新的艺人或者谈成一桩新的收购案，或许一切都会有所转变。如果说重复做同一件事情却期待不同的结果是精神错乱的表现，那我已经变成了十足的疯子。

我犯过很多错误。我像龙卷风一样来势汹汹，对迈克尔来说风格太过狂躁（他曾经跟我抱怨弗兰克·威尔斯也是这种风格）。与布拉德·格雷谈交易期间，为了保密，我在向老板提出前没有事先与各方达成共识。迪士尼的等级制度和各自为政让我毫无头绪。在CAA，我可以按照自己的节奏随心所欲地做事情，新环境大不如前，让我很难适应。

但我的直觉很准。2005年，《财富》杂志发表了一篇文章，标题是："如果艾斯纳听从了奥维茨的建议会怎样？"文中回顾分析了我的6个建议。杂志认为其中一个让索尼公司与好莱坞唱片合并的建议从长远来看是负面的（但我认为，当今数字音乐的出现会让这笔交易双方成为赢家），而且我计划在洛杉矶成立一支美式橄榄球联盟球队也有些操之过急。但是文章认为，其他4个想法（雅虎，普特南之子出版社，卡森伯格和解案，还有一个与索尼PlayStation游戏机的合资项目）如果艾斯纳同意了，对于"魔法王国"将是巨大利好。

虽然沉浸在日常运营的繁杂事务中，但我仍然做成了几件事情。我为ABC策划了一档两个小时的早间儿童节目《一个星期六的早晨》（*One Saturday Morning*），在我离职后播出了。我为一些与迈克尔不和或者彼此不和或者两者皆有的高管调和了关系——迪士尼总部派系分明，跟魔法王国基本不沾边。蒂姆·艾伦退出电视剧《家居装饰》，

第十八章 二把手

让这桩价值几亿美元的联卖分销交易陷入危机时，我和他见面并解决了问题。

但大多数时间我都是在白忙。我的指示遭到无视，我的建议消失在记忆的黑洞里。后来，迪士尼内部不止一个人告诉我，艾斯纳绕过我去找过每一个重要的人。他授意策划组的负责人拉里·墨菲向他汇报我们会议的内容，但是搁置我的一切提案。他对电视动画部门的负责人迪恩·瓦伦丁也做了同样的授意，后者当面拍我马屁，背后却匿名向媒体爆我的黑料。"敷衍他一下就行了。"迈克尔对他们说，而他们就照做了。

我不能辞职，因为那样就拿不到离职金了，于是我变成了一只任人宰割的瘸鸭子。1996年9月中旬的一天，桑迪·利特瓦克冲进我的办公室。"迈克尔不想让你继续留在公司了。"他耀武扬威地说道。

"你让迈克尔亲自来告诉我。"我说。我和我这位所谓的朋友有着二十多年的交情，我认为我有资格被他当面解雇。迈克尔并没有来。

他主动提出到12月要为我举办50岁生日宴会。我告诉自己，坚持到那一天，或许并不是一切都无可挽回。他反复建议我们想出一个软着陆的办法，好让我在业内不会太难堪：离开管理层后，我会在迪士尼的董事会继续留任一年，或者以顾问身份继续服务公司。（这些承诺他同样没做到。）

在我生日之前3天，迈克尔把我叫到他母亲生前在纽约的公寓，签署我"经双方协商后"递交的辞呈。他说他还想和我保持朋友关系，还想为我举办生日宴会——这是个离谱到不可思议的想法，是绝对不可能发生的，不过，这也是艾斯纳为人处世的精髓之处。我冷冷地跟他握了握手，走了出去。20年后，我依然连跟他坐在一起都没有兴趣。即使他做出了全世界最引人注目的道歉，他也没有能力做出真正

全能经纪

的改变。

等我回到三个街区之外我自己的公寓时,他们已经派人递回了我的辞呈。在上面签字的是桑迪·利特瓦克。

———

我在布伦特伍德的家中与朱迪和我们的3个孩子一起度过了一个安静的生日。这一次,我没接任何电话。然后我飞到阿斯彭住了一个星期,一个人反思一下。我对艾斯纳感到愤怒,更对自己感到愤怒。我的状态糟糕透顶,觉得自己一无是处,失败得完全彻底。

理智上,我知道错不在我。从贝莱尔的那次突袭开始,迈克尔就没有给过我他承诺的支持。这是有意为之,并且格外残忍。但我无法理智地看待所发生的一切,因为我的情绪太过强烈。背叛真的让我无法忍受。我甚至在电影《背叛》放映的中途离场——这部影片改编自哈罗德·品特的舞台剧,讲述一个男人与朋友之妻长期发生婚外情的故事——因为它勾起我太多的烦闷。我的父亲曾经告诉我:"你为你的朋友和客户付出了全部,你期望得到同等的回报。但你不会得到的。他们会背叛你。我是干销售的——我知道。"我当时还跟他争辩过,但现在我认为他是对的。

一个星期的认真思考远远不够我想明白迈克尔·艾斯纳这个人。我花了半年时间才让情绪恢复正常,又过了更久才理解了迈克尔的行为。我认为他在手术后虚弱的状态下恳求我加入迪士尼时是真诚的。但是迈克尔随后恢复了健康。他自我感觉越好,看我就越不顺眼。我比他年轻4岁,也比他精力充沛得多。救星奥维茨变成了对手奥维茨。

在我上任的第一周,艾斯纳让我解雇鲍勃·艾格。他认为鲍勃很愚蠢,至少他是这么说的。我认为他太草率,于是我说:"鲍勃·艾

第十八章 二把手

格对 ABC 了如指掌。"后来我花了 3 个小时与艾格吃了顿晚餐——他也听说了艾斯纳对他不满——并劝说他不要离开。我告诉他，艾斯纳的注意力只会持续很短时间，很快他就会去找别人的麻烦。果不其然，他马上又让我解雇电视部门的主管丹尼斯·海托华。丹尼斯是公司唯一一位非裔美籍高管，我告诉迈克尔："你这个想法无论对你还是对我来说都很糟糕。"海托华也留下了。

2005 年，艾斯纳迫于压力辞职，艾格接替他的位置之后，我终于明白艾斯纳这些疯狂表现背后的思路：他把艾格看作未来接班人。鲍勃在首席执行官任内带领迪士尼走向了新的巅峰。他通过高风险收购和更强的海外形象来建立业务，多少是我 10 年前就做过的尝试。他冒着很大风险收购了皮克斯影业、漫威影业、卢卡斯影业和福克斯影业，并且兴建了上海迪士尼度假村。鲍勃的做法很聪明。他首先改变了公司文化，解散了策略规划小组，消除了艾斯纳的影响力。然后他放权给自己周围的人，这是任何成功的领导者都必须做的。

我仍然认为，如果有时间去学习和调整，我是可以运营一家大型上市公司的。但我永远不可能作为艾斯纳的二把手去运营那家公司。在迈克尔的领导下，迪士尼的文化太根深蒂固又不思进取。我缺乏改变它的力量，也缺乏融入它的个性。

伯特·菲尔茨后来告诉我，与其说艾斯纳想让我加入迪士尼，不如说他想让我离开 CAA，因为这样就可以削弱经纪公司的势力——所有经纪公司的势力。我已经当了太久迪士尼的眼中钉，所以他把我拔掉。每天羞辱我只是额外的好处罢了。

———

我刚刚遭到解雇，西奥多·福斯特曼就打来电话说，"我想让你加入湾流公司的董事会",湾流是他的股权公司拥有的一家私人飞机公司,"对你会有帮助"。

"谢谢,"我说,并为他的仗义而感动,"但我不能。这对湾流公司没有好处,我会带来很多负面的影响。"

"你加入了,就这么定了。"他说完就挂了。

负面影响也随之而来,而且是非常负面的那种。头条新闻比比皆是,都是关于我的衰败。我离职之后没几天,迪士尼的一群股东就对公司和我提起了诉讼。他们指控我违反了合同,说我拿到的 1.3 亿美元无过错赔偿金违反诚信义务。2004 年,这一诉讼即将在特拉华州衡平法院①开庭之际,我把它当成给自己平反的机会。我急切地想要出庭,把真实的情况告诉全世界。

主审法官威廉·B. 钱德勒三世非常敏锐专注。听取了为期 37 天的证言后,他做出的长达 175 页的判决对我非常有利。钱德勒认为我在迪士尼"与(我的)高管同僚们不和睦",但是他驳回了原告提出的关于我缺乏诚信或玩忽职守的指控。他认为,迪士尼的董事们在批准我与公司的聘任合同时已经非常清楚我在接受这份工作前需要"下行保护"。我放弃了 CAA 可能多达 2 亿美元的已确认佣金,加入了迪士尼。如果我被无故解雇——这种情况也确实发生了——那么这笔赔偿金会弥补我的损失。

钱德勒虽然判定董事会并无不当行为,但还是用严厉的措辞批评了他们的做法。他写道,迪士尼的董事们"距离运用最佳方法达到理

---

① 衡平法院(Court of Chancery),又称"大法官法院"。由大法官根据"公平正义"原则,审理不在普通法诉讼形式范围之内的民事案件,用以弥补普通法的不足。其诉讼程序较普通法院简便。——译者注

第十八章 二把手

想化的公司管理还有显著差距"。他称艾斯纳是"马基雅维利主义"[①]的首席执行官,在他的董事会里塞满亲信,并且"把他自己打造成个人魔法王国中无所不能又无懈可击的君主"。

这是在公司任职的人们都会遭遇的悲剧:我们开始相信我们就是公司。

[①] 马基雅维利主义(Machiavellianism),个体利用他人达成个人目标的一种行为倾向,指"政治无道德"的权术管理方式。——译者注

第十九章

第三道山谷

CAA 在追逐新业务方面一贯毫不留情。我们得到一个客户，就意味着有人失去了一个客户。经历了 20 年狗咬狗一般的职业生涯之后，我离开公司时，外面有很多"狗"身上仍然带着愤恨的伤痕和刻骨的回忆。

你可能会认为我在 CAA 还是能有一些朋友的。毕竟，罗恩、比尔和我像大甩卖一样把公司出售给了新的领导团队，本质上是给他们提供了一笔零利率贷款，让他们分 4 年期从收益中偿还即可，这都是为了让公司继续蓬勃发展。但是我在迪士尼任职期间，理查德·洛维特经常在员工会议上诋毁我，用我曾经贬低一切对手的方式贬低我。甚至多年之后，洛维特为马丁·鲍姆和雷·库尔茨曼举办悼念仪式的时候，都拒绝让我发言。马丁和雷生前与我关系非常亲密，这让我感到非常痛苦。布莱恩·洛德和凯文·胡维恩感觉到了影响力带来的焦虑，不希望与我比较；洛德后来坚持把公司搬出了贝聿铭设计的大楼，搬到世纪城去了。还有戴维·奥康纳，我把他当作朋友，他却因为我没有把他列入指定接班人的名单而迁怒于我。但那并不代表我对他能力的评价——我的理由其实很简单，作为一名文学经纪人，戴维能够为公司带来的收入比其他人少得多。（公司新的领导层提拔他进入了高管行列，但不久后又把他踢了出去。）这些人有足够的理由不喜欢我，我能想到——没有人真心喜欢自己的老板，尤其是像我这种要求很高的老板——但他们也觉得我抛下了他们。公司也是家庭。

而让我更痛苦的是，罗恩在外人面前仍然对我没什么好话。我在与迪士尼分道扬镳之后跟他吃过一次午餐，我试图说服他离开环球，和我一起创建一家管理公司或者制片公司。我告诉他，自从我们中断了每天沟通30次的日子之后，我比他更难受，因为我并没有生他的气。他可以发泄他的不满，可我只是觉得自己被抛弃了。他点了点头，然后平淡地说他对一起开公司这件事没有兴趣。

罗恩还告诉我，他在马里布的沙丘角买了一处房产，还看中了隔壁贝利·高迪名下的另一处房产。但他说那房子的价格是550万美元，太贵了。我在马里布也有一处房产，而且我一直想买贝利·高迪的那处房产。这会儿我以为罗恩已经因为价格放弃了，于是我就买了。一周之后，罗恩怒气冲冲地给我打电话说："我跟你有件事要解决。我去买贝利·高迪的房子——结果你已经办了过户前托管了。这房子的事情是我告诉你的，我要买下它。"我告诉他我会考虑一下。那就是我们此后数年里的最后一次交谈。

事实上，我当时气疯了。我听到了他背后诋毁我的一些言论，并且一直耿耿于怀——他说我就像那匹著名的赛马"秘书"（Secretariat），如果没有出色的骑师就一无是处，他没兴趣和我再次联手这件事也刺痛了我。于是我就想让他先着一阵子急再把房子让给他，我这么做确实很浑蛋。罗恩给所有人——赫伯·艾伦、巴里·迪勒、大卫·格芬，通讯录上随便什么人——打电话抱怨我的所作所为，这场纠纷甚至登上了《纽约时报》。几周之后，我最终把房子让给了他，转账事宜还是通过我们共同的商务经理处理的，罗恩至今还住在那栋房子里。

————

1999年，在迪士尼惨败两年之后，我成立了一家新的制片及管理公司——艺人管理集团。与两位聪明又成就卓然的合伙人——瑞克和朱莉·约恩一起，我希望我们不仅在旧媒体领域内保持盈利，还要成为行业领先的移动内容供应商。我们的想法是，比方说，让我们的编剧在写电视剧剧本的空闲时间里给手机平台创作3分钟一集的喜剧短片，把7集短片整合在一起，你就会得到一集21分钟的情景喜剧。我们会给你的手机推送体育比赛的分数和餐厅的信息（像现在常见的那样）并制作短剧节目，让你可以在任何屏幕上观看（2017年，杰弗瑞·卡森伯格因为这个点子大出风头）。

AMG在架构设计上摆脱了CAA所受的限制。公司可以在制作内容的同时大力发展艺人经纪业务，不会有任何冲突。我们的规模迅速扩大，并且为电视制作部门签下了一群明星编剧，最初6个月中，我们向各电视网卖出了13集试播集。然后，开局缓慢但一路加速前进的我们摔了个狗吃屎。

一个主要的问题是，让广大人群用手机收看电视节目的先决条件——智能手机的普及率和网络带宽都还没有到位。我们录下了罗宾·威廉姆斯朗读《纽约时报》头版头条的视频并进行了改编——我们认为这样可以重复地、零敲碎打地宣传我们的内容产品。但是当我们想把内容上传到威瑞森网络上的时候，却怎么也传不上去。我们的本意是比别人领先两年，结果我们领先了5年，我们不仅领先了对手，还领先了科技。

我们还遭遇了巨大的阻力，这些阻力来自行业内树大根深的企业，比如感觉到威胁的各大电视网；来自在全好莱坞诟病AMG的怀疑论者；来自认为我们的模式像一把匕首对准它心脏的 CAA。我无意去挖 CAA 的客户，因为我觉得每个人都会有足够多的工作机会，但是当迈克·门彻离开 CAA 加入我们并带来了他的长期客户罗宾·威廉姆斯之后，CAA 宣战了。它告诉客户，任何人如果聘用 AMG 作为商务经理，就不再是 CAA 的客户。理查德·洛维特宣布这条规定的第二天，罗恩·迈耶到 CAA 去了一趟，并且告诉员工："你们做得对。"

随着 AMG 开始垮塌，CAA 也在竭尽全力把罗宾·威廉姆斯争取回去。罗宾在环球的露天剧场演出期间，我到后台他的化妆间去看他，发现布莱恩·洛德也在。真行啊，这招是谁教你的？我心想。布莱恩的行为并没有让我觉得意外，换作我的话，我也会那么做。让我震惊的是罗宾的妻子玛莎竟然容许布莱恩趁虚而入诋毁我。我还记得 20 世纪 90 年代我为她和罗宾仗义执言的时候她对我千恩万谢的样子，当时《人物》杂志违背了对罗宾夫妇的承诺，大肆宣扬玛莎认识罗宾时的身份是他的保姆，为此我公开斥责了该杂志。所以她的背叛让我无法释怀。不久前我还在旧金山见到过玛莎，她让我反胃。

最糟糕的是，罗宾离开之后，我听说巴瑞·莱文森也在考虑离开 AMG。巴瑞是最早跟着我的客户，也是我最亲密的朋友之一，27 年来，我们每天都会聊天。每年圣诞节他都会给我寄来一瓶一品脱装的芝华士酒，还会附上一张手写的卡片来回顾我们共度的一年，而我也总是被深深感动。我找到巴瑞，恳求他留下。我说我感到非常挫败——非常挫败，因为他竟然想要这样对我。他说他已经决定了，他做了一个业务上的决定。后来朋友们想让我振作起来的时候，也说了同样的话："只是业务而已。"

我说："不，不是的。"巴瑞、罗宾还有玛莎在我最困难的时候是

全能经纪

如何对待我的？我到现在仍然意难平。

2000年4月，我和布莱恩·洛德见面，想要与CAA和解。我们绕着CAA大楼散了会儿步，我告诉他我父亲患了白血病，病得很重（他于同年6月去世），所以我不想再跟任何人交恶。我只想大家各做各的生意。第二天，我收到一封布莱恩的亲笔信，他像律师一样用两页纸的篇幅详尽地阐述了我让人极度厌恶的全部理由。

2002年，我结束了AMG，把资产出售给The Firm[①]，并承担了几千万美元的损失。几天之后，我做出了一项惊人的失算之举，与《名利场》杂志的一位作者见了面。彼时我与大卫·格芬之间的不睦已经持续了二十多年，而且我有充分的把握认定是大卫和他的朋友们破坏了我为维持AMG的运营而急需的最后一笔融资。在一个共同朋友的建议下——事实证明这是个糟糕的建议——我甚至跑到大卫在安培林娱乐的办公室找他，并且警告他如果还不停止插手我的事情，"我就会把你揍得满地找牙"。他并没有停手。所以我对《名利场》大肆发泄了不满。如果我的言论仅限于针对格芬，可能也不会有事。但是暴怒中，我把不同的仇人们形容为"同性恋黑帮"。这个称谓与其说是恶毒，不如说是荒唐，因为被我点名的那些人（迈克尔·艾斯纳、伯尼·布里尔斯坦、《纽约时报》的伯尼·温劳布、罗恩·迈耶）都不是同性恋。但是这种表态既愚不可及又令人反感，这种态度本身以及失控导致的口不择言都与我平时的性格完全不同。我想要解决的每一个问题现在似乎都被我弄得更糟糕了，这与我一向的处事风格截然相反。

我一直认为把生意和友谊结合在一起是至关重要的。但随后我痛苦地领悟到，最好还是把两者远远分开。生意总是会影响交情。

[①] 一家于1997年在加利福尼亚州圣莫尼卡成立的影视制作公司。——译者注

第十九章 第三道山谷

只有杀死你，他们才能赢。

他们并没有杀死我。之后的几年里，我试过把一支职业美式足球队引进洛杉矶（没实现，说来话长），也争取过国际红十字会主席的职位（没实现，没什么可说的）。回顾自己走过的职业道路，我意识到，我当初如果做了艺术家或者建筑师，或许能快乐得多——在一个每次推出新作都不会结下5个新仇人的领域工作当然快乐多了。

同时，我把注意力转向了硅谷。我很早就对软件产业和互联网很感兴趣，也梦想过把米高梅影业或美国音乐公司重塑成数字时代的制片厂。20世纪90年代初，我曾飞往华盛顿的雷德蒙德，与微软公司的比尔·盖茨和史蒂夫·鲍尔默在一次持续了4个小时的晚餐上畅谈未来。我也与英特尔公司的首席执行官安迪·格鲁夫见面探寻过我们两家公司合作的可能性，在我离开CAA之前，英特尔为我们建立了一个媒体实验室，帮助我们在互联网时代抢占先机。我在艾伦公司的峰会和其他行业高端会议上听到过数十位技术发明者的奇思妙想。我尤其仰慕湾区著名的天使投资人，重点孵化初创公司的罗恩·康韦。

1999年，罗恩打电话来说："我这儿有个特别了不起的年轻人。他正要创办一家领先于时代的公司，他想见见你。"

那家公司名叫响云（LoudCloud），那个年轻人叫马克·安德里森，他在大学本科时就发明了网页浏览器。3年后，24岁的他把浏览器命名为"网景"（Netscape）并实现了商业化，他本人还登上了《时代周刊》的封面。那之后又过了3年，马克与本·霍洛维茨合伙，开始构想如何让初创公司通过网络（也就是人们现在所说的云服务）使用商业软件而不必把大量的资金用于购买服务器。他有着非比寻常的远见卓识，预见到不久之后每个人都会与数字网络相连。《连线》杂志在"创造未来的人"这一标题下恰如其分地将他命名为首位"连线偶像"。

我们在洛杉矶的一家餐厅见面时,我以为会见到一个典型的书呆子。结果面前出现的却是一个身高1.98米,像个运动员一样,脸上挂着迷人微笑的家伙。他穿得确实像个书呆子——印花短裤和白袜子,但他口才极佳,好奇心旺盛,而且阅读量巨大。他就像是增肌版的迈克尔·克莱顿。

马克随即邀请我北上与本·霍洛维茨见面。本自身就是一位优秀的经理人和创业者,他和马克可谓是强强联手。他们邀请我加入响云的董事会,于是,我人生的新篇章就此开始。

董事会的另一位成员是比尔·坎贝尔,一位曾经指导苹果公司的史蒂夫·乔布斯、谷歌公司的谢尔盖·布林和拉里·佩奇的传奇人物。我从比尔那里学到了太多,他的判断力几乎无懈可击。(风投公司凯鹏华盈曾经派他到亚马逊去解雇杰夫·贝佐斯,比尔在见过贝佐斯之后回来说:"你们不能解雇他。")不过他和我在某次董事会会议上有过争执。当时响云遇到了很大的麻烦:公司股价已经跌破1美元,马上就要被退市。比尔认为我们应该努力工作挺过这一关,但我建议董事会成员们购入股票来证明他们对公司的信心。不喜欢弄虚作假的比尔喊道:"奥维茨,这是我听过的最愚蠢的建议!"举座皆惊,然后所有人都大笑起来。我买了50万股响云的股票,其他几位董事会成员也买了,很快我们的股价就回到了1美元以上。2007年,惠普花16.5亿美元收购了响云,并将其更名为奥普斯威(Opsware)。

马克和本带领我进入了他们的世界,我觉得自己像是入读了一所专为我开设的研究生院,感到无比荣幸。他们卖掉奥普斯威之后,我问马克能否加入他们的天使投资公司。"你提得正好,"他说,"本和我正在考虑做一些更加正式的事情。"随着他们的风险投资公司开始成形，我指导他们如何让安德里森·霍洛维茨投资公司显得突出。他们采纳的想法是提供全套的商业服务——在风投行业，这是全新的方式，因为风投界追逐的明星们更喜欢独来独往，在大公司之外自由行动。

换句话说，马克和本想要打造硅谷的 CAA。他们借鉴了我们的企业根基，好让他们的公司拥有立足之本，就像当年我从卢·沃瑟曼和孙子那里偷师一样。本质上，这家公司把所有合作伙伴的人脉网络串联起来，并且添加了专业人士来增强其整体架构。在安德里森·霍洛维茨投资公司，不会出现个别投资人"拥有"某个项目的情况；挑选投资项目需要经过一般合伙人的联合批准，全体员工都有发言权。然后，团队会提供内部专家在人员招聘、预算、运营、销售、宣传和上市推广等方面为初创公司提供协助——企业所需的应有尽有。

当其他风投公司都在为客户寻找高管人才时，安德里森·霍洛维茨投资公司的眼光更长远。它在硅谷最好的软件工程师、设计师和产品经理中发展人脉，帮他们介绍项目并提供职业咨询。公司不时会把这些工程师和经理人介绍给自己的联合投资项目，但是通常并不会有直接的回报。对于硅谷的顶级高管，他们也采取同样的做法，就像CAA 曾经为制片厂的高管们进行雇佣合约谈判一样。安德森·霍洛维茨投资公司的目标是建立长期的关系，以期最终能够对未来的某家初创公司有所帮助，或者成为未来交易流程中的一部分。马克和本的理论已经取得了辉煌的成果。他们的公司迅速成为美国五大风投公司之一，并颇有预见性地投资了脸书、Skype、Stripe、爱彼迎、GitHub、Instacart、来福车和 Pinterest（拼趣）等公司。正如马克告诉《纽约时报》的："我们首先会广结英才，目的是认识所有最优秀的人并和

全能经纪

他们建立联系。这更像是一家好莱坞经纪公司在做的事情。"

与此同时，人才经纪公司开始纷纷成为隶属巨型企业集团的小机构。几年之前，购买了 CAA 公司 52% 股份的私募基金公司 TPG 的一名年轻高管随口对我说："我拥有 CAA。"这句话对我打击很大。CAA 仍然是娱乐业的一股力量，但罗恩和我真正的接班人是阿里·伊曼纽尔和帕特里克·怀特塞尔，他们把 WME 变成了一家多头企业，一只新的八爪鱼。阿里现在拥有经纪人、制片人、广告人及投资银行家的多重身份。当然，他是 CAA 培养出来的。而且，当然，阿里和帕特里克是在罗恩·迈耶竭尽全力想要干掉的联合人才经纪公司里认识的。你杀不死优秀的人。WMA 在我们离开并创建 CAA 之后明白了这一点，而 CAA 则是在阿里和帕特里克成长起来并与之对抗时才明白的。

———

2009 年，我到纽约一家餐厅参加一次我以为只是普通应酬的聚餐。在座的 3 位都是我最好的朋友：马克·安德里森、他的太太劳拉，还有赫伯·艾伦三世，也就是很多年前把我带进太阳谷的赫伯·艾伦的儿子。小赫伯 10 岁时我就认识他了，他现在掌管着家族的生意。2000 年，我把他介绍给了马克，因为我相信他应该让艾伦家族的投资公司摆脱旧媒体并投身科技领域，而马克是这种转型最好的顾问人选，而且我对小赫伯的感情就像对他父亲一样亲密。小赫伯保持了他父亲的老派风格——办公室的墙壁镶着木板条，爱穿毛背心，他也像他父亲一样有着安静的幽默感，对流行趋势无动于衷，但是超级重情义。

这就是我的新的小圈子。我入座后，看到三张很严肃的面孔。有人死了吗？

第十九章 第三道山谷

"现在,"马克严肃地说,"我们必须插手了。"我紧张起来,知道接着要发生什么了。最近我每周有两天在安德里森·霍洛维茨投资公司工作。现在这三个人就要集体向我施压,迫使我同意担负起更多责任,并且把加州北部作为常驻工作地点。

我一生都在帮别人解决问题,并把话题从我身上转移开。但是那个晚上我被困住了。马克首先开始一通游说,然后劳拉也跟着一唱一和。最后小赫伯接过话头。他们一直在谈论我多么需要改变,让我在3个小时里都局促不安。我满脸通红,耳朵嗡嗡作响。要拒绝三个你最信任的人的衷心建议是很难的,何况这三个人都极为聪明。

饭局结束,我们离席时,马克说:"科尔特斯(Cortez)了,哥们儿!"他指的是那位把自己的船烧掉以防止船员们跑回欧洲的西班牙征服者,我大笑。那一晚正是我需要的一剂强心针。我取消了所有旅行计划,第二天就飞往旧金山,并租下了一套公寓。安德里森·霍洛维茨投资公司让我成为一名特别合伙人,并且让我负责几家投资组合公司。

我决定用我23岁研究娱乐业的方法来研究硅谷。我开始结交人脉,每天与创始人和工程师们开8~10次会。起初我还穿着西服正装,后来我把领带丢在家里,很快我就一身商务休闲装扮,事实证明这样确实更舒服,在心理上也是一种宽慰。

我见到的很多创始人都隐约知道我为史蒂夫·乔布斯提供过娱乐行业的建议,他收购皮克斯之后,我也曾帮忙缓和他与迪士尼总裁迈克尔·艾斯纳之间的紧张关系。那段经历给了我一点儿信任度,而我创办好莱坞最强大的初创公司CAA的经验也帮了不少忙。所以只要引荐到位,基本上我想见任何人都不太难。我和创建了贝宝(Paypal)并成为科技领域重要投资人的彼得·蒂尔和马克斯·列夫琴见了面。我和照片墙（Instagram）的创始人凯文·斯特罗姆见了面。我和领英的创始人里德·霍夫曼见了面。我和脸书的马克·扎克伯格及雪莉·桑德伯格分别见了面。我和苹果公司的埃迪·库伊见了面。仅仅第一年就有377次这类见面。

和这些超级巨星约见第二次就难多了，你必须在初次见面时就证明你有什么资源可以提供。但是我逐渐建立了一张强大的人脉网，不仅与一些创始人关系密切，也与一些风投资本家相谈甚欢，比如红杉资本最年轻的合伙人迈克尔·艾布拉姆森、兴盛资本（Thrive Capital）的乔舒亚·库什纳、Accel合伙公司的史蒂夫·洛夫林、指数创投的丹尼·赖默和迈克·沃尔皮，以及科技银行家昆西·史密斯。硅谷的玩家都是在20多岁时崭露头角的，正是罗恩和我创建CAA的年纪，所以我很熟悉这种充满能量与野心的氛围。年轻人制定自己的规则。

两名麻省理工学院的工程师带着他们一项还未经过证实的移动支付改良技术找到我，却让我学到了至关重要的一课。我充当起他们的代理人，给eBay（亿贝）的首席执行官约翰·多纳霍打了电话，我和多纳霍不久前刚认识，我建议他为了eBay已经收购的贝宝公司看一眼这项技术。约翰带着他的两名高级工程师一起来开会，并开始对代码和技术百般挑剔，还提出了各种令人厌恶、含沙射影的问题。我习惯了在制片厂态度蛮横的高管面前保护我的导演，于是终于站起来，跟我带来的人说："他们不能这样对你们讲话！我们现在就走。"那两名工程师盯着我，说："你在说什么呢？完全没问题。"

于是我又坐下了，eBay最终买下了这项技术。我们离开的时候，约翰·多纳霍搂着我的肩膀说："你刚刚学到了硅谷里一件非常重要的事情。这儿没有教养，只有智力竞争。为了得到想法的真相，你可

第十九章 第三道山谷

以使用任何方式。"

———

如果按照人们常说的，好莱坞像一所有钱的高中，那么 eBay 的那次会议让我学到的一课就是，硅谷是一个真正任人唯贤的地方。最好的想法加上最好的执行就能成功。在好莱坞，别人总是根据我在 CAA 创立的功绩来评判我，但是在硅谷，别人只会根据我写在白板上的想法来评判我。如今回想起来，我最大的失误就是在应该搬到硅谷并成为技术革命的主要参与者时却去创办了 AMG。硅谷响亮地回应了我大声疾呼的信念：努力工作与卓越想法结合在一起必然势不可当。媒体充满对亚洲一些国家崛起的担忧，但我记得上一代人也有同样的担忧，我在科技界的所见让我坚信，美国的聪明才智同样能保护自己不受冲击。

没过多久，此前的四处拜会开始有了回报。2009 年，从自己的基金中拿出 2 亿美元投资了数据分析初创公司帕兰提尔（Palantir）的彼得·蒂尔请我去帮助该公司首席执行官艾利克斯·卡普，一起将公司业务范围从只服务联邦政府和执法机构扩展到服务全球。我们把未来的主攻方向缩小到 3 个：（可以通过大数据为疾病弱点或药物疗效提供相关见解的）健康领域，（越来越注重效果衡量指标的）广告领域，以及金融领域。艾利克斯和我很快就成为朋友并选择了金融领域，因为自该领域在 2008 年遭受重创以来，各银行都急于寻找新的思路。那年夏天的又一次艾伦峰会上，我把艾利克斯介绍给摩根大通的顶级投资银行家吉米·李，因为我知道在经济大衰退过后，他无法给他的水下抵押贷款[①]做出可靠的定价。

———

[①] 一种本金高于房屋自由市场价值的购房贷款。——译者注

艾利克斯让吉米大为叹服，我们与摩根大通达成协议，推出了一个为期3个月的试点项目。我与艾利克斯及其联合创始人斯蒂芬·科恩、科恩手下的工程师尼玛·甘萨里和罗斯科·希尔一起工作。他们定制了该公司的一项算法，让它可以搜集关于某处房产及其位置迄今为止几千个不相关的数据点，以此为依据来确定一个公平的买卖价差。银行在各地的分支机构可以因此做出迅速而准确的决定。过去平均27天才能完成的结算现在只需要两天就能完成。吉米·李欣喜若狂。

我们在抵押贷款定价上取得的成功迅速为我们带来了一系列银行业的其他风投项目。我刚开始在帕兰提尔工作时，公司只有不到一百名工程师，如今已经有两千名。公司给了我顾问股份，我也额外购买了一些股份，为它的未来下注。当时估值6亿美元的帕兰提尔公司如今的估值超过了200亿美元。在硅谷，你只能靠业绩赚钱，而且赋予期权的过程很慢（通常要超过4年），但增值前景比好莱坞大很多。

经艾利克斯介绍，我认识了他出色的联合创始人乔·朗斯代尔。他刚刚离开帕兰提尔公司，成立了一家风投基金 Formation 8。该基金随后投资了 Oculus 和 Illumio 等一些取得了巨大成功的公司，我给乔提供了一些建议，也从他那里得到了更棒的建议。他是我进入硅谷的地图，他总是知道科技的发展方向，也知道有哪些年轻的创业者可以把科技推向那个方向。

我还与艾利克斯的工程师尼玛和罗斯科成了朋友。2012年，他们推出了从手机上点击10次就可以完成房屋贷款申请的应用程序 Blend，我帮他们从赫伯·艾伦、彼得·蒂尔和安德里森·霍洛维茨投资公司那里得到了种子投资，我自己也参投了。Blend 目前的市值是

5亿美元。罗斯科后来创建了Perpetua实验室，专为各公司提供通过数据分析实现增长的咨询业务，我投资了这个项目，并且担任了项目顾问。

本·霍洛维茨介绍我认识了三名来自卡内基梅隆大学的机器人工程博士，他们正在一家名为Anki的初创公司里开发智能玩具。他们刚从本那里离开，本就马上给我打了电话，我挂掉他的电话后，立刻开车前往位于旧金山主教会区贫民窟一带的Anki办公室。我走上一道光线昏暗的楼梯，敲开了一扇很不起眼的门。门内是一个巨大的房间，空荡荡的，只有三个家伙正围着一张牌桌玩遥控小汽车。我刚好也是个遥控小汽车迷，于是立刻爱上了他们的这个玩具，原因是：（1）你可以用你的手机控制他们的小汽车；（2）他们的小汽车不需要轨道——它们是智能车，可以满地跑。我开始与Anki公司的首席执行官鲍里斯·索夫曼以及他的两位联合创始人汉斯·塔佩纳和马克·帕拉图奇一起工作，很快（主要功劳在他们而不是我）该公司就研发出了第二款优秀产品：一个6英寸高的拟人化勇敢机器人——科兹莫（Cozmo）。

通过我在硅谷见过的最优秀的年轻投资人、创始人基金的风投资本家布莱恩·辛格曼介绍，我跟投了一家旨在探索癌症治疗新方法的生物科技公司Stemcentrx，并开始为该公司担任顾问。Stemcentrx最终以90亿美元的价格被AbbVie公司收购，我得到了4倍的回报以及很好的科学教育。我真正喜欢硅谷的一点是，每一天你都会遇到不同的迷人问题，你总是在学习这个世界——有时候甚至是整个宇宙——的运作方式。

我还给一位非常了不起的创业者古尔杰特·辛格做过咨询，他是一位应用数学博士，也是大数据筛查公司Ayasdi的创始人和首席执

全能经纪

行官。古尔杰特是一个非常冷静的人,他教会了我很多人生的道理。他的祖母去世后,他一如既往地保持着愉快的心情。我说:"你是怎么做到这样的?我的母亲两年前去世,我现在仍然每天都为她感到悲痛。"他说:"作为一名锡克教徒,我相信她会回来,所以我为她高兴。"在我开始惧怕自己的死亡的时候,这番话教会我用一种令人宽慰的方式来看待父母的离世。

我现在至少与25家其他公司合作,每周还有新的公司找上门来。我发现对它们来说,我的所谓"附加价值"就是给它们提出建议,告诉它们如何将一项技术货币化、如何营销,以及如何避免我在CAA时期走过的弯路。我并不是总能知道正确的做法——有谁能吗?——但我经常可以帮助创业者们避免因为经验不足而犯的错误,比如聘用人才时只顾眼前利益,或者不必要地疏远本来可能成为合作者的对手,又或者缺乏长期规划。创业者们对我经历的失败远比对我的成功感兴趣,因为我的失败教训同样适用于他们,而我的成功经验大多仅限于经纪行业这一特殊领域而已。

2013年我见到布莱恩·切斯基时,震惊于这个罗得岛设计学院2004届毕业生,这个没有任何编程经验的前职业竞技健美运动员竟然是他那个时代最伟大的初创公司之一——"共享经济"巨擘爱彼迎的联合创始人。这些年来,我偶尔会为爱彼迎提供一些帮助,最近我又在与布莱恩一起头脑风暴,思考爱彼迎如何保持增长。在其中一次会议上,我们谈到了"端到端"或者"门到门"的体验,并且花了3个小时在白板上规划公司如何从你离开家门那一刻开始,就帮你把全部旅程安排好。我告诉他:"把眼光放长远一些,解决整个度假过程中的体验问题。"第二年,爱彼迎宣布开始提供"当地体验"服务,房东可以为想要体验当地生活的旅客介绍从晚餐到太极拳课程等诸多项目。这一服务目前已在全世界 51 个城市提供。

布莱恩问我:"你在 CAA 是怎么学会往长远处想的?"我提醒他,爱彼迎一直有长远的考虑:它从未满足于最初那种出租家里地板上的一块床垫的业务模式。然后我补充了一种可以将商业思考概念化的方法,那就是一个武术概念:"如果你瞄准一个目标,你就会失去所有的力量。你需要击穿目标,才能真正将其粉碎。"为了到达你想去的地方,你必须把目标设立在更远的地方。

————

1998 年,我们的子女都离开家独立生活之后,我开始在比弗利山的高坡上建造我的梦想住宅。它本质上是 3 个相互连接的方盒子,只用玻璃、橡木、石膏和钢铁建造而成。这是一座兼有艺术馆功能的住宅,会让来访者以为自己置身于一个带卧室的微型纽约现代艺术博物馆。这座房子里收藏有我 40 年来最钟爱的绘画和雕塑作品:现当代绘画、明朝家具、非洲古董、伦勃朗的蚀刻画、世纪之交的日本青铜花瓶,以及我 3 000 多部艺术专著的藏书。设计和建造这座房子一共花了 11 年,我把我的建筑师迈克尔·马尔赞逼疯了。我让承包商重刷了 3 遍石膏墙,直到它完全平滑为止。我还让他精细修正了"壁线",就是墙面与地面连接的那些细小线条,这需要一个 6 人团队用砂纸和牙刷工作。最糟糕的一天就是我搬进去的那天,因为到那时一切已经做完,没有机会再修改了。

差不多同一时期,我的生活也发生了意外的转变。从十几岁时就在一起的朱迪和我意识到,我们的生活方式已经有了分歧:她更愿意住在奥哈伊的马场,而我从洛杉矶搬到湾区又搬到纽约,一直在迁居。我们同意分开生活,尽管我们仍然保持着夫妻关系,也是彼此最好的朋友。我们仍然几乎每天都会通话。

2010年，在西奥多·福斯特曼的阿斯彭会议上，我遇到了一位之前有过几面之缘的女士。但这次不一样了。我们一起喝了杯酒，然后共进晚餐，聊起说不完的话题，完全没有停下来的迹象。塔玛拉·梅隆和我在书籍、电影和艺术方面有很多共同爱好。我们喜欢在对方的世界中学习到新的东西。最美妙的是，我们在一起时总是欢声笑语不断。塔玛拉很有天赋，机智，而且很善良，我讲笑话她都会笑。她欣赏我古怪的兴趣，也为我喜欢她的事业而感到开心。她在27岁时与人联合创立了时尚品牌吉米·周（Jimmy Choo），我创建CAA时也几乎是同样的年纪。她设计了上千款女包和女鞋而将这家公司发展壮大，其中很多设计现在已经成为经典款式。与该公司的股东经历了一次伤痕累累的斗争之后，她现在正在创建一家新公司。我开心地关注着她的动向，并且帮她出谋划策以保护她的利益。

塔玛拉15岁的女儿明蒂是意外的惊喜。她很小就自己设计服装，参加全国马术巡回赛，并且善于交际，朋友圈子很广。生活中再次出现一个十几岁的女儿让人恐惧，但也是巨大的乐趣。她总是给我播放最新的音乐，向我介绍时装潮流——因为她，我在色拉布（Snapchat）刚问世的时候就知道了。她在11岁生日时让我给她买一个印着利希滕斯坦画作的蛋糕，让我很感动。明蒂已经和我的家庭完全融为一体。

埃里克住在洛杉矶，并且娶了一个讨人喜欢的姑娘肯德尔，她给他带来活力，也让他幸福。他一直自食其力，早年曾经在游戏公司Zynga工作，然后用在那里赚到的钱供自己读完了西北大学法学院，现在正在争取联邦调查局的工作机会。虽然我尽了最大努力，但他还是成了一个共和党人，所以我相信他一定会成为一个优秀的联邦调查局警员。现在他和肯德尔正在期待第一个宝宝的降生。

第十九章 第三道山谷

我们家的艺术家金伯莉在20多岁时创立了她自己的时装品牌金佰利·奥维茨（Kimberley Ovitz）。让我惊喜的是，她推出的第一个系列以大量黑白单色为基调，很大程度上受到了极简主义艺术家，比如阿德·莱因哈特、埃尔斯沃思·凯利和罗伯特·莱曼的影响。（同样，埃里克沉迷于博物馆，克里斯购买了大量画作装饰他的房子。）金伯莉也住在洛杉矶，在担任设计师之外，她还为很多时尚及数字公司提供营销与战略方面的咨询。

15年后仍然是我们家庭中重要一分子的乔丹·哈里斯——他在克里斯的婚礼上担任了伴郎——如今正在纽约大学斯特恩商学院就读，同时在Code Advisors公司任职。他对技术有真正的兴趣。

多年来，我一直想让克里斯进入科技行业并搬到旧金山。我还安排他与马克·安德里森和彼得·蒂尔见了面，他们也竭力劝说他搬过去。但他还是留在了洛杉矶自谋发展，并最终取得了成功。几年前在高盛互联网大会上，我和高盛银行的加里·科恩（后来担任唐纳德·特朗普的第一任经济顾问）站在一边看着克里斯四处应酬。加里察觉到我满怀自豪的样子，咧嘴笑了。克里斯的社交技巧或许是从我这里学的，但是他与别人交谈时的坦率与务实远胜于我。他并不会努力推销。克里斯现在致力于发展他的第三家初创公司Workpop，这是一家颠覆服务经济的人力资源技术公司。我在做出任何天使投资之前，都会先征求克里斯和他的妻子阿拉·卡茨的意见。阿拉也是一名创业者，她是着重通过微生物群来改善消费者健康状况的Seed公司的联合创始人，同时也是个温柔且非常脚踏实地的人。我第一次见到她时，还以为她是一个咋咋呼呼的嬉皮士，但让我惊讶的是，她成了我们家的主心骨，我经常依赖她的观点。

克里斯和阿拉最近生了一个男孩，名叫帕克斯。见不到的时候，我每天都会和他视频通话。他是我的生命之光。阿拉是我见过的最优秀的母亲——除了视频通话，她坚决不让孩子接触电脑屏幕，而帕克斯让我想起自己的童年，想起那个被萨拉施加影响之前好奇又易感的男孩。当了祖父的我想把一切都做对，纠正我在当父亲时犯过的很多错误。

第十九章　第三道山谷

第二十章

绅士们

多年以来,我一直听说罗恩还在生我的气。最近和他一起坐过环球影业专机的人告诉我:"他足足骂了你30分钟。听起来好像你昨天刚跟他大干了一仗似的。"我终于受够了。几年前,我给罗恩打电话说:"是这样,我走到哪里都能听到别人说你在背后说我坏话。我相信你的有些抱怨是完全有道理的,但不可能都是,因为我们在一起度过了25年美好的时光。我们的年纪都越来越大了,我希望我们在离开这个世界的时候不要带着彼此之间的嫌隙。"

有点儿出乎我意料的是,他立刻回答:"我也希望如此。"我们相约在我开的日本餐厅"浜作"(Hamasaku)见面吃午餐。这家餐厅是我16年前出于好玩儿在韦斯特伍德的一个韩国购物中心里开的,现在生意相当红火。它的不时髦本身就是一种时髦。我们握手寒暄并好好端详了对方,然后入座,边看菜单边闲聊。感觉有些尴尬,但奇怪的是,也有些令人温暖的亲切。我们一边吃着寿司一边商量该如何解决我们之间的问题,或者说我们之间的问题到底能不能解决。我们并没有说定下次见面的时间。仔细思考了问题所在之后,我给罗恩打电话说:"我觉得如果有一个能够听取我们双方意见的中间人,帮我们互相解释一下，必要时做个评判，那是最好的。你想一想有哪些人合适，我也想一想，然后找一个对我们两个来说都合适的人，怎么样？"我尽量对他表现出体谅，好让他看到我态度的改变。

"不如你选吧？"他说，"我相信你选出的人一定没错。"还是以前那个罗恩。

我找了一位加州大学洛杉矶分校的教授来帮我们调解。罗恩和我在她办公室的地下咖啡店见面，然后一起上去到她的办公室进行了一次两个小时的谈话，我们一共要完成三次谈话，这是第一次。罗恩一开口就一连讲了半个小时没停。他立即承认 20 年里他一直在向任何愿意倾听的人诋毁我。他说："你满世界跑来跑去的时候，是我在照管经纪公司的日常运营。你的名气大，而所有艰苦的工作都是我干的。你应该把比尔·哈伯手里的股份买下来给我，那是我应得的。"我说他带来的收入没有我多。他的回答是：没有他，这家公司早就垮台了。

我说："确实，我对你不够体谅。我不想赶走哈伯，是因为我害怕破坏公司的稳定。但我确实应该做点儿什么的——什么都行！"

他说他仍然对马里布那栋房子的事感到愤怒和怨恨，但我开始解释的时候，他又抢白。他不想让我表达我的感受，他仍然是我们共同情绪的代表。所以，第一次调解结束时，效果并不理想。

第二次谈话在调解人的帮助下顺利多了。我找机会做了道歉，而罗恩也接受了我的道歉，并且似乎得到了宽慰。然后他承认了他的怨恨和破坏行为，这也是某种形式的道歉，或者至少是某种坦诚。然而，即使我们都在尽量把自己的感情表达出来，我也觉得备受摧残，因为罗恩一直在证实我最深层的恐惧：每一次只要圈里有人对我稍加指责，罗恩就一定会去火上浇油，而且是浇上一卡车的油。"没有人比我更有能力把你踢出局。"他说。我告诉他："罗恩，在 CAA 觉得不开心的是你，而你等于把气撒在了我身上。我没注意到你不开心的迹象，我向你道歉，但是你本可以直接告诉我的。"他微微一笑，说："是的——但是你不愿意听。"

调解谈话结束后，我们开始经常相约共进午餐。我们甚至还把塔玛拉和罗恩的妻子凯莉拉来一起。就像以前一样——多多少少有点儿像。他会聊聊他的工作，我会聊聊我为什么没有工作可做。罗恩会关注后续，会经常来问候，他客气又周到，让我感觉我是他唯一挂念的人。这很有诱惑力，特别是随着时间的流逝，我们之间一直相安无事。但是我脑子里有个声音一直在说："你完全错看了他在 CAA 最后 10 年间的真实感受，当时他很完美地骗过了你。那么为什么这次你就能确定你是对的？"一方面我想相信他的真诚和我们旧日友情的力量，另一方面我仍然很气愤，我既为他感到难过，又为我们两人感到遗憾。不过，我们仍然开始每周聊两三次，慢慢放松，尝试恢复昔日亲密的关系。我非常想念那种感觉。

2016 年 9 月的一大晚上，罗恩和我共同接受了吉姆·米勒的公开采访，米勒刚出版了一本关于 CAA 的口述历史书。彼时我刚做了全脊椎牵引手术，所以不得不拄着拐杖走进导演工会的剧场。我的西服里还戴着一套支架，让我看起来像一只忍者神龟，而且我浑身剧痛。医生们告诉我，我的脊柱损伤如此严重，90% 的原因是我一生中每天都坚持锻炼，不仅从未让身体休息，还让它承受了练习武术时所有剧烈的击打和摔跌。听到这样的说法，我本想大笑，但是因为笑起来太疼才作罢。

我们两人在采访之前就一致同意不说负面的话。我当晚的目标是公开化解恩怨，而我认为罗恩的目标是证明他确实是传说中的好好先生。但我们都不知道如果真的要回顾往事，我们会说出什么话来。就

第二十章 绅士们

在上台之前，我和罗恩去了洗手间，各自站在小便池前的时候，进来站在我们旁边尿尿的人偏偏是杰弗瑞·卡森伯格，他在米勒的书里说我"一直在用带有破坏性、欺骗性和恶意的方式来做生意"。你不也一样吗？我想。我们都说了"你好"，但很尴尬。彼此不对付那么多年之后，如今我们又站在一起尿尿了。欢迎回到好莱坞！

在热烈的掌声中，我和罗恩走上舞台：全场600个位子座无虚席。我看到了里克·尼西塔、桑迪·克里曼、约翰·普塔克、弗雷德·斯佩克特和葆拉·瓦格纳等很多老同事，还有包括拉里·戈登和乔·西尔沃在内的不少制片人。业内的报纸和网站记者也都在场，热切盼望着能够弄清楚这个传奇般成功故事的内幕及内斗的来龙去脉。

吉姆·米勒让我们从我俩一起签下罗伯·莱纳和萨莉·斯特拉瑟斯的WMA时代谈起，罗恩说到WMA的萨姆·韦斯伯德是"一个丑陋的小搅屎棍子"时，全场大笑。谈到我们创办CAA的那段时间时，罗恩说："迈克尔是天生的领导者——这一点毫无疑问。"对谈的气氛友好且怀旧。我回忆起他和我每天一起制订30次行动计划，然后罗恩补充道："我们开公司之前，这个行业还蛮绅士的。一旦迈克尔和我杀进来，就没有人是安全的了。"这番话赢得了更多的笑声，同时也证实了我核心的信念："除了彼此，没有其他人能够明白我们在做什么，或者我们是如何去做的。"

米勒问起我们两人关系破裂的根源时，罗恩轻描淡写地说我开始参与企业并购交易的做法是无害的："我们的客户并没有因此受到不利影响，而且这样做带来了更多生意。"但是，他又沉痛地强调："对我来说，更大的影响是个人感受上的。"因为我开始关注更大的生意让他感到自己不那么有价值了，让他感到"在我们的关系中受到了冷落"。我插话说我确实忽视了他的感受，并且在尝试建立更加广泛的人脉网络时"没有意识到我在牺牲那些对我来说更加重要的关系"。

罗恩说:"我也有一定责任。我没有告诉迈克尔我不开心。我觉得如果我跟他翻脸,他肯定接受不了,我会让公司陷入危机。"在台上,我们两人终于意识到,我们无意间都为了维护CAA而选择牺牲我们之间的友情。但其实如果我们只着重于让两个人都开心,CAA或许会做得更好。这种讽刺简直像是欧·亨利小说里的情节。

我们平静地谈起了那场闹得很难看的决裂,最后谈到了贝利·高迪在马里布的房子。考量了外界、罗恩和我自己的感受之后,我最终决定坦陈。"我当时气急了,"我说,"我犯了个错误。我不应该买下那栋房子。"我运用从大卫·莱特曼那儿学会的时机技巧,看着在场的人群停顿了片刻。"而我犯下这个错误的原因之一,"我扭头看着罗恩,补充道,"是他没有劝我别买。"罗恩咧嘴笑了,观众也爆发出大笑。

采访过后,我收到了老朋友和老同事们发来的很多善意的问候和信件。很久以来,人们一直认为是我对不起罗恩,并遭到了报应,但是那个晚上似乎多少扭转了外界对这件事情的普遍看法,让人们意识到我们两个其实同病相怜。几乎每个人都震惊于看到了一个脆弱的、思前想后的迈克尔·奥维茨,那个我一直隐藏着的自己。在CAA,我不知道如何展现这一面的自己——或者我也不想展现。

同样的和解冲动让我主动联系了大卫·格芬。我们在纽约的马瑞亚餐厅见面,彼此握了手,并客气地共进午餐。他告诉我:"我对你最大的不满就是我一直想和你交朋友,但是你偏不跟我交朋友!"以前的我会争辩,会反驳说这样讲太片面。但此时我只说了一句:"你说得对。"我是去讲和的,大卫说他也想讲和。我们是两个到了70多

第二十章 绅士们

岁想要重修旧好的人。罗尼①后来告诉我，从那之后，大卫再没有说过我的坏话。闻言，我笑了笑：如今的胜利就是打个平手。但我接受。

———

几个月前，我回去看了看CAA的旧址，现在这栋楼仍然在我名下。罗恩和比尔离开公司之后，我买回了他们的产权；他们担心CAA搬走之后，没有人愿意进驻。出于恐惧的行动做不成好生意。CAA迁走3个月后，索尼从我手里租下了这栋楼，租期为20年。

不过现在这栋楼又空了，需要新的租户，所以我去转了一圈。索尼把我本来就不太大的办公室分成了两个更小的办公室。好吧，也算合理。中庭仍然通风良好，鼓舞人心，虽然现在那里已经没有人需要它去振奋和鼓舞了。这栋楼让人感觉它已经被掏空了一切，失去的不仅是旧日的人声鼎沸，还有那份魔幻和力量。它让人觉得狭小，就是你在成年后回访童年旧居时的感觉。当年我们强大的团队刚刚进驻这栋大楼时，我们是巨人。我们可以走出去，一下子就能到市中心去，到太平洋去，甚至到东京去。我在那座大厦里完成的事业让我自己都无比震撼，并且让人心醉神迷：这个来自圣费尔南多谷的小孩没有地位，没有任期，没有可以依靠的人脉，却重塑了娱乐业。

我小时候被人欺负，之后一生都在欺负别人。我的客户们有时候把我视为超级英雄，而我也确实在尝试着扮演那样的角色——旋风一样到场去帮助那些情绪低落、生病或者只是需要一些建议的人，为身处弱势的人打抱不平。我觉得我应该算是个好人。但是我也越来越被任何一个超级英雄都在怀疑的问题困扰：我是不是已经变成了一个恶棍？已经有很多人这么看我了——一个将法律掌握在自己手中的雇佣

———

① 原文为Ronnie，疑为罗恩·迈耶名字的昵称。——译者注

全能经纪

兵。罗伯特·德尼罗对我的总结相当到位。曾经有人问他："你为什么不离开奥维茨呢？他是个非常难搞的浑蛋。"德尼罗说："是，但这个难搞的浑蛋是我的。"

在我空荡荡的堡垒里，我意识到我还没有走出山谷。我的日常生活和银行账户已经远离了它，但我的头脑永远不会摆脱它。你的根源会伴随你一生。不过，也正是那些根源驱使我走到这里，建立这个地方，并吸引了那么多聪明、有趣、有创造力的同事。在一片静默中，我发现，经纪公司行业中唯一让我真正想念的是同志般的友谊：我的同志们和朋友们，以及我们共同度过此生时燃烧的激情。

我想念他们。

第二十章　绅士们